LE
VIRGILE
trauesty
de
M. SCARON

A Paris Chez Touffainct Quinet Au Palais 1648   Auec Priuilege d

LE VIRGILE TRAVESTY EN VERS BVRLESQVES,

De Monsieur SCARRON.

Dedié à la REYNE.

A PARIS,

Chez TOVSSAINCT QVINET, au Palais, sous
la montée de la Cour des Aydes.

M. DC. XLVIII.
AVEC PRIVILEGE DV ROY.

A
LA REYNE.

ADAME,

Ie promets à vostre Majesté dés le commencement de mon Epistre, quelle en verra bien-tost la fin, & c'est peut-estre ce quelle en trouuera de

ã iij

EPISTRE.

meilleur, DIEV me fasse la grace de luy tenir parole, & que l'honneur que i'auray d'entretenir la plus grande Reyne du monde, ne me transporte pas assez pour me faire oublier qu'elle a bien d'autres choses à faire qu'à lire vne Dedicatoire; lors que i'ay fait dessein de donner mon liure à Vostre MAIESTE', i'ay crû que ie ne pouuois estre pauure de pensées en vn si riche sujet, & que i'allois dire les plus belles choses du monde, & toutesfois, MADAME, apres auoir long-temps fatigué ma Rethorique, i'ay trouué que pour estre venu des derniers, i'estois reduit à seruir d'Echo à ceux qui auoient parlé deuant moy, & que ces beaux esprits n'ayant pas mesme oublié la vieille histoire du Roy de Perse, qui remercia vn paysan qui luy presenta vn verre d'eau de riuiere, il ne me restoit plus rien à adjouster, sinon qu'ils n'ont tous rien dit à la loüange de Vostre MAIESTE', qu'elle n'en merite, & que ie ne m'en imagine d'auantage : On me reprochera sans doute que i'ay donc tort de me taire: mais vne matiere si haute s'imagine bien plus aisément qu'elle ne s'exprime, & ie la doy laisser à traitter aux Escriuains heroïques, qui sans doute auront besoin de tout leur Apol-

EPISTRE.

lon pour en fortir à leur honneur; car pour moy humble petit faiseur de Vers Burlesques que ie suis, & Poëte à la douzaine, ie ne me mesle que de faire quelque fois rire, encore faut-il qu'on en ait plus grande enuie que moy, qui serois le plus chagrin de tous les hommes sans les biensfaits de Vostre MAIESTE' & sans l'honneur que i'ay d'auoir vne charge en sa maison; cette charge n'est pas veritablement des plus importantes, mais elle est bien des plus difficilles à exercer, & ie pense sans vanité m'en estre assez dignement acquité, pour oser prier Vostre MAIESTE', d'adjouster à l'honneur d'estre son malade celuy d'estre son Poëte Burlesque: Pour quoy non ? si ie suis assez heureux pour auoir fait vn liure qui luy plaise? Et pourquoy ne luy plaira-il pas ? puis que la moindre Guenon peut quelquesfois diuertir l'esprit du monde le plus releué? Si mon Eneide fait rire Vostre MAIESTE' seulement du bout des lévres, & que le fils d'Anchise ait assez plaisamment masqué ce Carnaual pour la diuertir, il paroistera tous les mois sous de nouueaux masques iusqu'a la fin de l'année, qu'il espousera l'Infante de Lauinium, c'est vne belle, & bonne Prin-

EPISTRE.

cesse des meilleurs maisons d'Italie, & si la plus grande Reine de l'Europe assiste aux nopces de cette Reine de village, ie n'auray plus à me plaindre ny de la maladie, ny de la fortune, & ie me trouueray sain & content dés le moment que i'auray plû, il ne faut qu'vn sous-ris pour faire ces deux grand miracles, & i'ay sujet d'esperer, Madame, que Vostre MAIESTE' me faisant des biens plus solides ne refusera pas ce sous-ris à l'homme du monde qui est le plus,

MADAME,

Vostre tres-humble, tres-obeïssant, tres-obligé,
& tres-malade seruiteur & sujet,
SCARRON, Malade de la Reyne.

AV LECTEVR.

AMY Lecteur, Pieux Lecteur, Lecteur Beneuole, ou comme tu voudras; ne pense pas que ie te donne ces beaux noms là pour capter ta bienueillance: Ie te permets de dire pis que pendre de mon Liure, selon l'honneste coustume de ceux qui lisent; & si tu n'a pas esté assez fou pour l'acheter, tout le desplaisir que i'en auray sera de n'auoir pas adiousté aux noms d'Amy, de Pieux & de Beneuole, celuy de tres-Sage ou de tres-Iudicieux.

A MONSIEVR L'ABBE' SCARRON,
Sur son Virgile, en Vers Burlesques.

ODE.

MVSE, escoute moy de grace,
   Et responds moy promptement;
Est-il feste sur Parnase?
Quel est-ce desguisement?
O quelle Metamorphose!
O Dieu la plaisante chose!
Le rire m'a suffoqué:
Et dans ce plaisir extreme,
VIRGILE riroit luy-mesme,
De se voir si bien masqué.

ODE.

Toy qui resiouis la Bande,
Qui demeure dans les Cieux;
Toy que chacun aprehende,
Immortel Bouffon des Dieux:
Tes plus fines railleries,
Ne sont que des niaiseries,
Qui n'ont presque rien de bon;
Si nostre esprit les compare,
Au Liure plaisant & rare,
Que nous a donné SCARRON.

O Malade de la Reine!
Malade par tout vanté!
De qui la docte migraine,
Vaut autant que la santé.
Quand tu souffres qu'on te voye,
Tu ressuscites ma ioye;
Tu restablis ma raison:
De l'humeur qui m'assaßine,
Ton Liure est la medecine,
Et le seul contre-poison.

ODE.

Ie te iure par *Hercule*,
(Serment de l'Antiquité)
Que ton Heros ridiculle,
M'à presque ressuscité.
Aussi pour ses assistances,
I'apends comme des potences,
Et mes chagrins, & mes soings :
Et tout ce qu'vn miserable,
De l'Espargne inexorable,
Endure & souffre le moins.

I'apends (dis-je) dans le Temple,
De *VIRGILE TRAVESTY*,
Mille chagrins sans exemple,
Dont ie me trouue inuesty :
Ouy, par ce crotesque Enée,
I'incague la Destinée,
Qui me met à l'abandon :
Et i'offre mon Ordonnance,
Et mes Breuets sans finance,
A la burlesque Didon.

ODE.

O prodige incomparable!
Infirme, & pourtant Diuin!
O Philosophe agreable!
O Stoïque sans chagrin!
Fais d'vne ame toute libre,
Que bien-tost aux bords du Tibre,
Ton Heros puisse arriuer:
Fais que l'Vniuers l'escoute;
Et crois que i'auray la goute,
Si ie ne vay le trouuer.

DE SCVDERY.

A MONSIEVR L'ABBÉ SCARRON,

Sur son Virgile en vers Burlesques.

EPIGRAMME.

Mon cher SCARRON, Virgile enrage,
Et tout le monde est estonné
De voir son plus superbe Ouurage,
En Burlesque ainsi retourné.
On croyoit que son Æneide
Pompeur, élegant & fluide,
Fust sans pareil en l'Vniuers.
Mais on dit en voyant le vostre
Que c'est vn drap à deux enuers
Aussi beau d'vn costé que d'autre.

TRISTAN LHERMITE.

A MONSIEVR L'ABBE' SCARRON.

Sur son Virgile Burlesques.

TOY qui chantas jadis Typhon,
   Chetif de corps, d'ame sublime,
Toy qui pese moins qu'vn chifon,
Scarron ne pese pas ma rime.

   Tout ce qui vient de tes amis,
Tu le vois auec tant de ioye,
Reçois ce que ie t'ay promis
Et lis ces Vers que ie t'enuoie.

   I'auois faict serment que Quinet
En toute son Imprimerie,
Soit en Epigramme ou Sonnet
Ne m'Imprimeroit de sa vie.

   Tousiours me souuient des Ballets,
Dont s'offensa mainte escarlatte,
Apres cela dans le Palais
Le veux-tu? que mon nom esclatte.

Ioins cent maux à tes maux diuers,
Sois cent fois plus sec que ta chaise
Ceux que me firent quatre Vers
Me mirent plus mal à mon aise:
Mais quand i'attirerois sur moy,
Tous les maux que souffrit Alcide
Ie ne puis m'empescher, ma foy,
De parler de ton Eneide.
Non ie ne sçaurois cher Scarron,
Et ie ne t'en puis rien escrire,
Car ton Enée & ta Didon
M'ont quasi fait mourir de rire.

DVPIN.

A MONSIEVR L'ABBE' SCARRON,
Sur son Virgile, en Vers Burlesques.

MON bon Monsieur Virgile il vous faut retirer,
Assez par vos beaux Vers vous auez fait pleurer
Les bonnes gens émus de voir le pauure Enée,
Tourmenté par Iunon contre Troye acharnée.
  Mais maintenant Seigneur Maron,
Il faut ceder au sieur Scarron,
Qui d'vn stile remply de beautez & de charmes,
Et par d'incomparables Vers,
Fera rire tout l'Vniuers
De tous ces accidēts qui nous causoient des larmes.
  Cedez luy donc sans resistance
Car d'autant plus que vous il se fait admirer,
Que l'on tient pour maxime en France
Qu'il vaut mieux rire que pleurer.

LA MOTTE LE V-AYER le fils.

… …

A MONSIEVR L'ABBE' SCARRON,
Sur son Virgile, en Vers Burlesques.

NOVS te verrons bien-tost dancer, sauter,
 courir,
Faire ambler vn Cheual ou du moins vne Mule,
Qui peut auoir rendu Virgile Ridicule,
Peut bien trouuer aussi le moyen de guerir.

I. R. S. C.

IN GALLICAM SCARRONIS
Æneidem ludicro Carmine
scriptam.

DEBILE Scarronis corpus, contractaque membra,
    Indomitus vexat nocte, dieque, dolor.
Hinc caput obliquâ pronum ceruice fatiscit,
    Nec licet obtutus tollere ad astra suos.
Vtquè manus premit innocuas cruciatque chiragra
    Sic secat immeritos sæua podagra pedes.
Et malè nodosos macies depascitur artus,
    Tabidaque arescèns vix tegit ossa cutis.
Torqueris leuius voluendo Sisyphe saxo,
    Quique renascenti pectore pascis auem.
Et tamen in mediis ridere doloribus audet,
    Nec miserum læti deseruere ioci.
Ridiculum Æneam Troas, Danaosque facetus,
    Insolitâ Gallis arte, Poëta facit.
Oblectant animos, non iam naufragia terrent,
    Itala quæ finxit, Vate Marone, Clio,
Festiue ventique ruunt, atque æquora versant,
    Iucundè Phrygias & quatit vnda rates.

A MONSIEVR
L'ABBE' SCARRON,
Sur son Virgile, en Vers Burlesques.

NOVS *te verrons bien-tost dancer, sauter,*
 courir,
Faire ambler vn Cheual ou du moins vne Mule,
Qui peut auoir rendu Virgile Ridicule,
Peut bien trouuer aussi le moyen de guerir.

I. R. S. C.

IN GALLICAM SCARRONIS
Æneidem ludicro Carmine scriptam.

DEBILE Scarronis corpus, contractaque membra,
   Indomitus vexat nocte, dieque, dolor.
Hinc caput obliquâ pronum ceruice fatiscit,
   Nec licet obtutus tollere ad astra suos.
Vtquè manus premit innocuas cruciatque chiragra
   Sic secat immeritos sæua podagra pedes.
Et malè nodosos macies depascitur artus,
   Tabidaque arescèns vix tegit ossa cutis.
Torqueris leuius voluendo Sisyphe saxo,
   Quique renascenti pectore pascis auem.
Et tamen in mediis radere doloribus audet,
   Nec miserum læti deseruere ioci.
Ridiculum Æneam Troas, Danaosque facetus,
   Insolitâ Gallis arte, Poëta facit.
Oblectant animos, non iam naufragia terrent,
   Itala quæ finxit, Vate Marone, Clio,
Festiue ventique ruunt, atque æquora versant,
   Iucundè Phrygias & quatit vnda rates.

Et suplex precibus superos dicacibus orat,
  Naufragus, & grato cum sale nauta perit.
Nec flenda ingentis modo sunt incendia Trojæ,
  Hæc possint Priamo sic placuisse seni.
Ipsa quoque in Teucros ioculares concipit iras
  Altisoni coniux Iuno sororque Iouis.
Tam benè qui ludit, dum toto corpore languens,
  Deficit, innumeris obruiturque malis,
Vel certè humanâ Deus est sub imagine Scarro,
  Ingenio pollet vel propiore Dei.

C. FERAMVS.

IN AENEIDA MIMICAM
& iocosam Pauli Scarronis

EPIGRAMMA.

CORPORE Scarro æger, sed cui ridere decorum,
 Phœbus, Amor Charites, & Venus ipsa dedit,
Gratum opus vrbanis, vrbanæ Æneidos author,
 Transtulit in lepidos arma, virumque, iocos.

ATTICVS SECVNDVS.

SCARRONI
EX PATRE NEPOTI.

SI punctum omne tulit, qui miscuit vtile dulci
    Ludendo scribens seria quid meruit?
Virgilij, miranda legens, ridere iubetur,
    Hoc debet, Scarro, Gallica Musa, tibi.

        Vrb. SCARRON PATRVVS.

A MONSIEVR L'ABBE' SCARRON,

Sur son Virgile en vers Burlesques.

STANCES.

SCARRON, ton sort bizarre est-il à dé-
  plorer?
Souffrant comme vn damné, tu vis & peux écrire,
On ne peut te voyant, s'empescher de pleurer,
Te lisant sans te voir, on s'estouffe de rire.

Peux-tu bien à ta Muse estre si complaisant?
Elle te rit au nez quand la douleur t'accable,
Comment peux-tu loger vn esprit si plaisant
Si burlesque, & si gay, dans vn corps miserable?

Quel temps prens-tu pour rire auecque les neuf
  Sœurs,
Veu que toute ta vie est pleine d'amertume,

Tu ne gouftes iamais ny plaifirs, ny douceurs
Et tout cela pourtant pend au bout de ta plume.

Tu peux communicquer vn bien que tu n'as pas,
Et nous voyons couler par ne fçay quelle voye
De tes vifibles maux de vifibles appas,
D'vn chagrin eternel, vne eternelle joye.

Si ton Heros viuoit, & qu'en ce Carnaual,
Il se vit déguifé fous cét habit fantafque
Ie gage qu'il feroit tout le cours à cheual,
Et qu'il prendroit ainfi plaifir d'aller en mafque.

N'en déplaife aux pedens de l'Vniuerfité
Bien aifes que Virgile ait fait Didon fa garce
Le texte de ce Poëte eft fouuent plus gafté,
Dans leurs écris bourrus, qu'il ne l'eft dans ta farce.

Leurs remarques de Bafle, & Commens de debut
Nous broüillent la ceruelle au lieu de nous inftruire,
Mais ta main fans manquer a frappé droit au but,
Si tu n'as eu deffein, que de nous faire rire.

BOISROBERT, Abbé de Chaftillon.

A Monsievr

LE VIRGILETRAVESTY.

LIVRE PREMIER.

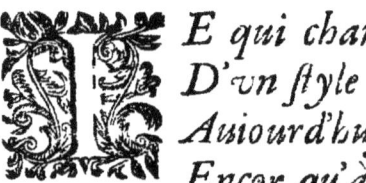E qui chantay iadis Typhon
D'vn style qu'on trouua bouffon,
Auiourd'huy de ce style mesme,
Encor qu'à mon visage blesme
Chacun ait raison de douter
Si ie pourray m'en acquiter,

A

Deuant que la mort qui tout mine
Me donne en proye à la vermine.
   Ie chante cét homme pieux,
Qui vint chargé de tous ses Dieux,
Et de Monsieur son pere Anchise,
Beau vieillard à la barbe grise,
Depuis la ville ou les Gregois
Occirent tant de bons Bourgeois,
Iusqu'à celle ou le pauure Reme
Fut tué par son frere mesme,
Pour auoir en sautant passé
De l'autre costé d'vn fossé :
Iunon Deesse acariastre
Autant ou plus qu'vne marastre,
Luy fit passer de mauuais iours,
Et luy fit force vilains tours,
Dont bien souuent, quoy que tres-sage,
Il se souffleta le visage ;
Mais enfin conduit du destin
Il eut dans le pays Latin,
Quinze mille liures de rente,
Tant plus que moins que ie ne mente :
Et sans regretter Ilium
Fut Seigneur de Lauinium,

Dont depuis sa race par guerre
A fait vne assez bonne terre :
C'est de-là que nous sont venus
Les peres Albains si connus ;
De là Rome la belle ville
Trois fois plus grande que Seuille.
 Petite Muse au nez camard
Qui m'as fait Autheur goguenard,
Et qui quoy que mon mal en pire
Me fais pourtant quelque fois rire ;
Dy moy bien comment, & pourquoy,
Iunon sans honneur & sans foy,
Persecuta ce galant homme,
Sans lequel nous n'aurions pas Rome,
Ny tous ces illustres Romains
A qui nous baisons tous les mains :
Elle fit bien la furieuse
Contre personne si pieuse,
Ils se faschent donc comme nous ?
Ie ne les croyois pas si fous,
Et les croyois estre sans bile,
Ces beaux Dieux d'Homere & Virgile.
 Pres du pays du Roy d'Arger
Qui tua le bon Roy Roger,

Vne ville fort ancienne
De fondation Tyrienne,
Deſſus le riuage Affriquain,
Seruoit d'azyle à maint coquin :
Cette ville auoit nom Cartage
D'où l'inuention du potage,
Celle de cuire les œufs frais,
Sans les durcir à peu de frais,
Choſes autrefois peu connuës
Au grand bien de tous ſont venuës ;
Gans de Grenoble, & gans de chien,
Se donnoient là preſque pour rien,
Cette Gent eſtoit à tout faire
Vaillante ou pluſtoſt temeraire,
La ſœur & femme du grand Dieu
S'y plaiſoit plus qu'en aucun lieu,
Samos iadis ſa bien aymée
Eſtoit d'elle moins eſtimée,
Elle y tenoit carroſſe, & char,
Chaiſe à bras, littiere & brancar,
En fit rebaſtir les murailles,
Et la fit exempter de tailles ;
Elle n'eſtoit premierement
Qu'vn Bailliage ſeulement,

TRAVESTY.

Mais elle rompit tant la teste
A Iupiter, qu'à sa requeste
Il en fit vn Presidial
Ie ne sçay s'il fit bien ou mal,
Y fonda deux ou trois Colleges
Auec de fort beaux priuileges,
Elle eust fait de cette Cité
Ce que Rome a depuis esté;
Mais par malheur en cette affaire
Le destin fut d'auis contraire,
Le destin qui fait bien pester
Mesme le grand Dieu Iupiter:
Or comme souuent trop l'on cause
Elle auoit ouy quelque chose,
Qu'vn iour viendroit que les Troyens
Perdroient les pauures Tyriens,
Ce que craignant la bonne Dame,
Et gardant encor en son ame
Le beau iugement de Pâris,
Et l'insuportable mespris,
Qu'en faueur de Venus la belle
Il eut pour Pallas & pour elle,
Outre qu'il auoit reuelé,
(Heureux s'il n'eust iamais parlé)

Qu'elle auoit trop longue mamelle,
Et trop long poil deſſous l'aiſſelle,
Et pour Dame de qualité
Le genoüil vn peu trop croté,
Puis vn autre mal ſans remede,
Le rapt du ieune Ganimede
Dont ſon débauché de mary
Auoit fait vn cher fauory;
Ces choſes là miſes enſemble,
Eſtoient ſuffiſantes me ſemble
Pour luy faire faire aux Troyens
Ce que les Laquais font aux chiens,
Elle faiſoit donc ſon poſſible
Cette Deeſſe trop terrible,
Que ces pauures depayſez,
Pour la pluſpart deualiſez,
Ne peuſſent comme peuple libre
Planter leur piques ſur le Tybre,
Y ſemer blé, cueillir raiſins,
S'allier auec leurs voiſins,
Comme ils faiſoient dans la Phrygie
Deuant que les troupes d'Argie
Fiſſent des biens de Priamus
Apres dix ans gaudeamus:

Tant l'entreprise estoit hautaine
D'esleuer cette Gent Romaine,
Malgré ses ennemis diuers
A l'empire de l'Vniuers.
 Cette pauure race Troyenne
Dessus la mer Sicilienne,
Comme apres bon vin bon cheual
Voguoit sans songer à nul mal,
Ils auoient tous le vent en poupe,
Et n'estoit pas vn de la troupe
Qui ne chantât des Leridas,
Des lampons & des ouydas:
Et mille autres telles denrées,
Quand sur les plaines azurées
Iunon par la trape des Cieux
Par malheur vint ietter les yeux,
Quand elle les vit ainsi rire,
Elle en accrût si fort son ire
Que si son lacet n'eust rompu,
Outre quelle auoit bien repû,
Ie croy, Dieu vueille auoir son ame,
Qu'elle eust creué la bonne Dame:
L'esp it donc quasi peruerty,
I'en auray donc le dementy,

Cria-t'elle, & cette gueusaille
A ma barbe fera gogaille?
Quoy Pallas qui n'est que Pallas
A pû ce que ie ne puis pas,
Contre les Gregeois animée,
Du foudre de son pere armée,
Pour vn seul elle a fait sur tous
Pleuuoir vne gresle de coups,
Elle a bien pû reduire en poudre
Le pauure Aiax d'vn coup de foudre,
Ietter les Grecs qui ç'a qui là
Et ie ne pourrois pas cela ?
Et malgré moy la destinée
Gardera ce faquin d'Ænée?
Et moy qui suis sans me vanter
Sœur & femme de Iupiter,
Ie ne pourray quoy que ie fasse
Perdre cette maudite race ?
Et chacun me mesprisera
Et pas-vn ne m'adorera?
Car qui Diable seroit si beste
De vouloir celebrer ma feste,
Qui voudroit me sacrifier
Bœuf, vache, mouton ou belier?

Oiij

TRAVESTY.

Oüy bœuf, mouton, belier, ou vache,
Il n'est personne que je sçache:
Qui vueille m'offrir seulement,
Vn rat qui n'est qu'vn excrement:
Cela dit auec violence
La Deesse à beau pied sans lance,
S'en alla trouuer Eolus,
Roy non pas des plus absolus,
Car les vens dont il est le maistre
Luy font souuent bien du bissetre,
Estans inconstans & legers,
Mais pour éuiter les dangers.
Il les tient dans vne cauerne;
Ou l'on ne va point sans lanterne:
Autrement ces seditieux:
Bouleuerseroient Terre & Cieux;
C'est pourquoy craignant leur folie
Il les emprisonne, il les lie;
Mais le vencoulis seulement
Sort quand il veut inpunément;
Les autres vens souuent s'eschapent,
Lors mal-heur à ceux qu'ils attrapent.
Mal-heur aux arbres: aux clochers,
Mal-heur aux vaisseaux, aux Nochers,

Mal-heur à toutes cheminées,
Qui deuiennent lors enfumées,
Estant ainsi capricieux,
Iupiter le grand Roy des Cieux
Dessous de grandes roches dures,
En de grandes caues obscures,
Les tient enfermez sous la clef,
Imposant dessus eux vn chef,
Qui leur lâche à propos la bonde
Quand il faut balier le Monde,
C'est donc là que la Dame vint,
Voicy le discours qu'elle tint
Quasi parole pour parole,
Au Roy des quatre vens Eole,
O toy qui fais ce qui te plait
Du sud, du Nord, de l'Ouëst de l'Est,
Et qui de mon espoux & frere,
Roy des hommes, des Dieux le pere,
As eu le don de rendre l'air
Comme tu veux obscur ou clair,
Vne carauane Troyenne
Vogue dessus la mer Tyrenne,
Ce sont gens qui ne vallent rien
Ausquels ie ne veux pas grand bien

TRAVESTY.

Ils esperent en Italie
Leur retraite bien establie,
Chargez de hardes, & d'escus,
Et de leurs Penates vaincus,
Ils y voguent le vent en poupe,
Et n'est pas vn en cette troupe
Qui me rende ce qu'il me doit,
En fin on en abuseroit,
Si ie les laissois bragues nettes
Ils diroient de moy cent sornettes:
Si tu me veux bien obliger
Fais vistement le temps changer,
Donne leur, d'vn vent de Galerne
Qui iusques au Ciel me les berne:
Ou bien plutost des quatre vens
Qui iour & nuit les poursuiuans,
Brisent leurs vaisseaux contre terre;
Comme s'ils n'estoient que de verre,
Afin qu'ils craignent tout de bon
La diuinité de Iunon,
I'ay pour Damoiselles suiuantes
Quatorze Nymphes tres-galantes,
Celle que i'estime le plus
Sera la femme d'Eolus,

C'eſt la parfaite Deiopée,
Vn vray viſage de poupée,
Au reſte on ne le peut nier
Elle eſt nette comme vn denier,
Sa bouche ſent la violette
Et point du tout la ciboulette,
Elle entend & parle fort bien
L'Eſpagnol & l'Italien,
Le Cid du Poëte Corneille
Elle le recite à merueille,
Cout en linge en perfection,
Et ſonne du Pſalterion,
A cela que dit Maiſtre Eole,
I'aurois la ceruelle bien folle
Si ie ne vous diſois oüy,
Reſpondit-il tout reſiouy,
Et deſcouurant ſa teſte chauue;
Qui fut iadis de couleur fauue,
C'eſt à vous, Dame, à commander,
Et ie n'ay rien qu'a ſeconder,
Les volontés de ma Princeſſe
Sans m'enquerir pourquoy, ny qu'eſt-ce,
Par vous i'ay dans le firmament
Vn aſſez bel appartement,

TRAVESTY.

Par vous Iupiter fauorable
M'admet à sa diuine table,
Ou j'auale tant de Nectar
Que ie m'en trouue gras à lard,
Ou d'Ambrosie, & de la bonne
Iusqu'au cou souuent ie me donne,
Et toutes ces felicitez,
Sont les effects de vos bontez,
Cela dit à la haste, il darde
Contre le roc vne halebarde,
Elle y fit vn petit pertuis,
Il ne falut point vn autre huis
Aux vens pour faire vne sortie,
Dont la mer toute peruertie,
Aux hommes sur elles flotans
Fit bien tost mal passer le temps,
Les vagues que les vens enflerent
Iusqu'au Ciel les vaisseaux porterent,
Mais ils en furent raportez
Plus viste qu'ils n'estoient montez,
Le choc des vagues forcenées,
Le fracas des nefs ruinées,
Les cris, & les gemissemens,
Les vens, & leur mugissemens,

La grosse pluye, auec la gresle,
Tombantes du Ciel pesle-mesle,
Tout cela faisoit vn beau bruit,
Le iour estoit deuenu nuit,
Les esclairs seuls luisoient sur l'onde,
Car pour le beau flambeau du Monde
Voyant tous les vens deschainez,
Mett'ant son manteau sur son nez,
Il auoit regagné bien viste
De peur d'estre mouillé, son giste,
Alors Æneas le pieux,
Regardant tristement les Cieux,
Lascha ces piteuses paroles,
Ie seray donc mangé des soles?
Cria-t'il, pleurant comme vn veau,
Et ie finiray dedans l'eau?
O quatre ou cinq cent fois heureuses
Ames nobles & valeureuses,
De qui les corps maintenant secs,
Decoupez par les glaiues Grecs,
Ont esté de la mort la proye,
Deuant la muraille de Troye,
O le plus vaillant des Gregeois
Diomede le Rabajois,

Pourquoy ne m'as-tu de ta lance
Percé l'eſtomac ou la pance,
I'en aurois le bon Dieu loüé
Et t'en aurois bien auoüé,
Au moins aurois-je l'auantage
D'auoir teſmoigné mon courage,
D'eſtre mort auec Sarpedon,
Ce maiſtre ioüeur d'eſpadon,
Aupres d'Hector cét inuincible
A tous les Gregeois ſi terrible,
Qui ſi ſouuent couuroit les bords
Du fleuue Xante de corps morts,
Du fleuue Xante de qui l'onde
A tant enſeueli de monde,
Au lieu que mourir dans la mer
Ou tout ce qu'on boit eſt amer,
Mangé des Harangs, & Moluës
Des Soles, Turbots, & Barbuës,
Eſt vn mal-heur qui me feroit
Rendre grace à qui me pendroit,
Vn vilain vent ſans dire gare
(Il faloit qu'il fuſt bien barbare
D'attaquer vn homme ſi bon,)
Luy fit bien changer de jargon;

Il s'embaraſſa dans les voiles,
Rompit les cordes & les toiles,
Et fit entrer dans le vaiſſeau
Ie ne ſçay combien de muis d'eau.
La troupe d'eſpoir deſnuée
Fit vne piteuſe huée,
Vn flot iuſqu'au Ciel l'eſleua
Puis auſſi-toſt le flot creua,
Laiſſant en mer vne ouuerture
Ou chacun vit ſa ſepulture,
Trois vaiſſeaux des vens mal-traitez,
Dans les rochers furent portez,
Trois dans les eſcueils s'enſablerent
Dont les plus reſolus tremblerent,
Des ſoldats Lyciens la nef
Donc le braue Oronte eſtoit chef,
Des vens & des flots combatuë
Fut à la fin par eux vaincuë,
Vn gouffre à la fin l'abſorba,
Ou pour mieux dire la goba,
Iamais on ne vit tel orage,
Ny ſi triſte remu-meſnage,
Les pauures mal heureux Troyens
Las & recrus comme des chiens,

viderent

Vuiderent lors toutes leurs tripes,
Lors on vid force bonne nipes
Floter parmy les ais brisez,
Et les corps de force espuisez;
Quelques-vns vainement nagerent,
Mais les bras bien-tost leur manquerent,
Car les mal-heureux n'auoient pas
Des calebasses sous les bras.
La nef du fort Ilionée
Des grands coups de vent ruinée,
Celle du fidelle Achatés
D'Abas, & du vieil Aletés,
Tournoient comme des girouettes,
Faisoient en mer cent pirouettes,
Qui pis est la cane souuent,
Mais ainsi le vouloit le vent;
Ces maistres balieurs du monde
Faisoient ainsi rage sur l'onde,
Mais Neptune au poil bleu mourant
Qui n'a pas l'esprit endurant,
Se douta bien-tost de l'affaire,
Encor qu'on taschât de luy taire,
De peur qu'en estant irrité
Il n'en alterast sa santé,

C

Mais voyant l'obscurité telle
Qu'il auoit besoin de chandelle,
Encor qu'il ne fut que midy.
Et que le poisson estourdy,
S'alloit cachant dans les rocailles,
Le Roy du peuple porte escailles,
Poussa son char fait en bateau
Deuers la sur-face de l'eau,
Lors qu'il mist hors de l'eau la teste,
Les flots nonobstant la tempeste
S'abaisserent de la moitié,
Les Troyens luy firent pitié,
Et les autheurs de leur misere
Le mirent bien fort en colere,
Connoissant la mauuaise humeur,
Et le chien d'esprit de sa sœur,
Il ne douta point que l'orage
Ne fut vn effet de sa rage,
Aussi-tost qu'en paume il siffla
Au diable le vent qui souffla,
Et qui lors eut le mot pour rire
Il appella le vent Zephyre,
Et le vent Eure, tous honteux
Ils vinrent deuant luy tous-deux,

TRAVESTY.

La ioüe à demy desenflée
Et iusqu'au menton aualée;
Alors qu'il les eut deuant luy,
Ce n'est pas, dit-il, d'auiourd'huy,
Que sans regarder qui vous estes,
Sans songer à ce que vous faites,
Et si ie le trouueray bon,
Vous exercez vostre poulmon,
A troubler le repos du monde,
Faire des vacarmes sur l'onde,
Et ietter de la poudre aux yeux,
Au premier chapitre des Cieux;
I'ay bien peur si mon auis passe,
Que le Roy du Ciel ne vous casse,
Et la broüée, & les frimas,
Par la mort ? il n'acheua pas,
Car il auoit l'ame trop bonne,
Allez, dit-il, ie vous pardonne,
Tirez-vous vistement d'icy,
Et ne pensez plus faire ainsi,
Sur mes flots vostre soufflerie,
Ie n'entendray pas raillerie,
Et que vostre beau Roy de vent
Porte respect à mon trident,

La mer n'est pas de son domaine,
Qu'en sa demeure soûterraine
Il vous donne s'il veut la loy,
Sans rien entreprendre sur moy;
Le vent Eure, & le vent Zephire
A cela n'eurent rien à dire,
Vn vaisseau Troyen eschoüé,
Par Triton, & Cimothoé,
Fut dégagé d'vn banc de sable,
N'ayant plus ny voile ny chable;
Trois autres tous desarnachez
Par les vens sur les rocs iuchez,
Par les mesmes à grande peine
Regaignerent l'humide pleine;
Le bon Neptune cependant
Rendit d'vn seul coup de trident,
La mer auparauant si fiere
Paisible comme eau de riuiere,
Et puis deuenu tout gaillart,
Fit faire auecque beaucoup d'art
A son char mille caracoles,
Sur le lac ou l'on prend les soles;
Lors aussi poly qu'vn miroir,
Lors vrayment il le fit beau voir,

TRAVESTY.

Et les Dieux marins qui le virent
La dessus compliment luy firent;
Et le Soleil pareillement,
Reuenu depuis vn moment;
Quand il vit que vent, & nuage:
Et tout ce qui faisoit l'orage,
C'estoit enfuy vers l'Horison:
Tout ainsi, par comparaison,
Qu'en vne populace esmeuë
Ou l'on oyt crier tuë, tuë,
Et que les bastons, & caillous
Volent faisans bosses, & trous;
Si quelqu'vn à la grande barbe,
Et de maiestueuse garbe,
Sans craindre pierre ny baston,
Vient haranguer comme vn Caton,
Il impose aussi-tost silence,
Fait cesser toute violence,
Et chacun retourne chez soy
Disant c'est luy, ce n'est pas moy,
De peur d'estre mis en sequestre,
Tant l'honorable Bourgue-mestre
Grondant icy, caressant là
Dans la ville met le hola,

Auec vne conduite telle,
Qu'on diroit que ce n'est plus elle ;
Le Roy des flots ny plus ny moins,
Par sa diligence, & ses soins,
Apres auoir laué la teste
Aux vens, autheurs de la tempeste,
Rendit la mer malgré le vent
Aussi paisible que deuant.

 Cependant les soldats d'Ænée,
Malgré Iunon la forcenée,
S'éforçoient à force de bras
Encore qu'ils fussent bien las,
De gaigner la terre voisine,
Mal satisfaits de la marine,
Enfin ils ramerent si bien
Qu'ils virent le bord Libien ;
La Mademoiselle Nature
Fait vn port sans architecture,
D'vne petite Isle couuert,
Ou personne n'est pris sans vert,
Car en tout temps d'herbe nouuelle,
Mais entre-autres de pimprenelle
Elle est pleine iusqu'en ses bors
Au grand bien de ceux de dehors,

Qui viennent chaque iour de terre
En prendre pour mettre en leur verre;
Ce port peu connu des Nochers
Tout enuironné de rochers,
Represente vne scene antique,
Deux escueils font comme vn portique,
A l'abry desquels les vaisseaux
N'ont peur de la fureur des eaux,
Ny des vens qui leur font la guerre
Non plus que s'ils estoient sur terre,
On prendroit ces escueils hideux,
Dont les arbres font les cheueux,
Pour des Geans qui font en garde
S'ils estoient armez d'halebarde,
Les rochers de l'autre costé
Sont tres-commodes en Esté,
Chacun d'eux ayant dans son ventre
Vne cauerne, ou bien vn antre,
Ou logent, maudit soit qui ment,
Les Nymphes ordinairement;
Là de belles sources d'eau douce,
Dont les bords sont couuerts de mousse,
Disent à celuy qui les voit
Ne voulez-vous pas boire vn doit?

Tout aupres vne foreſt ſombre
Ou l'on eſt en tout temps à l'ombre,
Et dont les arbres touſiours vers
Sont de l'âge de l'Vniuers,
N'a iamais ſenty, que ie ſçache,
Coup de ſerpe, coignée ou hache,
Et iamais en ce port caché
L'anchre ne s'eſtoit accroché ;
Ænée en eut le pucelage,
Et premier foula ce riuage
De ſept vaiſſeaux accompagné,
Tout le reſte eſtoit eſloigné
De cette flote diſsipée,
Ayant donc la terre attrapée,
Dieu ſçait s'ils furent diligens
A deſcendre les bonnes gens ;
Lors Achates vn fer empoigne,
Et contre vn caillou ſi bien coigne
Qu'il en fit non pas pour vn peu
Sortir eſteincelles de feu :
Ce feu pris à matiere ſeiche
(Ie ne ſçay pas ſi ce fut méche,
Si ce fut bois viel, ou bien neuf)
Deuint grand à roſtir vn bœuf,

Lors

Lors fut des vaisseaux descenduë
Toute la Ceres corrompuë,
En langage vn peu plus humain,
C'est ce dequoy l'on fait du pain,
Quelques-vns au feu la seicherent
Estant seiche la concasserent,
Puis en firent des échaudez,
Qui ne furent guere gardez,
Et puis Æneas sans échelle
Suiuy d'Achates le fidelle,
Monta sur le haut d'vn escueil,
La tant que peut aller son œil
Il chercha sa flotte écartee,
La nef de Capis, & d'Antee,
Le grand vaisseau de Caicus,
Et les autres vaisseaux vaincus,
Grace à Iunon la male beste,
Par les efforts de la tempeste,
Vainement ses yeux il frota,
Les ouurit, & les clignota,
Il ne vit vaisseau, ny galere,
Dont le bon Seigneur desespere,
Mais bien vit-il trois cerfs gaillards
Suiuis de biches, & brocards,

D

Cela le fit vn peu soûrire,
Bon, dit-il, voicy de quoy frire,
Il banda son arc, cela dit
Prit son carquois & descendit,
Achates prit son arbaleste
Voulant tuer aussi sa beste,
Lors le bon Prince de tirer,
Et les cerfs de se retirer
Pour gaigner la forest voisine,
Mais Æneas les assasine
Auec tant d'adresse, & si bien,
Qu'il en met sept en moins de rien
Mort estendus dessus la terre,
Il ne fit pas plus longue guerre,
Voyant autant de cerfs à mort
Qu'il auoit de vaisseaux au port,
Cette belle occision faite
N'ayant ny trompe, ny trompette,
Ny de voix assez pour crier,
Vn chifflet de chauderonnier
Achates tire de sa poche,
A ce chifflet chacun approche,
Puis sur des auirons croisez
Tous ces corps morts furent posez,

Et portés à grands crys de ioye
Vers les sept nauires de Troye:
Æneas fit desembarquer
Force bon vin dequoy trinquer,
Qui n'estoit pas de deux oreilles,
Non pas pour quatre ou cinq bouteilles
Acestes de plusieurs tonneaux
Auoit fourny tous leurs vaisseaux
Lors qu'ils partirent de Sicile,
Que le bon Seigneur tres-habile
Apres quelques petits refus,
Auoit pourtant fort bien receus,
Puis pour leur donner bon courage
Il leur tint à tous ce langage:
Nous en auons eu dans le cu,
Les vens à ce coup ont vaincu
Mais nous deuons bien nous attendre
Que nous affliger, & nous rendre
Toutes sortes de déplaisirs
Est le plus grand de leurs desirs,
Peu de maux sont pareils aux nostres,
Mais nous en auons bien eu d'autres,
Et peut-estre qu'ils finiront
Quand les Dieux se rauiseront.

D ij

Nous sommes, sortans de Sicile,
De Carybde tombez en scylle,
C'est tomber de fievre en chaud mal,
Polypheme estrange animal,
Nous fit à tous auoir la fievre,
Il me fit courir comme vn lievre,
Et bien souuent de pur effroy
Il me semble que ie le voy,
Mais l'homme de cœur tout surmonte,
Vn jour que nous ferons le conte
De tant de beaux combats rendus
Nous rirons comme des perdus,
Le sort promet qu'en Italie
Terre a ce qu'on dit fort iolie,
Nous aurons vn iour de repos,
Il ne sçauroit plus à propos
Ce signalé plaisir nous faire,
La mer commence à nous déplaire,
Nous auons trop fait les plongeons,
Il vaut mieux bastir des donjons,
Et faire vne nouuelle Troye,
Qui sur mer enfin ne se noye?
A moins que d'estre vn Cormorant,
Ie croy que le Iuif errant,

N'a pas fait vn plus long voyage,
Mais il faut auoir bon courage
C'a beuuons donc, & nous gardons
Pour les biens que nous attendons;
Il leur fit ce discours de bouche
Mais comme on dit le cœur ny touche,
Il ne rit que du bout des dens,
Et tout de bon pleure au dedans,
Lors chacun se met en besoigne,
Chacun quelque instrument empoigne
Pour trauailler pour le festin,
Tous resiouis d'vn tel butin,
Les vns de leur peau les despoüillent,
Et les autres dans leur corps foüillent
En tirent tripes & boyaux,
Les lauent en deux ou trois eaux,
Puis en font de grosses saucisses:
S'ils auoient iusqu'à des épices.
Puis que Virgile n'en dit mot,
Qui comme on sçait n'est pas vn sot,
Noble & discret Lecteur vous plaise
Permettre aussi que ie m'en taise,
Retournons à nos cuisiniers,
Apres auoir mis par quartiers,

Par aloyaux, & charbonnées,
Ces sept bestes assassinées,
Ils mirent la viande au feu,
Puis l'vn trop cuit, l'autre trop peu,
Couchez sur la gaye verdure
Ils en firent déconfiture,
Et se remplirent à foison
De vin vieil & de venaison:
Si bien beurent si bien mangerent
Que la plus part s'en deuoyerent,
Enfin apres auoir disné
Iusqu'à ventre déboutonné,
Ils se mirent à tuë teste
A discourir de la tempeste,
L'vn pleure Cloanthe, & Lycus,
L'autre Gyas, l'autre Amycus,
L'autre à son compagnon raconte
Comme quoy se perdit Oronte,
Ils auront gaigné quelque ports,
Ils ne sont pas encore morts,
Disent quelques-vns, quelques autres
Disent pour eux leur patenostres,
On n'eust pas oüy Dieu tonner
A respondre & questionner,

TRAVESTY.

Tant ils faisoient de bruit ensemble:
Cependant le Dieu sous qui tremble
La voûte du haut firmament,
Comme il agist incessamment,
Au trauers d'vn chassis de verre
Iettoit ses yeux dessus la terre,
Regardant si tout alloit bien
En son Royaume terrien,
Comme il visitoit la Lybie
La Mere d'Æneas le pie,
Ou pour mieux dire le pieux;
Le cœur triste, & la larme aux yeux,
Luy tint à peu pres ce langage,
Apres auoir comme tres-sage,
Auec grande crainte & respect
Dit par trois fois Salamalec.
Grand Roy qui faites sur la terre
Tant de si beaux coups de tonnerre,
Et qui tenez dedans vos mains
Le bien & le mal des humains,
Qu'a fait à vostre Seigneurie
Le pauure Æneas ie vous prie,
Qu'ont fait les pauures Phrygiens
Que vous traitez comme des chiens,

Errer de contrée en contrée,
N'auoir en nulle part entrée,
Souffrir par tout mille trauaux,
Estre poursuiuy des Preuosts,
Comme s'ils estoient des Bohemes
Sont ce là ces bon-heurs extremes?
Et les biens qu'on leur a promis,
Est-ce là les traiter d'amis?
D'Aeneas de ce galant homme
Deuoit tant venir cette Rome,
Dont le destin a fait par tout
Cent contes à dormir de bout,
A ces pauures bannis de Troye
(Dieu que i'en ay pleuré de ioye,
Mais maintenant pour vn petit
I'en pleurerois bien de dépit)
Vous auiez promis vn azyle,
Si seur que leur superbe ville
Qu'a mis en feu le Grec vainqueur
Ne leur deuoit tenir au cœur,
Des descendans du ieune Iule
Deuoit venir ce grand Romule,
Tous ces benois Peres conscripts,
A la barbe longue, au poil gris,

La

TRAVESTY.

La nation port' sout.ine
Inuentrice du veau Mongane,
Qui deuoit établir ses lois
Sur l'Indien & sur l'Anglois,
Et se rendre enfin par la guerre
Maistresse de toute la terre,
Mais c'est autant pour le brodeur,
Le Destin n'est qu'vn vray menteur,
Et vous mon tres-Reuerend Pere
En qui mon fils en vain espere,
Ie voy bien que le plus souuent
Vous ne promettez que du vent,
Qui n'eust crû sur vostre parole
A moins que de passer pour folle,
Que suiuant l'Arrest du destin
Il auroit le païs Latin,
Mais cette region promise,
Apres remise sur remise,
A la fin du conte sera
Le diable qui l'emportera,
Au lieu de ces belles conquestes
Sur mer il aura des tempestes,
Sur terre il n'aura que des coups,
A tout cela que ferions-nous

E

Sinon le prendre en patience,
Qui, comme on dit, passe science,
Puis que gens à mal faire nez
Vous menent ainsi par le nez,
Vous deuriez les faire pendre,
Si vous sçauiez aussi bien rendre
La Iustice, que vous sçauez
Pardonner aux gens déprauez:
Antenor sans tirer l'épée,
Apres l'auoir belle eschapée,
Aussi bien que mon pauure fils,
Suiuy de ses gens déconfits
A trauersé l'Esclauonie,
Et son heureuse colonie
Pres du pays ou l'Eridan,
Rend son tribut à l'Ocean,
A bien & beau fondé Padouë,
A tous les voisins fait la mouë,
Et leur monstre fort bien les dens
A lors qu'ils font trop les fendans,
Il est la qui rogne, & qui taille,
Qui chasse, qui boit, & qui raille,
En fin qui fait ce qui luy plaist,
On sçait pourtant bien ce qu'il est,

TRAVESTY.

On sçait bien que ce n'est qu'un traistre,
Et mon fils ayant l'honneur d'estre
Parent de la plus part des Dieux,
Mon fils qu'on nomme le pieux,
A perdu vaisseaux, & bagage,
A mis tous ses habits en gage,
Se voit des vns vilipendé,
Des autres grondé, gourmandé,
Tout cela par ie ne sçay quelle
Qui parce qu'on me trouue belle,
Dit par tout que ie ne vaux rien,
Grace à Dieu l'on me connoit bien,
Si ce n'est qu'il y va du vostre
Et qui toque l'vn toque l'autre,
Ie dirois tout ce que ie sçay
Mais pour mieux faire ie me tay;
Elle en eût bien dit dauantage,
Mais la bonne Dame de rage
Se mit tellement à pleurer,
A sangloter, à souspirer,
Enfin fit tant de l'enragée,
Qu'il eut peur la voyant changée
Qu'elle n'eut quelque Diable au corps,
Tout autre que luy l'eût crû lors

*Mais il se connoist trop en diable,
Or comme il est tres-pitoyable,
Et quand il voit souffrir autruy
Il souffre presque autant que luy,
Ce grand Dieu se mit a sourire,
Il me semble auoir oüy dire
Que quand il rit tout en va mieux
Sur mer, sur terre, & dans les cieux,
Ce Dieu donc des Dieux le plus sage
Se r'adoucissant le visage,
Et la prenant souz le menton
Luy dit, bon Dieu que diroit-on,
Si l'on vous voioit ainsi faire,
N'auez-vous point honte de braire,
Ainsi que la femme d'vn veau,
Ha vrayment cela n'est pas beau,
Ne pleurez plus la Cytherée,
Et tenez pour chose asseurée,
Tout ce qu'a predit le Destin
D'Aenée & du pays Latin,
Vous le verrez bastir muraille
De brique & de pierre de taille,
Et faire vne Lauinium
Qui vaudra bien son Ilium,*

TRAVESTY.

Et peut-estre sera plus belle,
Puis vous le verez sans eschelle
Vn beau matin monter au cieux,
Pour estre vn de nos demy-dieux,
Mais sçachez s'il vous faut tout dire
Que pour établir son Empire,
Il aura bien à déguaisner,
Et bien de combats à donner,
Contre vn peuple fier & barbare,
Et qui frape sans dire gare,
Mais si bien il escrimera
Que de tout à bout il viendra,
Et de farouches comme bestes,
En fera des gens fort honnestes,
Qui sçauront faire complimens,
Et bien joüer des instrumens,
Trois fois les prez auront des herbes,
Et les jaunes guerets des gerbes,
Et trois fois durant trois hyuers
Ils seront de neige couuerts,
Cela veut dire trois années,
Que toutes guerres terminées,
Et tout ses ennemis vaincus
Par le tranchant de son Malcus,

Il regnera Roy pacifique,
Et pour Monsieur son fils vnique
Ascagne qu'on nomme Iulus,
Qu'on nommoit autrefois Ilus,
Deuant qu'Illium la superbe,
Deuint vn champ brûlé sans herbe,
Trente ans entiers il regira
Lauinium, qu'il quittera
Pour faire vne ville nouuelle,
Apellée Albe, sur laquelle
D'Hector les genereux enfans,
Regneront durant trois-cens ans,
Iusqu'à tant qu'vne Reyne nonne
Mette au iour sa race bessonne,
Dont Mars le Dieu gladiateur,
Passera pour fabricateur.

 Et puis apres son fils Romule
A l'imitation d'Hercule,
Portant au lieu de iuste au corps,
Peau de Louve poil en dehors,
Ramassera par les villages
Tous les faiseurs de brigandages,
Tous gens de dangereuses mains
Desquels il fera les Romains,

TRAVESTY.

Leur ville s'appellera Rome
Du nom de ce tant honneste homme,
Ie ne donne aucun temps prefix
A ces enfans de vostre fils,
Pour le terme de leur empire,
Il durera sans qu'il enpire,
Iusqu'a tant que tout prenne fin,
Amen, dit Venus, & Iupin
Reprit aussi tost la parole,
Et pour Iunon qui fait la fole,
Et se fait à quatre tenir,
Vous la verrez bien reuenir,
Apres auoir bien fait la guerre,
Remuë le Ciel, & la terre,
Et fait tous ses efforts en vain,
Mettant de l'eau dedans son vin,
De ces peuples qu'elle tourmente,
Elle se dira la seruante,
D'elle cheris autant & plus
Qu'ils auront esté mal-voulus,
Dans peu de temps Phtye & Micene
Auiourd'huy si fiere & si vaine,
Verra ses habitans vaincus
Par les enfans d'Assaracus,

Aura mesme destin que Troye,
Et des Romains sera la proye,
Puis sur la terre reluira
Cesar, qui l'assuiettira,
L'Ocean souffrira ses voiles,
Sa gloire ira jusqu'aux estoiles,
Et luy mesme enfin y viendra;
Lors son illustre nom sera
Colloqué dans la Litanie,
La discorde sera bannie
Plus de guerres en l'Vniuers,
Si non en prose, ou bien en Vers,
Quand Autheurs aux testes mal-faites,
Comme par exemple Poëtes
A grands coups de vers outrageans
Apresteront à rire aux gens,
En terre la foy retournée,
Et Vesta qui l'a r'amenée
Reme, & son grand frere Quirin,
C'est à dire en françois Guerin,
Donneront par tout vn tel ordre
Que personne ny pourra mordre,
Du temple du Dieu double front
Les portes se condamneront.

TRAVESTY.

La fureur impie, & la rage
Seront la prises comme en cage,
Et s'vseront toutes les dens
A ronger du fer la dedans.
Iupiter se seicha la langue
A cette ennuieuse harangue,
Iusqu'à s'en enroüer la voix,
Venus en bailla quatre fois,
Mais enfin il conclut la chose,
Dont l'Autheur qui ses vers compose
En son cœur la remercia,
Car si fort il s'en ennuya,
Que deux fois faute de courage
Il pensa quitter la l'ouurage;
Iupiter donc quand il luy plût,
Certes plus tard qu'il ne fallut,
Cessa de faire le Prophete,
Et Venus la Dame coquette,
Luy fit complimens la dessus
En termes eloquens conceus,
Lors il fit venir pour luy plaire
Son fils, son courier ordinaire
C'est son fils ce fils de putain,
Qui sçait parler Grec & Latin,

F

LE VIRGILE

Qui coupe si bien vne bourse,
Qui de l'eloquence est la source,
Sçait bien jouër des gobelets,
Faire comedie & balets,
Inuenteur des detz, & des cartes,
Des tourtes, pouplelins, & tartes,
Et pour acheuer son tableau,
Sur le tout vn peu maquereau,
Ce messager prompt & fidelle :
Gagne la terre à tire d'aile
Enuoyé vers Dame Didon
Par le grand mary de Iunon,
(Vous allez sçauoir toute à l'heure
Quelle est Didon & sa demeure)
C'estoit pour adoucir les cœurs,
Et les barbaresques humeurs
De la nation Tyrienne
En faueur de la Gent Troyenne,
Iupiter ainsi faisant, prit
Le dessein d'vn homme d'esprit,
Car si Didon mal informée
D'Ænée & de sa renommée,
De l'intention du destin,
Et qu'il estoit cher à Iupin,

Si dis-je cette Dame Elise
Comme de vrais peteurs d'Eglise,
Les eût chassez de son estat,
Leur eût refusé tout à plat
Dans son païs vne retraite,
C'est vne chose claire & nette
Qu'elle eut lors à Iupin rendu,
Vn déplaisir non attendu,
Dont elle auroit pû luy déplaire,
Mais elle leur fut débonnaire
Iusqu'à dit-on, faire en cela
Tout ce qu'il faut mesme au dela :
Cependant nostre Maistre Ænée
Ayant eu mauuaise iournée,
Eut encore vne pire nuit,
A peine le soleil reluit,
Qu'il veut voir si de ce riuage
Le peuple est ciuil ou sauuage,
Et sçauoir si les habitans
Sont Chrestiens ou Mahometans
Il se leua donc à la haste
Ne menant auec luy qu'Achate,
Qui prit en ses mains en tous cas
Deux dards & son grand coutelas,

F ij

Affin d'eſtre touſiours en garde,
Ie vous oubliois par meſgarde,
Qu'il mit ſa flotte en vn endroit
Que perſonne ne trouueroit,
Si ce n'eſtoit par necromance,
Et qu'il fiſt expreſſe deffence
Que ſur peine du morion
Aitant Cheualier que pion
Perſonne ne mit pied à terre,
Qu'il n'eut bien fait à l'œil la guerre.
Et ſceu ſi ce port eſcarté,
Seroit vn lieu de ſeureté
Sa mere voulut l'en inſtruire
Et luy faire piece pour rire,
Prenant donc toute la façon
D'vne fille faite en garçon,
Et paroiſſant vn ieune drole
Ayant vn fuſil ſur l'eſpaule,
Et chien couchant chaſſant deuant,
Branlant la queuë, & nez au vent
Æneas qui l'à vit veſtuë,
Tout de meſme que la Statuë,
De Diane qui va chaſſant
Luy rendit ſalut en paſſant,

TRAVESTY.

La dessus vne perdrix rouge
Des pieds de la celeste gouge
Partit, en ioüe elle coucha
Mais son gibier point ne toucha,
Soit que la poudre fut peu fine,
Ou bien que la Dame Cyprine
Ferma les yeux voyant du feu,
Ou bien quelle l'entendist peu,
Elle en rougit vn peu la belle,
Son braue fils s'aprocha d'elle,
Elle luy fit vn doux regard
Luy disant Monsieur Dieu vous gard,
A cette parole obligeante
Qui l'ame de son fils enchante,
Ce ne fut pas pour vn petit
Qu'il en deuint tout interdit,
Il fit pourtant le pied derriere
D'vne assez gentille maniere,
D'vne bouche sentant le thim
Et d'vn son de voix argentin,
Elle luy fit cette harangue,
Je ne sçay pas en quelle langue.
L'auez vous point veu par icy?
De quoy ie suis en grand soucy,

Quelques-unes de mes compagnes
Qui vont chassans dans ces campagnes
Apres un cerf qui va fuyant,
Il respondit en begayant,
Ie n'en ay veu teste ny queuë,
O belle la prunelle bleuë,
Belle que ie ne puis nommer,
Belle qui m'auez pû charmer
Par ie ne sçay quelle lumiere
Que vous auez dans la visiere,
Hà par ma foy i'en suis rauy,
Maudit soit si iamais ie vy
Face qui m'ait pleu dauantage,
La male-peste quel visage,
Et que qui vous regardera
Sans cligner impudent sera,
Vous sentez la Dame diuine,
I'en iurerois sur vostre mine,
Mon nez ne se trompe iamais
En ce qui sent bon ou mauuais
Vostre gousset & vostre haleine
Ne furent iamais d'affriquaine,
Ils ont ie ne sçay quoy du Ciel,
Vostre bouche exhale le miel,

Ou vous estes vne Deesse,
Ou du moins Nymphe, ou ie confesse,
Que ie puis aussi n'estre pas
Le pieux Messire Æneas,
Les vents m'ont en cette contrée
Donné malgré mes dents entrée,
Daignez moy dire au nom de Dieu,
S'il fait seur pour nous en ce lieu,
Et me faites l'honneur de croire,
Que vous aurez bien de quoy boire.
Ie ne suis pas en verité
D'vne si haute qualité,
Dit Venus, mais vostre seruante
Hà vous estes trop obligeante,
Ce dit-il, & j'en suis confus
Et moy si iamais ie la fus
Ce dit-elle, & luy de sourire
Disant cela vous plaist à dire,
Puis sa teste il desafubla,
Elle ses deux iarets doubla
A luy faire vne reuerence,
Il fit vne circonference
Du pied gauche à l'entour du droit,
Et cela d'vn air tant adroit,

Le pauure fugitif de Troye
Que sa mere en pleura de ioye,
Enfin tous ces deuoirs rendus
A l'vn & l'autre si bien deus,
D'vne bouche sentant l'eau rose,
Elle luy dit, C'est vne chose,
Ordinaire aux Dames de Tyr,
D'aimer la chasse, & se vestir
De mesme que ie suis vestuë,
De courir à bride abatuë,
Et sans faire trop de façons
De viure comme des garçons,
C'est icy la terre Punique,
Le peuple en est fort colerique
Qui de Tyr, qu'Agenor fonda,
En cette contrée aborda
Auecque Didon nostre Reine,
Que la tirannie, & la haine
De son frere, Pigmalion
Pire qu'vn tigre, & qu'vn lion,
Contraignit de plier toilette;
Et de déloger sans trompette,
Vn pied mal chaussé, l'autre nu,
En ce riuage peu connû

Les

Les Dieux luy donnent vn azyle,
Elle y fait baſtir vne ville,
Si ce n'eſt vous importuner,
Et que vous vouliez vous donner
La patience de m'entendre,
I'auray plaiſir de vous aprendre
Son hiſtoire dont aiſément
On feroit vn fort beau Romant,
Volontiers belle Tyrienne,
Et ie vous conteray la mienne
Qui ie gage cent karolus
Vaut bien le voſtre & meſme plus,
Nous verrons, repondit la belle,
Didon fut l'eſpouſe fidelle
De l'infortuné Sicheus,
A qui plus traiſtre que Breus.
Pigmalion le ſanguinaire,
Comme il recitoit ſon breuiaire,
D'vn coup d'arquebuſe à roüet
Action digne du foüet,
Fit vn trou dans le mezanterre,
Son eſpouſe s'en deſeſpere
En fait faire information.
Mais de cette noire action

G

Elle n'eut aucune nouuelle,
Tant le meurtrier infidelle
Sçeut tenir son crime secret,
La pauurette en meurt de regret,
De ses tresses lors mal peignées
Elle arrache maintes poignées,
Se prend aux Astres innocens,
La rage maistrisse ses sens,
Vne nuit qu'elle pleure & crie,
Et pour le pauure deffunt prie
Elle le voit percé de coups
Et tout sanglant ce pauure espoux,
Qui d'vne voix espouuentable,
Luy conte l'acte detestable
Et que son frere auoit grand tort
De l'auoir ainsi mis à mort,
Pensant par cette iniuste voye
Auoir son or & sa monnoye,
Didon luy donna le bon-soir
Parce qu'elle auoit à le voir,
Vne frayeur extraordinaire,
Elle dissimula l'affaire
Et s'asseurant des mal-contens,
Prend vn beau iour si bien son temps

TRAVESTY.

Que tout ce que ce frere iniuste
Auoit d'argent pistole ou Iuste,
Et tous ses meubles les plus beaux,
Chargez en vingt & cinq vaisseaux,
Aborderent en ce riuage,
Ou Didon fait bastir Cartage,
Le proprietaire du lieu
Ayant eu le denier à dieu,
Creut la tromper, & ne luy vendre
Qu'autant de lieu qu'en peut comprendre
La peau d'vn bœuf, tant grand fut-il,
Mais Didon par vn tour subtil
Fit couper cette peau par bandes,
Et fit les mesures si grandes,
Que sa ville par ce bon tour
Malgré le vendeur eut grand tour :
Mais vous à qui cecy ie conte
Daignez aussi me rendre compte,
Et du païs d'où vous venez,
Et du chemin que vous tenez,
Dites moy quelles gens vous estes,
Quel est le mestier que vous faites,
Et quelle est la religion
Qu'on professe en la region

Ou vous elisez domicile;
Nous ne sommes pas de Sicile,
Dit Æneas, mais d'vn païs
Ou les gens sont bien esbahis,
Ou bien fort contre les Grecs pestent,
S'entend si gens encore y restent,
Car ie croy bien en bonne foy
Qu'ils sont tous venus auec moy,
Pour dire toute mon histoire
I'irois bien iusqu'à la nuit noire,
Deuant qu'en estre à la moitié,
C'est vn conte à faire pitié
Et que i'ay bien peur qu'on ne croye,
Si iamais le grand nom de Troye
Ce Royaume si bel & bon
Qui n'est plus que cendre & charbon,
Et le tesmoignage effroyable
Qu'icy bas tout est perissable,
Si iamais ce nom glorieux
Est paruenu iusqu'en ces lieux,
Vous sçauez bien quelle est la terre
D'ou me chasse vn horrible guerre,
I'en suis sorty sans dire à dieu,
Et si ie me trouue en ce lieu

TRAVESTY.

Cela ne vient pas de ma teste,
Mais seulement de la tempeste,
Qui m'a ietté comme vn corps mort
Comme par mespris en ce bord,
Ie suis le pieux Maistre Ænée,
De qui la gloire n'est bornée
Qui des voutes du firmament.
Et cela maudit soit qui ment,
I'emporte nos Dieux tutelaires
Soustraits aux Gregeois sanguinaires,
Qui comme ils sont esprits follets
S'en eussent fait des marmouzets ;
I'ay grand dessein sur l'Italie,
On me dira que c'est folie,
Mais ainsi le veut Iupiter,
Si ie l'allois mescontenter,
M'honorant de sa parentelle,
Ie serois vn Iean de Niuelle,
Quand ie me suis mis sur les eaux
I'auois pour le moins vingt vaisseaux,
Mais les vents me l'ont baillé-belle,
Quoy que protegé de Cybelle,
A peine de vingt que i'auois
En ay-je sept en tapinois,

Que i'ay cachez en ce riuage,
I'en pleurerois quasi de rage
Ie me voy sans vn quart d'escu,
Pauure mal-heureux froit au cu
Dans ces grands deserts de Lybie,
Ie suis & d'Europe & d'Asie,
Chassé tout ainsi qu'vn vilain;
Venus la voyant en beau train
D'iniurier la destinée,
Comme mere passionnée
Ne peut le voir ainsi pleurer,
Se plaindre & se desesperer,
Mais pour luy redonner courage
Elle luy tint ce doux langage;
Vous n'estes pas homme de rien
Ou ma foy ie me trompe bien,
Mais qui que vous soyez beau sire,
I'ay quelques choses à vous dire
Qui de ces funestes propos
Vous tireront fort à propos,
Prenez vne chemise blanche,
Aussi bien nous auons Dimanche,
La vostre & ce mouchouër noüé
Semblent le linge d'vn roüé

TRAVESTY.

Allez voir Didon dans sa ville,
C'est une Dame tres-ciuile,
Qui vous donnera de sa main
Dequoy passer vostre chemin,
Si i'ay le don de bien connoistre
Par les choses qu'on voit paroistre,
Ce que les choses deuiendront,
Et du succez qu'elles auront,
Si mes parens m'ont bien instruitte,
Voyez vous cette longue suitte
De cignes qui volent là bas,
Non, dit-il, ie ne les voy pas,
La male-peste soit la beste
Dit elle, en luy tournant la teste,
Tenez les voyla vis à vis,
Ce sont oisons à mon auis
Dit Achates, que vous importe
Oisons ou cignes, diable emporte
Vous me feriez bien enrager:
De peur de la desobliger
Il ne contesta pas la chose,
Elle rouge comme une rose
Ou si l'on veut la face en feu,
Se radoucit pourtant un peu,

Honteuse de sa promptitude,
Et puis leur dit d'vn ton moins rude,
Ils sont si ie sçay bien compter
Seize, l'oiseau de Iupiter
Beste au meurtre fort addonnée
Leur à bien la guerre menée,
Mais il n'a rien gaigné sur eux
Dont ils se tiennent bien-heureux,
Il s'en va faire allieurs la guerre,
Voyez les planer terre à terre
Tous gaillards d'estre en seureté,
Vos gens de mesme en verité
Dans le nouueau port de Cartage
Ont oublié quasi l'orage
Cela dit, elle luy parut
Par vne lueur qui courut,
Depuis ses pieds iusqu'à sa teste,
Telle qu'en quelque iour de feste
Dedans Paphos elle paroist,
Imaginez-vous s'il vous plaist,
S'il eust alors l'ame estonnée
Nostre pauure Messire Ænée,
La voyant grandir à l'instant
De quatre pieds & d'vn empant,

Sentant

TRAVESTY.

Sentant de son corps diafane
Sortir odeur de frangipane,
Voyant ses habits s'alonger,
Et la voyant si-tost changer
Reprenant sa forme premiere,
Que mesme sans voir la maniere
Dont elle se mit à glisser
Autre qu'un sot n'eût peu penser
Qu'elle ne fust une Deesse ;
Lors il cria plein de tristesse,
Ma chere mere qu'est-cecy,
Me pensez-vous tousiours ainsi
Faire des tours de passe-passe,
Merité-je cette disgrace,
Et n'auray-je iamais le bien
De ioindre vostre bec au mien,
Il à beau la chercher de veüe
Elle le voit sans estre veüe,
Mais afin de luy tesmoigner
Deuant que de s'en esloigner,
Le soin qu'elle à de sa personne,
Et l'vn & l'autre elle enuironne
Au moins Virgile nous l'à dit,
D'vn air espais qui les rendit

H

A tous yeux mortels inuifibles,
Autrement ces peuples terribles
Euffent ne les connoiffant point
Pû leur ofter chauffe & pourpoint :
Il prit le chemin de Cartage
Tout renuitaillé de courage,
Elle prit celuy de Paphos
Ou fur cent cinquante efchafaux
Tous les huict iours on fait des farces
A la diuinité des garces,
Ils s'en allerent donc tout droit
Par vn petit chemin eftroit,
Vers la ville tefte baiffée,
Leur reuerence fut laffée
A monter vn cofteau fort haut,
D'où comme d'vn grand efchaffaut
Ils virent la ville nouuelle
Qui d'abord leur fembla fort belle,
Ils fe diuertirent long-temps
A regarder les habitans,
Ænée admira leur ouurage,
Aprouua le plan de Cartage,
Et les trouua gens bien hardis
D'entreprendre de tels taudis,

TRAVESTY.

Les vns roulent pierres de taille
Les autres font vne muraille,
Quelques-vns plantent du paué,
Quelques autres vn trou raué
D'vne forte voûte souftiennent,
Les vns vont, & les autres viennent,
L'vn fait vn plancher, l'autre vn toit,
Icy l'on mange, & là l'on boit,
Les Iuges rendent la Iuftice,
Ou trauaillent à la police,
Icy quelqu'vn attache vn clou,
Là quelqu'autre fait vn grand trou,
Pour en faire puits ou cifterne,
Là l'on baftit vne tauerne,
Et là l'on baftit vn tripot,
Là l'on trauaille du rabot,
Et là l'on exerce la fcie,
Là la chaux viue eft amortie,
Là l'on fait mal, là pas trop bien
Là fort peu de chofe, & là rien,
L'vn blanchit vn mur, l'autre vn âftre,
L'vn trauaille en chaux, l'autre en platre
Tout au pres d'vn commode port
S'efleue vn grand & vafte fort,

H ij

En fin là l'on taille & l'on roigne,
Là l'on charpente, là l'on coigne,
Là ie ne sçay plus ce qu'on fait :
I'ay peur d'auoir fait vn portrait
Assez long pour pouuoir déplaire,
Mais ie ne sçaurois plus qu'y faire,
Et si i'allois tout effacer
Ce seroit à recommencer,
Hors la ville c'est mesme chose
Dans les champs pas vn ne repose,
Les vns engraissent les guerets,
Les autres vont dans les forests
Chercher dequoy faire vne poutre,
Là les bœufs exercent la coultre
Là l'Elephant lent à marcher
Traine vn grand quartier de rocher,
Les vns pauent les auenuës
De grandes pierres non cornuës,
Les autres font vn aqueduc,
Afin que la ville ait du suc :
Imaginez-vous des abeïlles
Dont l'on conte tant de merueilles,
Qui font de la cire à l'enuy,
Trauailler iamais ie n'en vy,

Parce que toute abeille pique,
Mais i'ay bien leu la Georgique;
Ces animaux si diligens
Dont l'on fait des leçons aux gens,
Sont vne tres-naifue image
De ce peuple qui fait Cartage,
Tant lors qu'ils composent le miel
De la mane cheute du Ciel,
Que lors qu'ils forment leurs logettes
Instruisent leurs ieunes Auettes
Ou vont faire la guerre aux taons
Plus importuns que hannetons;
O bien-heureux ceux qui bastissent,
Et sous des toits se resiouïssent,
Dit Ænée, & qui comme nous
Ne courent pas comme des fous,
Cela dit au fidelle Achate,
Ils descendirent à la haste,
A plusieurs reuerence il fit,
Au diable si l'on luy rendit
N'estant aperçeu de personne,
D'abord cette chose l'estonne
Mais ayant bien-tost reconnû
Qu'inuisible en diable cornû

Sa mere l'auoit bien peu rendre,
Il voulut son plaisir en prendre,
Dieu sçait si tous ceux qu'il toucha,
Sans estre veu qu'il aprocha,
Eurent lors la fiévre bien chaude,
Se sentant donner chiquenaude,
Sans sçauoir par qui ny comment,
Cela les trouble estrangement,
Æneas de rire en esclate
Et s'en espanoüit la rate,
Iamais il ne fit tant le fou
Dont Achates rit tout son saoul:
Dans la ville vn bois vieil & sombre
Tient vn superbe temple à l'ombre,
Dans ce temple cent renardeaux,
Cent blereaux, & cent louueteaux,
Et cent tourteaux de pain d'espice,
Sont presentez en sacrifice,
Tous les mois à Dame Iunon,
Par les Tyriens & Didon,
Quand en Lybie ils aborderent
Au fond de ce bois ils trouuerent
Dans ie ne sçay quel vilain trou
La teste d'vn asne & son cou,

TRAVESTY.

Si l'ouurage du grand Virgile,
Est reçeu comme l'Euangile
On trouuera que i'ay fait mal
De mettre asne au lieu de cheual.
Mais foy de Poëte burlesque,
I'ay leu dans vn liure Arabesque,
Dont i'ay mal retenu le nom
Que c'estoit celle d'vn asnon,
Ils en firent tous grande feste
D'auoir trouué ce chef de beste,
Chacun bien fort s'en esbaudit,
Iunon ayant vn iour predit
A Didon rauie en extase,
Qu'ils auroient les vertus d'vn aze,
C'est à dire pour parler mieux,
Qu'ils seroient tres-laborieux,
De plus sçauroient la sarabande,
Mais auroient l'oreille vn peu grande,
Et la perruque de barbet,
S'ils trouuoient le chef d'vn baudet
Dans vn trou fait à coups de besche.
Qu'apres cette fatale bresche
Ils auroient le bien de bastir
Ville qui vaudroit mieux que Tyr,

Apres cette heureuse trouuaille,
De maßiue pierre de taille,
Didon fit vn temple en ces lieux
A la femme du Roy des Dieux,
Les portes sont de fine fonte
Les degrez par lesquels on monte
Qui sont d'vn reluisant airin
Pesoient, il ne s'en faut qu'vn grain
Deux mille liures bien pesées.
Pour retourner sur nos brisées
Nos Roze-Croix bien asseurez,
De n'estre pas consiserez,
Dans ce superbe Temple entrerent,
Et par tout le considererent
L'ouurage leur en sembla beau,
L'ordre du bastiment nouueau,
La matiere tres-magnifique,
Et merueilleuse la fabrique,
Æneas s'attachant à tout
Alloit cherchant de bout-à-bout
Dequoy se repaistre la veüe,
Quand d'vne chose à l'impreueüe
D'abord il se trouua surpris,
Mais ayant repris ses esprits

Il

TRAVESTY.

Il en conçeut quelque esperance
Qui n'estoit pas hors d'apparence,
Qu'en ce païs quoi qu'inconnû
Il seroit le tres-bien venu,
Parmy cent choses qu'il contemple
Attendant la Reyne en ce Temple,
Charmé de tant d'objets nouueaux,
Il voit en plusieurs grands tableaux
Mais qui n'estoient pas peints à huille,
L'histoire de sa pauure ville,
Les champs fameux ou si souuent
Il auoit gaigné le deuant,
Quand les Grecs sur les Dardanides
Faisoient vn peu trop d'homicides,
Les Atrides si belliqueux,
Achille qui l'estoit plus qu'eux
De qui souffrit tant de boutades,
Tant de folles rodomontades
Le tres-prudent Agamemnon,
Qui dit si cruellement non
A Priam le Roy venerable,
Quant apres le sort déplorable
De son fils par luy mis à mort
Il voulut, dont il eut grand tort

I

Par vn excez de barbarie
Que son corps fût à la voirie,
Les larmes grosses comme pois
Luy cheurent des yeux trois à trois,
Ie ne sçay si ce fut de ioye
De voir le grand renom de Troye,
Ou bien si ce fut de douleur
Au souuenir de son mal-heur,
Mais ie sçay que troublé dans l'ame
Il s'escria lors Nostre-Dame?
Et qui l'auroit iamais pensé?
Que de tout ce qui s'est passé
Dans les affaires de Phrygie
On eust nouuelle en la Lybie?
Il n'est païs si reculé
Ou nostre nom ne soit allé.
Voila Priam par Saincte Barbe,
Ie le reconnois à sa barbe,
Au dragon qu'il auoit dans l'œil,
Oüy le voila vestu de deüil,
Ce peuple n'est point si farouche
Que le mal d'autruy ne le touche,
Il est capable de pitié,
Et susceptible d'amitié,

TRAVESTY.

Ce ne sont point des mangeurs d'hommes,
Ils sont ma foy ce que nous sommes,
Chez eux le merite à son prix,
Chez eux nous ne serons point pris
Pour des francs coureurs de malettes,
Nous en sortirons bragues nettes,
Ils pourront faire quelque cas
D'vn homme fait comme Æneas,
Et si chez eux la renommée
Des grands hommes est estimée,
Ie suis du bois dont on les fait,
Graces à Dieu chacun le sçait,
Ie n'en diray pas dauantage,
Puis que tout homme de courage,
Doit parler de soy sobrement :
Cela dit pitoyablement,
Il se remit sur ces peintures
Pour y chercher ses auantures,
Les fascheux souuenirs qu'il eut,
Et combien d'eau des yeux luy cheut,
Voyant dans ses tristes batailles,
Tantost les Grecs comme canailles,
Destaller deuant les Troyens,
Et puis comme deuant les chiens

Gaigne au pied le timide lievre,
Voyant non sans auoir la fievre
Ses esperdus Concitadins
Deuant ce perceur de boudins,
Ce diable de fils de Pelée
S'en courir à bride aualée,
Et puis de Resus trepassé,
Qui certes s'en fût bien passé,
Il vit le quartier, & les tentes,
Neufues encore, & reluisantes,
Car il estoit tout frais venu
Le pauuret, s'il se fust tenu
De sommeiller cette nuittée,
On ne l'eust pas inquietée
Sa Majesté, comme l'on fit,
En l'assommant dedans son lit,
Ce fut par le fameux Tydide
Diomede, vn grand homicide,
Qu'il fut comme il dormoit occis
A ce qu'on dit de sang rassis,
Il enleua son esquipage,
Iusqu'à ses mulets de bagage,
Ses cheuaux bestes de grand pris
Luy furent pareillement pris,

TRAVESTY.

I'ay oüy dire à gens qu'on doit croire
Si dans Xante ils eussent peu boire,
Que le prudent Agamemnon
Laissant esquipage & canon,
Honteux la queuë entre les iambes,
Eust replié ses oriflambes,
Et fait sans battre le tambour
Vers Mycene vn honteux retour,
Ænée fit le Ieremie
Et moüilla sa face blesmie,
Il pleuroit en perfection,
Et mesme sans affliction,
Puis il vit le ieune Troyle
Ayant perdu son dard, ou pile,
Qui s'en fuyoit bien estonné
De se voir desembastonné,
Deuant le fier fils de Pelée
Qu'il auoit dans vne meslée
Temerairement défié,
Deuant que d'auoir essaié
S'il auoit le pouuoir de faire
Resistance à tel aduersaire,
En s'enfuyant il tresbucha
Se fit grand mal, se destrancha,

Se fit à la teste vne bosse,
Achille suruint en carrosse
Et d'vn grand coup de iauelot,
Fit sortir son sang à grand flot,
De ce grand coup du Peleide
Il mourut sans quitter la bride
De ses cheuaux, qui sans pleurer
Virent leur cher Maistre expirer,
A son char sa iambe accorchée
D'vn coup de sabre estant tranchée,
Le reste du corps dépendu
Demeura sur terre estendu,
Lors sa teste demy brisée
De sable fut puluerisée,
Et son habit de sang souillé
Par Achille fut bien fouillé;
Puis les Troyennes desolées
Pour la plus part escheuelées,
Y rendoient visite à Pallas
Laquelle n'en fit pas grand cas:
Ny d'vne superbe iacquette
Faite d'vne riche moquette,
De deux paires de souliers neufs,
Et de pres de demy cent d'œufs,

TRAVESTY.

A cette embassade honorable
Elle ne fut point fauorable,
Ils n'en obtinrent ny regard,
Ny le plus chetif Dieu vous gard,
Tandis que dura leur priere
Elle leur monstra le derriere,
Et mesme se mit a siffler
Au lieu de les oüyr parler;
Puis il reuoit ce mesme Achille
Homme vn peu sujet à sa bile,
Et quelquefois mesme vn peu fou,
Faire en despit du loup garou
Trois iours à l'entour des murailles,
Quelles indignes funerailles ?
Trainant le corps de sang vuidé
Du pauure Hector par luy lardé:
Et puis apres il luy voit vendre,
Car il aymoit, dit-on, à prendre
Ce pauure corps au poids de l'or,
Il voioit Priamus encor
Pour flechir cette ame affamée
De sa main droite desarmée,
Sa main gauche l'estoit aussy
Embrassant de douleur transy,

Ces deux iambes victorieuses
Qu'il eust bien voulu voir caigneuses:
Helas! quand il vit tout cela,
Que son dueil se renouuela,
Voyant ce char, & ces dépouïlles,
Qu'il eust volontiers chanté pouïlles,
Et mal traité cét inhumain
S'il eust lors esté sous sa main,
Puis apres il se vit luy mesme
Dont il eut vne ioye extréme,
Faisant au milieu des Gregeois
Autant de carnage que trois,
Il vit l'armée Orientale
Du fils de l'Amante à Cephale
Dont le visage estoit si noir,
Puis il prit grand plaisir à voir,
La vaillante Pantasilée
Si terrible dans la meslée,
Qui portoit ainsi qu'vn garçon
Au lieu de iupe vn caleson,
C'estoit vne rude femelle
Et qui n'auoit qu'vne mamelle,
Qui n'eust pas craint dans le combat
De s'attacher à Goliat,

Femme

TRAVESTY.

Femme ainsi qui rien ne redoute
A monté dessus l'Ours sans doute,
Comme Æneas triste & confus
A peine à s'oster de dessus
La trop veritable peinture
De Troye & de son auanture,
A certain bruit qu'il entendit
Ayant leué la teste, il vit
Entrer la Reyne dans le temple,
De demander s'il la contemple
Auec grande admiration,
C'est vne sotte question ;
Car elle estoit charmante & belle
Autant au iour qu'à la chandelle,
Et iour & nuit vn vray Soleil,
On ne peut rien voir de pareil
A sa venerable personne,
Troupe nombreuse l'enuironne,
De ieunes gens embastonnez,
Bien ciuils & moriginez,
Le Capitaine de sa garde
Tient en main vne halebarde,
Elle auoit six Tambourineurs,
Douze fifres, & six sonneurs,

K

De melodieuses Cimbales,
Six Maistres joüeurs de Tymbales
Tres-experts à carillonner,
On n'eust pas ouy Dieu tonner,
Enfin foy d'escriuain moderne
Ie souffriray que l'on me berne,
Si le iour qu'au Temple elle alla,
Rien de charmant comme cela
A iamais paru dans l'Affrique,
Ænée en est tout extatique
Achate si fort esbloüy,
Qu'il ne faisoit que dire ouy
Que begayer, & que sourire
A tout ce qu'on luy pouuoit dire,
Aeneas s'en fust bien moqué
Mais il n'estoit pas moins piqué
N'auez-vous point veu sur le fleuue
Qui le païs de Sparthe abreuue
Vne Nymphe qui va chassant,
Ou Diane lors que dansant
Au milieu des Amadriades,
Des Napees, des Oreades,
Elle les passe ou peu s'en faut
Toutes de la ceinture en haut,

TRAVESTY.

Sa trousse luy pend sur l'échine,
Enfin elle a si bonne mine,
Et paroist auec tant d'esclat,
Que la voyant en cét estat
Sa sotte mere de Latone,
Ne fait rencontre de personne,
Qui ne s'en esloigne au galop,
A cause qu'elle parle trop
Des vertus dont sa fille abonde,
Et quelle en accable le monde;
Telle & plus admirable encor
Dans son cotillon de drap d'or,
Et sa fraize goderonnée
Parut Didon à nostre Aenée,
O Dieu qu'il la faisoit beau voir,
Qu'elle faisoit bien son deuoir
De donner à chacun courage
De trauailler apres Cartage,
Sous vn grand dome lambrissé,
Dans vn grand fauteüil tapissé,
S'estant mise bien à son aise,
On cria trois fois, Qu'on se taise.
On luy presenta des placets:
Cent Suisses portans cabassets

Lors que la foule estoit trop grande
Adioustoient à la reprimande,
Quelquefois des coups de baston,
Quand bien elle eust esté Caton
Elle n'eust pas mieux fait iustice,
Elle ny prenoit nulle espice,
La rendoit liberalement,
Et tousiours équitablement ;
Elle ne prononçoit sentence
Qui ne fut piece d'éloquence,
Tout se iugeoit là sans apel
Tant au Ciuil, qu'au Criminel,
Et les affaires non plaidées
Sans Aduocats estoient vuidées :
Quand quelqu'vn estoit conuaincu,
On luy donnoit du pied au cul,
Si s'estoit pour de grandes fautes
On luy faisoit briser les costes ?
Enfin chacun estoit traitté
Ainsi qu'il l'auoit merité,
Elle ne fut pas moins habile
A la police de la ville,
En chassa tous les berlandiers,
Mit taxe sur les vsuriers,

Ordonna que les maquerelles,
Filous, putains, laides & belles,
Et tous les chanteurs de chansons
Seruissent d'aides à maçons;
La iustice distributiue
Par cette Reyne fugitiue
S'exerçoit ainsi sagement,
Æneas à chaque moment,
D'Achate disoit à l'aureille
Cette Reine est vne merueille,
Achate encherissant dessus
Disoit elle en est trois, & plus,
Quand auec foule & rumeur grande
Entra dans le temple vne bande,
Dont ceux qui marchoient les premiers
Estoient faits comme prisonniers,
Æneas cria, male-peste,
C'est Cloante, Antée & Sergeste,
Et les principaux de mes gens
Que ie vois entre des Sergens;
C'estoit eux qu'il ne vous déplaise,
Qui n'estoient pas trop à leur aise,
Ænée en est tout stupefait
Auecque raison en effect,

I iij

Achate en perd quasi l'haleine,
Et l'vn & l'autre bien en peine
De sçauoir qui les mettoit-là,
Cependant on cria, holà,
Nos deux Messieurs sans le nuage
Qui les retenoit comme en cage,
Eussent sans doute estourdiment
Esté faire leur compliment,
Ils eussent fait vne folie,
La Reine dit, qu'on les délie,
Aussi-tost on les délia,
Vn chacun deux s'humilia,
Et fit reuerence profonde
Qui contenta fort tout le monde,
Nos deux inuisibles Messieurs
Se couslent a trauers plusieurs
Qui ne peuuent voir qui les touche,
Afin d'entendre de la bouche
De leurs amis, ce qu'ils diroient
Le traitement qu'ils receuroient,
Ou leur flotte estoit arriuée,
Comment-elle s'estoit sauuée,
S'il en restoit beaucoup ou peu,
Comment, à quelle-heure; en quel lieu,

TRAVESTY.

Ils auoient pû gagner la terre,
S'ils seroient prisonniers de guerre,
Ou bien comme des mal-faisans
Mis au galere pour dix ans;
Audience leur fut donnée,
Et l'eloquent Ilionée
De ses manottes deschargé,
Apres auoir vn peu songé;
Dit ces paroles ce me semble,
O Reine à cause que ie tremble
Ie ne diray peut-estre rien
Qui ne vous scandalise bien,
Commandez qu'on me donne à boire,
Et ie vous conteray l'histoire,
Des gens les plus infortunés
Qui soient en ce bas monde nés,
Aussi-tost vne pinte entiere
De tres-rafraichissante biere
Luy fut mise en vn gobelet,
Le drosle le vuida tout net
La doze fut reïterée,
Et sa gorge desalterée
Il dist d'vn fort beau ton de voix
Ces belles paroles de choix

O Reyne à qui Iupiter donne
Le pouuoir de porter couronne,
Sur vn peuple vaillant & fier,
Et le bon-heur dédifier
Vne ville auec citadelle
Qui sans doute sera fort belle :
Mais ou l'on vit fort cherement,
I'en puis parler pertinemment,
Il m'a cousté dix richedales
Pour auoir en seruiettes sales,
Et nape plus sales deux fois
Mangé deux centaines de noix,
Et la moitié d'vn viel fromage,
Ie n'en diray pas dauantage,
Car on n'adiouste guere foy
A des estrangers comme moy :
Or pour reuenir à mon conte,
Puis qu'il faut donc vous rendre compte
De nos noms, & de nos surnoms,
Et du païs d'où nous venons,
Mon nom est Marc Illionnée
Grand Chambellan du Sieur Ænée,
Nous sommes les pauures Troyens
Par les Grecs priuez de nos biens,

Vn

TRAVESTY.

Vn tres-impertinent orage
Nous à poussez en ce riuage,
A peine eschapons nous des eaux
Que vos sujets de nos vaisseaux,
Ont voulu faire vne grillade
Ie ne sçay si c'est par brauade,
A tout le moins ie sçay fort bien,
Que cette action ne vaut rien,
Cela passe la raillerie
Empeschez les en, ie vous prie,
Bon si chez vostre nation
Auecque mauuaise intention,
Nous estions venus mouïller l'ancre,
Nous serions noirs comme de l'ancre,
Si nous estions icy venus
Armes au dos & glaiues nus,
Foüiller vos greniers & vos caues,
De vos gens faire des esclaues,
Forcer femmes, rauir enfans,
Enleuer tous vos Elephans,
Faire la guerre à toute outrance,
Puis sans faire la reuerence
Et le moindre remerciment,
Gaigner nos vaisseaux vistement,

L

Vne entreprise si hardie,
Meriteroit bien l'incendie,
Et nous ayant tous assommez
Vos gens n'en seroient pas blasmez,
Mais au triste estat ou nous sommes
Pauures & miserables hommes,
Vaincus par les Grecs assasins,
Nous n'auons pas de tels desseins,
Loin de faire telle incartade
Nous vous demandons la passade,
Si vous nous la voulez donner
Dieu vous en vueille guerdonner,
Nous ne voulons grande Princesse
Maintenent qu'amour & simplesse,
Le reste dépendra de vous,
Ne vous contraignez pas pour nous,
Et gardez vous bien de nous faire
Vne aumosne non volontaire,
Vous seriez sotte en cramoisy
Si vous nous la donniez ainsy :
Les Grecs appellent Hesperie
Vne terre du Ciel cherie,
Les gens y sont mauuais garçons,
Et les champs en toutes façons,

Donnent à ceux qui les cultiuent
Tous les biens dont les hommes viuent,
Ce païs aux temps anciens
Fut celuy des Enotriens,
Depuis cette terre iolie
D'Italus s'apelle Italie,
S'il vous faut franchement parler
C'est là que nous pensions aller,
Quand Orion porte tempeste
Vn astre sujet à sa teste ;
Nous a pris en auersion
Sans en auoir occasion,
Nous à par vn vent de Galerne
Secouez comme gens qu'on berne,
Et dans des grands vilains rochers
Fait bien iurer tous nos Nochers,
Nos nauires sont dispersées,
Ces quinze ou seize ramassées,
Qui viennent icy d'aborder.
Où Dieu les vueille bien garder,
Ne sont que la moindre partie
De la flotte bien assortie,
D'armes & de prouisions,
Que lors que les Grecs champions

L ij

Nous prirent tous à la pipée,
Nous auons en haste équipée:
Qu'ils sçauoient bien ce qu'ils faisoient
Les vens, alors qu'ils nous poussoient
Vers ces infortunez riuages,
Ils nous portoient vers les sauuages,
Nous secondâmes leurs efforts
Et gagnâmes enfin ces bords,
Voyans vostre nouuelle ville
Nous crûsmes tous voir vn asile,
Mais quelle inhospitalité,
Quelle rage, ou brutalité,
Reigne en cette maudite terre,
Quel mal-heureux esprit de guerre
Possede celuy de vos gens,
Ils sont pires que des Sergens,
Au sortir de ce grand orage
Nous nous contentions du riuage
De peur de vous importuner,
Afin de nous desmariner,
Remplir d'eau nouuelle nos pipes,
Et seicher au Soleil nos nipes,
Ils nous ont donné mille coups,
Tiré fleches, ietté caillous,

TRAVESTY.

Nous ont baffouez, fait la nique,
Nous ont dit en langue Punique
Vne iniure qui fait rougir,
Est-ce là comme il faut agir ?
Si vostre nation trop vaine
Ne craint point la puissance humaine,
Et se fiant trop en ses mains
Mesprise les autres humains,
Qu'elle craigne les Dieux celestes,
Et les tonnerres, & les pestes,
Dont sur les mauuais garnimens
Ils exercent leurs chastimens,
Qu'elle songe à la recompense
Que souuent quand moins on y pense
Ils donnent aux cœurs genereux,
Qui soulagent les mal-heureux,
Nous sommes seruiteurs d'vn Maistre
Aussi vaillant que l'on puisse estre,
Vn vray Dieu Mars en bataillant,
Mais aussi iuste que vaillant,
De plus aussi pieux que iuste,
Laborieux, adroit, robuste,
Si les destins en ont eu soin,
Soit qu'il soit pres, soit qu'il soit loin

Si quelque saulmon, ou barbuë,
N'en a point fait vne repuë,
Nous n'auons point à redouter,
Ny vous grande Reine à douter
Que de toute nostre depense
Vous n'ayez bonne recompense,
C'est vn homme qui paye bien
Et qui n'escroque iamais rien,
Sans nous vanter en la Sicile
Nous auons vn fort bon azile,
Acestes est nostre parent
Qui n'est point homme indifferent,
Et qui prend part en nos affaires,
Ennemy de nos aduersaires
Lion de colere embrazé,
Mais mouton estant appaisé,
Et qui sçaura de quelle sorte
Vostre peuple enuers nous se porte,
Faites nous donc faire chez vous
Vn traitement qui soit plus doux,
Nos vaisseaux blessez iusqu'aux quilles
Ont besoin de clous & cheuilles,
De planches de bois, de chevrons,
Ont perdu tous leurs auirons,

Leur grans mas, leur longues antennes,
De grans pins vos forests sont pleines,
Soit pour de l'argent ou par don
Mettez nous les à l'abandon,
Si sa Maiesté qui m'escoute
Nous laisse suiure nostre route,
Et sans qu'on nous demande rien,
Comme elle est tres-femme de bien,
Nous donne aussi le temps d'attendre
Iusqu'à tant que se puisse rendre
En ce mesme païs icy,
Ænée, & les autres aussy
Qui sur les ondes de Neptune
Comme nous ont couru fortune,
Ou si de nostre Roy perdu
Les corps vainement attendu
Est mangé de quelque Baleine,
Et de son fils l'attente est vaine
Pour le moins qu'il nous soit permis,
Au lieu de ce païs promis,
D'aller chercher vn autre asyle
Chez Acestes dans la Sicile,
Si tout ce qu'à dit le destin
De ce plaisant païs Latin,

N'est rien qu'vne bille-vëzée
Dont on nous a l'ame abusée,
Vn vray conte à dormir debout
Vne Chimere & puis c'est tout,
Vne franche imposture en somme
Dont vn Dieu qui ment cōme vn homme
Sauf son honneur, c'est Iupiter,
A voulu nos mal-heurs flater,
Ainsi finit Illionée,
Dont loüange luy fut donnée
Par quelques-vns des Tyriens,
C'est pour dire vray, les Troyens
Eurent la ceruelle estourdie
D'vne harangue si hardie,
Ils s'en mirent à bourdonner,
Quand la Reyne sans s'estonner
D'auoir vne responfe à faire,
Ouurit la bouche, & les fit taire,
Voicy tout, à ce qu'on me dit,
Ce qui de sa bouche sortit,
Apres auoir teste panchée
Vn peu sa harangue esbauchée:
Bonnes gens n'ayez point de peur,
Ie vous iure par mon honneur,

Et

Et ce n'est pas peu quand l'y iure,
Qu'on ne vous fera nulle iniure,
Vne affaire longue à conter,
Me force de faire arrester,
Ceux qu'on trouue portans rapieres
Aux enuirons de nos frontieres,
En ce pays nouueaux venus
Nous auons peur des inconnûs ;
Le moindre vaisseau dans la Plage
Nous donne aussi-tost de l'ombrage,
Sans cela vous n'auriez de nous
Receu la moitié tant de coups,
Ie m'offrirois de les reprendre,
Si tant de coups se pouuoient rendre,
Sans qu'aucun de vostre costé,
En demeurast épousseté,
Ie voudrois pour vous satisfaire
Que cette chose se pûst faire,
Pouuoir reuoquer le passé,
Mais puis qu'aucun n'est tres-passé,
Pour les espaules mal-traitées,
Emplastres seront aprestées,
Et vous aurez chacun vn plat,
D'vn tres-souuerain oxicrat,

M

Ie ne plaindray point la despence,
Pour vous faire oublier l'offence,
Car qui n'a point oüy parler,
En quel païs n'a pû voller,
De vostre Prince l'origine,
On sçait par tout qu'elle est diuine,
Quoy qu'issu d'vn pere mortel,
A sa mere on bastit autel,
Toute femme qui s'abandonne,
La reconnoist pour sa patronne,
Et dans nostre Kalendrier
On ordonne de la prier,
Qui ne sçait les causes données,
D'vne guerre de dix années,
Les gens de Tyr & de Sidon
Ne sont pas si stupides, non?
On sçait bien-tost parmy les nostres
Ce qui se passe chez les autres,
Le Soleil reluit dessus nous,
Aussi bien qu'il fait dessur vous,
Mais soit que vous ayez en teste
Du païs Latin la conqueste,
Et des beaux champs saturniens,
Soit que des bords Ericiens,

TRAVESTY.

Aceſtes le compatriote,
Attire les cœurs de la flotte,
Vous ſerez de nous eſcortez,
Vous ſerez de nous aſſiſtez
De munitions & de viures,
I'ay quinze ou ſeize mille liures
Ne craignez point d'en diſpoſer,
Certes ſi ſans me refuſer,
Vous voulez accepter l'azile
Que ie vous offre dans ma ville,
Ie ne feray pas des Troyens
Moins de cas que des Tyriens,
Et pluſt à Dieu que voſtre Prince
Fuſt en cette meſme prouince,
Par le meſme orage ietté,
Ie ferois faire en verité
Pour vne ſi bonne fortune
Vn beau ſacrifice à Neptune,
O que bien il s'en trouueroit
Celuy qui me l'ameneroit,
Ie veux le long de cette rade
Enuoyer des batteurs d'eſtrade,
Pour voir s'il ne s'eſt point niché
En quelque petit port caché,

Ou bien en quelque forest sombre,
Pour estre fraischement à l'ombre,
A ces discours non attendus,
Ils rirent comme des perdus,
Les bons Troyens, & rauis d'aise,
Danserent autour de sa chaise,
Se mirent à crier viuat,
Fraperent à l'enuy du plat,
De la droite contre la gauche,
Ne respirerent que débauche,
Et receurent des Tyriens,
Traitement de concitoyens,
Dieu sçait s'ils eurent grande haste,
Ænée, & son fidelle Achate,
De sortir hors de leurs broüillas,
Dont ils estoient desia bien las,
Achate dit au sieur Ænée,
Passerons-nous icy l'année,
Qu'esperons nous gaigner ainsi,
Nous n'auons plus que faire icy,
Monstrez-vous donc fils de Deesse,
Puis que cette bonne Princesse,
Vous veut ainsi faire chercher,
A quoy diable bon vous cacher,

TRAVESTY.

Toute vostre flotte est sauuée,
De plus heureusement trouuée,
Il ne nous manque qu'vn vaisseau,
Pourquoy s'est-il perdu dans l'eau.
Il n'auoit qu'à gaigner la terre,
Comme nous fismes à grande erre,
Vostre mere n'a point menty,
Et vous a fort bien aduerty,
Comme il parloit l'époisse nuë,
S'estant par le milieu fenduë ;
Æneas parut en ce lieu,
Aussi brillant qu'eust fait vn Dieu,
Car sa mere bien auisée,
Sur sa cheuelure frisée,
Auoit deux fois pleine sa main
Respendu poudre de Iasmin,
Auoit auec de la pommade
Rafraischy son teint vn peu fade,
Et mis dans sa face, & ses yeux
Certain air qu'on remarque aux Dieux,
Comme on blanchit la dent d'yuoire
Que l'on voit moins blanche que noire,
A force de la bien frotter,
Ou comme l'on voit esclatter

*Le fin or autant que la braise
Qui l'a fondu dans la fournaise,
Lors que l'orfevre la rendu
Assez beau pour estre vendu,
Tel en ce lieu Meßire Ænée
A la troupe bien estonnée,
Parut en disant me voila,
Nul à cét estrange obiet la
Ne fut si ferme de courage
Qui n'en deuint pasle en visage,
Didon sans couleur & sans voix
En fit le signe de la Croix,
Mais à la beauté du Phantosme
Elle se tira du simptosme,
Et luy la main droitte au bonnet,
Dit d'vn ton de voix clair & net,
Vous voyez icy grande Reine,
Celuy dont vous estes en peine,
Et moy ie voy de mes deux yeux,
Vne Dame pareille aux Dieux,
La premiere & seule personne
Aussi charitable que bonne,
Qui sçachant nostre affliction
Nous ait offert protection,*

TRAVESTY.

Vn autre nous eust dit canailles
Vous n'estes rien que Truandailles,
Vous ne logerez point ceans,
Ou nous eust fait mettre leans,
En suitte de la bastonnade
Nous eust fait donner l'estrapade,
Et brusler nos nefs dans le port
Au lieu de nous offrir support,
Vne action si debonnaire
Ne restera pas sans salaire,
Et ie vous medite vn present,
Qui ne sent point son paysant,
Non que ny Troyen ny Troyenne,
Ny moy belle Sydonienne,
Vous puissions tant que nous viurons
Rendre ce que nous vous deurons,
Au moins nostre reconnoissance
Sera selon nostre puissance,
Le reste dépendra des Dieux
Qui sont grands amis des Pieux,
Des Aumosniers, des Charitables,
Qui secourent les Miserables,
Qu'il fait bon estre genereux
Et que nostre siecle est heureux,

Qui porte vne telle perſonne
Plus que digne de ſa couronne,
Et que les petits & les grans
Beniront Meſſieurs vos Parens,
D'auoir par vn ſainct mariage
Mis au monde Dame ſi ſage,
Tant que les fleuues couleront
Qu'au Ciel les aſtres reluiront,
Et que les monts feront ombrage
Aux terres de leur voiſinage,
On ne dira de là, Didon,
Rien que d'honneſte bel & bon :
Sa harangue ainſi terminée,
Il prit la main d'Illionée,
Lequel de reſpec s'enclina,
Si tres-bas qu'il s'en eſchina,
Il traita de meſme Sergeſte,
Cloante, Gias, & le reſte,
De ces grands Peres des Romains,
Eurent leur part des baiſes-mains.
La Reine donc fut eſtonnée
De l'apparition d'Ænée,
Et puis apres ſe raſſeura,
Le conſidera, l'admira,

Luy

TRAVESTY.

Luy sourit au nez pour luy plaire,
Contre-fit sa voix ordinaire,
Et luy dit parlant un peu gras,
L'ayant pris par le bout du bras,
C'est par la main que ie veux dire,
Comment vous portez-vous beau sire,
Moy, luy dit-il, ie n'en sçay rien,
Si vous estes bien ie suis bien,
Et i'ay pour le moins la migraine,
S'il faut que vous soyez mal-saine,
Vous vous portez bien Dieu mercy,
Ie me porte donc bien aussi,
A cette elegance Troyenne,
Tant soit peu ciceronienne,
Didon de rire s'éclata
Toute la troupe l'imita;
Et ne dura cette risée
Qu'autant que dure une fusée,
Le bruit cessé la Reyne dit,
Vrayment le sort est bien maudit,
De vous mal-traitter de la sorte
Le grand diable d'enfer m'emporte,
Quoy que tres-vilain animal
Si ie ne luy veux bien du mal;

N

Vous estes donc ce fils d'Anchise,
De qui Venus nuë en chemise,
Receut sur les bords du Ximois
Vn fardeau qu'on porte neuf mois,
Dont sortit, la neufuaine faite,
Vostre personne si parfaite,
Qu'il est peu de monde icy bas,
Qui de vous ne fasse grand cas;
Comme de quelque rare piece,
Quand Teucer fut chassé de Grece,
Chez mon pere il se retira,
Et son assistance implora,
Il receut de Belus mon pere,
Ce qu'il eust souhaité d'vn frere;
En ce temps-là le bon Belus,
Suiuy de soldats resolus
Menoit guerre tres-violente,
A ceux de Cypre l'opulente,
Il prit l'Isle & la fouragea,
De dépoüilles ses nefs chargea
Dont i'eu pour ma part vne tonne,
De poudre de Cypre tres-bonne.
(Mais que vous importe cela)
Or i'eu par luy des ce temps-là,

De vous parfaite connoissance,
Et i'appris de luy la naissance
Et le progrés & la fin qu'eut,
Vne guerre ou tant que vescut;
Hector leur puissant aduersaire,
Les Grecs ne firent que l'eau claire
Contre les valeureux Troyens,
Dont il me disoit mille biens,
Il me conta de vous merueilles,
Au grand plaisir de mes oreilles,
Que vous estiez vn grand sauteur,
Vn grand Archer, vn grand luiteur,
Vn grand sonneur de cornemuse,
Faisiez des vers comme vne Muse,
Baladin assez violon,
Pour estre enuié d'Apollon,
Admirable auec la guiterre,
Et de plus grand homme de guerre,
Il n'auroit pas voulu mentir
A la fille du Roy de Tyr,
Qui ne vous prend point pour vn autre,
Vn grand mal-heur comme le vostre,
Sur elle aussi bien que sur vous,
A tiré quantité de coups,

Desquels elle à paré partie,
Et s'est assez bien guarantie,
Mais enfin en ces vastes lieux,
Par la benignité des Dieux,
Elle fait iouër la truelle
Apres vne ville nouuelle,
Dont le plus bel appartement
Est à vostre commandement :
Tres-grande pitié vous luy faites,
Mal-heureuse comme vous estes,
Ceux à qui tout porte guignon
L'a font larmoier sans oignon,
C'est pourquoy Monseigneur Ænée,
Que beniste soit la iournée,
Que le braue fils de Venus
Et les siens sont icy venus.
Ainsi dit la Dame courtoise,
D'vne bouche exhalle framboise,
Elle en receut si ie ne mens
Plus de mille remercimens,
Puis apres d'Æneas conduitte,
Vne grande foule à sa suite,
Au Palais elle se rendit,
Mais en partant Virgile dit

Qu'afin d'auoir les Dieux propices,
Elle mit ordre aux Sacrifices.
Ænée en peine si ses gens
Estoient bien beuuans & mangeans,
Fit marcher deuers ses nauires,
Cent pourceaux choisis, dont les pires,
Auoient quatre grands doits de lard,
Ils n'arriuerent que bien tard,
Encor qu'on les menast en laisse
Parce qu'ils auoient trop de graisse ;
Il fit aller aussi vingt bœufs
Chargez chacun d'vn sac plein d'œufs,
Pour faire omelettes baueuses,
De plus cent brebis non galeuses
Chacune ayant son gras aigneau ;
Et six pieces de vin nouueau ;
Cependant la maison Royalle,
Ses plus riches meubles destalle,
On ne voit que tables dresser,
Et que murailles tapisser :
Les moindres meubles sont d'Yuoire,
Historié d'Ebene noire :
Les rideaux des lits sans mentir
Sont du plus fin Pourpre de Tyr ;

Et mesme les tapisseries :
Dans les riches orfeveries,
Que soustiennent de grands buffets,
On voit despeints les nobles faits,
Et toutes les rudes meslées
Tres-artistement cizelées,
Des Rois de Tyr & de Sidon,
Desquels descend Dame Didon,
Deuant Æneas & sa troupe,
On seruit quelques plats de soupe,
Attendant vn meilleur repas,
Ils ne s'en estonnerent pas ;
En fort peu de temps chaque assiette
Comme chaque escuelle fut nette,
Aussi-tost qu'ils furent saoulez,
Ils furent aussi regalez,
Ænée eut des gans chargez d'ambre,
Vne belle robe de chambre,
Vn habit & son balandran
Qui pour n'estre que de bougran,
Estoit riche pour ses paillettes,
Et six douzaines d'esguillettes,
Achates eut du drap d'vsseau,
Dequoy se faire vn long manteau,

Ou s'il veut vne houpelande:
Chacun de la Troyenne bande,
Eut aussi de Dame Didon,
Quelque assez bonne nipe en don,
Chaque Dame eut vne hongreline,
Auecq sa jupe d'estamine,
Et chaque hōme vn grand juste-au-corps
Piqué d'vn fort beau fil retors,
Et rebrodé d'vne pistaigne,
Cependant pour son fils Ascaigne,
Encore qu'il ne fut pas loin,
Æneas estoit en grand soin,
Il pria son fidelle Achate,
De l'aller trouuer à la haste
Monté sur vn viste Elephant
Affin de resioüir l'enfant,
Et luy faire part des nouuelles,
Et que des nipes les plus belles
Qu'il auoit dedans son vaisseau,
Il aportast tout le plus beau,
Pour faire aussi quelque largesse,
Afin que leur courtoise hostesse
Connust quelles gens ils estoient,
Et de quel bois ils se chauffoient.

Voicy si i'ay bonne memoire,
(Quiconque le voudra croire)
Prendra la peine d'en douter,
Les dons qu'on devoit aporter,
Par l'ordre du fameux Aenée,
Quand sa ville fut ruinée,
Qu'il avoit garantis du feu,
En suant non pas pour un peu,
Une belle robe de soye,
Que Leda pour plaire à son Oye,
Tous les iours qu'il la visitoit,
Sans iamais y manquer mettoit,
Un merueilleux & riche voile,
Encor qu'il ne fut que de toile
Si precieux pour sa façon,
Qu'il valoit d'un Roy la rançon,
Aeneas d'Helene la belle,
Avoit au ieu de la merelle,
Autres disent au quinola,
Gaigné ces belles nipes là:
D'Hecuba les chaussons de laine,
Et le vertugadin d'Helene,
De Priam la peau de vautour,
De fines perles un beau tour,

Que

Que portoit la belle Illione,
Comme aussi sa riche couronne,
La bequille de Priamus,
Le liure de ses Oremus,
Vn Almanac fait par Cassandre,
Ou l'on ne pouuoit rien entendre :
La perruque d'Andromacha,
Quand de noir elle se toqua,
Voyant la moitié de son ame
Hector mis a mort par la lame,
D'Achille, en la fleur de ses ans.
Voyla tous les riches presens
Que destinoit à Dame Elise,
Le genereux enfant d'Anchise,
Mais cependant ne s'endort pas
La Dame qui tant a d'apas,
Quelle peut à credit en vendre ;
Il est bien aisé de m'entendre,
C'est Venus dont ie veux parler,
Elle fait dessein de mesler,
Parmy les riches dons d'Aenée,
Quelque ruse Dame damnée :
Elle sçait que les Tyriens,
Sont pour la pluspart des vauriens,

O

Gens sans honneur & sans parole
Et de plus que Iunon la fole,
Dont la teste est pres du bonnet,
C'est donnée au diable tout net,
De faire aux Troyens pis que pendre
Sans iamais se lasser ny rendre,
Pour empescher vn tel dessein,
Qui ne part pas d'vn esprit sain;
La bonne Dame Citerée,
La chose bien consideréé,
Trouua que son fils Cupidon
Pouuoit en donner à Didon,
Si tres-auant dans la poitrine,
Et l'embrazer d'amour si fine,
Que la pauurette ne pourroit,
Quand Iunon luy commanderoit,
Faire du mal au sieur Aenée,
Qui tiendroit son ame enchaisnée,
Il est vray que pour cét effet
Cupidon estoit son vray fait,
Quoy qu'enfant, quoy que Dieu celeste,
Vne tres-dangereuse peste,
Et qui brusle dont i'ay pitié,
Du monde plus de la moitié.

TRAVESTY.

La bonne Dame de Cythere
Auec authorité de mere,
Fit donc appeller Cupidon,
Ce petit Dieu porte brandon,
Fut trouué qui trempoit ses fleches,
Dont les fers sont viues flamméches,
Dans de l'essence de chagrin,
De laquelle il ne faut qu'vn grain,
Pour rendre vne ame forcenée
Pres-qu'autant qu'vne ame damnée:
Voyant sa mere il s'enclina,
Demy liure elle luy donna
De sucre faute de dragée,
Qui fut en peu de temps mangée,
Le friant en aualeroit,
Vn pain qui le luy donneroit;
Voicy ce que luy dist sa mere ?
Puissant enfant d'vn puissant pere,
Qui prise bien moins qu'vn chifon
Les dards dont fut tué Typhon,
Et qui des tiens sur les fressures,
Fais tant d'incurables blessures,
Tu sçais fort bien comme Iunon
Qui ne fit iamais rien de bon,

O ij

Persecute Æneas le pie,
Tu sçais bien que cette Harpie,
En dépit du monde fera,
Contre luy ce qu'elle pourra :
C'est vne dangereuse beste,
On doit tout craindre de sa teste :
Mais i'espere par ton moyen,
Que ie l'en guarantiray bien ;
Ie te demande vne iournée,
Pour le salut du pauure Ænée,
Il fait aporter à Didon
Par son fils ie ne sçay quel don,
Ie veux que tu prenne sa forme,
Ie feray cependant qu'il dorme
Dans mon Palais le long du iour,
De crainte que iouant le tour
Dont ie veux abuser Elise,
Par sa rencontre il ne nous nuise,
Tu porteras donc ces presents,
Qui luy deuiendront bien cuisants :
Mets luy le coquetisme en teste
S'entend sans penser des-honneste,
Il est bien aisé sans pecher,
De luy rendre Æneas bien cher,

Si la Dame est bien assenée,
Elle aura plus de soin d'Ænée,
Que de la prunelle de l'œil,
Et Iunon en mourra de dueil.,
Par toy ie reigne dans le monde,
En toy tout mon espoir se fonde,
Si tu me sers fidellement,
Ie te le dy sincerement,
I'augmenteray ton esquipage,
De deux ; estaffiers & d'vn page.
A peine auoit-elle tout dit,
Que le Dieu ses aisles deffit,
Et parut aux yeux de sa mere ;
Tout semblable au fils de son frere,
Que la Deesse en vn instant,
Vn mortel n'en feroit pas tant,
En moins d'vne heure d'horologe,
Alla trouuer dans vne loge,
Que les Troyens vrais gens d'honneur,
Auoient bastie à leur Seigneur,
De laquelle ils gardoient l'issuë,
La Dame sans estre aperceuë,
Subtilement l'escamota,
Et dans Citere le porta,

Laissant Cupidon en sa place,
Ayant & sa taille & sa face,
Pour Ascaigne elle l'endormit,
D'vn certain charme qu'elle fit,
Les vns disent d'vn dormitoire,
Les autres en le faisant boire
Vn peu plus qu'il ne faut de vin,
Si bien que dans ce lieu diuin,
Couché sur fraisches violettes,
Sans penser beaucoup à ses dettes,
Il s'endormit comme vn pourceau,
Ce qui n'estoit ny bon, ny beau :
Cependant qu'il dort & qu'il ronfle,
Le bon Achate qui se gonfle
D'orgueil, & de presomption,
De sa belle commission,
A tant fait par ses eniambées,
Qu'auec les hardes desrobées,
Aupres d'Aenée s'est rendu,
Il eust bien plus fait l'entendu,
S'il eust bien sçeu qu'au lieu d'Iule,
Il menoit le grand Dieu qui brusle
Les cœurs, sans fagot ny cotrait,
Et qui n'a qu'à piquer d'vn trait,

TRAVESTY.

Pour faire porter la marotte
Au plus raisonnable Aristote :
Dieu me garde moy qui le dy
Des coups d'un pareil estourdy,
Cupidon receut de son frere,
Toutes les carresses d'un pere,
Fit la reuerence à Didon,
Qui receut les nipes en don,
L'heure du souper estant proche,
Tout le monde au son d'une cloche,
Dans vne sale se trouua,
Aenée auec Didon laua,
Didon en habit magnifique,
Se mit sur vn lit à l'antique,
Aeneas se mit vis à vis
Luy tenant gracieux deuis,
Ayant attachée en bauette
Sous le menton sa seruiette,
Il estoit si propre dit-on,
Qu'il n'eut pas pour vn ducaton,
(Grand signe d'intention nette)
Voulu rien manger sans fourchette,
Et ne se fust pas abreuué,
Dans quelque verre mal laué,

Sans faire cent fois la grimace,
Quoy que au detriment de sa face :
Enfin ce genereux Seigneur,
Estoit vn vray homme d'honneur,
Cent gracieuses chambrieres,
Alloient auec riches aiguieres,
Crians par tout, qui veut de l'eau,
L'ordre du festin estoit beau,
La viande estoit bien preparée,
Et la sale bien esclairée,
D'vn chacun estant allité,
Didon dit benedicité,
Puis on joüa de la machoire,
Aucuns commencerent par boire,
Didon, comme on fait par deça,
Par le potage commença,
Aeneas donna de la soupe,
Aux plus apparens de la troupe,
Cent beaux valets de conte fait,
Seruoient au superbe buffet,
Cent tres-honnestes Damoiselles
Coupoient des miches par roüelles,
Et cent autres ne faisoient rien,
Qu'à voir si tout alloit fort bien,

Et

Et portoit chacune d'icelles,
Vn chandelier à deux chandeles,
Dans la sale, outre les Troyens,
Grand nombre estoit de Tyriens,
Aux vns du bon Troyen la mine,
Aux autres la face diuine
De Cupidon qui reluysoit,
Grande admiration causoit,
Chacun beaucoup estime & prise
Les beaux presents du fils d'Anchise,
La belle robe de Leda,
Qu'elle mesme dit-on broda,
Et la finesse de la toile,
De son incomparable voile :
L'Almanac que Cassandre fit,
Leur embarassa bien l'esprit,
Et leur plût bien fort d'Ilione,
Le beau collier & la couronne,
La Reyne ne se peut saouler,
Et de les voir & d'en parler,
Elle iette les yeux sans cesse,
Sur ce petit dieu qui la blesse,
Et la tire à brusle pourpoint,
D'vn petit arc qu'on ne voit point.

P

Vn autre euſt dit bruſle hongreline,
Et la penſée euſt eſté fine,
Mais certes la rime de point,
M'a reduit à bruſle pourpoint.
Ce Dieu pour bien ſeruir ſa mere,
Se pend au cou de ſon beau frere,
Et bien qu'il euſt l'eſprit ſi meur,
Le met en vne eſtrange humeur,
Pour la Didon elle s'en donne,
Tant & tant que ie m'en eſtonne,
Mais qu'euſt-elle pû faire enfin,
Contre vn Dieu des Dieux le plus fin;
Elle le prend la pauure ſotte
Le baiſe, careſſe, & dorlotte,
Mais la pauure ſotte ne ſçait
En le prenant ce qu'elle fait,
Elle ne ſçait la miſerable,
Que ce Dieu quelle trouue aymable,
Eſt vn Dieu plus traiſtre & felon,
Que ne fut iamais Ganelon,
Chaque fois qu'elle le regarde,
Ce traiſtre Cupidon luy darde,
Par les yeux des fléches de feu,
Qui luy feront iöuer beau ieu;

La voila toute requinquée,
Qui ne songe plus à Sichée,
Au contraire elle dit tout bas,
Le deffunt ne le valoit pas ;
Vn tel mary vaudroit bien l'autre,
Si nous le pouuions rendre nostre,
Si ie ne craignois les discours,
Deuant qu'il se passast huict iours,
Ie le prendrois en mariage,
Par ce discours qui n'est pas sage
La pauurette ainsi se flattoit,
Æneas aussi se gastoit,
Et tout remply du faux Ascaigne,
Faisoit des chasteaux en Espagne :
Il disoit regardant Didon,
C'estoit vne grosse dondon,
Grasse, vigoureuse, bien saine,
Vn peu camuse a l'Affriquaine,
Mais agreable au dernier point,
Il disoit donc d'amour espoint
Les deux yeux fichez dessur elle
Plus allumez qu'vne chandelle.
O belle qui m'auez blessé,
Bien plus que ie n'eusse pensé,

S'il plaisoit à la destinée,
Que vous fussiez femme d'Ænée,
Ie le iure par Mahomet,
Quoy qu'on dise foû qui s'y met,
Pour vne espouze tant jolie,
Ie laisserois là l'Italie,
Planterois icy mon piquet,
Sans craindre des gens le caquet,
Et pourrois fort bien mettre en pieces,
Ceux qui feroient de moy des pieces :
Cependant qu'il raisonne ainsy,
Les beaux conuiez sans soucy,
A manger faisoient des merueilles,
Chacun vuida plusieurs bouteilles,
Et bransla si bien le menton,
Tant sur le veau que le mouton,
Qu'il ne resta rien sur la table,
Qui fût d'homme de bien mangeable,
Si quelque os encore resta,
En leuant les plats, on l'osta,
On mit sur table vne bouteille,
A son aspec on s'esmerueille,
Æneas dit vne chanson,
Et sans attendre vn Eschanson,

Luy mesme emplit de vin sa coupe,
Puis à la santé de la troupe,
Mit le tout dans son estomac,
Didon demanda du Tabac,
Mais elle n'en prit pas deux pipes,
Qu'elle ne vuidast jusqu'aux tripes,
Et ne s'en offusquast l'esprit,
Mais vn peu de vin qu'elle prit
Ayant dissipé la fumée,
Elle dit la face enflammée,
Qu'on me donne mon gobelet,
Aussi-tost dit vn beau valet,
Mit ce gobelet venerable,
Auec grand respec sur la table,
Belus & les Roys de Sydon,
Grans Peres de Dame Didon,
Vsoient de ce vaze à deux anses,
Quand ils faisoient des alliances,
Il tenoit deux demy settiers ;
Bien mesurez & bien entiers,
Elle l'emplit la bonne Dame,
Et puis dit du fonds de son ame :
Iupiter autheur de tous biens,
Fay qu'aux Tyriens & Troyens

Ce iour soit heureux & propice,
Et reçois comme en sacrifice,
Ce gobelet remply de vin,
Assiste nous Bachus diuin,
Et toy Iunon nostre patrone
Qui m'as tousiours esté si bonne,
Rendez nous tous gays & contens,
Comme de vrays Rogers bon-temps,
Elle beut par forme vne goute
Comme on fait alors qu'on en gouste,
Ce qui restoit en quantité,
A Bitias fut presenté;
Il le receut à grande gloire,
Se mit auidement à boire,
Et vit bien-tost la tasse au cu,
Didon cria c'est bien vescu,
C'a du vin par toute la troupe:
Lors chacun de remplir sa coupe,
Chacun de la vuider tout net
Et de s'eschaufer le bonnet:
Dieu sçait combien on vit d'yuroignes,
Et tous en differentes troignes,
Dieu sçait quel desordre & quel bruit:
Les chandelles font que la nuit,

TRAVESTY.

N'est point au iour inferieure,
Chacun y rit pas vn n'y pleure,
Les cris des maistres & valets
Retentissent par le Palais,
Tout le monde à du vin en teste,
Tout le monde à la teste en feste,
A ce bruit le plaisant goulu,
Maistre Iopas le cheuelu,
Mesloit celuy de sa vielle
sur le chant de Iean de Nivelle,
Il sonnoit aussi doux que miel,
Ce que d'Atlas le porte-Ciel,
Il auoit apris en ieunesse,
Des Cieux l'admirable vistesse;
En combien de temps Apollon,
Digne inuenteur du violon,
En son char fait le tour du monde,
Par quel moien la Lune blonde,
Cache quelque-fois son muzeau,
Quels Astres nous donne de l'eau,
Et quels nous donnent la gelée,
Comment de terre figelée,
Promethée homme fort aigu,
Fit l'homme en luy soufflant au cu :

Ce fut un tres-gentil ouvrage,
Et c'est de luy fort grand dommage,
Car Iupiter s'en sert dit-on
A paistre son aigle glouton,
Comment furent faites les bestes,
Pourquoy l'on voit tant de tempestes,
Principalement en hyuer,
Au printemps pourquoy tant de ver,
Et cent autres choses fort belles
Qui ne sont pas des plus nouuelles,
Apres auoir long-temps chanté,
Se voyant fort mal escouté,
Il cessa sa belle musique,
Cependant là Didon se pique,
De son hoste de plus en plus,
Par de longs discours superflus,
Elle le retient aupres d'elle,
Elle se brusle à la chandelle,
L'autre auec toute sa raison,
Sent aussi quelque échaufaison,
Et Monsieur ainsi que Madame
A bien du desordre dans l'ame,
Elle luy fait cent questions,
Sur Priam, sur les actions

D'Hector,

D'Hector, tant que dura le siege,
Si Dame Helene avoit du liege,
De quel fard elle se servoit,
Combien de dents Hecube avoit,
Si Pâris estoit un bel homme,
Si cette mal-heureuses pomme
Qui ce pauure Prince a perdu,
Estoit Reinette ou Capendu,
Si Memnon le fils de l'Aurore
Estoit de la couleur d'un Maure,
Qui fut son cruel assassin,
S'ils moururent tous du farcin
Les bons cheuaux de Diomede,
Qu'elle y sçauroit un bon remede,
Si voyant son Patroclus mort,
Achille s'afligea bien fort.
S'il fut mis à mort par cautelle,
Mais plutost cher Monsieur dit-elle,
Racontez-nous de bout en bout,
Comme quoy se passa le tout,
Comment la ville fut bruslée,
Si les Grecs la prirent d'emblée,
Et par quel moyen s'eschappa,
Portant sur son dos son Papa,

Q

LE VIR. TRAVEST.

Vostre excellente seigneurie,
Racontez-le moy ie vous prie,
Et les trauaux par vous soufferts,
Et les ports par vous descouuerts,
Vos fortunes sont assez grandes,
Pour faire deux ou trois legendes,
Ie les apprendrois volontiers,
Car on conte sept ans entiers
Depuis cette penible guerre,
Que vous errez de terre en terre.

FIN DV PREMIER LIVRE.

PRIVILEGE DV ROY.

LOvys par la grace de Dieu, Roy de France & de Nauarre; A nos Amez & Feaux Conseillers les Gens tenans nos Cours de Parlement, Maistres des Requestes Ordinaires de nostre Hostel, Baillifs, Seneschaux, Preuosts, ou leurs Lieutenants, & autres nos Officiers & Iusticiers, & chacun d'eux qu'il appartiendra ; Salut : Nostre cher & bien amé le sieur SCARRON, Nous a fait remonstrer que durant quelques relasches de sa maladie, il se seroit diuerty à composer & mettre en vers Burlesques, les douze Liures *de l'Eneide de Virgile*, enrichis de Figures, lesquels il desireroit faire imprimer, sous le tiltre *de l'Eneide Trauesty*: Mais parce que lesdites impressions ne se peuuent faire qu'auec grands frais, craignant qu'autres Imprimeurs & Libraires, que ceux qu'il choisira pour ce faire & les distribuer, ne voulussent faire le semblable, & faire perdre audits Imprimeurs & Libraires par luy choisis leursdits frais; Il nous a tres-humblement suplié luy vouloir accorder nos lettres sur ce necessaires. A CES CAVSES, desirant fauorablement traicter ledit sieur Scarron, Nous luy auons permis & octroyé, permettons & octroyons par ces presentes, de faire imprimer lesdits douze liures en telle marge & caracteres que bon luy semblera, par tels Imprimeurs & Libraires qu'il voudra choisir, pour iceux mettre en vente & distribuer durant le temps de dix ans entiers, à commencer du iour qu'ils seront acheuez d'imprimer; Deffendant à tous autres Imprimeurs, Libraires & estrangers, trafiquans en nostre Royaume, & autres personnes de quelques qualité & condition quelle soient d'Imprimer, faire Imprimer, ny mettre en vente durant ledit temps lesdites Oeuures dudit Exposant, sous couleur de fausses marques, noms supposez des lieux & des Villes, diminution & correction, où d'autres déguisemens que ce soit, sans la permission & consentement dudit Exposant, où de ceux ayant charge de luy, sur peine de confiscation desdits liures, de trois milliures d'amende, & de tous despens, dommages & interests dudit exposant: A la charge d'en mettre deux Exemplaires en nostre Bibliotheque publique, & vn autre Exemplaire és mains de nostre tres-cher & feal le sieur Seguier, Cheualier Chancelier de France, auant que de les exposer en vente, suiuant nos Reglemens, à peine d'estre décheu du present Priuilege: SI VOVS MANDONS que du contenu en ces presentes, vous fassiez, souffriez & laissiez iouïr ledit sieur SCARRON, ou ceux qui auront droict de luy, pleinement & paisiblement & à ce faire souffrir & obeïr tous ceux qu'il appartiendra: Et mettant au commencement ou à la fin desdits liures, ces presentes, où vn bref extraict d'icelles, voulons qu'elles soient pour deuëment signifiées, & qu'a la collation par l'vn de noz amez & feaux Conseillers & Secretaires, foy soit adjoustée comme au present original: CAR tel est nostre plaisir. DONNÉ à Paris le huictiesme iour de Ianuier, l'an de grace, mil six cens quarente-huict, & de nostre regne le cinquiesme.

  Par le Roy en son Conseil.   BERAVD.

Et ledit sieur Scarron a cedé & transporté le present Priuilege à Toussainct Quinet, pour en iouïr suiuant l'accord fait entre eux.

Acheué d'imprimer pour la premiere fois le dernier Février, 1648.

Les Exemplaires ont esté fournis.

LE VIRGILE TRAVESTY.

LIVRE SECOND.

SI-TOST que Didon eut dit, chut,
Chacun fit silence, & se tut;
La pauure Reine embeguinée
Des rares qualitez d'Enée,
Rongeant les glands de son rabat,
Sur luy de grabat à grabat,

Décoche quantité d'œillades
Propres à faire des malades,
Luy qui n'est pas un Innocent
Pour une, en rend un demy cent;
Le braue Seigneur pour se taire,
Et pour n'auoir tel conte à faire,
Eust donné ce qu'on eust voulu,
Mais Didon l'auoit resolu,
Souuent de la bonne Princesse
La raison n'estoit pas Maistresse
Puis, quoy qu'animal plein d'appas,
On dit qu'une femme n'a pas
Au cul, ce qu'elle a dans la teste,
Si le prouerbe est mal honneste,
Au premier aduertissement
On peut le rayer aisément :
Reuenons à Messire Enée,
Voyant que la Reine obstinée
Prenoit plaisir à se brusler,
Et ne pouuant plus reculer,
Il se releue la moustache,
S'ajuste en son lict, tousse, & crache,
Puis se voyant bien escouté,
Il dit auecque grauité;

TRAVESTY.

O mon Dieu la fascheuse chose,
Que vostre Maiesté m'impose,
C'est iustement m'esgratigner
Vn endroit qu'on fera saigner;
Vous voulez donc que ie vous die
La pitoyable tragedie,
Dont les Grecs furent les autheurs,
Et les sanguinaires Acteurs;
Est-il possible que l'on croye,
Les estranges malheurs de Troye
Dans lesquels i'ay si bonne part,
Est-il Dolope assez pendard?
Mirmidon, d'Vlisse gendarme?
Qui soit assez chiche de larme,
Pour n'en verser pas vn petit
A ce pitoyable recit:
Mais la nuict est bien auancée,
Elle s'en va bien-tost passée,
Vos lampes tirent à la fin,
Et pour moy sans faire le fin
Ie dormirois de bon courage
Sans le sot conte où l'on m'engage,
Vous mesme vous dormiriez bien,
Outre que tous ces gens de bien

A ij

Ont peine à souſtenir leur teſte,
Et ſous quelque pretexte honneſte,
Voudroient bien qu'il leur fut permis
D'eſtre dans leur lict endormis :
Didon dit, vous auez beau dire,
Haranguez vitement beau Sire
Sans tant tourner autour du pot,
Eneas dit, ie ſuis vn ſot,
Et vous allez eſtre ſeruie.
Quoy qu'Hector euſt perdu la vie,
Les aſſiegez faiſoient ſi bien,
Que les Gregeois ne faiſoient rien,
Que ſe laſſer, & ſe morfondre,
Tout ſembloit les vouloir confondre,
C'eſt à dire rendre confus,
Les Troyens leur faiſoient refus
De leur rendre Madame Helene,
De s'en retourner à Micene
Tous delabrez, & tous piés nus,
Plus viſte qu'ils n'eſtoient venus
Ils ne s'y pouuoient bien reſoudre,
Mais auſſi d'en vouloir découdre.
Quoy qu'ils fuſſent tres-belliqueux,
Auec gens qui l'eſtoient plus qu'eux,

TRAVESTY.

Estant lassez de tant d'années,
Et mal-traitez des Destinées,
Ils y trouuoient quelque danger:
Gens qui sçauent leur pain manger,
Sçauent bien aussi le deffendre,
Tellement que bien loing de prendre
Vengeance du Rapt de Pâris,
Ils couroient risque d'estre pris;
Leurs soldats dans leurs pallissades
Auoient visages de malades,
Et les nostres dans leurs maisons
Estoient gras comme des oisons,
Tout leur camp estoit en desordre,
On n'y faisoit que s'entremordre,
Leurs Capitaines & Soldats
S'accordoient comme chiens & chats:
Qui n'eust donc parié leur perte
Nous attaquans de force ouuerte:
Mais ils s'aduiserent enfin
De vouloir iouer au plus fin,
Ils y trouuerent mieux leur compte,
Et par là nous eusmes la honte
De nous voir reduits aux abois
Par vn simple cheual de bois :

Il plut donc à la destinée
Qu'ils fissent vne haquenée,
Si vous voulez, cheual de pas,
Lequel des deux n'importe pas,
Par ce prodigieux ouurage
Ida perdit tout son ombrage,
Tous ses sapins prirent le sault
Ou pour le moins bien peu s'en faut,
Pallas mesme y prit la cognée
Pour faire de l'embesongnée,
Aussi fut ce Maistre Dada
Aussi grand que le mont Ida;
Ie ne sçay comment diable ils firent
Dans ce grand cheual ils bastirent
Toutes sortes de logemens,
Sans oublier des aisemens,
Puis de munitions & d'armes
Et de leurs plus hardis gendarmes
Tous alterez de nostre sang,
Ils emplirent le vaste flanc
De cette beste à large eschine;
Que maudite soit la machine
Et le vilain qui l'inuenta,
Et la femme qui l'allaicta,

Et le mary de cette femme,
Et toute sa famille infame,
Et pour n'en faire à tant de fois
Les Gregeoises & les Gregeois :
Ayant donc fait ce grand colosse,
Cette prodigieuse Rosse,
Qu'ils disoient pour couurir leur jeu
Estre vne offrande, ou bien vn vœu,
Pour leur prompt retour dās la Grece,
Qui diable eust deuiné la piece ?
Et que ces larges intestins ?
Eussent des soldats clandestins ?
Et tant de belle Infanterie,
Ou bien plutost Caualerie,
Puis qu'ils estoient tous à cheual,
Nous crusmes donc ce bruit fatal,
Et que l'ennemy faisoit gille,
Sans plus songer en nostre Ville,
Et de fait vne belle nuit
Ils gagnerent sans faire bruit
Vne petite Isle celebre
Par nostre auanture funebre,
De qui Tenedos est le nom
Autrefois riche & de renom:

Mais depuis cette longue guerre
Vne tres-malheureuse terre,
Ou le moindre petit vaisseau
A peine se fourniroit d'eau:
Là leur flotte s'estant cachée
Chacun voulut voir la tranchée,
Et ce fameux Camp d'où sortoient
Ceux qui si souuent les battoient,
Petits & grands remplis de ioye
Porterent leur nez hors de Troye
Et visiterent les quartiers
Dont ils se pensoient heritiers,
On s'entr'apprend, on s'entremontre,
Icy se fit telle rencontre,
Et là se fit vn tel combat,
Chacun bien du Pays y bat,
Chacun y dit sa ratelée,
Là campoit le fils de Pelée,
Là le Dolope & Mirmidon.
Mais tous admirerent le don
Par eux fait à Pallas la sage
Comme, entreprise de courage,
La peste comme on le brûloit,
Si l'on eust sceu qu'il receloit

Par

Preſſez comme harancs en caque,
Par la ruſe du Roy d'Itaque
Des Grecs les plus hardis ſoudars,
Armez de piques & de dars.
Timetes pour faire l'habille,
Dit, Il le faut mener en Ville,
Et que ce Coloſſe ſi beau
Serue d'ornement au chaſteau.
Voila ce qu'auança le traiſtre,
Soit qu'il fuſt, comme tout peut eſtre,
Par nos ennemis ſuborné,
Ou que le ſort l'euſt ordonné.
Capis, & les teſtes plus ſaines
Luy dirent, Vos fiévres quartaines,
Il faut bien pluroſt le bruſler
Au lieu de l'y faire rouler:
Le grand Iupiter nous en garde,
Que ſçauons nous ce qu'on nous garde,
En ce gros ventre rebondy?
Encore vne fois ie le dy,
Où ie ſuis d'aduis que l'on ſonde
Cette machine ſi profonde,
Ou qu'auec de beaux charpentiers
On me la mette par quartiers,

Ou qu'on luy donne la fumée
Auecque paille mal allumée,
Les plus preßez esternuront,
Et les autres descouuriront
Grece ainsi sottement enclose
Nous coustera fort peu de chose,
Et nous la pourrons estouffer,
Et du mesme temps nous chauffer.
En cet embarassant rencontre,
L'vn fut pour, & l'autre fut contre,
Là dessus Laocoon vint,
Suiuy de Troyens plus de vingt,
En s'approchant de l'Assemblée,
Il cria d'vne voix troublée,
La peste vous casse le cou,
Ie croy que tout le monde est fou,
Ou pour le moins en resuerie.
Quand vous auriez vne escurie
Bastante pour tel animal,
L'y receuoir vous feriez mal.
Tout cecy n'est qu'vn artifice,
Ie connois trop l'esprit d'Vlißse,
Pour croire que ce fin matois
Ait ainsi dépensé du bois

TRAVESTY.

Seulement pour nous faire rire.
Cet ouvrage que l'on admire
Est quelque tour de l'ennemy
Dangereux en Diable & demy,
Le Grec opiniastre en mule,
Afin de mieux sauter recule,
Deffions-nous de ses presens
Tres-dangereux, quoy que plaisans.
Croire sottement leur retraite,
C'est auoir la teste mal-faite.
Cette grande masse de bois,
Cet ouurage de tant de mois,
Ce cheual à la riche taille
Vient reconnoistre la muraille.
Dans son ventre pour nos pechez
Soldats sont peut-estre cachez,
Qui nous ayant coupé la gorge,
Gays comme des pourceaux dans l'orge,
Ou bien qui pissent dans du son,
D'vne pitoyable façon,
De tous nos biens feront ripaille :
Pour moy ie n'attends rien qui vaille
Du Grec deuenu liberal,
Ny de ce grand vilain cheual.

Cela dit, d'vne lance gaye
Il fit au cheual vne playe,
Son vaste ventre en retentit,
Plus d'vn Gregeois en esmeutit
Car on a sceu depuis la chose.
Certes ce ne fut pas sans cause,
Vlisse a confeßé depuis
Que ce coup luy fit vn pertuis
Droit au beau milieu de la panse,
Il en fut quitte pour la trance,
Et pour s'escrier ie suis mort,
Dont vn chacun le blasma fort;
Il voüa plus d'vne chandelle
Pour l'auoir eschapé si belle.
Plus auant de quatre ou cinq doigts
Monseigneur le Cheual de bois
Alloit seruir de feu de ioye
A la deliurance de Troye.
Illium encore seroit,
Et le bon Priam regneroit:
Mais la fatalle destinée
Auoit nostre perte ordonnée,
Et les habitans du cheual
Eurent plus de peur que de mal.

TRAVESTY.

Vn grand bruit fit tourner la teste,
Et laisser cette grande beste
A tout ce Peuple irresolu.
Vn ieune homme de coups moulu
Et lié d'vne grosse corde,
Criant bien fort misericorde,
Par les Pastres qui l'auoient pris
A grande rumeur & grands cris,
Estoit amené vers la Ville.
Ce Grec des Grecs le plus habille,
Et le plus propre à deceuoir,
S'estoit premierement fait voir,
Et puis apres laissé surprendre,
Resolu de se faire pendre
En homme d'honneur sans crier,
Ou par vn tour de son mestier
De donner nostre pauure Troye
A ses concitoyens en proye.
Ces Pastres s'empressoient beaucoup,
Pensant auoir fait vn beau coup:
Helas de ce beau coup qu'ils firent
Comme nous ils se ressentirent.
Ils mirent donc deuant le Roy
Ce prisonnier tout hors de soy,

Ou du moins qui feignoit de l'estre.
Chacun s'approche de ce traistre,
A force de s'entrepousser,
On pensa le Roy renuerser.
Le Matois tout couuert de larmes
A l'aspect de tant de gendarmes,
Qui demandoient à le berner,
Fit semblant de s'en estonner.
Priam des hommes le plus sage,
Afin de luy donner courage,
Le deslia, le r'asseura,
Et tout le monde conjura
Qu'on ne luy fit nulle incartade:
Il en receut vne embrassade
Entre le pied & le genou:
Car de se ietter à son cou,
Le Drosle sçauoit trop son monde.
Nostre bon Prince à l'ame ronde
Faisoit si peu du quant à moy,
Que quand il eust fait sur ma foy
Quelque chose encore de pire,
Le bon Roy n'en eust fait que rire.
Le Grec par ce trait de bonté
Parut comme ressuscité,

Et puis admirez son addresse,
Et iugez par cette finesse
Combien les Grecs sont dangereux.
Il dit faisant bien le pleureux,
Helas, helas, en quelle terre
Ne trouueray-ie point la guerre!
Si ie suis des amis chassé,
Et des ennemis menacé :
Là dessus il se mit à braire.
Priam Prince tres-debonnaire,
Si-tost qu'il le vid braire ainsi,
Se mit bien-fort à braire aussi.
Quelques Troyens voyāt leur Maistre
Braire autant & plus que ce traistre,
Afin de faire bien leur cour
Se mirent à braire à leur tour.
La pleurerie estant cessée,
Et toute colere chassée
Par cette lamention,
Chacun en eut compassion :
On l'exhorta de ne rien craindre,
Et de nous declarer sans feindre
Quel rang chez les Grecs il auoit,
Et tout ce que d'eux il sçauoit.

*Lors les mains vers le Ciel hauſſées
Que les cordes auoient bleſſées,
Il dit en souſpirant: Sinon
Si ie m'en souuiens eſt mon nom,
Malgré fortune qui m'accable,
Quoy que malheureux, veritable,
Ie le fus iadis, ie le suis,
Et seray touſiours ſi ie puis.
Du grand Palamedes l'hiſtoire
Vous doit ſans doute eſtre notoire:
Son Pere le braue Belus
Valoit son peſant d'or & plus:
Sa femme eſtoit Dame Eliſenne,
L'Aduocat du Roy de Micene
Eſtoit son Pere, il auoit nom
Aulides homme de renom,
Et ſa tante Dame Dorie.
Priam dit laiſſons, ie vous prie,
En repos ce Palamedes,
Sa femme & son Pere Aulides,
Et nous racontez voſtre vie
Sans tant de genealogie.
Bien dit le traiſtre & grand mercy,
Et puis il pourſuiuit ainſi.*

A cauſe

TRAVESTY.

A cause qu'il blasmoit la guerre
Qu'on venoit faire en cette terre,
Il fut des plus Grands mal-voulu,
Par lesquels il fut resolu,
Qu'on en dépescheroit le monde.
Vlisse en qui malice abonde
Autant qu'en vn Singe vieilly,
L'empoisonna dans du boüilly,
On dit vne poule boullie,
Autres disent de la boullie,
Ie ne sçay pas en quoy ce fut
Mais tant y-a qu'il en mourut,
I'en eus affliction mortelle
A cause de la parentelle,
Outre qu'estant tres-pauure né
Mon bon Pere m'auoit donné
Pour Page à cet aimable maistre,
Il me vouloit du bien, pour estre
Et mon parent, & mon Parrain,
Ie ne pûs cacher le chagrain
Qui paroissoit trop sur ma face,
Ie fis menace sur menace
Le meschant Vlisse en eut peur,
On sçauoit que i'auois du cœur,

J'auois de mes ieunes années
Plusieurs bonnes preuues données
Que ie sçauois tirer du sang,
Couper vn bras, percer vn flanc,
Et faire vne capilotade
De qui m'eust fait vne incartade :
J'auois cent fois dans le sang chaut
Iuré dans nostre camp tout haut,
Que ie voulois faire vne botte
Apres le retour de la flotte,
Contre ce traistre empoisonneur,
Que i'appellois larron d'honneur.
Le meschant sceut bien me le rendre
Ainsi que vous allez apprendre,
Il corrompit Monsieur Calchas,
Dont tous les Grecs faisoient grãd cas,
Et dont ie ne fais pas grand conte
Comme vous verrez par mon conte.
Ce Calchas estoit vn bigot,
Pire que Got, ny Visigot,
Vn grand faiseur de sacrifices,
Grand Immolateur de Genisses :
Passe encore, mais il faisoit
Immoler ceux qu'il luy plaisoit,

TRAVESTY.

Ce bon Deuin amy du crime,
M'ayant marqué pour sa victime,
A la priere d'Vlissez,
Sans doute vn vray diable en procez,
Admirez vn peu ce qu'ils firent,
Et l'estrange chemin qu'ils prirent
Afin de me faire mourir.
Ils firent sourdement courir
Plusieurs bruits parmy le vulgaire,
Mon ennemy ne sortoit guere
Qu'accompagné de ses valets
Auecque dagues & pistolets ;
Mais qu'est-ce que ie vous lanterne ?
Qu'attendez-vous qu'on ne me berne?
Et si c'est trop peu de berner
Qu'atten-t'on à m'assaßiner ?
Dequoy vous importe vne vie
De tant de malheurs poursuiuie ?
Que vous importe si Sinon
Est mal-traité des Grecs ou non?
Sans doute Vlisse le perfide,
Les Grecs, & l'vn & l'autre Atride
Seront bien-tost les grands amis
De ceux qui m'auront à mort mis.

C ij

*Faites-moy donc vistement pendre,
J'enrage quand il faut attendre,
Mon estomach vous fait beau jeu,
Vous n'auez qu'à pousser vn peu:
Le traistre par cet artifice
Adioustoit poiure sur espice,
Au chaud desir que l'on auoit
D'apprendre ce qu'il controuuoit.
On le caresse, on l'amadouë,
Nostre Roy le baise à la iouë,
Le bon Seigneur aimoit sur tout
Les contes à dormir debout,
Et pour escouter vne histoire
Il eust sans manger & sans boire
Demeuré tout le long d'vn iour.
Nous tous assemblez à l'entour,
Auions pour le moins mesme enuie
D'apprendre cette belle vie;
Le Drosle qui le voyoit bien,
Feignant de ne craindre plus rien,
Pria qu'on luy donnast à boire,
Pour mieux acheuer son histoire,
Priam qu'est a parmy nous tous
Enuiron quinze ou seize sous,*

Tandis qu'on alla querir pinte,
Il reprit son histoire feinte,
Et nous dit, Les Grecs confondus,
Ou si vous voulez morfondus
Deuant vos vaillantes murailles,
N'auoiët plus que des cœurs d'oüailles
Au lieu de leurs cœurs de Lyons,
Eux qui de plusieurs Illiums
Eussent crû la conqueste aisée,
Voyoient leur puissance espuisée,
Deuant vne seule Illium,
D'infortunes vn million,
Peste, famine, & tant des pertes,
A souffrir, outre les souffertes
Par les soldats de Priamus,
Les rendoient certes bien camus :
Les soldats & les Capitaines
Tournoient la teste vers Micenes,
Souspiroient apres le retour
Qu'ils esperoient de iour en iour,
Les chefs sans credit ny puissance,
Les soldats sans obeyssance,
Les vns & les autres tous nus,
Mal payez, & mal reconnus,

Emplissoient le camp de murmures,
Au general disoient iniures,
Le moindre petit froid-au-cu
Maudissoit cent fois le Cocu,
Comme aussi sa putain de femme,
Qui causoit cette guerre infame.
Si l'on leur en disoit vn mot,
Ils disoient, Vous estes vn sot:
Cent fois le camp plia bagage,
Et cent fois vn cruel orage,
Qui ne promettoit que la mort,
Retint les nauires au port;
Entre-autres la rude tempeste!
Et comme elle troubla la Feste
Que l'on fit, quand apres six mois
Fut finy le cheual de bois,
Nos tentes furent renuersées,
Nos nefs dans le port fracassées,
Tout le vin du camp fut gasté,
Et tout le camp si mal-traité,
Que chacun y fit sa priere,
N'attendant que l'heure derniere:
Qu'on eust eu bon marché de nous?
Et qu'il y faisoit bon pour vous?

TRAVESTY.

Les vaillans autant que les lasches
Pleuroient par tout comme des vaches,
On n'entendoit que des helas.
Le franc cocu de Menelas
Trembla bien fort en chaque membre,
Voyant le tonnerre en sa chambre
Qui son pot de chambre rompit,
Il en pissa de peur au lict.
On s'assemble sur ce prodige,
On s'en estonne, on s'en afflige,
Le pot de chambre visité,
On trouua qu'il auoit esté
Bien & deuëment frapé du foudre.
Cela fit le conseil resoudre,
D'enuoyer vers Monsieur Phœbus,
Qui ne parle que par Rebus:
On choisit le sieur Eurypile,
Homme en pareil cas fort habille,
Qui partit dés le lendemain
Pour Delos bourdon à la main.
Voicy par vne sarbacanne,
Ce que luy dit en voix de canne
La Profetesse, apres auoir
Sur le trepied fait son deuoir,

C'est à dire nuë en chemise
S'estre longtemps tenuë assisse
Ses deux iambes esquarquillant,
Cela luy rend le sang boüillant,
Et luy fait bien enfler la gorge,
Tant le Dieu dont elle regorge
Luy rend le dedans confondu,
Iusqu'à tant qu'elle l'ait rendu :
Mais biē mieux que moy qui trop cause
Vous sçauez peut-estre la chose,
Voicy ce qui fut raporté
De la part du Dieu consulté.

Deuant que de vous mettre en voye
Pour venir camper deuant Troye,
Il vous a fallu sang humain
Pour vous rendre le Ciel humain,
Vostre heureux retour en la Grece,
Doit s'acheter en mesme espece ;
Vne Vierge il vous a cousté,
Vn homme doit estre traitté
Sans differer de mesme sorte,
Ou que le diable vous emporte,
Ce qu'asseurément il fera
Car tel est nostre, & cetera.

A cet

TRAVESTY.

A cet Oracle épouuentable,
On vid bien que le miserable
Ne pouuoit estre autre sinon
Le pauure infortuné Sinon,
Calchas estant amy d'Vlisse,
Et de plusieurs crimes complice.
Et parce que c'estoit Calchas,
Qu'on consultoit en pareil cas;
Vlisse en public luy demande,
Qu'il declare tout haut l'offrande,
Dont on doit appaiser les Dieux.
L'hipocrite baissant les yeux,
Conjure que l'on luy pardonne,
S'il ne veut declarer personne,
Et qu'il aime bien mieux mourir
Que de faire vn homme perir.
Vlisses l'en blâme, il s'en fasche:
Vlisse l'en presse, il se cache,
Durant dix iours ne paroist plus,
Chez le mesme Vlisse reclus.
Vn iour comme par violence,
Vlisse l'amene en presence
Des Princes Gregeois assemblez,
Tant de son absence troublez,

D

Que de prodiges à centaines,
Qui leur causoiēt fiévres quartaines.
L'ayant donc ainsi ramené,
Faisant bien fort du mutiné,
On luy fait la mesme priere.
Il la refuse toute entiere.
Vlisse l'appelle Vaurien,
Astrologue, Magicien,
Et Prediseur de choses fausses.
Calchas dit, ils sont dãs vos chausses;
Mais pour le salut de nous tous,
Et non pas pour l'amour de vous,
Celuy qu'il faut qu'on sacrifie,
Et que son corps on cendrifie,
S'appelle, Helas! il me nomma,
Ou bien plutost il m'assomma.
Chacun connût bien la malice
Du Deuin Calchas & d'Vlisse :
Et comme on iouoit tout cela,
Chacun pourtant s'en consola,
Chacun songeant qu'il pouuoit estre
Ainsi que moy nommé du traistre,
Et que le sort sur moy ietté
Les mettoit tous en seureté.

TRAVESTY.

Vn Sacrificateur m'empoigne,
Et sur moy se met en besoigne;
M'ayant bien aromatizé,
Et purgé, saigné, ventouzé,
On mit plus d'vne sauonnette,
A me rendre la peau bien nette;
On me peigna, laua, raza,
On m'ajusta, poudra, friza,
Et ma teste ainsi testonnée,
D'vn chapeau de fleurs fut ornée:
On dit qu'il me faisoit beau voir.
Ie feignis de tout mon pouuoir,
De prendre en gré le sacrifice,
Et d'aller content au supplice:
Ie vous le confesse pourtant,
Iamais il ne m'ennuya tant,
(Le Ciel d'vn pareil mal vous garde.)
Or on fit si mauuaise garde,
Que ie me sauuay finement,
Il ne vous importe comment.
Ie ne sçay rien de ce qu'ils dirent,
Ny des grandes clameurs qu'ils firent:
Mais ie sçay que faute de pain,
Ie pensay bien mourir de faim.

Ma fuitte ayant esté secrette,
Ie fis à l'aise ma retraitte,
Et me cachay dans des roseaux,
D'où, iusqu'à tant que nos vaisseaux
Eussent éloigné le riuage,
Ie ne bougeay comme homme sage.
Ma foy i'estois bien affligé,
Tant de mon Pere fort aagé,
Dont ie ne verray plus la face;
Que de mon orpheline race,
Sur laquelle mes ennemis,
D'vn crime qu'ils n'ont point commis,
Dont ie suis innocent moy-mesme,
Par vne barbarie extreme,
Voudront par Vlisse irritez,
Exercer mille cruautez.
Ayez donc pitié, ie vous prie,
D'vn pauure malheureux qui crie,
Et ne luy donnez point la mort,
En quoy vous l'obligerez fort.
Ie vous coniure par Hecube,
Vostre belle & chere succube,
D'auoir compassion de moy.
Aussi feray-je en bonne foy,

TRAVESTY.

Luy dit Priam: mais en reuanche
De vous auoir de ma main blanche
Defembarassé des liens
Dont vous ont garoté les miens,
Faites nous sçauoir l'origine
De cette puissante machine,
Et si c'est pour bien ou pour mal
Qu'ils ont basty ce grand cheual;
Si c'est machine pour combattre,
Ou si ce n'est que pour s'esbattre;
Si c'est vne deuotion,
Enfin quelle est l'intention
De nos ennemis & des vostres,
Puisque ie vous reçoy des nostres.
Sinon dit, C'est bien la raison,
Et sans commettre trahison
Ie puis vous découurir l'affaire,
Quand ie deurois aux Grecs déplaire.
Ce sont gens qui ne valent rien,
Et de vray vous m'entendez bien.
Vous estes vn Roy magnanime,
De qui chacun fait grande Estime,
A qui ie suis de tout mon cœur
Tres-obeissant seruiteur.

LE VIRGILE

O grand Iupiter, grand Neptune!
Luisant Soleil, obscure Lune!
Puissants Dieux qui m'auez sauué
Comme on alloit chanter Salué!
Et vous Mort qui me vouliez prēdre,
Si i'eusse voulu vous attendre;
Cousteau qui m'eussiez esgorgé,
Si ie n'eusse pas deslogé!
Action qui malgré l'enuie,
Est la plus belle de ma vie:
Feu sacré pour qui i'ay tremblé,
Sacrifice par moy troublé,
Tres-prudemment par mon absence;
Helas ie tremble quand i'y pense:
Bandelette sainct ornement,
Qui m'importunoit grandement;
Fleurs dont ma teste fut ornée,
Ou pour mieux parler, estonnée:
Enfin tout ce que le Grec feint,
A d'inuiolable & de sainct,
Vous mesmes Grecs amis du crime,
Qui m'auez choisi pour victime,
Comme si i'eusse esté Taureau;
Vous aussi Calchas mon bourreau,

Ie vous appelle en tesmoignage,
Qu'auiourd'huy Sinon se desgage
Du serment de fidelité,
Enuers ceux qui l'ont mal-traitté;
Et puis que Priam le protege,
Que sans passer pour sacrilege,
Il peut reueler vos secrets,
Deust-il causer mille regrets
Au grand fils de Putain d'Vlisse,
Que vous & luy le Ciel punisse,
Et vous fasse choir sur le chef
Bien-tost quelque horrible méchef:
Mais i'espere pour recompence
D'vn secret de telle importance,
Vne charge en vostre maison.
Priam dit, C'est bien la raison,
Ouy de bon cœur ie vous la donne,
Vous serez Meneur d'Ilione,
Son-Quinola son Escuier.
Sinon dit, C'est trop me payer,
Puis il nous dit. Nostre patrie,
Eut tousiours grande Idolatrie,
C'est à dire deuotion
Pour Pallas ; & la nation

L'a toufiours euë affez propice,
Iufqu'à temps que le chien d'Vliffe,
De Diomede accompagné,
Penfa qu'il auroit tout gagné,
Si par quelque bon ftratageme,
Et par quelque tour de Boheme,
Ils tiroient le Palladium
Hors des murs de voftre Illium.
Comme ils le dirent ils le firent,
Mais bien toft ils s'en repentirent.
Ce fut vn fort beau coup de main,
Mais par mal-heur de fang humain,
L'Image de Pallas volée
Par quelqu'vn d'eux fut maculée,
Dont fut bien plus qu'on eut penfé
Le Sainct Simulacre offencé.
Si-toft qu'on découurit fa face,
Elle nous fit vne grimace,
Qui ne nous promit rien de bon:
Au tres-prudent Agamemnon
Elle fit la mouë & la figue;
De quoy ce grand chef de la ligue
Garda de honte & de defpit
Durant quatre ou cinq iours le lict.

Sueur

TRAVESTY.

Sueur de sang découler d'elle,
Chose qui n'est point naturelle,
On vit ses yeux estinceler,
Et d'elle on sentit exaler
Odeur qui n'estoit pas diuine:
Elle branla sa jaueline,
De sa Palme le nez brida,
A qui de trop pres l'aborda;
Enfin elle fit tant la beste,
Qu'elle nous en brouilla la teste.
Calchas là dessus consulté,
Iura qu'on auoit tout gasté,
Qu'il falloit retourner en Grece,
Faire vn camp nouueau piece à piece,
Leuer vistement des gens frais,
Et reuenir sur nouueaux frais,
De plus-belle faire la guerre:
Mais qu'il falloit en cette terre :
Bastir ce grand cheual de bois,
Ce que l'on pouuoit en six mois;
Pour faire à Pallas vne offrande,
Qu'il la falloit faire ainsi grande,
Affin qu'on ne la pust rouler,
Faire auancer, ny reculer,

E

Entrer par porte ny muraille;
Enfin la faire d'vne taille
Effroyable pour sa longueur,
Largeur, hauteur, & profondeur,
Affin qu'estant tout immobile,
Elle ne pust entrer en ville.
Car voicy ce que dit Calchas,
Et de cecy faites grand cas:
Si cette monstrueuse beste
Au lieu d'estre receuë en feste
Et d'estre en veneration,
D'effet ou bien d'intention,
Est, ie ne vous dis pas brisée,
Ie dis seulement mesprisée,
Les Troyens s'en repentiront,
Et les bouts des doits s'en mordront,
Et nous ferons bien-tost de Troye
Vn tres-horrible feu de ioye:
Car des Dieux il est arresté
Qu'estant receuë en la Cité,
Vostre Cité bien-tost par guerre
Sera Maistresse de la terre,
Et les tout-puissants Phrygiens
Verront les Grecs dans leurs liens.

Voila ce que de luy nous sceusmes,
Ce que trop idiots nous crûsmes,
A cause que la chose plut
On crut de luy ce qu'il voulut,
Quand il en eust dit dauantage,
Priam trop bon & trop peu sage
Eust tout pris pour argent comptant.
Mais qui n'en auroit fait autant?
Tant son eloquence eut de charmes,
Et tant purent ses fausses larmes,
Moy-mesme qui vous dis cecy
Comme vn sot ie le crus aussy.
Ainsi ce que le fin Vlisse
N'a pû faire par artifice,
Ce que Diomede n'à pû
Ny le Peleide inuaincu,
Ce qu'enfin durant dix années
Les troupes de Grece amenées,
Ont tasché sous Agamemnon,
Fut lors acheué par Sinon.
Cas estrange autant qu'il peut estre,
Appuya les discours du traistre.
A Neptune le Dieu de l'eau,
Laocoon d'vn grand taureau

E ij

Faisoit vn deuot sacrifice,
Mais il ne luy fut pas propice.
Nous vismes bien loin dans la mer,
Ie ne sçay quoy, qui sans ramer
S'approchoit de grande vistesse:
Chacun s'entredemanda qu'est-ce?
Mais bien-tost apres chacun vit
Ce qui grande frayeur nous fit.
Deux serpents à la riche taille,
Venans à nous comme en bataille
Depuis l'isle de Tenedos,
Armez d'escailles sur le dos,
Du seul mouuement de leur queuë
Ils alloient sur la plaine bleuë,
Aussi viste que l'auroit pû
Nauire à qui vent souffle en cul:
Ils auoient vne rouge creste
Sur leur épouuentable teste,
En nous regardant ils sifloient,
Et les yeux leur etinceloient:
Ils se saisirent du riuage,
Qu'on abandonna sans courage,
Puis ces venerables serpens
Faisants grãds saults, & non rãpans

TRAVESTY.

De Laocoon s'approcherent,
A ses deux enfans s'attacherent,
Et de ces deux enfans si beaux
Ne firent que quatre morceaux.
Il vint auec sa halebarde,
Vn des serpents sur luy se darde,
De cent plis l'ayant garroté,
Ils auoient le coup concerté :
De sa queuë auec grande adresse
L'autre luy donna sur la fesse,
Ayant honnestement fessé,
Le patient fut embrassé
Par luy de pareille embrassade
A celle de son camarade,
Lequel à son tour le pilla,
Le déchiqueta, mordilla,
D'vne épouuentable maniere
Tant par deuant que par derriere ;
Ses bras faisoient de vains efforts
A déprendre ces sales corps
Joints au sien par plusieurs ceintures
Plus cruelles que des tortures :
Mais ils le tenoient si serré
Que le pauure desesperé,

Voyant qu'il n'y pouuoit rien faire,
Se mit à pleurer puis à braire:
Il s'en acquita dignement.
Ainsi mugit horriblement
Le bœuf, à qui la main du Prestre,
Qui n'est qu'vn mal-adroit peut-estre,
Ne donne au lieu d'vn trespas prompt
Qu'vn coup qui la corne luy rompt,
Ou bien luy fait bosse à la teste,
Ce qui trouble toute la feste.
A ce spectacle plein d'horreur
Tout le monde s'enfuit de peur,
Iusqu'en la ville aucuns coururent.
Ayant fait tout ce qu'ils voulurent
Les deux serpents au ventre verd,
De sang & de venin couuert,
A demy mort ils le laisserent,
Et deuers la ville marcherent,
Teste leuée & triomphans
Du pauure homme & de ses enfans.
Tout le monde leur fit passage,
Et personne n'eut le courage
De les attaquer en chemin,
Tant on respecta leur venin.

TRAVESTY.

Estant arriuez dans la ville
Minerue leur seruit d'Azille,
Et dans son temple les reçeut,
Dont grande frayeur l'on conçeut.
Chacun disoit, Le miserable
A fait vn acte detestable
En offençant ce grand cheual,
Que Dieu veuille garder de mal.
Il faut auec ceremonie
Reparer cette felonnie,
Et receuoir dans la Cité
Auecq grande ciuilité
Cette tant venerable beste,
Et que l'on en chomme la feste.
Le peuple aueuglé, qui ne sçait
Ny ce qu'il veut ny ce qu'il fait,
Se met à rompre la muraille,
Et ne fait certes rien qui vaille.
Priam qui ne void pas plus loin
Que son grand nez de Marsouin,
Quoy qu'il eust de belles lunettes,
Fait apporter quatre rouletes
Pour rouler ce grand animal;
Il ne pouuoit faire plus mal.

La muraille estant abbatuë,
Petits & grands on s'esuertuë
A tirer ce fatal present,
Qu'on trouue diablement pesant.
Helas si contre quelque butte
Il eust fait vne culebutte!
Par cét heureux culebutis
Nous eußions esté garentis.
De filles vne gaye bande
Dansoient deuant la sarabande:
Force garçons comme Bouquins
Au son des cornets à bouquins
Dansoient à l'entour la pauane,
Les matassins, & la bocane:
Priam mesme außi dansottoit
Quand en beau chemin il estoit.
Ainsi la fatale machine
Vers nostre ville s'achemine,
Et s'approche marchant pian pian
D'où l'on auoit mis bas vn pan
De nos grands murs bastis de brique,
Qui faisoient aux belliers la nique.
O nostre ville! ô nos maisons!
O bons Troyens plus sots qu'oysons!

TRAVESTY.

Vous fustes pris à la pipée,
Et les Grecs sans tirer l'espée
Se firent maistres de nous tous:
Mais ne vous en prenez qu'à vous,
Vous fistes vous mesmes la breche
A grands coups de pic & de beiche,
Par laquelle vos ennemis
Furent dans vostre ville admis.
Enfin donc dans la ville il entre
Le maudit roussin au grand ventre
Farcy de Grecs, dont les meilleurs
Estoient pour le moins des voleurs.
Nous eusmes si peu de ceruelle,
Qu'on le mit dans la Citadelle.
Comme on luy traisnoit il broncha,
Et prest à tresbucher pancha,
Vn fracas comme de ferrailles
Se fit oüyr dans ses entrailles
Dont se crurent tous fricassez,
Les Grecs l'vn sur l'autre entassez.
Ceux qui le traisnoient l'entendirent,
Mais non plus de cas ils n'en firent
Que si l'on n'eust rien entendu,
Tant ils auoient le sens perdu:

F

Là dessus la sage Cassandre,
Qu'à peine l'on voulut entendre,
Dit pis que pendre du cheual.
Priam luy dit, vous parlez mal.
La pauurette s'afflige & crie,
Se iette à ses pieds & le prie.
Elle ne fit que le fascher,
Il luy dit allez vous coucher
Vous auez du vin dans la teste,
Et n'estes qu'une trouble-feste ;
Elle se voyant sans credit,
Et que de ce qu'elle auoit dit
Les Troyens ne faisoient que rire
S'en retourna sans plus rien dire.
Là dessus le Soleil s'enfuit,
Et laissa la place à la nuit,
Qui s'empara du Ciel, plus noire
Que n'est l'ancre d'une escritoire
Ou pour le moins s'en faut bien peu.
Cela fit aux Gregeois beau ieu,
Fauorisez de ses tenebres,
Faisans sur nous desseins funebres
Et le vent leur soufflant au dos,
Ils partirent de Tenedos ;

TRAVESTY.

Vne grosse torche allumée,
Esclairoit à toute l'armée,
Et deuoit aussi ce fanal
Seruir à Sinon de signal.
Ils s'en vinrent à la sourdine,
Sans tambour, fluste, ny buccine,
Aborder pres de la Cité,
Où l'on dormoit en seureté,
Apres auoir bien fait gambade,
Sans se defier de l'aubade,
Que donna le traistre ennemy,
Au peuple Troyen endormy :
Nos Citoyens remplis de ioye
De la deliurance de Troye,
Ayant beu plus qu'ils n'auoient deu,
Cuuoient le vin qu'ils auoient beu;
Nos sentinelles endormies,
Sans peur des troupes ennemies,
Ayant mangé comme pourceaux,
Et vuidé tripes & boyaux,
Dormoient le long de nos murailles,
Et ces mal-soigneuses canailles,
Receurent la mort à clos yeux,
Mais ils n'endormirent que mieux,

F ij

D'vne nuit qui fut eternelle,
Pour auoir mal-fait sentinelle,
Et ie crois vraisemblablement
Qu'ils n'ont sçeu par qui ny comment.
Tout ronfloit & de bonne sorte,
Sinon seul, que le Diable emporte,
Tandis que chacun sommeilloit
Pour nostre grand malheur veilloit,
Et tiroit hors de la machine,
Dont il auoit ouuert l'eschine,
Force Grecs hommes de grand bruit,
Comme on remarqua cette nuit.
Premierement, il fit descendre
Stenelus, Vlisses, Tessandre,
Thoas, Athamas, Machaon,
Et le frere d'Agamemnon,
Menelaüs & Neptoleme,
Puis l'Inuenteur du stratageme
Epeus, tous grands spadaßins,
Grands larrons, & grands assaßins;
Tous les autres que ie ne nomme
Faisoient vne assez grosse somme :
Et telle enfin qu'elle suffit
A nous gaster comme elle fit ;

TRAVESTY.

Au pied de l'eschelle de corde,
A la haste entr'eux on s'accorde
De l'ordre qu'on deuoit garder.
Apres cela sans marchander
Ils se firent Maistres des portes,
Introduisirent leurs cohortes,
Qui comme ils auoient concerté
Auoient approché la cité :
Par la ville elles s'espandirent,
Et sans crainte du bon Dieu, firent
Main basse par tous les quartiers
Comme on auoit fait des portiers.
Cependant moy mal-heureux homme
En estois à mon premier somme,
C'est à cette heure iustement
Que chacun dort profondement.
Ie gisois de la mesme sorte
Que fait vne personne morte ;
Et i'eusse pû faire trembler
Quiconque m'eust ouy ronfler,
Non, que i'eusse beu plus que d'autres,
En ce grand desordre des nostres :
Mon pere Anchise sur ma foy,
Achates, mon espouse & moy,

N'auions en toute la soirée
Beu que pinte bien mesurée,
Et dont ie ne bus quasi pas,
Parce que le vin estoit bas.
Dormant donc ainsi dãs ma chambre,
Helas i'en tremble en chaque membre,
Il me sembla de voir Hector,
Et ie pense le voir encor.
O Dieu la piteuse figure,
Qu'il estoit de mauuais augure!
O Dieu qu'il me parut hideux!
Il estoit fait comme deux œufs,
Sa cotte d'armes deslabrée,
De poudre & sang estoit marbrée,
Vous l'eussiez pris pour vn souillon
Qui n'est couuert que d'vn haillon,
Sa tres-desagreable face
Malgré luy faisoit la grimace,
Pleine de bosses & de trous,
Son corps estoit percé de coups,
Enfin il estoit tout de mesme
Qu'il estoit, quand sanglant & blesme
Achille apres l'auoir vaincu
Le traisnoit à l'escorche-cu;

TRAVESTY.

Ses pauures pieds traiſnoient encore
La longe de cuir, que ce Maure,
Ce Turc, ce felon des felons
Auoit paſſé dans ſes talons:
Helas qu'il eſtoit peu ſemblable!
Cet Hector tout épouuentable,
A cet Hector tout eſclatant,
Qui les Gregeois alloit batant,
Mettoit le feu dans leurs galeres,
Plus beny des peres & meres
Reuenoit vers nous triomphant
Rendant à chacun ſon enfant:
Ou bien tel qu'apres la deffaite
De ce beau mignon de couchette,
Dont Achille vengea la mort,
On le vit cet homme ſi fort,
Paré de ſes funeſtes armes
Qui firent tant verſer de larmes:
Armes que ſans peine il conquit,
Sur vn que ſans peine il vainquit,
Mais armes vn peu trop payées
Pour n'auoir eſté qu'eſſayées.
Si-toſt que ie le vis ainſy
Ie fus d'abord vn peu transy:

Mais reprenant bien-tost courage
Ie luy tins ce hardy langage:
Si vous estes de Dieu, parlez;
Et si du Diable, détalez.
Ie suis Hector le miserable,
Dit-il, d'vne voix effroyable.
Vous soyez le tres-bien venu,
Luy dis-je apres l'auoir connu;
Et puis i'adioustay, ce me semble,
Cependant qu'icy chacun tremble
Mon cher Monsieur, en quelle part
Vous qui nous seruiez de rempart,
Auez vous bien loin de l'armée
Fait tort à vostre renommée ;
Sans doute l'on en mesdira.
Est-ce la peur des Libera,
Et des frequentes funerailles
Qui vous fait quitter nos murailles?
Au nom de Dieu songez à vous
Et ne craignez plus tant les cous,
Et me dites cher Camarade
D'où vous venez ainsi maussade
Comme vn corps qui pend au gibet,
Et tout crotté comme vn barbet.

A vostre

TRAVESTY.

A vostre mine toute estrange
Vous paroissez un mauuais Ange :
Ie hay la frequentation
De ceux de cette nation ;
C'est pourquoy depeschez beau Sire
Ce que vous auez à me dire,
Autrement ie m'en vay crier,
Car ie commence à m'effrayer.
Lors me semble il ouurit la bouche,
Et me regardant d'vn œil louche,
Il me dit, Treve de sermon,
Vous vous eschauffez le poulmon,
Ne songez plus qu'à faire gille,
Les ennemis sont dans la ville,
Qui font les Diables deschainez,
Ils sont tres-mal moriginez,
Et i'estime d'eux le plus sage,
Plus malin qu'vn Singe ou qu'vn Page.
Si vous m'aimez fils de Venus,
Gagnez les champs, fut-ce pieds nuz.
Si Troye eust esté secourable
Ce bras dextre au Grec redoutable,
Eust renuoyé le Grec vaincu
A Micene gratter son cu.

Priam, Troye, & toute sa gloire
Ne seront plus que dans l'Histoire,
Et nostre ville tout de bon
Ne sera plus que du charbon;
Ses Dieux elle vous recommande
Assemblez vne bonne bande
De nos Citoyens eschapez,
Et sans marchander escampez.
Nous auons assez fait pour elle,
Puisque la sentence mortelle,
Du Destin ne se peut casser,
Il faut bien la laisser passer;
Gaignez moy viste la marine
Vostre papa sur vostre eschine,
Et nos pauures Dieux exilez
Dans quelque valize emballez;
Guidez vos vaisseaux vers la terre,
Où d'abord vous ferez la guerre,
Et d'où vos enfans la feront
Aux chiens de Grecs, qui se verront
Subiets, ainsi que beaucoup d'autres,
Aux coups d'estriuieres des nostres.
Apres qu'il m'eut dit tout cela,
Il me sembla qu'il estalla

TRAVESTY.

Deuant moy nos Dieux tutelaires,
Et qu'il me dit, Nos aduersaires,
Comme ils ne sont gueres pieux,
Auroient fait beau feu de nos Dieux,
Ainsi qu'ils font de tout le reste :
Gardez-les bien, & Dame Veste,
Et me conseruez comme il faut
Ce feu sacré dans vn rechaut.
Vn grand bruit qui suruint ensuite,
Mit Hector & mon songe en fuitte;
Ce tintamare hors de saison
Fit peur à toute la maison,
Quoy qu'elle fust bien esloignée,
I'entendis fort bien la huée
Que les maudits Gregeois faisoient,
Les cris de ceux qu'ils occisoient,
Et tout le bruit espouuentable
Qu'on entend en malheur semblable.
Ce grand bruit à mon songe ioint
Me scandalise au dernier point,
Et pour vous dire vray, m'effraye,
Quelque force d'esprit que i'aye :
Ie monte au haut de mon grenier,
Où ie ne vous sçaurois nier

Que ie pleuray comme vne femme
Voyant toute la ville en flamme,
Et graces au seigneur Vulcan,
Pareille au feu de la sainct Iean.
Tout ainsi que dans vne plaine
Des richesses de Cerez pleine,
Lors que par malice ou par ieu
Quelque fripon y met le feu,
Les Espics prests à couper grillent,
Et bien fort en bruslant petillent,
Et le feu poussé par le vent
Croist & va tousiours plus auant:
Ou bien comme dans la campagne
Vn torrent choit d'vne montagne,
Ou de quelque roc escarpé
Faisant du cheual eschapé;
Il marche à vagues espanduës
Augmenté des neiges fonduës,
Qui rendent son cours furieux,
Et ne laisse dans tous les lieux
Où le malheur son onde porte
Que quelque corps de beste morte,
Qui faute de sçauoir nager
N'a pû se tirer du danger,

TRAVESTY.

Item, escume, sable, fange,
Bref, ce torrent d'humeur estrange,
Entraisne pierres & cailloux,
Dans les iardins gaste les choux,
Dans les guerets aux bleds en herbe
Oste tout espoir d'estre en gerbe;
Les arbres comme les roseaux
Cedent à la fureur des eaux,
Et ces meschantes eaux sans riues,
Font des pauures brebis fuitiues,
Et des pauures bœufs estourdis
Vn estrange salmigondis,
Ainsi que de tout autre beste:
Enfin cette horrible tempeste
Fait perir aussi les maisons;
Sauf les cannes & les oysons;
Tout se sent de sa rage extréme:
Cependant le Laboureur bléme
Est sur quelque lieu haut iuché,
Iurant comme vn ioueur fasché.
Ceste comparaison est belle,
Par tout la maintiendray telle.
Ce feu qui va tout deuorant
Ou cét impetueux torrent,

G iij

Sont les Grecs pires que la peste :
Ie suis le Laboureur qui peste
Contre Fortune & le Destin,
Nommant l'vn Turc, l'autre Putin.
La voila donc à la pipée
Nostre pauure ville attrapée,
Et nos plus superbes maisons
S'en vont deuenir des tisons ;
On esgorge, on brusle, on derobe,
Le grand Palais de Deiphobe
Par le feu deuorant destruit
Tombe par terre auec grand bruit :
Le feu pousse auant sa conqueste,
Et paroist vainqueur sur le feste
De la maison d'Vcalegon ;
Le Gregeois pire qu'vn Dragon
Fait de nostre ville de Troye
Vn agreable feu de ioye,
Aux Troyens vn feu de douleur,
La mer en change de couleur,
Et de nostre ville bruslante
Sa surface est toute brillante,
Et moy qui suis vn peu trop prompt
Du poing ie m'en coigne le front ;

TRAVESTY.

Tristes & confus que nous sommes,
Nous entendons les cris des hommes,
Pareils à des hurlemens d'Ours,
Les Trompettes & les Tambours
Font un estrange tintamare ;
Nostre famille s'en effare,
Moy-mesme i'en suis perturbé,
Ie iure en chartier embourbé,
Non sans répandre quelques larmes,
I'endosse à la haste mes armes,
Ne songeant qu'à bien-tost perir.
Ma femme qui craint de mourir,
Dit, qu'il n'est rien tel que de viure,
Me demande si ie suis yure.
Ie pensay l'appeller Guenon
Et luy dire pis que son nom.
Enfin me voila dans la ruë
Furieux en cheual qui ruë,
Suiuy de quatre ou cinq valets
Timides comme des poulets :
Pour les asseurer à toute heure
Ie criois Qui va là? demeure.
Le plus souuent ce n'estoit rien,
Ce qui sans doute plaisoit bien

A tous ceux de noſtre brigade
Qui n'aimoient pas la couſtillade,
Et moins encore certains coux,
Qui font aux corps de vilains trous:
Pour moy ie n'auois autre enuie
Que de perdre bien-toſt la vie,
Mais certes i'euſſe deſiré
Que c'euſt eſté d'vn coup fourré,
Et qu'en receuant la mort bleſme
Ie la peuſſe donner de meſme
A quelques-vns de ces mechans
Qui m'ont tant fait courir les champs.
Ie marchois donc de grand courage
La larme aux yeux, au cœur la rage,
Quand ie vis venir plein d'effroy
Panthus qui s'en venoit chez-moy;
Ce Panthus de la Citadelle
Eſtoit le gardien fidelle,
De Phœbus ſacrificateur
Et paſſable gladiateur.
Le pauure homme marchoit à peine,
Ayant quaſi perdu l'haleine
A force de crier Au feu:
Il portoit ſon petit nepueu,

Et tous

TRAVESTY. 57

Et tous nos Dieux en vne hotte.
Si-tost qu'il me voit il sanglotte,
Et puis me dit tout esperdu,
Maistre Eneas tout est perdu:
Qu'auez-vous mon pauure Otriade,
Luy dis-ie? Les Grecs font grillade
De nostre vaillante Cité,
Me dit-il: Nous auons esté
Les Troyens, maintenant nous sommes
Francs faquins. Où sont tous vos hõmes
Luy dis-ie, & qu'en auez vous fait?
Ie n'en suis pas bien satisfait,
Ils ont perdu la Citadelle,
I'en suis sorty par vne eschelle,
Tous nos Dieux chargez sur mon cou.
Lors ie luy dis à demy fou,
Nostre Citadelle est donc prise?
Helas ouy braue fils d'Anchise,
Me dit ce Prestre de Phœbus
Elle est prise, & c'est vn abus
D'esperer y faire retraitte,
La garnison en est deffaitte,
Et pour moy qui la commandois,
Voyant bien que ie me perdois

H

Si ie contestois dauantage,
I'ay fuy comme vn homme bien sage,
Non tant pour la crainte des cous,
Que pour mourir auprés de vous.
Cette machine, cette Rosse
Non sans suiet estoit si grosse,
Elle estoit pleine de soudars,
Qui ne sont que de vrais pendars.
Ces voleurs de nuit dagues nuës,
Sont dans toutes les auenuës,
Assommans qui pense passer,
Ou l'enuoyant faire penser:
Ces meschans non seulement volent,
Mais frapent, tuent, & violent;
Puis apres en chaque maison
Ils mettent le feu sans raison,
Et ie croy que c'est par malice,
De plus, Sinon est leur complice,
Ce Sinon que l'on vid hier
Si piteusement larmoyer,
Et qui pire qu'vn Crocodille
Auiourd'huy pille nostre Ville.
Iupiter sans doute irrité
S'est tourné de l'autre costé.

TRAVESTY.

Nostre pauure ville de Troye
Est de nos ennemis la proye,
Et les principaux des Troyens
Sont morts, ou bien dans les liens.
Vostre discours trop nous amuse,
Cherchons la mort, quoy que camuse:
Mais il faut la donner aussi
A ceux qui nous traitent ainsi.
Ayant dit ces tristes paroles,
Que quelques-vns trouuerent folles,
Et vray discours d'vn furieux,
Ie m'en allay roullant les yeux,
Et me rongeant les doigts de rage
Chercher, où faire du carnage:
Le grand bruit me mena tout droit
Où l'on ne mouroit pas de froid,
A cause des maisons brulantes,
Mais de plusieurs morts violentes:
Il ne fut iamais vn tel bruit,
Icy le glaiue tout destruit,
Là le feu fait le diable à quatre,
On ne voit par tout que combatre,
Toute la Ville resonnoit
Des rudes coups que l'on donnoit.

Ie ne respirois que vengeance
Contre cette maudite engeance,
Laquelle si mal à propos
Venoit troubler nostre repos ;
Enfilant vne grande ruë,
Nostre brigade fut accruë,
D'Hypanis, Dymas, Ripheus,
Et du bon Vieillard Yphitus :
Corebus aussi s'y vint rendre,
Il estoit feru de Cassandre,
Et pour elle d'amour charmé,
Il auoit fait maint bout rimé ;
S'il eust ouy sa Prophetie
Sa flame eust esté ralentie,
Et s'il eust esté bien sensé
Il ne se fust pas tant pressé
De venir faire des fleurettes.
Ie croy que de ses amourettes
Il s'est depuis bien repenty,
Et que si l'on l'eust aduerty
Qu'en venant faire le bon gendre,
Et les doux yeux à sa Cassandre
On eust deu luy casser le cou
Il n'eust iamais esté si fou,

TRAVESTY.

Que de venir parler de Noce,
En vn pays de playe & bosse
Au bon Seigneur Messer Priam,
Mais qui n'est pas sage à son dam,
Le bon Dieu vueille auoir son ame,
Et me garde de tant de flame.
Voyant tant de gens amassez,
Ie leur dis, Nous sommes assez,
Pour auant que mourir apprendre
Que nous sçauons nostre peau vendre
A ces larrons de nostre bien,
Qui la vouloient auoir pour rien.
Assurément nos aduersaires
Ont gagné nos Dieux tutelaires,
Qui corrompus à beaux deniers
Ont gagné les champs des premiers,
Ils ont nostre ville laissée,
Allons-nous-en teste baissée,
Leur montrer que nous sommes gens
A les manger à belles dents.
Ie petille que ie ne fasse
Sur quelque belle & large face,
Des balafres de ma façon,
Sans faire le mauuais garçon,

Ie feray voir à ces maroufles
Que l'on ne me prend point sans moufles.
Nostre salut & nostre espoir,
Est certes de n'en point auoir :
Ne nous attendons qu'à nous-mesmes
Et faisons des efforts extremes,
Puisque dans cette extremité
Tout autre espoir nous est osté.
Puis ie dis, Qui m'aime me suiue :
Ils s'escrierent, viue, viue
Le bon Seigneur maistre Eneas,
Et quiconque ne voudra pas
Le suiure en quelque part qu'il aille,
Meure, & soit reputé canaille.
Cela dit sans plus differer,
Ny plus long-temps deliberer,
Nous allasmes pleins de courage
Et de desespoir & de rage,
Donner & receuoir des coups,
Alterez de sang comme loups,
Quand trop pressez de la famine
Qui leur meine guerre intestine,
Ils mettent le nez hors du bois,
Où leurs petits sont aux abois,

Et vont dans les prochains vilages
Faire meurtres & brigandages :
Tels & mesme plus enragez,
D'armes plus que d'escus chargez,
Nous allons où la barbarie
Des Grecs exerce sa furie,
Tous determinez à la mort,
Chacun de nous se faisant fort,
Pour vn coup d'en rendre au moins quatre,
Aux Gregeois qu'on pourroit combatre.
Pour moy qui m'eust lors regardé,
De m'attaquer se fust gardé ;
Car i'auois alors le visage
D'vn homme qui n'est pas bien sage :
Mais en des malheurs si pressans
Qui peut conseruer son bon sens
Et qui n'a la mine funeste
Quand on va ioüer de son reste ?
La nuict obscure nous aida,
Et le bruit des coups nous guida,
Où ces Assassins, ces perfides
Commettoient le plus d'homicides.
Certes qui pourroit raconter
Tous ceux qu'on vid decapiter,

Toutes les femmes violées,
Et toutes les maisons volées,
Tous les beaux Palais embrasez,
Les petits enfans escrazez
Sans pitié contre les murailles
Par ces sanguinaires canailles :
Bref tout ce spectacle inhumain
Conteroit bien iusqu'à demain,
Et n'acheueroit pas l'Histoire.
Enfin nostre Ville, la gloire
Des Villes qui sont de renom,
Perdit tout, excepté son nom,
La Capitale de Phrigie
Nostre grande Ville regie,
Par vn Prince prudent & bon
N'est plus que cendre & que charbon.
Mais ce memorable fait d'armes
Au vainqueur cousta quelques larmes
Les vaincus de quelques vainqueurs,
Furent les exterminateurs ;
Quelquefois le courage r'entre
Au pauure vaincu dans le ventre,
Et le vainqueur par le vaincu
En a bien souuent dans le cu,

Ou

Ou bien dans quelque autre partie
Par le vainqueur mal garantie:
Qu'ainsi ne soit marchant ainsi,
Sans crainte, sans espoir aussi,
L'humeur pourtant vn peu bourruë,
Au destour d'vne grande ruë
Nous rencontrasmes bec à bec
Vn assez gros escadron Grec;
Le Conducteur de cette bande
Deux fois plus que la nostre grande
Estoit vn homme de renom,
Androgeos estoit son nom,
Parmy les Grec grand Personnage:
Mais lors vn sot pour tout potage.
Ce Capitaine des Gregeois
Me dit d'abord en son patois;
Et d'où Diable malheureux hommes
Venez-vous au temps où nous sommes?
Vous ne faites que d'arriuer,
Pensez-vous encore trouuer
Quelque chose de bon à prendre?
Tout est pris, ou reduit en cendre.
Ma foy vous meriteriez bien,
Puisque vous n'estes bons à rien,

I

Qu'on vous donnaſt ſur les oreilles,
Vos compagnons font des merueilles
Troye & les Troyens ſont à nous,
Nous les auons roüez de coups,
Et cependant poulles moüillées
Vos dagues claires, ou roüillécs
N'ont point ſorty de vos fourreaux,
Non plus que vous de nos vaiſſeaux,
Les plus belles femmes de Troye
Nous ſeruent de femmes de ioye.
Et Priam qui n'eſt qu'vn faquin,
Ie luy dis, Vous mentez coquin,
Vous eſtes le faquin vous-meſme,
Et puis d'vn furie extréme
Ie luy donnay de mes cinq doigts
Au beau milieu de ſon minois.
Plus ie luy fis balaffre telle
Qu'on n'en vid iamais de plus belle;
Ie luy coupay de bout en bout
Le nez, l'œil, la iouë, enfin tout
Ce que le viſage compoſé,
Ce qui fut tres-piteuſe choſe.
Ce coup douze points contenoit,
Et ſans rien augmenter prenoit

TRAVESTY.

Depuis le front du costé dextre
Iusqu'à la machoire senextre :
De ce coup si bien asséné
Il fut grandement estonné,
Vid qu'il auoit fait vne faute
Et trop tost conté sans son hoste ;
Aussi-tost il retrogarda,
Et trop tard de moy se garda
La frayeur peinte en son visage.
Ainsi lors que dans son passage
On fait rencontre d'vn serpent,
Et que cet animal rampant
Que l'on a foullé par mesgarde,
En sifflant s'eslance & se darde,
Ou se retire plein d'effroy ;
De mesme ce Grec hors de soy
Voyant qu'il nous prenoit pour d'autres
Se demesla d'entre les nostres,
Qui sur les siens par moy conduits
Firent bien-tost tant de pertuis,
Bien que de nuit & sans chandelle
Que de toute cette sequelle,
Vn seul corps d'homme n'eschapa,
La Mort camuse les grippa,

Tant la fortune variable
Se montra d'abord fauorable.
Corebus de cecy flatté
Cria c'est fort bien debutté,
Amis pourſuiuons noſtre pointe,
La fortune à l'audace eſt iointe,
Pouſſons l'affaire auec chaleur,
Et ioignons à noſtre valeur
Quelque notable ſtratageme,
L'ennemy nous montre luy-meſme
Qu'il faut tromper ſon ennemy,
Et qu'à Diable, Diable & demy.
Si la victoire eſt touſiours bonne,
Quoy que ce ſoit qui nous la donne
Contre de ſi fiers ennemis
Tout peut eſtre en vſage mis,
Vainquons par vaillance, ou par ruſe
Le ſuccez ſera voſtre excuſe,
Et fy de la fidelité
Qui peut nuire à l'vtilité,
La fortune pour nous ſe change
Et des Grecs par les Grecs nous vauge,
Quittons nos armes de bourgeois,
Et prenons celles des Gregeois,

TRAVESTY.

Ainſi dangereux maſcarades
Nous jrons des ſains & malades
Tirer du ſang en quantité,
Il ne peut eſtre que gaſté
Eſtant à de ſi meſchans hommes,
Nous le croyons fous que nous ſommes.
Mais certes quand on ſuit vn fou
On ſe caſſe ſouuent le cou:
Tout le premier il s'arme & maſque
Des armes du glaiue & du caſque
Du pauure Capitaine Grec
Dont i'auois balaffré le bec,
Sur ſon timbre au lieu de panache,
Il portoit deux cornes de vache,
Riphée & Dymas comme il fit
Changerent d'armes & d'habit,
Ainſi que luy font tous les noſtres,
Ie m'arme auſſi comme les autres,
Et de Troyens Grecs deuenus
Nous allaſmes les glaiues nuz:
Mais certes les Dieux bien contraires.
Chercher nos cruels aduerſaires.
Nous ne fuſmes pas trop long-temps
Sans en auoir le paſſe-temps,

Effrontément nous nous meslasmes
Parmy ceux que nous rencontrasmes,
Et puis quand il fut à propos
De la part de Dame Atropos,
Nous portasmes dans leurs posteres
Des estocades mortiferes ;
Et disions ie n'y pensois pas,
Quand portans trop haut ou trop bas
Nous n'aiustions pas bien la botte,
L'inuention n'estoit pas sotte :
Mais malgré les Dieux & leurs dents,
Les mortels sont bien imprudens
De penser faire quelque chose,
L'homme propose, & Dieu dispose :
Ainsi toute l'occision
Fut à nostre confusion,
Et nous gastasmes nostre affaire
Pour en auoir voulu trop faire :
Ceux qui nous venoient rire au nez,
Se trouuoient bien fort estonnez,
Quand au lieu d'auoir des caresses,
Les coups de nos dagues traistresses
Leur faisoient voir bien clairement,
Que nous n'allions pas rondement :

TRAVESTY.

Les Grecs qui de nous eschaperent
Parmy les Grecs nous descrierent ;
Si bien qu'ils s'enfuyoient de nous
Comme font les brebis des loups.
Quelques-vns faute de courage
S'en allerent iusqu'au riuage
Se recacher dans leurs vaisseaux,
Autres de peur de nos cousteaux
Se remirent dans la machine
Par le grand trou de son eschine,
Où l'eschelle encore tenoit
Tant la frayeur les talonnoit.
Cependant la pauure Cassandre
Que les Grecs venoient de surprendre
Dans le saint Temple de Pallas
Emplissoit l'air de ses helas.
Ces Gres les plus meschans du monde
La traisnoient par sa tresse blonde,
Elle leuoit au Ciel les yeux,
Les yeux, car ces mal-gracieux
D'vn gros cordon de cheneuiere
Auoient garroté par derriere,
De plusieurs nœuds ses pauures bras,
Si beaux, si blancs, si gros, si gras.

Cet obiet triste & lamentable
Fut à Corebe insuportable,
Il ne pût voir ainsi traisner
Sa Maistresse sans desguaisner
Sur les ennemis il se darde,
Qui ne s'en donnent pas de garde,
Et sans leur demander congé
Chamailla comme un enragé;
Tout de mesme qu'il fit nous fismes,
Les attaquasmes, les battimes,
Ils furent bien-tost deconfis
Par les grands exploicts que ie fis;
Ie coupay plus de cent oreilles,
Chacun de sa part fit merueilles,
Si bien que voulsissent ou non
Sur les Soldats d'Agamemnon,
Nous regagnasmes la captiue,
Tremblante & plus morte que viue:
Mais par un coup d'aduersité
Ce beau fait d'armes fut gasté.
Au haut du Temple, dont les portes
Pour estre massiues & fortes
Auoient aux Gregeois resisté
Vn grand nombre s'estoit ietté

Des

TRAVESTY.

Des pauures citoyens de Troye,
Là penſants garder noſtre proye,
Nous nous ſentiſmes d'eux chargez
Deçeus par nos harnois changez:
Ils nous verſerent ſur les membres
Pluſieurs baſſins & pots de chambres,
Item pierres, baſtons, cailloux,
Et nous accablerent de coups.
Ainſi noſtre ruſe de guerre
Nous attira ce grand tonnerre;
Mais certes iamais vn guignon
N'arriue ſans ſon compagnon.
Les Grecs nonobſtant nos panaches
Connurent nos bruttes mouſtaches,
Et qu'aſſeurément nous eſtions
Autres que nous ne paroiſſions.
Et de vray noſtre procedure
Pour les Grecs eſtoit vn peu dure,
Et n'ayant pas fait ſeulement
Le moindre chetif compliment,
En enleuant Dame Caſſandre,
Il eſtoit aisé de comprendre
Que nous-nous eſtions ainſi mis
Les armes de nos ennemis,

K

Pour quelque entreprise notable.
Cela fut trouué vray-semblable,
Et pour éuiter tout danger
On eut ordre de nous charger :
Outre que la Dame enleuée
Par quelques-vns des Grecs trouuée,
Belle à faire courir les champs,
Les rendoit encor plus meschans.
Les voila dessus nous qui fondent,
Nous les oyons venir qui grondent.
D'vn costé vient le Grand Ayax,
Fier comme le Milord Fairfax;
De l'autre costé les Atrides
Et les Dolopes homicides :
Nous frapons sur eux, eux sur nous,
Nous-nous entr'assommons de cous.
La chose est fort peu differente,
Du fracas de quelque tourmente,
Lors que tous les vents déchaisnez,
Et l'vn contre l'autre acharnez,
S'entre-font sur mer & sur terre
En soufflant vne rude guerre ;
Sur mer font dancer les vaisseaux,
Sur terre tomber les chapeaux :

TRAVESTY.

Dieu sçait s'ils enflent bien les ioües,
Et s'ils font de plaisantes moües:
Ils ont pour clairons enroüez,
Le bruit des arbres secouez.
Cependant l'humide Nerée
Court par tout, la face effarée,
De voir tout son pays salé
Par ces chiens de vents boursoufflé.
Les vents Eure, Note, & Zephire,
S'ébouffent, mais non pas de rire,
Ou bien à force de souffler
Ce qui fait leurs giffles enfler.
Autres vents dont les noms i'ignore,
Car ie sçay qu'il en est encore,
Outre ceux que i'ay pû nommer
Plus de vingt sur terre & sur mer,
Tantost à force de souflades,
Le gaignent sur leurs camarades,
Et tantost sont d'eux resouflez
Laschans le pied tout essouflez.
Tout de mesme nous tous ensemble
Gregeois & Troyens ce me semble,
Poussans, & puis estant poussez,
Blessans, & puis estant blessez,

K ij

Et faisant à l'enuy carnage,
Ressemblons fort bien à l'orage,
Dont ie viens de faire vn portrait,
Qui me semble est assez mal-fait.
Mais reprenons nostre meslée
Chorebe fut de Penelée
En quatre ou cinq coups depesché,
L'autel de son sang fut taché :
Pres de luy cheut aussi Ryphée,
D'vn demesuré coup d'espée
Qui luy fendit tout le costé,
Sans respecter sa probité.
Dymas cheut d'vn coup d'arbaleste,
D'Ypanis on fendit la teste ;
Et Panthus quoy qu'homme pieux
Et sacrificateur des Dieux,
Perdit son sang par vn artere
Nonobstant son sainct caractere,
Et son benoist bonnet carré
Ce grand coup luy fut deserré.
La mort beaucoup d'autres empoigne,
Que maudite soit la caroigne
Tant & tant elle en attrapa :
Si Maistre Enée en eschapa

TRAVESTY.

O cheres personnes grillées!
Cheres cendres esparpillées!
Ie veux bien vous prendre à tesmoin
Si ce ne fut mon plus grand soin
D'auoir aussi quelque venuë,
Et si ie n'allay dague nuë
Par tout où l'on frapoit bien fort
Afin de receuoir la mort :
Mais les Destins ne le voulurent,
Et mal-gré moy me secoururent.
Le vieil Iphitus comme moy
Ie ne vous puis dire pourquoy,
N'ayant plus qu'vne dent en bouche,
Fut lors preserué de la touche :
Aussi fut Pelias le bon,
Fort incommodé d'vn iambon,
Pour vn coup qu'autrefois Vlisse
Luy fit par derriere en la cuisse,
Partant peu propre & mal-dispos
A se garantir d'Atropos.
Mais pour vne raison cachée
Nostre chair ne fut point touchée;
Nous nous trouuasmes hors de là
Le Ciel sans doute s'en mesla,

Et voulut prendre la conduite
De noſtre troupe à trois reduite.
Lors vn bruit de cris & de coups,
Du Palais Royal iuſqu'à nous,
Se faiſoit aiſément entendre,
Les Grecs l'aſſiegeoient pour le prendre,
Et les Troyens deſeſperez
En ce dernier lieu reſſerrez,
Taſchoient de vendre cher leurs vies,
Et de leurs femelles rauies
Par quelque grande occiſion
Vanger la conſtupration.
Quelques Grecs plãtoient des eſchelles,
Autres mettoient bancs ſur bancelles;
Bancs & ſoldats ſe reſpandoient
Quand d'en haut caillous deſcendoient,
Grimpans comme chats contre vn arbre,
Ils ſe coulent le long du marbre,
De la main gauche ſe couurant,
Et de la droite aſſaut liurant
Aux defenſeurs de la muraille:
Vn carneau de pierre de taille
Par vn ſoldat eſt empoigné,
Auquel le bras eſtant roigné,

TRAVESTY.

Le pauure malheureux foudrille
Tombe, s'acroche à vne grille,
Et demeure là fuspendu
Criant en Grec, Ie fuis perdu.
Les Troyens de tout font des armes
Et non fans refpandre des larmes,
Iettent contre ces inhumains,
Ce qui fe trouue fous leurs mains:
Vn Grec eut la tefte farffée,
D'vn coup de la chaize percée
Du Roy Priam, mais ce mal-heur
Fut recompenfé par l'honneur.
Cheurons dorez, poutres dorées,
Ne font non plus confiderées
Qu'vn gros bafton, bufche, ou fagot,
Vn caillou va comme vn lingot:
Chaifes, fauteuils, tables, bancelles,
Vazes, cabinets, plats, vaiffelles,
Bref tous les meubles precieux,
Iufqu'aux fimulacres des Dieux,
A la foule fe viennent rendre
Au foldat qui vient pour les prendre,
Mais plus vifte qu'il ne voudroit.
Ie fçauois vn certain endroit,

Où par une porte secrette,
On pouuoit entrer en cachette,
Et sortir sans estre aperçeu
Ce lieu de tous n'estoit pas sçu;
C'est par là que Dame Andromaque
Deuant cette funeste attaque
Le vieil beau-pere visitoit,
Son Astianax luy portoit,
Dont Dame Hecube estoit rauie:
Elle l'aimoit plus que sa vie:
Quand petit encore il estoit
En ses bras souuent le portoit,
Et souuent de ses mains Royalles,
Luy remuoit ses langes salles,
Et cette bonne mere-grand
Quand il deuint un peu plus grand
Faisoit auec luy la badine,
L'entretenoit de Melusine,
De Peau d'asne & de Fierabras,
Et de cent autres vieux fatras:
Cét enfant estoit son Idole,
Et la vieille en estoit si folle,
Qu'auec luy troussant hocqueton,
Entre les iambes un baston,

Elle

TRAVESTY.

Elle couroit la pretantaine
Iusqu'à perdre souuent l'halaine:
Andromaque s'en tourmentoit
Connoissant bien qu'on le gastoit:
Priam le voyant à toute heure
S'empiffrant de pain & de beurre,
Disoit auec seuerité,
Ce sera quelque enfant gasté:
Hecuba n'en faisoit que rire,
Et sa mere n'osoit rien dire.
C'est assez parlé de cela,
Ce fut par cette porte là
Que dans le Palais nous entrasmes,
Sans estre apperçeus nous montasmes
Par vn escallier derobé
En vn lieu fait comme vn Iubé:
I'y trouuay des gens de tous âges
Qui voüoient des pelerinages:
Nostre abord les encouragea,
Et pas vn d'eux plus ne songea
Qu'à vendre cherement sa vie.
Pour moy qui n'auois autre enuie,
Que de ioüer aux Grecs vn tour,
Prés de moy ie vis vne tour,

L

Dont pouuoit, estant renuersée,
Mainte teste estre concassée,
Et maints bras estre disloquez
De ceux qui nous tenoient bloquez:
De quatre pilliers soustenuë,
Contr'elle souuent mainte nuë
Donnoit comme contre vn escueil,
Tout y sembloit petit à l'œil,
Et de là Priam au nez croche
Auec des lunettes d'approche
Souuent sur mer epiloguoit
L'ennemy qui sur mer voguoit:
Là l'on voyoit toute la plaine,
Là souuent quand elle estoit plaine
De Grecs & Troyens combatans,
Helas le maigre passe-temps,
Les Dames & Vieillards de Troye
Venoient, non pas à grande ioye,
Voir ce ieu de Gladiateurs
Si mal plaisant aux spectateurs:
La tour estoit mal asseurée
Par secousse reïterée,
Elle pouuoit prendre le sault
Et gaster ces donneurs d'assault:

TRAVESTY.

Elle fut bien-tost esbranlée,
Et tost apres prit sa volée
Ainsi que tout corps pesant doit,
Vers son centre, où pas n'attendoit
Le soldat si grosse grenade
Qui troubla toute l'escalade :
Vostre seruiteur ne conta
Combien elle en escrauenta,
Ie ne vous le diray donc mie,
Mais bien que plus d'vn Ieremie,
Fit grande lamentation
Sur vne si noire action :
La cheute de cette tourelle
A plusieurs Gregeois fut mortelle,
L'assault pourtant point ne cessa
Mais de plus beau recommença.
Pyrrhus paroist entre les autres
Aspre à la ruine des nostres,
Et ce dangereux Caualier
Fait tout seul autant qu'vn belier,
Il tasche d'enfoncer la porte,
Et la bat d'vn estrange sorte,
Vn harnois luisant & poly
Le rend plus affreux que ioly,

Le fer trenchant en sa main brille.
Bref, ce determiné soudrille
Ne represente pas trop mal
Le serpent vilain animal,
Quand la froidure estant passée,
Ayant peau nouuelle endossée,
Et repris nouuelle vigueur,
Son corps n'est plus dans la langueur
Que la mauuaise nourriture
Et la rigueur de la froidure
Luy causoit, tandis que l'Hyuer
Despoüilloit les champs de leur ver,
Paré d'vne nouuelle escaille
Qui luy sert de iaque de maille
Le compagnon s'en va rampant
Fort satisfait d'estre serpent :
Il se racoursit, il s'allonge,
Sort de soy-mesme, & s'y replonge,
Restauré du Soleil nouueau,
Et defait de sa vieille peau :
Sa langue à trois pointes il darde,
Homme ou femme qui le regarde
Et l'oit horriblement siffler,
De peur n'ose quasi souffler :

TRAVESTY.

Ce ieune Pyrrhus tout de mesme,
Pyrrhus, si l'on veut Neptolesme,
Suiuy du puissant Periphas
Aussi membru qu'vn Elephas,
D'Automedon piqueur d'Achille
A dompter cheuaux tres-habille,
Et qui dans la selle à picquer
Souloit d'vn cheual se mocquer,
Luy fit-il le sault de la carpe
De plus gentil sonneur de harpe,
Sans cette harpe à point nommé
I'eusse mal-aisément rimé.
Item, l'escadre Scyrienne
Redoutable à la gent Troyenne,
Tous ces gens là sur la maison
Descochoient tizon sur tizon,
Pyrrhus d'vne hache trenchante
Sur la porte à grands coups charpente,
Ce maistre faiseur de coupeaux
En tranche bien-tost les posteaux,
Tout ainsi qu'il eust fait des raues :
Son pere le Patron des braues
En bonne foy n'eust pas fait plus :
Priam & son monde reclus

A chaque coup que sa main donne
Dont le vaste palais resonne,
Fait de pitoyables helas,
Priant Dieu qu'il soit bien-tost las,
Et n'acheue point la besogne.
Luy, si bien taille, & si bien rogne
Qu'à la fin dans le Royal huis
Il fait vn grand vilain pertuis,
Ou grande vilaine fenestre.
Par là commença de paroistre
Au lieu d'vn visage de bois
La demeure de tant de Roys
Iusqu'à ce temps inuiolable :
Par là le Grec impitoyable
Put penetrer dans ces saincts lieux,
Et porta ses prophanes yeux
Au trauers des longues allées,
Iusqu'aux cours les plus reculées :
Par là quelques Troyens armez,
Du seul desespoir animez,
Pour la plus-part soldats des gardes,
Furent veus auec hallebardes,
Espadons, mousquets & fusils :
Les pauures gens que feront-ils,

TRAVESTY.

Que se faire couper les gorges,
Quoy qu'armez côme des Sts Georges?
Pleurs, soupirs, lamentations,
Cris, sanglots, exclamations
Dans le Palais se font entendre.
Il ne faut estre guere tendre
Pour n'auoir pas le cœur serré,
De ce pauure peuple effarré.
Les femmes plus mortes que viues,
De crainte de se voir captiues,
Et de quelque chose de pis,
De la main se battent le pis,
Et courent comme éceruelées
Par le Palais escheuelées,
Se regardent d'vn œil mourant,
Et s'entrembrassent en pleurant.
Pyrrhus digne fils de son pere
Par ses grands coups si bien opere,
Qu'enfin par la breche il entra,
Et defit ceux qu'il rencontra
A la defence de la porte:
Peu luy seruit d'estre si forte,
Et d'estre faite de merrain,
Tout parsemé de clous d'airain:

Les posteaux hors des gonds tomberent,
A la foule les Grecs entrerent :
Tous ceux qu'ils trouuerent armez,
Furent bien-tost d'eux assommez :
Les soldats, maudite canaille,
Esbaudis comme rats en paille
Troublerent toute la maison
Sans qu'on en pust auoir raison.
Ainsi la riuiere de Loire
Qui donne à tant de gens à boire,
Quand elle sort hors de son lit
Boulleuerse, à ce qu'on m'a dit,
Ce qu'on appelle la leuée,
Et par cette digue creuée,
S'espand dans les champs labourez,
Entraisne les bœufs effarez
Pesle mesle auec les estables,
Et fait force gens miserables,
Qu'elle force ainsi sans batteau
D'aller à l'Hospital par eau.
L'application est facile :
Tout de mesme, en ce sainct Azyle
Ie vis entrer tous ces meschaus
Comme vn fleuue fait dans les champs :

Ie vis

Ie vis le cruel Neptoleme
De rage le visage blesme,
Et les Atrides carnaciers
Ensanglantant leurs brancs d'aciers,
Et ce que ie n'approuuay gueres;
Ie vis donner les estriuieres
A Priam par Agamemnon.
On a voulu dire que non,
Mais c'est vne chose certaine
Qu'il en eut vne cinquantaine,
Et qui pis est, à tour de bras.
Ce bon vieillard grand, gros, gris, gras,
Eut par ces coups de discipline
Peau de tafetas de la Chine.
Il porta le tout constamment,
Et plus que Laconiquement.
Certes le Grec eut peu de gloire
De faire vne action si noire :
Mais son frere ne fit pas mieux,
Ie le vis de mes propres yeux,
Qui traisna par ses blanches tresses
Hecube, & sur ses pauures fesses
Donna force coups d'esperon :
Et puis, par ce mesme larron

Ie vis de grands coups d'escourgées,
Les cent Brus de Priam chargees
Et dessus le ventre & par tout :
C'estoit trop les pousser à bout,
Et trop peu respecter les Dames :
Mais les Grecs sont de vrais infames.
De Priam les lits nuptiaux
Cinquante en nombre, & tous fort beaux,
Car ils estoient tous d'estamine
Lustrez, & d'etoffe bien fine,
Et la crespine, & le molet
Moitié oye & moitié filet,
Et de plus brodez à l'aiguille,
Furent gripez par le soudrille.
Tout fut par le Grec dissolu
Pillé, brisé, bruslé, polu.

 Peut-estre vous estes en peine,
O grande, & charitable Reyne,
De sçauoir apres tout cela
Comme du vieil Prince il alla :
En voicy la fin veritable.
Ce bon Priam si venerable,
Se voyant ainsi fustigé,
Ses enfans morts, son bien mangé,

TRAVESTY.

Sa pauure femme esperonnée,
Enfin sa maison ruinée
Par les soldats qui sont dedans;
Il alla s'armer iusqu'aux dents,
Mit à son costé la rapiere,
Rondache deuant & derriere,
Prit en ses mains vn grand espieu,
Et reuint ainsi iurant Dieu
Reioindre les Dames troublées,
Lesquelles s'estoient assemblées
Alentour d'vn autel couuert
D'vn laurier au feuillage verd:
   Là se faisoient les sacrifices
Afin de se rendre propices
Les Dieux Lares, ou protecteurs,
Ou plustost lasches deserteurs.
Ainsi les colombes tremblantes,
Quand apres des flammes volantes,
Vne grande tempeste suit
Auec grand desordre & grand bruit,
Le troupeau volant se r'assemble,
Et n'est pas vne qui ne tremble
De voir coups de foudre si drus:
La Reyne de mesme & ses Brus

Se tapirent l'vne dans l'autre,
Difans tout bas leur patenoftre:
Car elles craignoient de mourir.
Or la Dame voyant courir,
Non pas auſſi viſte qu'vn Baſque,
Son vieil mary chargé d'vn caſque,
Et de tout le harnois complet;
S'appliquant de rage vn ſoufflet,
Elle oſa bruſquement luy dire
Vous voulez donc nous faire rire?
Lors qu'il faut ſonger à la mort.
Hà vrayment vous me plaiſez fort,
Retranché dans vne cuiraſſe
Comme vn Capitaine Fracaſſe.
Hé! mon bon homme de par Dieu,
Quittez la rapiere & l'eſpieu:
Que voſtre maieſté rengaine
Puis qu'il faut mourir de la guaine
Quand on a frapé du couſteau:
Noſtre Hector qui giſt au tombeau
Dans vne ſi faſcheuſe affaire,
N'euſt fait que de l'eau toute claire.
Si vous me croyez, mon bon Roy,
Venez-vous ſeoir aupres de moy.

TRAVESTY.

Priam s'aſſit de bon courage
Sans fanfaronner d'auantage,
Dans vne grande chaize à bras,
Dont le velours eſtoit bien gras.
Vn de ſes fils nommé Polite
Arriua là courant bien viſte:
Il auoit beau des yeux chercher
Quelque endroit où ſe bien cacher,
Pyrrhus qui de pres le talonne,
Fort peu de relaſche luy donne:
Il couroit de peur de mourir,
La peur l'empeſchoit de courir,
Et luy donnoit bien fort la fiévre.
Heureux ſi craignant comme vn liévre,
Il euſt pû courir auſſi fort,
Ce fier meſſager de la Mort,
Luy tient le fer prés de l'échine
Et deſia ſa main aſſaſſine,
A d'vn puiſſant eſtramaçon,
Amoindry ſon nez d'vn tronçon.
Enfin vn coup de cimeterre
Luy fait donner du nez en terre,
Aux pieds de ſon pere effaré:
Auquel vn trépas aſſeuré,

Ne put lors empeſcher de faire
Reprimande à ce ſanguinaire.
Il luy dit, Pour vn ſi beau coup
Tu t'és vrayment preſſé beaucoup :
Tu ſoüilles, homme trop colere,
Du ſang d'vn fils, les yeux d'vn pere.
O Bourreau ! par qui mes vieux ans
Ont des objets ſi peu plaiſans !
Que le Ciel bien-toſt te le rende !
Vne inhumanité ſi grande
Ne peut eſtre que d'vn vaurien.
Achile fut homme de bien
Quoy qu'il fuſt ennemy des noſtres :
Toy, ſon fils ? à d'autres, à d'autres,
Tu n'eſt que le maudit baſtard
D'vne truye & d'vn leopard.
Achile eut pitié de mes larmes
Quand mon fils tomba ſous ſes armes,
Il reſpecta mes cheueux gris,
Se laiſſa toucher à mes cris,
Et de ſon vin il me fit boire,
Dont il acquit beaucoup de gloire.
Mais pour toy tu n'és qu'vn grand fou
A qui ie vay rompre le cou.

Cela dit d'vne main debile,
Il lança fur le fils d'Achile
Vn dard qui certes le toucha,
Mais qui feulement efcorcha
Le bord de fa forte rondache:
Il en rit vn peu le brauache,
Et de ce que faifant effort
Afin de le fraper plus fort,
Il eftoit cheu fur le derriere
D'vne pitoyable maniere.
Si-toft qu'il eut pris ce grand fault,
Dans le fang de fon fils tout chault,
Sa cheueleure non roignée
Par le Gregeois fut empoignée,
De laquelle cét inhumain
Fit deux tours au tour de fa main:
De l'autre leuant fon efpée
Dans le fang de fon fils trempée,
Il la mit Capulo tenus,
Par l'endroit qu'on appelle Anus:
Puis d'vn coup luy coupa la tefte.
Ainfi fortune male-befte,
Par vn vray tour de fon meftier,
Fit voir qu'il ne s'y faut fier:

Priam, ce grand Roy de Phrygie,
Par qui fut si lon-temps regie
La plus superbe des Citez,
Apres tant de prosperitez,
Qui le rendoient considerable,
Gist mort estendu sur le sable.
Ce grand Monarque des Troyens
Apres la ruine des siens,
N'a pas seulement sepulture,
Est fait des oyseaux la pasture;
Bref, le plus grand Roy qui fut onc,
N'est plus rien qu'vn grand vilain tronc.
Cét extréme malheur des autres,
Me fit souuenir que les nostres
Par moy laissez en la maison,
En vne pareille saison,
Pourroient bien auoir fin pareille;
Lors ie dis, me gratant l'oreille,
Autant il nous en pend à l'œil,
Il me faudra porter le dueil
De mon pere & de ma Creüse;
L'vn & l'autre à bon droit m'accuse
Et d'estre vn fils sans amitié,
Et de n'aimer pas ma moitié:

Et mon

Et mon fils de qui tant j'espere,
Donne au Diable monsieur son pere,
Allons donc mourir aupres d'eux,
Le trépas ailleurs tres-hideux
Me sera là tres-agreable
Ou pour le moins tres-honnorable.
Corps d'homme n'estoit avecque moy,
Les vns m'auoient quitté d'effroy,
Plusieurs auoient perdu la vie
Auquels ie portay grand enuie,
Et si lors ie ne me defis,
Mon pere, ma femme & mon fils,
En furent, & non autre chose
La legitime & seule cause.
Mais vn object qui me fâcha
D'aller plus outre m'empescha:
Ie vis dans le temple de Veste
Des Troyens la fatale peste,
Dont châque mary fut vn sot,
Qui se cachoit sans dire mot,
Ie veux dire la fausse Helene,
Si funeste à la gent Troyenne:
Redoutant le juste courroux
Et des Grecs, & de son époux,

Elle s'estoit là retirée,
Toute seule, & mal asseurée:
Lors ie dis, la Louue qu'elle est,
Dieu me pardonne, s'il luy plaist,
Reuerra la Lacedemone,
Et là portera la Couronne,
Tandis que des pauures Troyens,
Ou bruslez, ou mangez des chiens,
Il ne restera sur la terre,
Que ceux qu'y laissera la guerre,
Pour mourir de froid & de faim,
Et pour y demander leur pain.
Non, non, la raison me conseille
De couper le nez & l'oreille,
A cette maudite Putin,
A ce malencontreux Lutin:
Qui tant de sang a fait répandre,
Par qui nostre ville est en cendre,
Et les Troyens morts ou captifs
Hormis ceux qui sont fugitifs;
Dieu sçait comme elle fera piece,
Quand elle sera dans la Grece,
De Priam, & de ses enfans,
Et fera rire à nos dépens

Les destructeurs de nostre Empire;
Ie pense desia l'oüir rire,
Et bien faire le Goguenard
Menelaus le franc Cornard:
Elle a causé nostre ruïne,
Elle en perdra nez, & narine;
Oüy, ie m'en vay luy retrancher
La peine de se plus moucher.
Il est vray fraper vne femme,
A bien quelque chose d'infame,
I'en puis estre d'aucuns blasmé,
Mais aussi seray-je estimé,
D'auoir puny cette coureuse,
Aux siens comme à nous dangereuse.
Cela dit, i'allois l'empoigner
Pour oreille, & nez luy roigner:
Quand la Duchesse de Cithere,
Ma tres-belle, & tres-bonne mere,
Me donna bien fort sur les doigts,
De la main, dont ie pretendois
Saisir au colet la Spartaine:
Cette apparition soudaine,
Non pour vn peu m'emplit d'effroy,
Car elle parut deuant moy

Comme chose du Ciel tombée,
Et non pas à la dérobée,
Ou ne se monstrant qu'à demy
Comme d'autrefois endormy
Confusément ie l'auois veuë :
Mais alors elle estoit pourueuë,
De tous les celestes appas
Que les hommes mortels n'ont pas.
Ce coup dont ma main fut cinglée,
Et dont i'eus l'ame vn peu troublée,
Me fit dire, en quoy i'eus grand tort,
Certain mot qui l'offença fort.
Elle me dit rouge en visage,
Vrayment ie vous croiois plus sage,
Fy, fi, ie ne vous aime plus :
Ie suis de quatre doigts perclus,
Luy dis-je, & qui Diable ne iure
Alors qu'on reçoit telle injure ?
Et bien ne iurez donc iamais,
Dit-elle : ie vous le promets,
Luy dis-je, & tréue de houssine,
Car il n'est diuin ny diuine,
A qui, s'il m'en faisoit autant
Ie ne le rendisse à l'instant.

Songez que ie suis vostre mere,
Me repartit-elle en colere ;
Et parlez moins, ou parlez mieux.
Vous faites bien le furieux
Contre vne femme desarmée :
Quand bien vous l'auriez assommée
Seriez vous mieux d'vn quart-d'escu ?
Vous nommez son mary cocu,
Auez vous manié sa teste ?
Est-il cornu comme vne beste ?
Dites-moy, seriez vous content
S'il en disoit de vous autant ?
Méchant fanfaron que vous estes,
Vous ne sçauez ce que vous faites,
Vous auriez bien plus de raison
De retourner à la maison,
Secourir vostre pauure pere,
Qui sans doute se desespere,
Non tant des Troyens deconfits,
Que de Creüse, & de son fils,
Ce cher fils, cette chere femme,
A qui sans moy le Grec infame
Auroit pis fait qu'aux pauures gens
Ne font les Diables de Sergents :

*Vous accusez la pauvre Helene,
D'avoir perdu la gent Troyenne;
Vous n'estes qu'vn mal-aduisé,
Vous vous prenez au plus aisé;
Le destin seul en est la cause
Qui de nous Dieu mesme dispose,
Tout depend de sa volonté,
Il a dés long-temps arresté
Que la grande ville de Troye
Seroit faite des Grecs la proye.
A moins que d'estre illuminez,
Les mortels plus loing que leur nez,
Ne peuuent iamais voir les choses,
Bien loin d'en connoistre les causes:
Qu'ainsi ne soit presentement,
Vous ne pourriez voir nullement
Si ie ne dissipois la nuë,
Qui vous en empesche la veuë,
Le Dieu qui porte le Trident
A perdre vostre ville ardent:
Voyez comme il égale aux herbes,
Les bastiments les plus superbes,
Si bien il la démolira
Que Troye en Troye on cherchera.*

TRAVESTY.

Iunon la cotte retrouſſée,
Paroiſt ſur la porte de Scée,
Qu'elle vient de mettre dedans,
Couuerte de fer iuſqu'aux dents :
Oyez vn peu comme elle crie,
Et comme auec ſa voix de truye
Que l'on entend iuſqu'à la mer,
Elle s'efforce d'animer
Le Soldat qui ſelon ſa rage,
N'eſt pas aſſez aſpre au pillage.
Voyez la méchante Pallas
Branlant ſon large coutelas,
Sur le haut de la Citadelle,
Voyez comme cette pucelle,
D'vne pitoyable façon
Mieux que ne feroit vn maçon,
Demolit, ſape, brize, taille,
La plus groſſe & forte muraille,
Elle s'échaufe en ſon harnois ;
Ainſi quand il abat des noix,
Le Corbeau qui n'eſt qu'vne beſte
Trauaille de cul & de teſte ;
Sa Gorgone aux crins de ſerpens,
Face large de deux empans,

Fait vne vilaine grimace
A qui la regarde à la face.
Iupiter Pere de nous tous,
Se declare aussi contre vous,
Et donne vn esprit de pillage
Aux Grecs dont il croist le courage,
Et n'est pas que le bon Seigneur,
Quoy que d'ailleurs hôme d'honneur,
N'ait dérobé quelque chosette,
Pour regaler quelque coquette;
Certes i'en ay l'esprit marry
Mais iusqu'à mon sot de mary,
Il n'est de la celeste bande.
Diuinité petite ou grande,
Qui contre la pauure cité
Ne fasse acte d'hostillité.
Fuyez donc ie vous en coniure,
Ne vous piquez point de brauure,
Il fait icy mauuais pour vous,
Vous n'y gagnerez que des coups.
Sans moy vostre pauure famille
Sentiroit la main du foudrille;
Mais iusqu'icy par mon moyen
Les choses y vont assez bien.

Penser

TRAVESTY.

Penser remonter sur sa beste,
C'est vouloir se rompre la teste.
Allez, ie vous protegeray
Prés de vous tousiours ie seray:
Lors que vous serez en ma garde,
Au diable si l'on vous regarde,
Bien loin de vous oser toucher
Mais viste, il se faut dépescher.
Elle n'en dit pas dauantage;
Et puis se couurit d'vn nuage:
Lors ie vis que de la Cité
Elle m'auoit dit verité:
Ie vis par tout objets funestes,
Ie vis aussi les Dieux celestes,
D'vne extraordinaire grandeur
Dont ie n'eus pas petite peur:
Parmy ces personnes diuines,
I'en vis de tres-mauuaise mine,
Pour lesquelles sans passion
I'aurois bien-tost auersion.
O Dieu l'épouuentable image,
Qu'vne ville mise au pillage,
On ne voit que piller, brusler,
Sur les cendres le sang couler,

Q

Soldats qui tuent, gens qui meurent,
Peu qui rient, beaucoup qui pleurent,
Les grands Palais tomber à bas
Et n'estre plus que des plastras.
Il en est tout ainsi d'vn Orme
Beau pour sa taille, & pour sa forme,
Lors qu'estant par le pied sappé,
Et long-temps coup sur coup frappé,
Il bransle sa perruque verte
Signe de sa prochaine perte;
Son gros tronc se fend par éclats,
Vn cry semblable à des helas,
Accompagne sa cullebute,
Il hesite deuant sa cheute
Examinant de quel costé
Son grand corps sera mieux gisté:
Enfin il tombe sur les hanches,
Se cassant les bras ou les branches.
Ainsi nostre pauure Cité,
Apres auoir long-temps esté
Des Citez la plus renommée,
Est comme en soy-mesme abysmée?
O moy voyant que tout de bon
Elle estoit reduite en charbon,

Et que ma mere estoit partie,
Ie crus que quitter la partie
En vn malheur tout euident
Estoit faire en homme prudent.
Sans receuoir aucun dommage
Ie passay couuert d'vn nuage
Au trauers des feux allumez,
Et de nos ennemis armez,
A mon logis ie frape en maistre
On me cria par la fenestre
Que l'on n'ouuroit iamais la nuit;
Et que ie faisois trop de bruit:
Et moy ie refrape & refrape,
Et las de coigner, ie m'eschape
A dire des mots outrageans:
Ma femme, mon fils & mes gens,
Tout mon saoul me laisserent batre,
Et par frayeur ou pour s'esbatre
Me firent garder le mulet:
Enfin pourtant vn gros valet
Me vint ouurir malgré la bande,
A qui ie fis la reprimande,
Mais ma femme pour m'appaiser
Et mon fils, me vinrent baiser.

Ie dis, à Monseigneur mon pere
Tout ce que m'auoit dit ma mere,
Et qu'il falloit gagner pays.
Il nous rendit bien esbays
Quand il dit, pour moy ie demeure,
Allez-vous en à la bon-heure
Vous autres, dont les ieunes ans
Apres des malheurs si pesans
Pourront autre-part que dans Troye
Se donner encore au cœur ioye.
Si le Ciel m'eust voulu sauuer,
Qui l'empeschoit de conseruer
Vne ville si belle & bonne?
Mais puisque le Ciel l'abandonne
Et qu'Illium des Grecs pillé
N'est plus rien qu'vn champ tout grillé,
Vieillard plus que sexagenaire
Il ne me reste rien à faire,
Que d'aller l'espée à la main
Irriter vn Grec inhumain,
Qui sur mon pauure corps s'acharne,
Et peut-estre que quelque Darne
De son corps il y laissera;
Chacun fera comme il pourra:

TRAVESTY.

On me dira, sans sepulture
Vostre corps sera la pasture
De quelque chien ou quelque loup:
La peste que le monde est fou;
Que m'importe que ma carcasse
A la faim d'un loup satisfasse,
D'un chien, d'un vautour, d'un corbeau.
Mon destin sera-t'il plus beau,
Si dans du linge empaquetée
Elle est par les vers grignottée?
Si les Troyens brusloient leurs morts
Au lieu d'en enterrer les corps,
Le Poëte icy s'entre-taille
Mais, ô bon Lecteur tout coup vaille,
Il importe peu que Scarron
Altere quelquefois maron.
Reuenons à Messire Anchise:
Quand on a la perruque grise,
Aiousta-t'il, on ne doit pas
Redouter beaucoup le trespas;
Vieil, cassé, mal propre à la guerre
Ie ne sers de rien sur la terre,
Spectre qui n'ay plus que la voix
I'y suis vn inutile poids:

Depuis le temps que de son foudre
Iuppin me voulut mettre en poudre,
Depuis le temps qu'il m'effraya
Ce grand Dieu, qui me gibboya
Par vne vengeance secrette ;
Mais ie suis personne discrette.
Ie n'en diray point le sujet :
Suffit que i'aurois eu mon fait
Sans Venus qui sauua ma vie.
I'ay depuis eu cent fois enuie
De m'aller pendre vn beau matin,
Et finir mon chien de destin.
Laissez-moy donc mourir à l'aise,
Et si l'on m'aime qu'on se taise.
Voila ce qu'il dit obstiné,
Dont ie fus plus que forcené.
Ma chere Creüse le prie,
Mon fils Iulus pleure, & crie,
Mais c'estoit, tant il estoit dur
Se donner du front contre vn mur.
Ha ma foy, Monsieur mon beau-pere,
Luy dit nostre femme en colere,
Vous viendrez ou direz pourquoy.
Vous faites bien du quant à moy,

TRAVESTY.

Autant luy dit le ieune Iule.
Mon pere opiniastre en mule
Au lieu de leur parler François
Se mit à badiner des dois.
Ie dis alors, çà çà qu'on meure,
Il le faut, & quand? tout à l'heure,
Vous laisseroy-je ainsi perir,
Sans mesme fortune courir?
N'en desplaise à mon pere Anchise
Mais dessous sa perruque grise
Il loge fort peu de raison,
Troye encore en nostre maison
Pouuoit trouuer quelque resource,
Grace à Dieu i'ay fort bonne bource,
En quelque pays estranger
Nous eussions eu de quoy manger:
Mais en vostre Philosophie,
Qui n'est qu'vne pure folie,
Vous auez crû qu'estre assommé
Estoit mourir bien estimé;
Vous auez vne sotte enuie,
On en a pour toute sa vie,
Quand on est dans le monument
Vne minute seulement.

Pirrhus ne tardera plus guere
Sans doute à la moindre priere
De son bras vous serez seruy,
Ie croy bien qu'il sera rauy
De tuer toute vne famille
De sa dague faite en faucille,
Comment il se gobergera!
Quand ensemble il esgorgera,
Femme, mary, pere, grand pere,
L'enfant, & Madame sa mere.
Ha vrayement ma mere Venus,
Tous vos beaux arguments cornus
Pour me persuader de viure,
Et pour m'obliger à vous suiure,
N'estoient donc que pour m'attraper.
Ie ne m'y laisse plus dupper :
Viste qu'on me donne mes armes,
Ie veux aussi couster des larmes
A quelques-vns des ennemis :
Au moins me sera-t'il permis.
De vous suiure, me dit Creüse,
Mais tout à plat ie la refuse,
I'en fis de mesme à mon enfant
Dont il fut assez mal-content.

Ie me

TRAVESTY.

Ie me faisois tenir à quatre,
Comme quand on va pour se battre,
Et n'estois pourtant pas fasché
D'en estre des miens empesché.
Ma femme & toutes ses seruantes
Faisoient à l'enuy les dolentes;
Mon fils m'embrassoit les genoux.
Au grand estonnement de nous
Vne flâme du Ciel issuë
Sur ce cher fils fut apperceuë :
Nous nous mismes tous à souffler
Croyant qu'elle l'alloit brusler,
Nous soufflasmes & resoufflasmes,
Fort peu de chose nous gagnasmes,
Malgré nous ce feu violet
Luy grilla tout le poil folet.
Mon pere voyant le prodige,
Dit, Que personne ne s'afflige,
Ce feu qui m'a tout esblouy
Et dont ie suis bien resiouy,
N'est ma foy pas vn feu volage.
O grand Dieu fay que ce presage,
Soit par quelqu'autre confirmé.
Vn coup de foudre à point nommé

A main gauche se fit entendre :
Sans autre tesmoignage attendre,
Mon pere dit, Ainsi soit-il,
Puis en suite d'vn sault gentil
Il fit deux fois la reuerence :
Ayant fait signe à l'assistance
Qu'il falloit qu'on en fist autant,
Nous saultasmes tous à l'instant.
Ayant bien saulté comme Pies
Ou bien plustost comme gens pies,
Nous reniflasmes à l'enuy,
Car ce tonnerre fut suiuy
De certaine odeur sulfurée :
Puis la maison fut esclairée
D'vn feu luisant comme vn tizon
Qu'on vit sur ladite maison.
Ce Phare, ou plustost cette estoille
Alla tout droit, perçant le voile
De cette triste & noire nuit,
Et Dieu sçait si mon œil la suit,
Dans la forest d'Ida se rendre.
Il nous fut aisé de comprendre
Que c'estoit vn secours diuin,
Car par elle dans son chemin

TRAVESTY.

Comme bien sage & bien sensée,
Trace luisante fut laissée.
Lors mon pere tout esbaudy,
Cria, Mon fils, ie m'en desdy,
Me voila tres-content de viure,
Et tres-resolu de vous suiure
En quelque part que vous irez,
Et partiray quand vous voudrez,
Afin que personne n'en doute
Malgré mon incommode goutte :
Puis il fit genuflexion,
Et dit auec deuotion ;
O bon Dieu qui nous prend en garde,
Que ton œil tousiours nous regarde,
Et prend soin de nostre maison.
Apres cette courte Oraison
Ie luy dis, Homme qui refuse
Ordinairement apres muse,
Vous faisiez tantost bien le fou :
Çà, çà mettez vous sur mon cou,
Comme on dit à la chevre morte,
Et que chacun de nous emporte
Sur son dos tout ce qu'il pourra ;
Mon fils par la main me tiendra

P ij

Et ma femme par le derriere,
Et que valet & chambriere
Escoute bien ce que ie dy.
Hors la ville, vers le midy,
On trouue vn vieil tombeau de pierre
Prés d'vn temple tombé par terre,
Qui fut autresfois à Ceres :
Ce lieu ny trop loin ny trop pres
Sera le lieu de l'assemblée.
Lors la maison fut demeublée;
L'vn prit vn poislon, l'autre vn sceau,
L'vn vn plat, & l'autre vn boisseau;
Ie me nantis comme les autres,
Ie mis les vnes sur les autres
Six chemises, dont mon pourpoint
Fut trop iuste de plus d'vn point;
On n'oublia pas les cassettes :
Mon fils se chargea des mouchettes,
Mon pere prit nos Dieux en main,
Car quant à moy de sang humain
Ma dextre auoit esté souillée;
Deuant qu'auoir esté moüillée
Dás plusieurs eaux quatre ou cinq fois
Et s'estre fait longle des doigts,

Ie n'eusse pas osé les prendre;
Quiconque eust osé l'entreprendre,
Eust bien-tost esté loup garou,
Ie n'estois donc pas assez fou.
Enfin sur mon dos fort & large
Mon bon pere Anchise ie charge
D'vne peau de lion couuert;
Et de peur d'estre pris sans vert
Au costé ma dague tranchante.
L'affaire estoit vn peu pressante
Car le mal s'aprochoit de nous,
Nous entendions donner des cous,
Crier au feu crier à l'aide:
A tout cela point de remede
Sinon gaigner viste les champs,
Et laisser faire ces meschans.
Quoy que i'eusse l'echine forte,
Mon bon pere à la cheure morte
Ne pût sur mon dos s'ajuster,
Ny ie n'eusse pû le porter:
Par bon heur ie vis vne hotte,
Mon pere dedans on fagotte
Et tous nos Dieux auecque luy,
Puis vn banc me seruant d'appuy,

On charge sa lourde personne
Sur la mienne, qui s'en estonne,
Et fait des pas mal arrangez,
Comme font les gens trop chargez:
Mais qui Diable ne s'éuertue,
Quand il a bien peur qu'on le tué,
Nous voila tous sur le paué,
Sur mon dos mon Pere éleué
Nous esclairoit de sa lanterne,
Qui n'estoit pas à la moderne,
Elle venoit du Bizayeul
De l'Ayeul de son Trizayeul:
Ma Creüse venoit derriere;
Chaque valet & chambriere,
De crainte d'estre découuerts
Allerent par chemins diuers:
Ie menois mon cher fils en lesse,
Pour lequel ie tremblois sans cesse:
Enfin par chemins escartez,
Des moindres bruits espouuentez,
Nous marchasmes deuers la porte.
Quoy que i'aye l'ame assez forte,
Et que dans le fer & le feu
D'ordinaire ie tremble peu,

TRAVESTY.

Chargé de si cheres personnes
Ie fis cent actions poltronnes:
Au moindre bruit que i'entendois
Humble quartier ie demandois;
Mon bon pere en faisoit de mesme,
Et croy qu'en cette peur extreme,
Dans la hotte vn autre que luy
Auroit fait, ce que par autruy
Roy ny Reine ne pourroit faire:
Le feu qui nostre troupe esclaire,
Forme des ombres deuant nous
Qui nous effrayent à tous cous.
Enfin apres plusieurs alarmes,
Vn grand bruit de cheuaux & d'armes
Se fit entendre aupres de nous:
Mais, Madame, le croyrez-vous?
Ce bruit que nous crusme entendre,
Puisque vous desirez l'apprendre,
Estoit ce qu'on appelle rien,
I'en rougis quand ie m'en souuien:
Mon Pere en cette peur panique,
Mille coups sur mon corps applique,
Pour me faire aller au galop,
Et certes il n'en fit que trop,

Il me crioit, Prens donc la fuitte,
Voy-tu les Grecs à nostre suitte?
Malle peste comme tu vas?
Ne veux-tu pas doubler le pas?
Fuy mon cher fils, sauue ton Pere;
Et puis se mettant en colere,
Maudit soit le fils de putin,
Et qui m'a donné ce mastin,
Qui marche comme vne tortuë.
A ce langage qui me tuë,
I'auois beau redoubler le pas,
Cela ne le contentoit pas:
Enfin moy faisant cent bronchades,
Et luy bien autant de boutades,
Iusqu'à m'appeller cent fois sot,
A quoy ie ne répondois mot,
Ie courus de si bonne sorte
Que ie me vis hors de la porte;
Et puis à force de marcher,
Persistant tousiours à broncher,
Au vieil temple nous arriuasmes,
Où quasi tous nous nous trouuasmes,
Quasi tous; car ma femme helas!
Mon vnique ioye & soulas,

Se trouua

TRAVESTY.

Se trouua manquer à la bande,
Iugez si ma douleur fut grande.
A mon cher Pere, à mon cher fils,
Cent mille reproches ie fis,
Leur dis qu'ils en estoient la cause,
Mon Pere ne fit autre chose
Que me dire, Elle reuiendra,
Ou bien quelqu'vn la retiendra.
N'a-t'elle point resté derriere
Pour racommoder sa jartiere?
A ce maudit raisonnement
Ie pensay perdre jugement,
Ie mordis ma langue de rage:
Certes si ie n'eusse esté sage,
Et qu'il n'eust point mon Pere esté
Ie l'eusse bien fort souffleté:
Ie contay deux fois nostre monde,
Ie fis aux enuirons la ronde
Ie l'appellay, ie la huay,
Si fort, que ie m'en enrouay.
Ie quittay cinq des six chemises
Qu'en partant sur moy i'auois mises,
Puis armé comme vn Iacquemart,
Au costé tranchant braquemart,

Q

A la main bonne hallebarde,
En disant le bon Dieu me garde,
Ie rebrouſſay vers la cité,
Par tout où nous auons eſté
Ie cherchay vainement ma femme.
Toute la ville eſtoit en flame
Et de noſtre pauure maiſon
Chaque poultre eſtoit vn tizon ;
I'allay vers la maiſon Royalle
Qu'on euſt priſe pour vne balle :
Tous les biens par les Grecs volez
Eſtoient confuſément meſlez,
Force enfans, & femmes captiues,
Six cuilliers d'argent bien maſſiues,
Quatre ou cinq ſacs de ſous marquez,
Matelas de coton picquez,
Vn grand bocal de Porcelaine
Preſent fait à la belle Helaine,
Par vn certain mauuais galant,
En or, la moitié d'vn talent,
En argent, quatre mille liures,
Deux grands coffres remplis de liures,
De Priam les arcs à Ialet,
Mille vaches donnant du laict

TRAVESTY.

Autant de veaux, autant de truyes,
Des parasols, des parapluyes,
Item quatre mille chappeaux,
Force pourpoints, chausses, manteaux,
Et cent mille autres nipes riches.
Vlisses le chiche des chiches,
Et Phenix vn maistre Pedant
L'vn & l'autre à la proye ardant,
Tous deux faux saufniers & faulsaires
En estoient les dépositaires.
Des captiues ie m'approchay,
Et me cachant le nez, cherchay
Parmy cette troupe éplorée
Ma chere Creüse égarée;
Puis ie me mis effrontément
A crier, maudit soit qui ment,
Creüse, Creüse, Creüse,
Vn Echo me répondit, Euse;
Et voila tout ce que i'appris
De tant de peine que ie pris.
Ie m'en allois confus & triste
Quand nostre femme, à l'improuiste,
Se vint presenter à mes yeux:
Ie ne fay point le glorieux,

Vne vision si soudaine,
Me fit auoir siévre quartaine:
Qui m'eust lors bien consideré
M'eust trouué l'œil bien égaré.
Par le visage c'estoit elle,
Mais sans patin ny pianelle,
Elle auoit huit grands pieds de haut,
Si bien, quoy que i'eusse grand chaut,
Que ie deuins froid comme glace,
La frayeur peinte sur ma face,
Ie reculay cinq ou six pas
En disant, Retro Satanas.
I'eus l'ame bien plus perturbée,
Lors que d'vne seule enjambée,
Elle fut aussi-tost à moy:
I'estois prest d'en mourir d'effroy,
Sans que ie vis la grande folle
S'esbouffant à chaque parole,
Qui me dit, Confessez Monsieur,
Que vous auez eu belle peur:
Ie n'y trouue pas dequoy rire,
Commençay-je lors à luy dire,
Et trouue encore moins de raison
De me quiter hors de saison:

TRAVESTY.

Elle me dit, O mon pauure homme,
Lors que vous aurez bien sceu comme
Et par qui, tout cecy se fait,
Vous aurez l'esprit satisfait.
De moy ne soyez plus en peine
Aussi bien elle seroit vaine,
Il n'est plus de femme pour vous,
Non plus que de mary pour nous,
Le destin vous en garde vne autre,
Le païs Latin sera vostre,
Où chacun sçait l'Italien,
Vous aurez là beaucoup de bien,
Là le Tybre de son eau trouble,
Quoy d'abord on vous y trouble,
Vous fournira dans la saison
Des écreuisses à foison,
Vous y mangerez veau Monganne,
Vous y porterez la soutanne,
Ie croy qu'il vous fera beau voir.
Vne grosse fille au poil noir,
Vous sera par Iuste Himenée
Par Monsieur son pere donnée:
C'est l'Infante Lauinia,
En laquelle vice il n'y a,

C'est vne vray boutte tout cuire,
Qui ne fait que sauter & rire,
Et ne va iamais qu'au galop,
Bref, cette Princesse vaut trop.
Ayez grand soin de nostre Iulle
Digne effect de nostre Copule,
Faites luy monstrer le Latin :
Et quant est de nostre destin,
La grand mere des Dieux Cibelle
Me fait demeurer auprés d'elle,
Pour estre sa dame d'Atour,
La sienne mourut l'autre iour
Auec quatre ou cinq de ses filles,
Pour auoir mangé des morilles ;
N'ayez donc plus de moy soucy,
Ie me trouue fort bien icy.
Là dessus ie pensay la prendre
Pour les derniers deuoirs luy rendre :
Mais luy iettant les bras au cou,
Ie pensay bien deuenir fou,
Quand l'ayant trois fois embrassée,
Trois fois de mes bras éclipsée,
Ie connus n'auoir embrassé
Qu'vn vain corps, vn air condensé,

TRAVESTY.

Or n'aymant pas trop le fantosme,
Ny tout corps composé d'atome,
Ie ne m'affligeay pas bien fort,
Puis qu'ainsi le vouloit le sort.
Tost apres ioüant de la jambe,
De la pauure ville qui flambe,
Dans les champs ie me transportay,
Où Dieu sçait comment ie trotay,
Iusqu'où m'attendoit nostre bande
De petite faite bien grande :
Hommes, femmes, maistres, valets,
Tous chargez comme des mulets,
En ce lieu s'estoient venus rendre,
Et m'auoient fait l'honneur d'attendre
Que ie fusse là reuenu.
Si tost qu'ils meurent reconnu
A ma conduite ils se remirent,
A moy, comme à Roy se sousmirent :
Ie leur promis affection,
Iustice, & ma protection.
Ils promirent obeissance,
Et que i'aurois sur eux puissance,
Comme le Roy sur son Sergent
Et la Reyne sur son enfant :

Puis sans s'amuser dauantage
l'ordonnay qu'on pliast bagage,
Et que vieillards, femmes, enfans,
Et tous les corps plus empeschans
Deuers la montaigne filassent,
Et dans les grands bois se coulassent :
Mon pere les y conduisit.
Là dessus le Soleil luisit,
Et de sa face saffrannée,
La forest fut enluminée,
Et moy les mains sur les roignons
En teste de mes compagnons,
Qui n'auoient pas le cœur en ioye,
Ie tournay le cul deuers Troye
Et le nez vers le mont Ida,
Où chacun de nous se guinda.

FIN DV SECOND LIVRE.

LE
VIRGILE
travesty
de
Mr SCARON

A Paris Chez Touffainct Quinet Au Palais 1648 Auec Priuilege du

LE VIRGILE TRAVESTY EN VERS BVRLESQVES,

De Monsieur SCARRON.

LIVRE SECOND.

A PARIS,
Chez TOVSSAINT QVINET, au Palais, sous
la montée de la Cour des Aydes.

M. DC. XLVIII.
AVEC PRIVILEGE DV ROY.

A MONSEIGNEVR
MONSEIGNEVR
SEGVIER
CHANCELIER
DE FRANCE.

ONSEIGNEVR,

Il y a si peu de raport entre vn petit Poëte Burlesque & vn grand Chancelier, que l'on dira sans

á iij

EPISTRE.

doute que i'ay bien peu de iugement, de dedier vn Liure si peu serieux, au plus sage homme de nostre siecle. La France n'a iamais eu de Chancelier de vostre force, & l'on peut dire qu'outre les vertus Theologales, & Cardinales, vous auez encore les Chancelieres. On en a pû remarquer quelques vnes, en plusieurs de ceux qui vous ont deuancé; en vous seul on les voit reluire toutes à la fois, & si également, qu'il est bien difficile de connoistre, laquelle de ces vertus vous rend le plus recommandable. Pour moy, MONSEIGNEVR, i'admire sur toutes les autres vostre bonté, c'est par elle que mon premier Liure de Virgile ne vous a point depleu, & par elle que ie prends la hardiesse de vous dedier le second, moy qui suis vn inconnu, vn inutile, enfin vn malade qui n'a plus que la voix, & qui dans sa plus parfaite santé ne se seroit pas trouué digne d'vne faueur si extraordinaire. C'est en estre prodigue, MONSEIGNEVR, & c'est ce qui me fait dire hardiment, quoy que la façon de parler soit vn peu bigearre, que ie vous remercie du present que ie vous fais. Il y a peu de personnes dans le monde, fust-ce dans les galeres, qui m'osassent disputer la triste qualité du plus mal-heureux de tous les hommes. Il y a dix ans que ie suis malade; cinq ans que i'ay vn procez:

EPISTRE.

mais fi ie contribue durant quelques heures à voſtre diuertiſſement, i'auray l'eſprit ſatisfait, quelque mauuaiſe mine que face mon viſage, & peut-eſtre ſeray-je enuié de quelque homme allant & venant: en quoy conſiſte à mon auis le ſouuerain bien de la vie. Voila, MONSEIGNEVR, vne grande obligation que vous aura le Doyen des Malades de France; Il la reconnoiſtroit mal s'il vous importunoit dauantage de ſa mauuaiſe Epitre, outre que la pauure Didon bruſle d'impatience d'entendre les trauaux de ſon cher Ænée; Il n'attend plus que vous pour commencer. Ne faites pas languir dauantage cette pauure Phenicienne, & me faites l'honneur de croire, quoy qu'il n'y ait gueres de foy à ajouſter à vn grand faiſeur de mauuais Liures, que ie ſuis plus qu'homme du monde de toute mon ame,

MONSEIGNEVR,

Voſtre tres-humble, tres-obeïſſant
& tres-obligé ſeruiteur,
SCARRON.

Extrait du Priuilege du Roy.

PAR grace & Priuilege du Roy, DONNE' à Paris le huitiéme iour de Ianuier 1648. Signé par le Roy en son Conseil, BERAVD. Il est permis à nostre cher & bien amé le sieur SCARRON, de faire Imprimer, vendre & distribuer par tel Libraire ou Imprimeur qu'il aduisera bon estre, *Le second Liure de son Eneide de Virgile Trauesty*, & ce durant l'espace de dix ans entiers, à compter du iour que ledit deuxiesme liure sera acheué d'Imprimer. Et defences sont faites à tous autres de quelque condition qu'ils soient d'en vendre ny distribuer d'autre impression que de celle qu'aura fait faire ledit sieur Scarron, ou de ceux qui auront droict de luy, à peine de confiscation des Exemplaires, & de trois mil liures d'amende, ainsi qu'il est plus amplement porté dans l'Original.

Et ledit sieur Scarron a cedé & transporté le present Priuilege à Toussainct Quinet, pour en joüir suiuant l'accord fait entr'eux.

Acheué d'imprimer pour la premiere fois, le 25. iour de Iuin, mil six cens quarante-huit.

Les Exemplaires ont esté fournis.

LE VIRGILE TRAVESTY EN VERS BVRLESQVES,

De Monsieur SCARRON.

LIVRE TROISIESME.

A PARIS,
hez TOVSSAINT QVINET, au Palais, sous
la montée de la Cour des Aydes.

M. DC. XLIX.
AVEC PRIVILEGE DV ROY.

A Paris Chez Touſſainct Quinet Au Palais 1648 Auec Priuilege du Ro

A MONSEIGNEVR
LE PRESIDENT
DE MESME.

ONSEIGNEVR,

Quand je deurois faire souffrir vostre modestie, il faut que ie descouure à tout le monde

ē

EPISTRE.

vne action de generosité, que vous auez voulu tenir cachée. Quand feu mon pere fut obligé de quitter l'exercice de sa charge, vous adioustastes aux paroles que la ciuilité fait dire, des offres bien plus solides que des paroles : il ne put respondre à vostre generosité, qu'en refusant, sans le regretter, ce que vous luy offriez de mesme. Depuis sa mort vous nous auez protegez contre l'injustice qui accable le plus souuent les enfans d'vn premier lit; C'est vne obligation que nous vous auons en commun mes sœurs & moy. Et vous m'auez obligé depuis en mon particulier, en donnant vn peu de ce temps que vous employez si vtilement au repos du public, à la lecture de mes ouurages. Ie n'aurois iamais esperé, que ce que i'ay fait par diuertissement, deust seruir à celuy d'vn des plus considerables Chefs de la plus celebre Compagnie de l'Europe, & dont le merite est sans doute, de quelque façon que l'on le considere, au dessus de tous les emplois où l'on puisse pretendre. Ie ne diray point icy, MONSEIGNEVR, que la fortune qui fait bien souuent les choses contre sa conscience, & qui ne se gagne pas par la vertu, a

EPISTRE.

touſiours eſté enuieuſe de la voſtre. Ie ſçay bien que vous n'aymez pas les loüanges, quoy que vous en meritiez plus que perſonne du monde, outre que la plume Burleſque ne s'acquitteroit pas aſſez bien d'vn Panegyrique. Ie vous dedieray ſeulement mon troiſieſme Liure de Virgile. Ie vous confeſſeray, que c'eſt fort mal m'acquitter de tout ce que ie vous dois : & vous ſupplieray de croire, que ſi ie n'eſtois pas en l'eſtat où ie ſuis, ie n'aurois point de plus forte paſſion, que de vous teſmoigner autrement que par des paroles, que ie ſuis de toute mon ame,

MONSEIGNEVR,

Voſtre tres-humble, tres-obeyſ-
ſant, & tres-obligé feruiteur
SCARRON.

AV LECTEVR.

Ecteur Chrestien; car ie ne suis pas assez vain pour croire que le Virgile Trauesty aille iusqu'aux Infideles. Qu'ay-je à faire de te donner vn Auantpropos, qui me cousteroit autant à faire que mon Liure. Si tu es de mes amis, tu excuseras ce qui te desplaira. Si tu n'en es pas, tous les Auant-propos du monde ne t'empescheroient pas d'exercer ta mauuaise humeur à mes despens. Ie ne t'en feray donc

AV LECTEVR.

point. Mais, ô sot que ie suis, ie ne prens pas garde que c'en est desia fait. O que l'impuissance humaine est grande! Et que ie ferois de belles reflexions sur ce que l'homme propose, & Dieu dispose, si i'en auois le loisir. Adieu donc, Lecteur Chrestien, marchande mon Liure, achete-le, paye-le, lis-le, brusle-le, deschire-le, traitte-le auec plus de mespris si tu veux.

Il n'en sera pour moy ny pis ny mieux.

Il me vient de souuenir, que i'auois fait vn Auant propos, pour me defendre d'vn homme qui met tout en œuure, soit qu'il ayme ou qu'il hays-

AV LECTEVR.

se. Mais vne personne de merite m'a prié de supprimer ce que i'auois fait contre vn des plus supprimables hommes de France. Ie le renguaisne donc, pour le desguaisner, s'il luy prend iamais enuie de faire contre moy à la plume.

LE VIRGILE TRAVESTY.

LIVRE TROISIESME.

L'*ARREST des Dieux ayant esté*
Cruellement executé
Sur nostre miserable ville,
Nous pensasmes que faire gille,
Estoit le meilleur appareil,
Que nous pussions en cas pareil,

LE VIRGILE

Mettre promptement, faute d'autre,
Sur vn mal fait comme le nostre.
Qui fuit, peut reuenir auſſi:
Qui meurt, il n'en est pas ainſi.
Si Priam dans ſa ville priſe
Auoit perdu ſa teſte griſe:
Nous autres ſes humbles valets,
Ayant bien eu les oſſelets,
Et les pauures mains écachées
Pour monſtrer nos bourſes cachées,
Euſſions eſté par ces meſchans
Faits au moins Eueſques des champs,
Et peut-eſtre mis ſur la roüe,
A faire aux paſſans laide moüe.
Nous deliberaſmes donc tous
De mettre entre les Grecs & nous,
Ne pouuans leur faire la guerre,
Vn notable eſpace de terre,
Et pour plus grande ſeureté
De l'eau ſalée en quantité.
Mon Pere qui dans chaque affaire
N'agit iamais en temeraire,
Et qui ſçait cent ſecrets nouueaux,
Prit vn grand ſas & des ciſeaux,

TRAVESTY.

Puis tourné vers l'vn des deux Poles,
Et prononçant quelques paroles,
Où personne n'entendit rien,
Quoy que chacun escoutast bien,
Et qu'il n'entendoit pas peut-estre,
Il nous dit qu'il alloit connoistre,
Où nous planterions le piquet :
Mais pourtant de son tourniquet
Fort peu de chose nous apprismes,
En suitte dequoy nous nous prismes
A nous bastir de bons vaisseaux,
Pour nous exposer sur les eaux,
Et chercher quelque nouueau giste.
La flotte fut faite bien viste
Au pied d'Ida pres d'Antandros,
Nous fismes de nos gens vn gros,
Au temps que la triste froidure
Quitte la place à la verdure.
Puis de mon Pere conuiez,
Les Dieux ayant esté priez,
Nous montasmes sur nos galeres,
Non sans ietter larmes ameres
De voir Troye où tout fut si bon,
N'estre plus rien que du charbon ;

LE VIRGILE

Cette belle ville de Troye,
Où i'auois vescu dans la joye,
Qui pis est en sortir vaincu,
Comme on dit, coups de pieds au cu.
Enfin donc hommes, enfans, femmes,
Et tous nos Dieux sauuez des flames,
Nous voila sur mer, loing du port,
A deux ou trois doigts de la mort:
Car entre gens flottans sur l'onde,
Et la mer, où se perd le monde,
Il n'est qu'vn mur basty d'aix joints,
Large de trois pieds, plus ou moins.
Vne terre Thrace nommée,
Nation iusqu'aux dents armée,
Dont les gens sont tres mal-faisans,
Iurans Dieu, battans paysans,
N'est gueres loing de la Phrygie;
Elle fut autrefois regie
Par Lycurge homme de renom,
Qui sçauoit decliner son nom,
Et quelque chose dauantage,
L'Arithmetique, l'Arpentage,
Et faire entendre la raison
Au peuple qui n'est qu'vn Oyson.

Ce pays aimoit fort le nostre,
Et qui toquoit l'vn toquoit l'autre,
Ces Coupejarets Thraciens
Quand ils trouuoient des Phrygiens,
Leur ostoient humblement la toque.
Les Phrygiens au reciproque
Leur faisoient inclination
Auec grande deuotion :
Et puis ils s'entrefaisoient feste,
Se baisoient teste contre teste ;
S'entredisans, ie suis à vous,
Auec bras dessus, bras dessous.
C'est là que nostre flotte arriue
Ayant fait honneur à la riue,
Par l'aduis des maistres maçons,
Car des gens de toutes façons
S'estoient fourrez dans nos galeres,
Et iusqu'à des Apotiquaires,
Item meneurs d'ours, des Pedans,
Basteleurs, arracheurs de dents,
De Comediens vne bande,
Et des danseurs de sarabande.
Or donc ces maçons assemblez,
Et ceux de la flotte appellez,

Ausquels ie difois, ie vous prie,
Ou, plaife à voftre Seigneurie.
Auffi-toft dit, auffi-toft fait,
La chofe fut mife en effet,
En place bien examinée
Ville par moy fut deffignée;
Puis en vertu du nom que i'ay,
Celuy des Troyens ie changeay
En vn, qui terminoit en ades,
Comme qui diroit Eneades.
Or, comme vous pouuez penfer,
Auparauant que commencer,
Il conuint à la Dionée
Noftre mere affectionnée,
Rendre l'honneur que meritoit
Dame qui tant nous affiftoit:
Outre que les Dieux fauorables,
Par qui nous autres miferables
Auions pû, malgré fer & feu,
Tirer noftre efpingle du jeu,
Nous euffent taxé d'auarice.
Pour auoir donc le Ciel propice,
Nous voulufmes offrir vn Veau
A Iuppin, faute d'vn Taureau:

TRAVESTY.

A Iuppin, qui dans le Ciel logè,
Qui gouuerne des Cieux l'horloge,
Et donne le froid & le chaud,
Souuent vn peu plus qu'il ne faut.
Vous allez entendre vne histoire,
Qui n'est pas trop facile à croire.
Assez pres de nous s'esleuoit
Vn tertre, qui la mine auoit
D'estre la fosse de quelque homme
Qui faisoit là son dernier somme.
Ce petit tertre estoit couuert
De myrtes au fueillage vert,
Et de ieunes cormiers sans nombre,
Qui faisoient vn ombrage sombre;
Pensant en prendre des rameaux,
Que ie choisissois des plus beaux,
Afin d'en parer nostre hostie.
Vne liqueur rouge, sortie
De l'endroit tout frais ébranché,
Semblable à du sang espanché,
Me fit lors faire vne grimace,
Qui me défigura la face,
De tout mon cœur ie priay Dieu,
Et promis aux Nymphes du lieu

Quatre ou cinq liures de chandelles,
Et d'en achepter des plus belles.
Puis ie fis, comme de raison,
Au Dieu Mars tacite oraison.
C'est luy qui commande à baguete
Au peuple Thrace, comme au Gete.
Vn autre rameau ie rompy,
Autre sang escouler i'en fy,
Et tout autant que i'en deschire,
Tout autant de sang chaud i'en tire.
Enfin en ayant bien tiré,
L'arbre ayant comme souspiré,
Et sa perruque secoüée,
Me dit d'vne voix enroüée
Ces mots, dont i'eus en verité,
Peu s'en falut, l'esprit gasté.
Pourquoy diable, Seigneur Enée,
Vostre main s'est-elle acharnée
Sur le corps d'vn de vos amis ?
Si i'estois de vos ennemis,
Encor auriez-vous tort de prendre
Plaisir à sang humain respandre.
Voila qui n'est ny bon ny beau,
De venir gaster vn tombeau :

Je suis

TRAVESTY.

Ie suis le Prince Polydore,
Pour vne raison qu'on ignore:
Mais ie m'imagine pourtant,
Que c'est pour quelque argent contant
Que i'auois dans vne ceinture,
Vn Tyran d'auare nature
M'a mis trop tost au rang des morts,
Et fait vn crible de mon corps.
Ma pauure chair de dards percée,
Sous cette terre ramassée
Reposoit assez doucement :
Vous estes venu sottement
Rompre de vos mains violentes
Mes pauures branches innocentes ;
Vous m'auez tout défiguré,
Du sang que vous m'auez tiré,
Ma demeure est toute rougie.
Arrestez donc l'hémorragie,
Et si vous n'en estes content,
Le diable vous en fasse autant :
Mais plustost, si vous estes sage,
Fuyez cet auare riuage,
Et remontez sur vos vaisseaux,
Sans plus rompre mes arbrisseaux.

Ainsi parla le dolent tige.
A cet effroyable prodige
D'vn pied ma face s'allongea,
Et dans mon corps mon sang figea.
Peut-estre ignorez-vous encore,
Quel homme estoit ce Polydore.
Il estoit fils de nostre Roy :
Ce bon Prince remply d'effroy,
Quand sa ville fut assiegée,
Crut qu'elle seroit rauagée.
Il enuoya son cher enfant,
Et sur le dos d'vn Elephant,
Son thresor au Tyran de Thrace.
Mais voyez la meschante race,
Quand il vit Priam mal-heureux,
Il cessa d'estre genereux.
Le perfide tourne casaque,
Et ce pauure innocent attaque,
Comme il ne songeoit à nul mal.
Il n'est pas vn pire animal,
Qu'vn traistre quãd il nous fait feste,
Puis apres cette male-beste
De ce ieune homme qu'il tronqua,
Le riche thresor excroqua.

TRAVESTY.

Mais que ne fait point entreprendre
L'insatiable faim de prendre!
Le discours du triste arbrisseau
M'auoit fait frissonner la peau.
Quand sa harangue fut finie,
Ma face qu'elle auoit ternie,
Reprit aussi-tost sa couleur,
Et mon corps glacé, sa chaleur.
I'enuoyay viste à ma galere
En aduertir Monsieur mon Pere,
Par lequel il fut resolu,
Qu'on feroit au tombeau pollu
Vn sacrifice salutaire :
Il ne fut pas long-temps à faire.
Les Damoiselles d'Ilion
Firent longue vlulation,
Et si long-temps qu'elles voulurent,
Pleurerent le mieux qu'elles pûrent.
On couurit le lieu de cyprés,
On y respandit du lait frais,
Qu'on tira d'vne vache noire,
Dont but quiconque en voulut boire.
Mon pere fit vn court sermon,
Qui ne fut ny mauuais ny bon.

Les branches que i'auois cassées,
Auec soin furent ramassées,
Et reiointes à l'arbrisseau,
Dont il parut deux fois plus beau,
Auec rubans de couleur bleüe.
Nous nous prismes tous queüe à queüe,
Et couronnez de branches d'If,
Chantans tout bas, d'vn air plaintif.
Nous regagnasmes nos galeres,
Puis poussez par des vents prosperes,
Esloignasmes, bien esbays,
Cet abominable pays.
Le Roy des Deïtez humides,
Et la mere des Nereïdes,
Possedent moitié par moitié,
Sans en estre en inimitié,
Vne Isle dans la mer Egée,
Au blond Phébus fort obligée :
Car de flottante qu'elle estoit,
Et que le vent par tout portoit,
Cet illustre fils de Latone,
L'a iointe à Gyare, & Mycone.
En ce lieu par le vent portez,
On nous fit cent ciuilitez.

TRAVESTY.

Anius Roy de l'Isle, & Prestre,
Ne tarda point à reconnestre
Mon Pere son ancien amy,
Quoy que par le sort ennemy,
Sa personne fust deuenuë
En estat d'estre mesconnuë.
Le bon Seigneur nous hebergea,
Offrit à manger, on mangea
Tout ce qui fut mis sur la table,
Et si but-on au preallable.
Ayans tous largement repû,
A dire bouche que veux-tu ?
Nous nous rendismes dans le Temple,
Afin de donner bon exemple.
Si tost que prosterné i'y fu,
Ie dis le plus haut que ie pu:
Grand Apollon, Dieu debonnaire,
Pren pitié de moy pauure haire,
Et de ceux que tu vois icy,
Qui sont pauures haires aussi.
Pren pitié de la gent Troyenne,
Fais en sorte qu'elle deuienne,
Nonobstant sa calamité,
Tout ce qu'elle a iamais esté.

B iij

Dieu dont la barbe est si bien faite,
Procure-nous vne retraite,
Mene-nous bien viste, & bien droit,
En quelque bien-heureux endroit,
Où nos femelles vagabondes,
Autant que lapines fecondes,
Puissent promptement remplacer
Ceux que le fer a fait passer.
Nous sommes seuls de nostre ville,
Eschappez de la main d'Achille,
Et des Grecs, comme tu sçais bien,
Qui ne valurent iamais rien.
Dy-nous nostre bonne auanture,
Mais dy-nous la sans imposture,
Et sans en donner à garder,
Tu te plais souuent à bourder :
Si tu pense estre icy le mesme,
Ie pourray bien sans grand blasphéme,
Te faire passer en cent lieux
Pour le plus grand menteur des Dieux.
Aurons-nous paix, aurons-nous guerre?
Sera-ce par mer, ou par terre ?
Ceux auec qui nous la ferons,
Sont-ils bonnes gens, ou larrons ?

Ou si nous rebastirons Troye,
En grand repos & grande ioye ?
Ou s'il faudra iouër des mains
Auec des peuples inhumains?
O digne inuenteur de la lyre,
Qu'à bon droit tout le monde admire,
Qui premier a fait des Sonnets,
Et fait parler des sansonnets:
Par ta sœur, madame la Lune,
Cette agreable claire-brune,
Qui va de nuit comme vn lutin,
Dy-nous quel est nostre destin,
Sans te faire tirer l'oreille :
Et ie promets, à la pareille,
De t'offrir à ce renouueau
Vne vache blanche & son veau,
Et mesme de doubler la dose,
Si l'offrande est trop peu de chose,
Enfin ie te régaleray,
Comme il faut, ou ie ne pourray.
Les derniers mots de ma harangue
Estoient encore sur ma langue,
Quand en l'air le foudre gronda,
Et fit bien fort bredi breda.

Esclairs luisans comme chandelles,
M'éblouïrent les deux prunelles :
Le saint trepied trois fois rotta,
Et le laurier sacré frotta
Ses branches l'vne contre l'autre.
I'eus recours à la Patenostre,
Sur le visage prosterné.
Mais ie fus bien plus estonné,
Lors que i'entendis le tonnerre,
Qui grondoit aussi dessous terre,
Des loups qui tristement hurloient,
Et des ours qui se querelloient :
Mais lors que le Temple fit mine
De faire vn saut comme vne mine,
Ie pensay bien estre au tombeau :
I'eus beau crier, tout beau, tout beau,
Les murs du Temple s'esbranlerent,
Et iusqu'aux fondemens tremblerent.
Ie souhaitay d'estre dehors,
Cent coups de baston sur le corps.
Mais cette mal-plaisante aubade
Ne fut enfin qu'vne algarade ;
Du trepied sacré s'exhala
Vne voix qui cria, paix-là.

On se

TRAVESTY.

On se tut, vous le pouuez croire.
Voicy, si i'ay bonne memoire,
Ce que nous dit le sieur Phébus,
En mots clairs, & non par rebus.
Pauures Troyens, qui sur la terre
Auez eu longue & rude guerre,
Et qui n'en aurez moins sur mer,
Bien vous prend de sçauoir ramer :
Ramez donc de si bonne sorte,
Que la mer à la fin vous porte
Vers la terre, d'où sont sortis
Tant legitimes que mestis,
Vos ayeux tant hommes que femmes,
(Dieu vüeille bien auoir leurs ames.)
Ie ne puis parler de leur mort,
Que ie ne m'afflige bien fort.
C'est là que la race d'Enée,
Apres longs trauaux couronnée,
Verra ses enfans triomphans,
Et les enfans de ses enfans.
A ces mots chacun auec presse,
Se demandoit, où est-ce ? où est-ce ?
Où prendre cet heureux climat ?
Où nonobstant l'eschec & mat

Qu'a receu nostre pauure Troye,
Nous pourrons en soulas & ioye,
Remplacer les pauures Troyens,
Dont les corps sont mangez des chiens.
Mon Pere se grattant la teste,
S'escria, Ie suis vne beste,
Ou ie pense auoir rencontré
Le lieu par l'Oracle monstré,
Où nous deuons viure à nostre aise :
Mais ie me tais, ou qu'on se taise ;
Quelqu'vn encore chuchetá,
Mais enfin chacun escouta :
Puis mon Pere par vn sousrire
Donnant la grace à son bien dire,
Nous dit auec authorité :
I'ay feüilleté, refeüilleté,
Comme on sçait, toutes nos Chroniques,
Aussi veritables qu'antiques :
Or est-il qu'en mes ieunes ans,
Ie pense auoir trouué dedans,
Que d'vne Isle, Crete nommée,
Pour ses cent villes renommée,
Nos predecesseurs sont sortis,
Masles, femelles & petits.

Teucer menoit la carauane
Dans vne superbe tartane,
Et suiui de ses Candiens
Occupa les bords Rhetiens.
Pergame n'estoit point encore,
Chacun y viuoit en pecore ;
Et sous terre au pied des costaux,
Les gens logeoient comme brutaux :
De là vint que tant on reuere
Des Dieux la mere, ou la grand'mere,
Cybele auec tous ses chastrez,
D'Ida les mysteres sacrez,
La folle troupe Corybante,
Hippomene & son Atalante
Au sacré char assuiettis,
Pour auoir creu leurs appetits.
Mais quoy que lion & lionne,
Qui ne mordoient pourtant personne.
Courage donc, mes chers amis,
Courons à ce pays promis,
C'est là que Phébus nous appelle ;
Ie veux bien que l'on me fiagelle,
Si nous n'y sommes dans trois iours,
Quoy qu'ils soient encore bien cours.

C ij

Mais deuant, par des sacrifices,
Rendons-nous les grands Dieux propices,
Car souuent la mer & les vens
Font enrager les pauures gens.
Ainsi parla mon pere Anchise,
Et puis sans sortir de l'Eglise,
A Neptune le Dieu de l'eau,
Tout ainsi qu'à Phébus le beau,
Deux beaux grands taureaux nous brûlasmes,
Et puis apres nous regalasmes
L'hyuer d'vne noire brebis,
Et pour qu'il soufflast pro nobis,
C'est à dire au cul du nauire,
D'vne blanche le doux Zephyre,
Vent qui ne fait iamais sur mer
D'action qu'on puisse blasmer.
En ce temps-là la Renommée,
Qui souuent est mal informée,
Et n'enrage pas pour mentir,
Faisoit hautement retentir
Vne nouuelle d'importance,
Que pour aymer trop la finance,
Et pour auoir trop imposé
Sur son pauure peuple espuisé,

TRAVESTY.

La populace mutinée
Au Capitaine Idomenée
Auoit fait affront solennel
En son Royaume paternel :
Si bien que le Tyran de Crete
Auoit deslogé sans trompete,
Sans dire adieu iusqu'au reuoir.
Certes nous ne pouuions auoir
Occasion plus fauorable,
Et c'estoit chose vray-semblable,
Que mon pere auoit deuiné
Le pays par les Dieux donné,
Qu'on y receuroit auec ioye
Les pauures exilez de Troye,
Puis que dans ce pays promis
On mal-traittoit nos ennemis.
Nous quittasmes donc Ortygie,
La flotte conduitte & regie
Auec grande adresse & grand art,
Vola sur mer comme vn trait d'arc.
Nous vismes Naxos, dont les vignes
Ont rendu les costaux insignes,
La petite isle Olearos,
Les isles Cyclades, Paros,

C iij

Paros fameuse pour ses marbres,
Et Donyse couuerte d'arbres,
Et d'autres lieux de cette mer,
Qui ne valent pas le nommer.
Les matelots, qui dans la Crete
Esperoient bien-tost leur retraite,
Poussoient mille cris esclattans,
Se voyant aidez du beau temps.
Les vents à souhait de nos voiles
Faisoient bander toutes les toiles,
Enfin le Ciel nous secourut
Si bien, que la Crete parut :
Où nostre flotte mise à terre
Ne se souuint plus de la guerre.
Ie me mis d'abord à bastir,
Et terre à chacun départir ;
Ie nommay la ville Pergame,
Nom qui remit la ioye en l'ame
De nos Troyens desesperez
Des maux qu'ils auoient endurez.
Ie fis de beaux discours en prose,
Afin que deuant toute chose
On trauaillast à la cité,
Et pour plus grande seureté,

Qu'on bastist vne citadelle,
Aussi forte que la Rochelle.
Ie fis tirer nos nefs du port,
Que l'on mit à sec sur le bort.
Tous les iours ie rendois iustice,
Ou trauaillois à la police:
Ie visitois les bastimens,
Et faisois force reglemens:
Ie mariay garçons & filles
Pour mieux conseruer les familles:
Ie fis planter des espalliers,
Non pas pour vn, mais par milliers,
Comme aussi des arbres par lignes,
Semer du bled, planter des vignes,
Sans oublier force melons,
Qui sans doute eussent esté bons,
Car i'en auois receu la graine
D'vn Gentil-homme de Touraine.
Bref tous ces preparatifs-là
Promettoient assez, quand voila,
Par vne maudite influence,
Qu'vne maligne pestilence
Prit les pauures Troyens en but,
Et leur fit auoir le scorbut,

Dont helas! la pluspart moururent:
Item nos pourceaux ladres furent,
Nos brebis eurent le claueau,
Et tous nos cheuaux le morueau,
Nos poulles eurent la pepie,
Dont plusieurs perdirent la vie,
Les autres casserent leurs œufs:
Nous perdismes vaches & bœufs
Par le defaut du pasturage:
Plus de beurre, plus de fromage,
Aux champs de l'vn à l'autre bout
Les chenilles mangerent tout:
Du Soleil la terre embrasée,
Faute de pluye & de rosée,
Se fendit en plusieurs endroits:
Les arbres dans les vallons froits,
Comme en la plaine descouuerte,
Perdirent leur perruque verte,
Et dans les iardins tout fut cuit:
Point de champignons, point de fruit,
Car la terre seiche & bruslante
Ne produisit herbe ny plante.
Enfin par la peste & la faim,
Sans vin, sans eau, sans chair, sans pain,

Nostre

Noſtre maudite deſtinée
S'en alloit eſtre terminée,
Et dans ce mal-heureux climat
Nous receuions eſchec & mat.
Mon Pere, le prudent Anchiſe,
Moüillant de pleurs ſa barbe griſe,
De regret de finir ſes iours,
Nous exhorta par vn diſcours,
Auſsi triſte qu'vne elegie,
De retourner dans Ortygie,
Pour y prier le blond Phébus
De nous vouloir tirer d'abus,
Et ſans barguigner, nous apprendre
Si nous n'auions plus qu'à nous pendre,
Ou dans quelle contrée enfin
Nos infortunes prendroient fin.
La nuit brune, ſœur d'vn blond frere,
Auoit noircy noſtre Hemiſphere,
Tout dormoit en cét Vniuers,
Excepté les faiſeurs de vers,
Les ſorciers, noüeurs d'eſguillettes,
Les chats-huants & les choüettes,
Les plaideurs & les loups-garoux,
Les amoureux, & les filoux.

D

J'estois couché mal à mon aise,
Entre la puce & la punaise,
La Lune auec beaucoup d'esclat,
Illuminoit tout mon grabat,
Perçant de ses rais ma fenestre,
Quand ie vis deuant moy parestre
Nos Dieux, par moy du feu sauuez,
Et depuis tousiours conseruez:
Ie les vis, les Dieux de Pergame,
Ie vous le iure sur mon ame,
I'en iurerois bien sur ma foy,
Ie les vis, comme ie vous voy,
De mes deux yeux, & non en songe,
Moy qui n'ay iamais dit mensonge.
Certes, si iamais ie le fus,
Tant d'honneur me rendit confus:
L'vn d'eux pour tous prit la parole.
Que Maistre Æneas se console,
Me dit-il, nous sommes icy
Exprés pour chasser son soucy:
Qu'il n'aille point vers Ortygie
Offrir au blond Phébus bougie,
Nous luy dirons la verité:
Du Dieu qu'il auroit consulté,

TRAVESTY.

Il n'en sçauroit pas dauantage.
Il n'a donc qu'à prendre courage ;
Ville par les siens se fera,
Qui le monde assujettira :
Et ses enfans, estranges sires,
Feront littiere des Empires,
Et ioüeront des Potentats,
Comme des souris font les chats.
Leur pouuoir n'aura point de bornes :
Qu'il quitte donc ces pensers mornes,
Qui luy font perdre le sommeil.
Il a pris Paris pour Corbeil,
Et n'est pas vn bon Interprete,
Quiconque vous a dit, qu'en Crete
Il falloit vistement bastir ;
Il faut bien plustost en partir,
Et gagner la terre promise,
Où bien-tost, par nostre entremise,
Vous ioüirez d'vn grand repos,
Les Dimanches aurez campos,
Et n'aurez quasi rien à faire,
Qu'à rire & faire bonne chere.
Ce pays est gras & fertil,
Dont les gens ont l'esprit subtil,

Et quoy que ioueurs de guiterre,
Sont pourtant bons hommes de guerre.
Ce pays, aux temps anciens,
Fut celuy des Oenotriens,
Depuis cette terre iolie,
D'Italus fut ditte Italie :
Et c'est ce pays entendu
Par le saint Oracle rendu :
D'où Dardanus nostre grand-pere,
Auec Iasius son frere,
Suiuy de ses Italiens,
Vint loger chez les Phrygiens.
Leuez-vous donc tout en chemise,
Allez trouuer le vieil Anchise,
Et luy dittes la chose ainsi,
Que nous vous l'auons ditte icy:
Et qu'il faut gagner la guerite,
Et chercher vistement Corite
Dans le pays Ausonien.
Iupiter du bord Candien
Vous defend à tous la demeure,
Cherchez-en donc vne meilleure.
Apres ces grands discours tenus,
Tout ainsi qu'ils estoient venus,

TRAVESTY.

Les Dieux tutelaires sortirent.
Certes mes sens ne se meſprirent,
Car ie ne dormois pas alors,
Ie les vis des yeux de mon corps,
Et reconnus bien leurs viſages,
Et leurs chefs couuerts de bandages.
Certes à cette viſion
Ie ſentis grande émotion :
Les poils de mon chefſe dreſſerent,
Et mes pores ſueur piſſerent;
Ie deuins froid comme vn glaçon,
Veſtu d'vn ſimple calleçon,
Ie fis vne courte priere,
Car longue oraiſon ne vaut guere,
Et par forme d'oblation,
Ie fis ſuffumigation.
Cela fait, & de bonne ſorte,
I'allay faire bruit à la porte
De mon Pere Anchiſe endormy,
Qui m'ouurit grondant à demy:
Ie luy contay toute l'affaire,
Lors l'équiuoque deuint claire,
Et dans nos ayeux ambigus
Il vit auſſi clair qu'vn Argus.

O mon fils, me dit-il, i'ay honte
D'estre cause de ce mesconte,
Et ie dois estre bien mocqué,
De m'estre tant équiuoqué.
Cent fois me l'auoit dit Cassandre,
Si i'eusse eu l'esprit de l'entendre,
Mais de folle ie la traittois,
Et moy-mesme le fou i'estois.
Qui diable, à moins qu'estre vne gruë,
Chose tant estrange auroit cruë,
Et que les peres des Troyens
Fussent issus d'Italiens,
Et que dans si loingtaine terre
Nous, pauures restes de la guerre,
Pussions vn iour trouuer maison?
Certes i'auois quelque raison.
Mais puisque les Dieux nous le disent,
Mal-heur à ceux qui les mesprisent,
Obeyssons-leur promptement:
Aussi bien l'establissement
Qu'en cette isle nous voulions faire,
N'esprouue qu'vn succez contraire.
Ainsi le bon vieillard parla:
Chacun fut d'accord de cela,

Et sans differer dauantage,
De plier vistement bagage.
Pas plus tard que le lendemain,
Au départ chacun mit la main,
Et nostre ville commencée,
Sans regret d'aucun fut laißée:
Nous y laissasmes neantmoins,
Ceux de nous qui valoient le moins,
Et qui n'estoient parmy les nostres,
Que l'incommodité des autres.
Nous voila donc encore en mer,
Derechef reduits à ramer.
Quand nous fusmes loing du riuage,
Sans plus voir ville ny village,
Mais seulement le Ciel & l'eau,
Logez en vn fresle vaisseau,
Chacun de nous, en sa pensée,
Regretta la terre laißée,
Car la mer ordinairement
Est vn dangereux element:
Qu'ainsi ne soit, sur nostre teste
Ie vis grand signe de tempeste,
Vn air espais qui s'amassoit,
Et nostre flotte menaçoit.

La menace ne fut point vaine,
En vn instant l'humide plaine,
De pacifique qu'elle estoit,
Par vn grand vent qui l'agitoit,
Vit changer ses vagues enflées
En plusieurs montagnes salées :
Le iour tout à coup deuint nuit,
Le tonnerre fit vn beau bruit :
Nos pauures vaisseaux en déroute,
Sans pouuoir connoistre leur route,
Furent iettez qui çà, qui là,
L'onde auec le Ciel se mesla.
Le bon pilote Palinure,
Comme vn chartier embourbé, iure
Qu'il est au bout de son latin.
Trois iours cet orage mutin,
Et trois nuits, berna nos nauires :
Ie n'en ay point passé de pires,
Et nous eussions passé le pas,
Car les vents ne se ioüoient pas :
Mais par bon-heur ils se brouillerent,
Et l'vn l'autre se querellerent,
Tellement que ces maistres fous,
Sans penser dauantage en nous,

Mais

Mais bien à se faire la guerre,
Nous pousserent devers la terre:
Tout aussi-tost qu'elle parut,
Tout le monde aux rames courut,
Et les voiles furent calées;
Puis fendant les ondes-salées
A grands coups de nos avirons,
Nos vaisseaux, autant plats que rons,
Gagnerent le prochain rivage,
Chacun riant de bon courage.
Cette Isle où le vent nous poussa,
Est depuis quelque temps en çà
D'vn nom Grec, Strophade nommée.
En cette mer fort diffamée,
Car trois monstres d'Enfer sortis
En ont chassé grands & petits,
Depuis que chez le Roy Phinée
Rude chasse leur fut donnée
Par deux Argonautes aislez,
Adroits en pareils démeslez.
Ce sont les maudites Harpyes,
Aussi larronnesses que pies,
Dont l'aisnée a nom Celænon,
Vn vray visage de guenon:

E

Ses deux sœurs sont autres guenuches,
Toutes trois estomachs d'austruches,
Et qui n'ont pas plustost mangé,
Que leur appetit enragé,
Tout autre que la faim canine,
Leur liure vne guerre intestine.
Elles ont toutes le museau
De la femme d'vn damoiseau,
C'est à dire vne damoiselle,
Chacune au dos sa paire d'aisle,
Les pattes en chapon rosti,
Le nez long, le ventre applati :
Toutes trois ont longs cols de gruë,
Et longues queuës de moruë,
Les tetons flasques & pendans,
Et chacune deux rangs de dents.
Là si-tost qu'arriuez nous fusmes,
Chévres & bœufs nous apperceusmes,
Qui paissoient sans estre gardez,
Ils ne furent point marchandez :
Sur eux d'abord nous nous ruasmes,
Les prismes, & les esgorgeasmes,
Non sans auoir fait compliment
A l'Empereur du firmament,

TRAVESTY.

Car ce butin sans son auspice,
Ne nous eust pas esté propice.
En moins de rien l'on apresta
Le festin, qui peu nous cousta.
Comme nous commencions la feste,
Aussi viste que la tempeste,
Les trois monstres dont i'ay parlé,
Ces Harpyes au dos aislé,
Se ruerent sur nos viandes :
Par ces vilaines, ces gourmandes,
Ce qui fut seulement senty,
Fut aussi-tost empuanty,
Tant leur haleine est dangereuse,
Soit pour auoir quelque dent creuse,
Ou que leur ventre mal-nourry
Pousse dehors vn air pourry.
Ces insatiables donzelles,
Faisant la guerre à nos escuelles,
S'entre-rauissoient chair & pain,
Tant enragée estoit leur faim :
Et ce que ie n'aurois pû croire,
Chantoient quelques chansons à boire.
Lors ie fis mettre le couuert
Sous vn rocher creux, & couuert

E ij

De quantité d'arbres sans nombre,
Où l'on pouuoit manger à l'ombre.
Aussi-tost que l'on eut seruy,
Tout aussi-tost tout fut rauy
Par ces franches escornifleuses :
O bon Dieu les braues mangeuses !
Le chancre pres d'elles n'est rien,
Quoy qu'vn chancre mange tres-bien.
Mais les porques desgobillerent,
Et toutes nos napes souïllerent :
Et cette insolente action,
Estrange à nostre nation,
Me mit tout de bon en colere ;
Apres auoir fait bonne chere,
Elles se deuoient contenter :
Mais ainsi nos napes gaster,
Cela passoit la raillerie,
Et c'estoit trop d'effronterie
A ces parasites d'oyseaux,
Plus mal-faisants que des corbeaux.
I'ordonnay donc qu'on prist les armes,
Pour leur donner quelques alarmes,
Tous nos gens en furent contents,
Et cacherent en mesme temps

TRAVESTY.

Sous l'herbe dagues & rondelles,
Afin de nous deliurer d'elles.
Nous fifmes, pour les attirer,
Vn autre repas preparer.
Prés de là nous nous efcartafmes,
Et foigneufement les guettafmes.
Les trois goinfreffes auffi-toft
Qu'elles fentirent noftre roft,
S'en reuinrent la gueule fraifche,
Afin d'en faire la defpefche:
Mifenus du haut d'vn rocher
Se mit auffi-toft à hucher,
Et de fa trompe entortillée,
A noftre troupe appareillée
Donna le fignal de fortir.
Faifant nos armes retentir,
Nous commençafmes la bataille,
Chamaillant d'eftoc & de taille:
Sans fe foucier de nos coups,
Elles fe mocquerent de nous,
Et pourtant quitterent la place.
Vne d'entr'elles, maigre en face,
Celæno, fe mit fur vn roc,
En la pofture qu'eft vn coq

Sur le clocher d'vne paroisse,
Et nous donna bien de l'angoisse
Par ces mots que i'ay retenus.
Ha vrayment, beau fils de Venus,
Vous estes vn plaisant visage:
On disoit que vous estiez sage,
La peste vous casse le cou,
Vous n'estes qu'vn dangereux fou :
Vostre Altesse, pour vn grand Prince,
A, me semble, le cœur bien mince,
D'armer contre nous iusqu'aux dents
Vn gros escadron de ses gens.
Quel droit ont-ils sur nostre terre,
Pour nous y faire ainsi la guerre?
Les enfans de Laomedon,
Au lieu de demander pardon
D'auoir pris nos bœufs & nos vaches,
Pour faire encore les brauaches,
Armez comme des jacquemars,
De rondelles, dagues, & dars,
Et conduits par leur Capitaine,
Qui seul en vaut vne centaine,
Ils ont repris vn peu de pain
Sur trois filles ayant grand faim.

TRAVESTY.

Action digne de l'histoire!
Vn autre homme amy de la gloire,
Au lieu de leur rauir leur bien,
Leur auroit fait offre du sien.
Escoutez, escoutez, beau sire,
Ce que i'ay charge de vous dire
De la part de saint Apollon.
Apres vn voyage bien long,
Le fils du vieux resueur Anchise
Trouuera la terre promise:
Mais il aura bien à patir,
Deuant que d'y pouuoir bastir,
Et sa misere sera telle,
Que mainte assiette, & mainte escuelle,
Faute de meilleur aliment,
Seront par luy gloutonnement,
Et par ses soldats deuorées.
Apres ces choses proferées,
Elle nous fit vn pied de nez,
Et nous laissant bien estonnez,
La mal-plaisante Prophetesse
S'enuola de grande vistesse.
En vn autre temps i'aurois ry,
Alors que la chauue-soury

Nous fit cette laide grimace:
Mais alors chacun sur ma face
Put voir vn grand estonnement,
Et tous mes gens pareillement,
N'eurent pas lors le mot pour rire.
Quelques-vns se mirent à dire,
Qu'il falloit les desdommager,
La guerre en prieres changer,
Iusqu'à faire des sacrifices,
Afin de les auoir propices,
Soit qu'elles fussent des oyseaux,
Hantans la terre ou bien les eaux,
Soit monstres, ou Vierges celestes,
Ou bien des infernales pestes.
Mon bon pere ostant son bonnet,
Dit d'vn ton de voix clair & net:
Grand Dieu, qui vois nostre misere,
Conserue le fils & le pere,
Pren pitié d'Anchise le vieux,
Protege Æneas le pieux:
Fais que cette estrange menace,
Plus de peur que de mal nous face:
Grand Dieu miserere nobis,
Mourir de faim, il n'est rien pis,

Entre

TRAVESTY.

Entre nous tous, il n'est personne,
De qui la dent soit assez bonne
Pour pouuoir assiettes mascher,
Oüy bien du pain ou de la chair:
Et moy chetif qui n'en ay qu'vne,
Quelle seroit mon infortune?
Que serois-je en cet accident
Auec vne meschante dent?
Et dent qui me branle en la bouche,
C'est à moy que la chose touche.
Ha grand Dieu destourne l'effet
De la menace que nous fait
Ce hibou, ce monstre squelette.
Estre reduit à son assiette,
Faute de viande & de pain?
Mascher du bois ou de l'estain?
Ha! cette menace cruelle
Me trouble toute la ceruelle,
Il ne nous peut arriuer pis,
Grand Dieu miserere nobis.
Ayant fini cette priere,
Que ie vous redis toute entiere,
Nous regagnasmes nostre bord,
La flotte se mit hors du port,

Chacun resuant à la menace
De la donzelle chiche face;
Vn vent de terre qui souffla
A souhait nos voiles enfla,
Lors en mer nous nous eslargismes.
La premiere Isle que nous vismes,
Ce fut celle de Zacynthos,
En suitte Samé, Neritos,
Dulichie, & l'Isle fameuse,
Mais à nos Troyens odieuse,
Itaque pays d'Vlysses,
A qui doit tout son bon succez.
La flotte qui vint de Mycene,
En eust-il la fiéure quartaine.
Le vent si bien nous secourut,
Qu'enfin Leucate nous parut,
Et puis d'Apollon le saint Temple,
Qu'en mer auec crainte on cõtemple,
Où nos nauires prirent port,
Car la mer nous ennuyoit fort.
L'on fit à Iuppin sacrifice,
Et puis tant pour faire exercice,
Que pour celebrer *Actium*,
A la maniere d'Ilium :

*Nous fifmes feste solennelle.
Ie pris ma robe la plus belle,
Ie mis vn prix pour les lutteurs,
Pour les danseurs, pour les sauteurs,
Pour l'escrime à la dague seule,
Colin-maillart, & pet en gueule.
Cependant le Roy des saisons
Auoit fait ses douze maisons:
Defia l'hyuer porte-mitaine,
Faisoit sur mer sentir l'haleine
Des impetueux Aquilons,
Et donnoit mules aux talons.
Nostre troupe estoit fort contente
D'auoir pu, contre son attente,
Passer le pays ennemy,
Sans trouuer ny Grec ny demy,
Qui nous dist parole mauuaise:
Pour moy i'en estois rauy d'aise:
Et pour nos ennemis fascher,
Ie fis en terre vn pieu ficher,
Auquel au son de la trompette,
Auec deux grands clous de charrette
Ie fis cloüer l'escu d'Abas,
Autrefois par moy mis à bas,*

Puis i'y mis en lettre gottique
Cette inscription authentique ;
Æneas prit auec grand cœur,
Cét escu sur le Grec vainqueur.
Ma rodomontade ainsi faite,
Ie fis sonner pour la retraite.
Mes compagnons à qui mieux mieux,
Autant les ieunes que les vieux,
Chantans, pour se donner courage,
De fendre les eaux faisoient rage :
Dont i'eus, car ie ramois aussi,
Le dedans des mains endurcy.
Nous vismes bien-tost Phéacie,
Et costoyasmes l'Albanie :
Enfin nous voguasmes si bien,
Que dans le port Chaonien
Ie fis prendre terre à la flote.
Il couroit vn bruit dans Butrote,
Qui grandement nous estonna,
Et tout ensemble nous donna,
Non pas pour vn peu, de la joye :
On nous dit, qu'Helenus de Troye,
De nous tous esclaue tenu,
D'esclaue, estoit Roy deuenu

TRAVESTY.

Du Royaume de Neptoléme,
Et qu'outre cette gloire extréme,
Il auoit le bon-heur encor,
Qu'Andromaque femme d'Hector,
Comme luy captiue emmenée,
Estoit à luy par hymenée
Conjointe à chaux & à ciment.
Ie ne pûs attendre vn moment
A m'esclaircir de cette affaire,
Et comme vn bon parent, luy faire
Quelque congratulation,
Tant sur cette promotion,
Que pour auoir si braue espouse,
Laquelle en valoit dix ou douze.
Laissant ma flote & mes gens donc,
Impatient si ie fus onc,
Ie trouuay la Reyne hors la ville,
A sa queüe vne grande file
De gens tous habillez de noir;
Pompe triste, mais belle à voir:
Elle faisoit l'anniuersaire,
Auec vn fort beau luminaire,
Aupres d'vn tombeau fait exprez,
Tout entouré de vert cyprez,

D'Hector : (Dieu veüille auoir son ame)
Et cette venerable Dame
Auoit fait bastir ce tombeau
Dans vn bois, aupres d'vn ruisseau,
Nommé Simoïs, du nom du fleuue,
Qui les murs de Pergame abbreuue.
Elle pensa mourir d'effroy,
Quand elle vit mes gens & moy,
Et nos armes à la Troyenne ;
Elle cria, qu'on me soustienne.
Ie me sens les jarrets plier :
D'vn costé vint vn Escuyer,
Et de l'autre vne Damoiselle,
Qui la soustinrent sous l'aisselle,
L'vn & l'autre bien estonnez.
Elle me regardant au nez,
Et reconnoissant mon visage,
Tint ce deplorable langage.
Est-ce vous, mon cher Æneas ?
Vous vois-je, ou ne vous vois-je pas ?
Qu'auez-vous fait d'Hector de Troye ?
Alors de tristesse & de ioye,
Ses yeux se mirent à pleurer,
Et sa poitrine à souspirer.

TRAVESTY.

Moy qui sçay pleurer comme un autre,
D'un seruiteur & moy le vostre,
Interrompu de vingt sanglots.
Et luy marmottant plusieurs mots,
Qui n'auoient ny raison ny suitte,
Tant mon ame estoit interditte ;
Ie taschois de la consoler,
Et ne faisois que bredoüiller :
Enfin reprenant mon haleine,
Ie luy dis auec grande peine.
Oüy, Madame, vous le voyez,
Maistre Æneas, & l'en croyez.
Mais pour vous, ma tres-chere Dame,
Ayant esté d'Hector la femme,
Apres auoir eu tel espoux,
Dittes-moy, qu'est-ce que de vous ?
Pyrrhus vous ayant emmenée,
Vous a-t'il prise en hymenée ?
Ou si- De grace brisons-là,
Me dit-elle. En disant cela,
La bonne Dame deuint rouge
De honte qu'on l'estimast gouge :
Mais l'estre par necessité,
Ce n'est qu'un peu l'auoir esté.

O Polyxene bien-heureuse,
Dit-elle apres, toute pleureuse,
Alors qu'on luy coupa le col,
Quand auec vn honteux licol
On auroit terminé sa vie,
Encor luy porterois-je enuie :
Au lieu que seruir vn soldat,
Qui le plus souuent n'est qu'vn fat,
Qui vous a gagnée à la chance,
C'est vne tres-piteuse chance :
Outre que quand on ne plaist plus,
Il vous vend pour vn carolus.
Ma fortune a bien esté pire,
D'estre faitte esclaue de Pyrrhe,
Esprit superbe, & sans repos,
Qui me battoit hors de propos,
Comme si i'eusse esté du plastre :
De plus, fils de l'acariastre,
Par qui mon mary fut vaincu,
Et son corps à l'escorche-cu
Traisné le long de nostre ville :
Action, ma foy, peu ciuile.
Quoy que mon corps soit bon & beau,
Il fut bien-tost saoul de ma peau,

Ayant

Ayant passé sa fantaisie,
Sans que i'en eusse ialousie,
Pour la Spartaine Hermioné
Il deuint quasi forcené
D'vn amour qui n'eut point de bornes:
Oreste qui sentit les cornes
Luy durcir les deux coins du front,
Ne put souffrir vn tel affront,
Et remply d'vne rage extréme,
A mon galant de Neptoléme,
Qui le vouloit faire cornard,
Il donna cent coups de poignard.
Par la mort de ce fou de Pyrrhe,
La belle moitié de l'Epire
Fut offerte par grand bon-heur
Au sage Helenus mon Seigneur,
Qui me fait partager sa couche:
Sans faire la petite bouche,
A laquelle fait venir l'eau,
Ordinairement tel morceau,
Et pour lequel morceau l'on ose,
Bien plus que pour toute autre chose,
Du peuple qui luy presenta
Le diadéme il accepta,

G

Dont i'eus vne ioye infinie.
Lors il voulut que Chaonie,
Du nom de Chaon le Troyen,
Succedaſt au nom ancien :
Et fit faire vne citadelle,
Le mieux qu'on put, ſur le modelle
D'Ilion, pour que l'aduenir
Du vray Pergame euſt ſouuenir.
Or voila toute mon hiſtoire.
Allons, mon cher hoſte, allons boire :
Et me faites, chemin faiſant,
Le recit, faſcheux ou plaiſant,
De vos auantures paſſées,
Et combien a de dents percées
Iülus que vous aymez tant ?
A propos, il n'eſt plus enfant,
Il eſt grand comme pere & mere :
A-t'il ſenti douleur amere
Quand il a perdu ſa Maman ?
Faittes-luy monſtrer l'Aleman,
C'eſt vne langue fort en vogue.
Eſt-il d'vn eſprit doux ou rogue ?
Tient-il de vous, tient-il d'Hector ?
Le bon-homme vit-il encor ?

TRAVESTY.

Apres demande sur demande,
Il luy prit vne douleur grande :
Ses yeux se mirent à pleuuoir,
Ie luy presentay mon mouchoir,
Dont elle s'essuya la face.
Ie me composay la grimace,
Quand ie la vis pleurer ainsi,
Et taschay de pleurer aussi.
Mais iamais en iour de ma vie,
Quoy que i'en eusse grande enuie,
Ie ne fus si dur à pleurer,
Dont ie pensay desesperer.
I'estois en cét embarras, comme
Voicy venir à nous son homme,
Suiuy de cent hallebardiers,
Et d'autant de cranequiniers.
Dieu sçait s'il eut beaucoup de ioye,
Quand il vit tant de gens de Troye,
Qu'il pensoit n'estre plus viuans :
Il salua tous mes suiuans,
Et nous mena tous vers la ville.
Or comme il a l'ame ciuile,
Il me voulut faire passer :
Nous fismes, comme on peut penser,

Force complimens à la porte,
Et ce fut de si bonne sorte,
Que faisans des saluts bien bas,
L'vn priant, l'autre n'entrant pas,
Nous nous couchasmes sur le ventre,
Luy, disant, Maudit sois si i'entre:
Moy, disant, Maudit sois aussi.
Mais nos gens nous voyans ainsi,
Nous prirent & nous emporterent,
Les vns & les autres entrerent:
Et lors cria Maistre Helenus,
Vous soyez les tres-bien venus.
Mes Troyens eurent grande ioye
De voir cette petite Troye,
Et d'y remarquer le Xantus,
Pres duquel, battans ou battus,
Ils auoient ioüé de l'espée.
I'y reconnus la porte Scée,
De laquelle, la larme à l'œil,
Ie baisay les gonds & le seüil.
Ie fus receu dans cette ville,
D'vne façon toute ciuile,
Les moindres gens de nos vaisseaux
Quitterent le seiour des eaux;

TRAVESTY.

Onc ne fut telle mangerie,
Iusqu'a la moindre hostellerie:
De mon monde tout regorgea,
Chacun son saoul but & mangea.
Dans le palais les plus notables
Furent sur magnifiques tables
Seruis de mets tres-delicats,
Et pouuoient en prendre les plats,
Comme aussi les tasses dorées,
Nappes & seruiettes ouurées.
Nous passasmes là quelques iours,
Que nous ne trouuasmes pas cours,
La tristesse de nous bannie.
Il n'est si bonne compagnie,
Qui ne se separe à la fin.
Ie dis donc au sacré deuin,
Que le vent paroissoit bien sage,
Et nous promettoit bon voyage;
Mais deuant que de le quitter,
Que i'auois à le consulter,
Pour m'esclaircir de quelque doute.
Il me dit, Commencez, i'escoute.
Ie luy dis ces mots à peu prés.
Par vn commandement exprés

LE VIRGILE

Des Dieux & de la destinée,
Ma troupe doit estre menée
Dans le pays Ausonien.
Là le pauure peuple Troyen
Doit auoir, apres sa misere,
Vne fortune bien prospere,
Et comme on dit viure à gogo.
Mais vne laide Celæno,
Vne malencontreuse Harpye,
Comme si c'estoit estre impie
Que de manger quand on a faim,
M'a prédit, que faute de pain,
I'aurois à manger mon assiette;
Et la donZ elle putrefaitte
Me menace de mille maux,
Pour quelques chetifs animaux
Par nous conquis de bonne guerre,
Quand nous prismes port en leur terre:
I'en suis tout ie ne sçay comment.
Vous qui sçauez parfaittement
Le sens caché des Propheties,
Qui connoissez bien les hosties,
Comme aussi des oyseaux le vol,
Qui pouuez descouurir vn vol,

TRAVESTY.

Fuſt-il le plus caché du monde,
Vous en qui la ſageſſe abonde :
Vous enfin ſçauant iuſqu'aux dens,
Et qui voyez clair au dedans
De la choſe la plus obſcure,
Dittes-moy ma bonne aduenture.
Oüy de bon cœur ie la diray,
Me dit-il, ou ie ne pourray.
Il demanda ſon eſcritoire,
Fit tuer vne vache noire,
Pour mieux tirer les vers du nez
Des eſprits ainſi guerdonnez :
Puis apres faiſant cent myſteres,
Qui ſentoient fort les caracteres
Dont on coniure les eſprits,
Voicy ce que de luy i'appris.
Enfant de Venus la paillarde,
Le grand Dieu Iuppiter vous garde
De tout encombre, de tout mal,
Et de morſure de cheual.
Dire que vous ne valiez guere,
Quoy qu'enfant de bons pere & mere,
Cela ne vous appartient pas,
Car vous valez mille ducats.

Vous possederez l'Italie,
Le nier, c'est vne folie,
Puis que les Dieux vous l'ont prédit,
En douter, c'est estre maudit.
Ie vous vai dire quelque chose,
Car vous dire tout, ie ne l'ose,
Si je pensois faire autrement,
Iunon indubitablement,
Que ie crains comme la tempeste,
Me viendroit bien lauer la teste ;
Puis les Parques l'ont defendu,
Desquelles ie serois tondu ;
Or vous sçauez que Parquerie
Entend fort mal la raillerie.
Ie vous dis donc en premier lieu,
(Ie parle de la part de Dieu)
Que cette retraitte promise
Est plus loing que vostre chemise,
Et n'est pas vn morceau bien prest,
Vous en ferez pourtant l'acquest :
Mais pour voir reüssir l'affaire,
Vous aurez bien des tours à faire
Le long du bord Sicilien,
Et du pays Ausonien:

Et

TRAVESTY.

Et puis vous irez en personne,
Et que cecy ne vous estonne,
Dans un pays obscur & bas,
D'où quand on veut on ne sort pas:
C'est l'Enfer (qu'il ne vous déplaise)
Mais vous en sortirez à l'aise,
Par le moyen d'un certain sort.
Vous irez aussi prendre port
Dans l'Isle dangereuse d'Ææ,
Où demeure Circé la fée:
Mais n'en ayez pas grand soucy,
Et sur tout, escoutez cecy.
Quand vous aurez bien la migraine
De voir vostre course si vaine,
Que vous serez tout confondu,
Et croirez que tout est perdu;
N'allez pas vous rompre la teste,
Ny vous tuer comme une beste,
Ou vous pendre par desespoir:
Car vrayment il feroit beau voir
En un gibet le fils d'Anchise,
Auec une sale chemise:
Certes quand blanche elle seroit,
Sans doute elle vous messieroit;

H

Et quand on est là pour vne heure,
Toute sa vie on y demeure.
Quand donc vous aurez bien pleuré,
Et serez bien desesperé,
Ne iettez pas, mon cher Enée,
Le manche apres vostre coignée,
Vos trauaux sont là limitez;
Et qu'ainsi ne soit, escoutez.
Quand sur les bords d'vn petit fleuue,
Qui la terre Italique abbreuue,
Dont bien bourbeuses sont les eaux,
Vous trouuerez trente pourceaux,
Allaittez d'vne seule mere,
Benissez bien monsieur leur pere,
Qui sceut faire tant de cochons :
Regardez s'ils sont blancs & blonds,
Comme leur mere est blanche & blonde:
Car alors, en dépit du monde,
Et de tous les chiens d'enuieux,
Que vous auez dedans les Cieux,
C'est là que contre vostre attente,
Et vous, & vostre troupe errante,
Guere moins que la nef Argo,
Viurez vn long-temps à gogo.

TRAVESTY.

Et quand à manger vostre assiete,
Que cela ne vous inquiete,
Puisque vous la digererez,
Alors que vous la mangerez :
Et quand elle seroit plus dure,
Le destin, qui de vous a cure,
Comme Apollon porte-laurier,
Vous tireront de ce bourbier.
Au reste, le long de la coste,
N'allez pas conter sans vostre hoste;
N'allez pas faire le nigaut,
Prenez-y garde, il y fait chaut,
Toute la contrée est Gregeoise,
Par exemple, la gent Locroise,
Qu'on appelle Naryciens,
Et puis les Salentiniens,
Sur qui commande Idomenée,
Dont la haine est enracinée
Contre le peuple Phrygien,
Et le grand chef Mélibéen,
Philoctete est dans Petilie,
Où sa demeure est establie.
Estant eschappé de ces lieux,
Au grand Dieu qui regit les Cieux,

Vous ferez vn beau sacrifice,
Pour vous auoir esté propice;
Et voicy ce que vous ferez
Alors que vous sacrifierez:
Couurez vostre face d'vn voile,
Ou de taffetas ou de toile,
Car il faudroit recommencer,
Si vous alliez, sans y penser,
Ietter les yeux sur vn visage,
Qui fust d'vne terre sauuage,
Et qui n'eust pas le nez tourné,
Comme vn homme à Pergame né:
Croyez cecy comme Euangile,
Et n'allez pas faire l'habile,
Intentant alteration.
C'est vn point de Religion
Particulier à tous les vostres,
Et qui n'est pas fait pour les autres.
Apres force dangers courus,
Lors que vous verrez Pelorus,
Prenez le chemin de l'eschole,
Et n'allez pas en teste folle,
Choisir le chemin le plus court,
En ce destroit là, l'eau qui court

Est bien pire que l'eau croupie.
Iadis Sicile & l'Hesperie
N'estoient qu'vn pays contigu,
Et formoient vn indiuidu.
Mais soit par le temps qui tout change,
Ou par l'eau, qui la terre mange,
Ou bien par quelque tremblement,
Ou plustost, ie ne sçay comment,
Les deux terres se separerent,
Les flots entre deux se fourrerent,
Et depuis qu'ils s'y sont fourrez,
Ils ne s'en sont point retirez.
Ce fameux destroit de Sicile
Est gardé par Charybde, & Scylle:
Et ces deux Suisses du destroit,
Sont l'vn à gauche, & l'autre à droit.
Charybde de son profond gouffre
Gobe les flots couleur de souffre,
Et puis trois fois les renomit
Vers le Ciel, lequel en fremit.
Scylle ne bouge de son antre,
D'où l'eau sort, entre, ressort, rentre,
Taschant d'attirer les nochers
Dans les pointes de ses rochers :

Elle a le museau de pucelle,
Estomach à double mammelle,
Le reste du corps loup marin,
Et la queüe ainsi qu'vn dauphin.
Plustost que de la voir en face,
Il faut que vostre flotte face,
Costoyant Pachin, vn grand tour:
Car dedans l'horrible sejour
De cette donzelle marine,
Et de sa cohorte canine,
Ie me trompe, ou vous & vos gens
Passeriez fort mal vostre temps;
Et si vous me croyez fidele,
Et que Maistre Apollon reuele
A moy son seruiteur discret
L'art de deuiner vn secret:
Ie vous aduertis, & pour cause,
De tascher, sur toute autre chose,
D'appaiser la Dame Iunon,
De celebrer par tout son nom:
Luy faire souuent sacrifice,
Afin de la rendre propice.
Autrement tous vos vains efforts
Vous lasseront l'ame & le corps,

TRAVESTY.

Et sans elle, dans vostre affaire,
Vous ne ferez que de l'eau claire.
Et quand du bord Sicilien
Vous gagnerez l'Italien,
Au trauers des flots pleins d'escume,
Et que vous serez dedans Cume:
Si vous me croyez, allez voir
La Sibylle dans son manoir.
C'est vne vieille bien barbuë,
Mais de grande science imbuë,
Qui sçait faire tourner le sas,
Et dont tout le monde fait cas:
Vous verrez sa sombre cauerne
Au milieu des lacs de l'Auerne:
Elle n'en sort ny peu ny prou,
Et vit comme vn vray loup-garou.
Alors que quelqu'vn l'interroge,
Deuant la porte de sa loge,
Dessus des fueilles elle escrit,
Ce qu'elle apprend de cét esprit.
Qui luy reuele toutes choses:
Mais deuant que ses portes closes
S'ouurent auec grand vent, & bruit,
Si le suppliant mal instruit

Ne lit ces fueilles arrangées,
Aussi-tost par le vent changées
D'ordre & de situation,
Tout se met en confusion;
Pour auoir esté mal-habile,
Mal satisfait de la Sibylle,
Il s'en retourne aussi sçauant,
Le nigaut, qu'il estoit deuant.
Or vous, n'allez pas par foiblesse,
Soit que vostre troupe vous presse,
Ou que le temps vous semble beau,
Remonter dans vostre vaisseau,
Auparauant que l'édentée
Ait esté par vous consultée:
Par ma foy vous gasteriez tout,
C'est vn demon, & haye au bout:
Vous sçaurez de fil en aiguille
De cette vieille & docte fille,
Qu'on croit n'auoir plus que la voix,
Les noms des peuples & des Roys
Qui font la nation Latine.
Oüy, cette sorciere diuine
Vous dira comme il faut marcher
En tous vos desseins sans broncher,

Quelles

TRAVESTY.

Quelles gens vous feront la guerre
En cette bien-heureuse terre,
Et comment pour les bien frotter,
Vous aurez à vous comporter.
Allez, restaurateur de Troye,
Peu s'en faut que ie n'en larmoye:
Allez anter, homme de bien,
Le Troyen sur l'Italien:
Et que vostre gloire immortelle
Monte iusqu'au Ciel sans eschelle.
Le Sage ayant ainsi parlé,
Dont i'eus l'esprit bien consolé,
Il me regala de l'espée,
Dont Polyxene fut frapée,
Comme aussi du pot à pisser,
Et de l'arbaleste à chasser
De Pyrrhus, de sa gibbeciere,
Et d'vne belle cousteliere,
Dont la guaine estoit de cuir neuf,
Les manches d'vn bel os de bœuf,
Et les cousteaux de fine trempe,
D'vn fer d'hallebarde sans hampe,
Qui de roüille estoit vermoulu,
Quoy qu'il fust tout frais esmoulu,

I

D'excellente biere vne tonne,
Deux grands chaudrons faits à Dodone,
La demy-dent d'vn elephant,
Et des babiolles d'enfant,
Pour diuertir le fils Ascagne :
Vne poësle à griller chastagne,
Vn trou-madame, vn tourniquet,
Vn tres-excellent Perroquet,
Dont minime estoit le plumage,
Qui n'auoit ny voix ny ramage,
Quoy qu'on l'eust instruit à grands soins,
Et pourtant n'en pensoit pas moins.
Mon pere eut les gants ou mitoufles,
De Peleüs, & ses pantoufles,
Sa monstre, son calendrier,
Son cure-oreille, & son braguier,
Vn pourceau dressé pour des truffles,
A mes compagnons de beaux buffles,
Des viures pour tous les vaisseaux,
Des cheuaux de selle tres-beaux,
Des rameurs à la riche taille,
Et des pescheurs d'huistre à l'escaille.
Mon pere Anchise cependant,
Esprit actif, esprit ardent,

TRAVESTY.

Fit apprester nostre équipage.
Chacun ayant plié bagage,
Helenus le prit à quartier,
Et puis luy dit : O vieux routier,
Qui sçais bien le pair & la praise,
Qui iadis eus l'honneur, & l'aise
D'estre caressé de Venus,
De patiner ses membres nuds,
Bref, d'auoir donzelle diuine
Pour legitime concubine.
O toy, deux fois enueloppé,
Mais aussi deux fois échappé
Du sac qui désola Pergame,
Et par le fer, & par la flame;
Fend si bien les humides flots,
Et fais agir les matelots
Auec tant d'art & diligence,
Que ton fils de diuine essence,
Tes compatriotes & toy,
Puissiez bien-tost en grand arroy
Prendre terre dans l'Hesperie :
Mais il faut que ta Seigneurie
Ait grand soin de bien éuiter,
Et costoyer, sans s'arrester,

I ij

La region qui nous regarde :
Au nom de Dieu, prens-y bien garde,
Prens terre de l'autre costé.
O vieillard, par la pieté
De ton fils mille fois illustre,
Puisses-tu viure au moins vn lustre,
Plus que l'âge de six vingts ans,
Sans gouttes, & sans mal de dents,
Sans mal de ventre ou de poitrine :
Va, mon cher Anchise, chemine,
Ou plustost vole comme vn dard,
Adieu, bon soir, car il est tard.
Andromaque, Dame courtoise,
Autant qu'vne Dame Françoise,
Voulut faire aussi ses presens,
Tres-riches à voir & plaisans.
D'vn bonnet de nuit, de six coëffes,
D'vne serpe à faire des greffes,
Mon bon pere elle regala.
Au ieune Ascagne elle bailla
Vn casaquin d'estoffe fine,
C'estoit taffetas de la Chine,
Bordé de serge de Beauuais,
Et quand il feroit le mauuais,

TRAVESTY.

Vn pourpoint de toile piquée,
Que cotte de maille appliquée
Rendoit aussi dur qu'vn plastron.
Toy, dit-elle, dont fut patron
Astianax mon esperance,
Qui valoit vn Dauphin de France;
Quand ie iette les yeux sur toy,
Il me semble que ie le voy:
Le pauuret seroit de ton âge,
Il auoit ton mesme visage,
Comme toy, l'air vn peu fripon.
Ie te donne son vieil jupon,
Reçoy-le de Dame Andromaque,
Et le don de cette casaque,
Le dernier que je te feray,
Car iamais ie ne te verray.
Ces mots firent pleurer mon pere,
I'en eus aussi douleur amere,
I'en pleuray, mon fils en pleura,
Andromaque se retira
En vn coin pour pleurer à l'aise,
Et couurit de pleurs vne chaise.
En ayant tous bien répandu,
Et nos mouchoirs moüillez, tordu,

Ie baisay l'vn & l'autre en face,
Ils me firent laide grimace,
Chantans, ô regrets superflus !
Beaux yeux ie ne vous verray plus.
Ie leur dis, trefue de tendresse,
Separons-nous le temps me presse,
Vous me faittes fendre le cœur,
Iouyssez de vostre bon-heur,
Vostre fortune est establie,
Vous n'auez pas vne Italie,
Comme nous, à chercher par tout :
Le destin qui nous pousse à bout,
Et les Dieux pour nous seuls fantasques,
Nous font courir comme des Basques,
Et nous bernent de mer en mer :
Nous ne faisons rien que ramer,
Nos mains autrefois potelées,
Ont des callus, & sont pelées,
Comme celles des gens des champs,
Ou des forçats tousiours gaschans.
Mais vous, qui n'auez rien à faire,
Qu'à rire & faire bonne chere,
Et iour & nuit vous diuertir,
Vous auez eu l'heur de bastir

TRAVESTY.

De vos mains vne neufue Troye,
Vous voyez auec grande ioye,
Vn nouueau Xanthus tous les iours,
Et vous gobergez dans son cours.
Que si nous auons l'Ausonie,
Comme vous auez l'Albanie,
Et si nous sommes reconnus
Dans tous les lieux, dont Dardanus
Fut Seigneur, nostre grand grand-pere,
Auec l'ayde des Dieux i'espere,
Que l'Epirote & le Romain,
Ainsi que les doigts de la main,
Seront tousiours vnis ensemble,
Sans que noise les desassemble.
Cela dit, leur sautant au cou,
Et les laissant pleurer leur sou,
Ie m'en allay dans mon nauire,
Où ie fus bien long-temps sans rire:
Nos vaisseaux sortis hors du port,
Fendirent les flots bord à bord,
De cette dangereuse coste,
Où nous auions vn si bon hoste.
Nous costoyasmes les rochers,
Plus hauts que les plus hauts clochers,

Qu'on appelle de Ceraunie,
Le droit chemin de l'Ausonie:
Et cependant de l'Ocean,
La nuit s'en vint pian pian,
Changea la couleur de nos voiles,
Et parsema le Ciel d'estoiles:
Ie ne sçay pas ce que deuint
Le jour alors que la nuit vint,
Ie croy pourtant qu'il alla boire.
Nous prismes terre à la nuit noire,
Et campasmes le long de l'eau,
Chacun estendu comme vn veau.
Tost apres nostre premier somme,
Palinurus, le galant homme,
Se leua pour epiloguer,
S'il faisoit beau temps pour voguer,
S'estant appliqué des lunetes,
Il considera les Planetes:
Puis s'escria, debout, debout.
Ayant bien examiné tout,
Orion, l'Ourse, les Hyades,
Nous n'auons aucunes bourrades
A craindre, dit-il, sur la mer,
Remettons-nous donc à ramer,

Tout

TRAVESTY.

Tout aussi-tost on se rembarque,
Ma nef la route aux autres marque:
Nous n'auions pas long-temps vogué,
Que l'Aurore au visage gay,
D'vne lumiere Zinzoline
En Zinzolina, la marine.
Quand le iour vint à s'esclaircir,
Nous vismes de loing espaissir
Sur les confins des eaux salées,
Des montagnes amoncelées:
Achates le premier cria
Si fort, que sa voix s'enroüa:
Courage, ie vois l'Italie.
D'vne aise, sentant sa folie,
Chacun des nostres fut raui,
Chacun s'escriant à l'enuy.
Vne heure au moins cette huée
Fut dans les nefs continuée:
Anchise prit vn gobelet,
Plein d'vn vin aussi doux que lait:
Puis ostant bonnet & calote,
D'vne action toute deuote,
Il dit. O grands Dieux immortels,
Si iamais seruant vos autels,

K

I'ay vuidé dignement ma coupe,
Donnez-nous bien le vent en poupe,
Faites-nous aller de droit fil,
Dans ce pays gras & fertil,
D'où sont sortis messieurs nos peres,
Où mon fils apres ses miseres,
Doit se ioindre en second Hymen:
Nous nous escriasmes, Amen.
Le vent grossissant son haleine,
Nos nauires voguoient sans peine:
A nos vaisseaux s'offrit vn port,
Prés duquel, au dessus d'vn fort,
Estoit de Minerue le temple.
Ie vous diray qu'il estoit ample,
Non que ie le sçache autrement,
Mais pour rimer plus aisément.
Les nochers les voiles calerent,
Et de prouë en ce port entrerent.
Ce port à l'abry de tout vent,
Contre les grands flots du Leuant,
Et les efforts de la tempeste,
Se recourbe en arc d'arbaleste.
Quantité de rochers pointus,
Des flots salez tousiours battus,

TRAVESTY.

A l'opposite de l'entrée
Rompent l'effort de la marée;
Et pour n'estre point pris sans vert,
Par les costez il est couuert
De rochers qui font deux chauffées,
Ou deux murailles auancées;
Et le temple dont i'ay parlé,
Du port est vn peu reculé.
Quatre cheuaux blancs comme neige,
Ou de carroffe, ou de manege,
Furent, arriuant dans ces lieux,
Le premier objet de nos yeux;
Ils se repaiffoient d'herbe verte.
Mon pere, dont l'esprit à l'erte,
De tout tasche à faire profit,
Affez mauuais iugement fit
De ces cheuaux faisant pasture,
Et cria, C'est mauuais augure,
Il ne me plaist point, i'en dy fy,
Ce pays nous fait vn défy,
En mesme temps qu'il nous presente
Entrée & retraitte apparente.
Le coursier, guerrier animal,
Ne prognostique que du mal,

Mais estans attelez ensemble,
Paix & concorde les assemble:
Si bien que i'ay mal deuiné,
Et me suis trop tost estonné.
Certes vn homme de mon aage
Quand il va viste n'est pas sage.
Apres cette reflexion
On se mit en deuotion,
Vne hymne par mon pere faite,
Sur le chant de landerirete,
Fut chantée à Dame Pallas,
Pour nous auoir, recrus & las,
Laissé prendre port en sa terre,
Au lieu de nous faire la guerre:
Et puis d'vn voile sur le nez
Estans tous bien embeguinez,
Suiuant la mode Phrygienne,
A Dame Iunon l'Argienne
Nous dismes quelques oremus,
Comme m'auoit dit Helenus:
Puis apres nous nous rembarquasmes,
Et finalement nous quittasmes
Le pays des Grecs dangereux
Pour nous, déualisez par eux:

TRAVESTY.

Nous vismes le sein de Tarente,
D'où l'inuenteur de la courante,
Homme certes de grand esprit,
Vint à Pergame, & me l'apprit.
Le Dieu qui porte vne massuë,
Qu'on peint auec barbe touffuë,
Est tenu pour Dieu gardien
De ce canton Calabrien ;
Là la manne est fort salutaire,
Dont il se purge d'ordinaire.
Puis nous vismes Lacinia,
Vis à vis d'icelle il y a
Le fort de Caulon, & Squillace,
Où le cœur de frayeur se glace
De maint matelot estonné
De voir son nauire berné.
Puis apres d'assez loing nous vismes
Ætna l'abysme des abysmes,
Et nous oüysmes clairement
La mer qui hurloit diablement,
Les flots pleins d'escume & de rage,
Se brisoient contre le riuage,
Et le riuage resonnoit
Des grands coups que l'eau luy donnoit.

Tantost en montagnes cornuës
Elle se leuoit iusqu'aux nuës,
Peut-estre qu'elle les moüilloit,
Et tantost elle se brouilloit
Dans son centre auec son arene.
Mon pere d'vne voix hautaine
Cria, N'est-ce point là le lieu,
Dont le saint Prophete de Dieu
Helenus, le compatriote,
A tant menacé nostre flote ?
Ha ce l'est, foy d'homme de bien,
Ce l'est, où ie n'y connois rien.
Tirons-nous viste de ce gouffre,
Il y put pour nous comme souffre.
Il y a danger d'abysmer,
Si nous ne sçauons bien ramer.
Ramons donc de cul & de teste,
Comme au fort de quelque tempeste :
Et puis que diroit-on de nous,
Si la mer nous aualloit tous,
Et ce, par nostre negligence ?
Certes i'en rougis quand i'y pense,
Et i'en rougis d'autant plus fort,
Quand on est noyé, qu'on est mort.

TRAVESTY.

Quand on est mort, qu'on ne voit goute,
Mal-heur que sur tout ie redoute:
Car quand on ne voit goute, on est
Craquignolé par qui vous plaist.
Encore vn coup donc ie vous prie,
Ramons, & ramons de furie.
Palinure apres ce sermon,
A gauche tourna son timon,
Les autres patrons l'imiterent,
A gauche comme luy volterent,
Et firent tout ainsi qu'il fit,
Dont certes fort bien leur en prit.
Trois fois la mer enflant ses vagues,
Lors autant à craindre que dagues,
Vers les Cieux nos vaisseaux poussa,
Et par trois fois les enfonça
Vers le plus profond de son onde,
Que nous sondasmes lors sans sonde:
Ou pour dire la chose mieux,
Trois fois nous porta dans les Cieux,
Et trois fois chez les noires ombres,
Qu'on appelle Royaumes sombres.
Dans les vers c'est aller par haut,
Que mettre le froid & le chaud,

Le ciel, l'enfer, l'air, & la terre,
L'eau, le feu, la paix, & la guerre.
Rimeur qui sçait antitheser,
Est ravy quand il peut vser
Ab hoc & ab hac d'antithese,
Cecy soit dit par parenthese:
Aussi Rimeur antithesant,
Est glorieux & suffisant,
Et pour bien peu devient fou d'aise,
Quand il en fait bonne ou mauuaise:
Et tel est, fust-il indigent,
Qui refuseroit de l'argent,
Plustost qu'obmettre vne antithese,
Le tirast-elle hors de sa these.
Mais retournons à nos moutons,
O grande Reyne, & racontons,
Qu'apres que la mer irritée,
Eut mainte planete humectée,
Et maint gros caillou fait rouler,
Comme maint gros escueil hurler,
Lassez si iamais nous le fusmes,
Quelque relasche enfin nous eusmes
Des vents, peut-estre aussi lassez,
Par lesquels nous fusmes laissez.

TRAVESTY.

Fort ignorans de nostre route,
Et qui pis est, ne voyant goute,
Le long d'vn riuage habité
Par gens remplis de cruauté,
Les Cyclopes race reuesche,
Et fort friands de la chair fraische.
Cette plage a pourtant vn port
Qui n'est pas de mauuais abord,
Assez à couuert de l'orage,
Mais fascheux pour le voisinage
D'Ætna le souspirail d'Enfer,
Qui fait tout le monde estouffer,
Quand d'vne odeur de poix resine
Il emplit la terre voisine ;
Et souuent, ce qui n'est pas ieu,
D'vne grosse gresle de feu,
Cét Ætna rotte mousquetades,
Fait entendre des petairades,
Capables d'assourdir les gens,
S'ils ne sont assez diligens
De se tirer loing de l'orage,
Et plier vistement bagage,
Pour esloigner ce trou maudit,
D'où sortent, à ce qu'on m'a dit,

L

Des quartiers de roches fonduës,
Des cendres par tout eſpanduës,
Cotrets & fagots allumez,
Et brandons anti-parfumez.
L'on m'a raconté qu'Encelade,
Pour auoir planté l'eſcalade
Contre le palais azuré,
Eſt ſous ce mont claquemuré:
Et quand ce vaſte corps ſouſpire,
Et de gauche à droit ſe reuire,
Que la Sicile horriblement
Tremble iuſqu'en ſon fondement,
Et que c'eſt alors qu'il ſanglotte,
Que le mont coups de foudre rotte,
Et tire des coups de canon.
Si cette hiſtoire eſt vrayé ou non,
Elle eſt touſiours bien inuentée,
C'eſt ainſi qu'on me l'a contée.
Là nous paſſaſmes dans les bois
Vne nuit qui paſſa pour trois,
Tant elle nous fut ennuyeuſe;
Vne tempeſte furieuſe
Faiſoit la foreſt retentir,
Et tous nos vieillards eſmeutir.

Aux hurlements que nous oüysmes,
Qu'Ætna poussoit de ses abysmes,
Nous nous crusmes tous pris sans vert.
Pas vn volet n'estoit ouuert
Dans le Ciel, & pas vne estoile
N'estoit cette nuit-là sans voile,
Pas la moindre lune dans l'air,
Au Ciel tout obscur, & rien clair:
Cependant malgré la nuit sombre,
De gros brandons qui perçoient l'ombre,
Nous faisoient voir clair à minuit.
Ie ne vous diray rien du bruit,
Mais bien que iamais en ma vie
De dormir ie n'eus moins enuie.
L'Aurore vint le lendemain,
Et rendit le temps plus humain,
Couurant la terre de ses larmes,
(Pour parler langage de carmes.)
Lors sortit d'vn bois esloigné
Vn portrait fort mal desseigné,
Et d'vne meschante maniere,
Espouuentail de cheneuiere,
Et qui n'auoit rien sur sa peau,
Qu'en quelques endroits vn lambeau,

L ij

Où mainte espine estoit tissuë,
La peau contre les os cousuë,
Pasle, sec & défiguré,
Comme vn corps de terre tiré.
Par ses longs cheueux & sa barbe,
Et par le reste de son garbe,
Il fut de nous Grec reconnu,
Iadis auec les siens venu
A la destruction des nostres.
Voyant qu'il nous prenoit pour d'autres,
Et que nous estions Phrygiens,
Il s'escria, I'en tiens, i'en tiens;
Et voulut retourner arriere.
Mais suiuant sa route premiere,
Il vint en tremblant deuers nous,
Et se mettant à deux genoux,
Il nous dit d'vne voix cassée,
D'vn debile estomach poussée,
Ces tristes mots en son patois:
O Troyens nobles & courtois,
Par les puissances souueraines,
Par vos parrains, par vos marraines,
Par ce que vous auez de cher,
Espargnez, de grace, ma chair.

Il est vray, ma race est Gregeoise:
Si c'est assez pour avoir noise
Auec vous aux Grecs courroucez,
Dépecez mon corps, dépecez,
De bon cœur ie vous l'abandonne,
Et veux que Dieu vous le pardonne:
Ie vous seray trop obligé
De n'estre pas tout vif mangé.
Car, helas! en cette Isle estrange
Mesme sans sel les gens on mange.
Il nous dit ces mots en pleurant,
Serrant mes genoux, m'adorant.
Ie luy dis, qu'il eust bon courage,
Qu'il nous declarast son village,
Son nom, sa fortune, & par où,
Pour faire ainsi le loup-garou,
Il se trouuoit dans la Sicile.
Mon pere, dont l'ame est ciuile,
Autant que celle d'vn trompeur,
L'exhorta de n'auoir point peur,
Et dit qu'on luy donnast à boire,
Du pain, du fromage, vne poire.
A ces mots le pauure estranger
Fut vû visiblement changer,

L iij

Et reprendre vn peu son visage,
Et puis il nous tint ce langage,
Sur son chapeau iouant des doigts.
C'est bien là ce que i'attendois
De nation si genereuse,
Qui deuroit estre plus heureuse.
Or, Messieurs, pour vous obeyr,
Ie ne veux mon pays trahir,
Ny mon nom, ny mon origine,
M'en deussiez-vous faire la mine.
Ie suis d'Itaque en Itaquois,
Sujet d'Vlysse le narquois,
Vn des chefs du peuple d'Aulide :
Pour mon nom, c'est Achémenide,
Mon pere Adamaste, vn vieillard
Qui n'eut iamais vaillant vn liard,
Et pourtant est bien Gentilhomme.
Ie ne pû pas me sauuer, comme
Mes compagnons plus fins que moy,
Qui me laisserent plein d'esmoy,
Chez le Cyclope anthropophage,
Vn grand vilain pour tout potage,
Qui d'vn homme fait vn morceau,
Et s'enyvre comme vn pourceau.

TRAVESTY. 87

Il estoit yure quand mon Maistre,
Qui tient tousiours vn peu du traistre,
Luy fit vn assez mauuais tour,
Le priuant pour iamais du iour.
Or pour reuenir à ce diable :
En son manoir espouuantable
On ne voit que sang respandu :
Il n'auoit qu'vn œil, le pendu.
Mais cet œil n'est plus dans sa teste,
Dont iour & nuit il se tempeste.
C'est vn barbare sans pitié,
Qui ne sçait que c'est qu'amitié :
Quoy qu'il ait bien longue la face,
Dont il fait tres-laide grimace,
Elle tient de celle d'vn ours,
Il ne rit point, gronde tousiours.
Ce desolateur de campagne,
Est aussi grand qu'vne montagne ;
Gourmand si iamais il en fut,
A qui tousiours l'haleine put.
Ie l'ay vû, cet espouuantable,
Prendre vn mien amy par le rable,
Et le croquer comme vn lardon,
Et puis, Dieu me face pardon,

Prendre vn autre sien camarade,
Et luy donnant vne froissade
Contre le roc de sang enduit,
Comme l'autre, sans estre cuit,
Le gober en huistre à l'escaille,
Os, chair, tripes, boudins, entraille.
I'ay vû le sang se respandant,
A ce grand diable a la grand dent,
Le long de sa sale maschoire,
De sang figé rougeastre & noire,
I'ay vû des membres palpiter,
Et dans sa bouche s'agiter
Tandis qu'il les mangeoit encore:
Il ne mange pas, il deuore,
Et le fait tant auidement,
Qu'il s'engouë ordinairement.
Vlysse affligé du carnage
Que faisoit cét Anthropophage,
Ce maistre aualeur de pois gris,
Reprend à la fin ses esprits.
Il fait si bien, qu'il apriuoise
Cette nature rabageoise,
Luy fait boire du vin sans eau,
Non pas pour vn simple tonneau,

Mais

TRAVESTY.

Mais le second & le troisiéme :
Si bien que le grand Polypheme
Beuuant à tire-larigot,
Apres maint hocquet, & maint rot,
Se mit tant de vin dans la teste,
Qu'à la fin cette grosse beste
S'endormit, qu'il n'en pouuoit plus.
Lors il fut de son œil perclus,
Aussi grand qu'vne table ronde,
Au bon-heur de tout nostre monde,
Excepté de moy malheureux,
Qui ne pûs me sauuer comme eux.
Mais qu'attēdez-vous dauantage?
Quittez ce dangereux riuage,
Si vous aymez bien vostre peau,
Cherchez vostre salut dans l'eau.
Ce vilain a plus de cent freres,
Qui certes ne luy cedent gueres,
Tous bien beuuans, & bien mangeans,
Comme luy deuorans les gens;
S'il faut qu'ils sentent la chair fraische,
Il n'est homme qui vous empesche
D'estre croquez en vn clin d'œil,
Dont certes ie mourrois de dueil.

Par trois fois la Lune cornuë
Sur noſtre horizon eſt venuë
Depuis que ie ſuis dans ces bois,
Où ie me cache en tapinois.
Ie voy tous les iours ces grands hommes,
La peſte du ſiecle où nous ſommes,
Qui gardent leurs boucs & brebis,
Couuerts de peaux au lieu d'habits.
Lors mon ſang de frayeur ſe glace,
Et ie ſens allonger ma face,
Sans hyperbole, d'vn empan,
Mon viure n'eſt qu'vn peu de glan,
Et quelquefois du fruict ſauuage ;
Grace à monſieur l'Anthropophage,
Ie meurs de faim le plus ſouuent,
Le moindre bruit que fait le vent,
Ie penſe que c'eſt Polypheme.
Certes ma miſere eſt extréme,
Et iamais on ne patit tant,
Et vous-meſmes en m'eſcoutant,
Vous faites auſſi triſte mine,
Que moy ſur qui la peur domine.
Depuis ce temps-là dans ce bord
Aucun nauire n'a pris port.

TRAVESTY.

Lors que j'ay veu vos banderoles,
J'ay fait quatre ou cinq caprioles,
Et puis à pas de pantalon,
Me frapant le cul du talon,
Ie suis venu vers vous mes braues:
Faites de moy des choux, des raues,
Tuez-moy, ne me tuez pas,
Dans la vie, & dans le trespas,
Ie trouueray mon auantage,
Pourueu qu'en ce maudit riuage
Ie ne serue point d'aliment
A ce detestable gourmand.
Comme il contoit son auenture,
Cette effroyable creature,
Ce prodigieux animal,
Dont il auoit dit tant de mal,
Parut au haut d'vne colline
Auec sa taille gigantine;
Chacun de nous crut voir marcher
Quelque mont, ou quelque rocher.
Il s'en venoit vers le riuage,
Le tres-mal plaisant personnage,
Gros, mal basti, sale, velu,
Et n'auoit qu'vn œil, le goulu,

Et duquel il ne voyoit goute,
Ce qui le faschoit bien sans doute.
Vn grand pin seruoit de baston
A ce Polypheme glouton,
Et pourtant il plioit encore,
Tant pesante estoit la pecore,
Et portoit pendu, le grand fou,
Vn grand ieu d'orgues à son cou,
Qui luy seruoit de cornemuse.
Vne grande troupe camuse
De brebis venoit apres luy,
Dont il soulageoit son ennuy,
Depuis qu'Vlysse d'vne pique
Auoit éuenté son optique.
Ce loup, plustost que ce berger,
Qui sçauoit les hommes manger,
Bien mieux qu'aucun qui fust au monde,
Entra iusqu'aux genoux dans l'onde,
Dont il laua son œil percé,
Non sans auoir les dents grincé,
Car du sel marin la morsure
Irritoit bien fort sa blessure;
Apres auoir long-temps laué,
Et relaué son œil creué,

TRAVESTY.

Il nous monstra sa fesse nuë,
Et fit quelque allée & venüe
Dans la mer, & mesmes il vint
Aupres de nous le Quinze-vingt.
La mer, telle estoit sa stature,
Ne luy venoit qu'à la ceintur:
Nous pensasmes deuenir fous,
Quand nous vismes aupres de nous
Le plus puissant paillard du monde,
Se promenant ainsi dans l'onde.
Quelques-vns, au lieu de tirer
Leur anchre, afin de démarer,
Ne firent qu'en couper la corde,
Criant bien fort, misericorde.
Le vilain qui les entendit,
Et qui la chair fraîsche sentit,
Tourna vers eux son grand visage,
Et s'il eust crû lors son courage,
L'animal s'en venoit à nous,
Et nous estions fricassez tous.
Mais nous eusmes pour gardienne
La bonne mer Ionienne.
Il ne put aller plus auant,
Dont de rage presque creuant,

Ce malin fit vne huée,
Dont la mer auſſi ſecoüée
Qu'elle l'eſt par les Aquilons,
Se bourſoufla par gros boüillons:
L'Italie en fut eſtonnée,
Et l'Ætna par ſa cheminée
Fit ſortir des gemiſſemens,
Ou bien pluſtoſt des hurlemens,
Horrible écho de la huée
De cette perſonne endiablée.
I'oubliois que le pauure Grec,
Tres-paſle, tres-maigre, & tres-ſec,
Fut receu de nous auec ioye,
Quoy qu'vn des deſtructeurs de Troye,
Auſſi l'auoit-il merité
Par ſa grande calamité.
Lors l'on vit les monoculiſtes
Venir par differentes piſtes,
Aucun de ces enfans d'Ætna
En ſon grand front plus d'vn œil n'a.
Iugez de leur grandeur extréme
Par celle du grand Polypheme:
Peu differente eſtoit la leur
De celle de ce grand voleur.

TRAVESTY.

Onc mortel n'a vû, ce me semble,
Moins d'yeux & plus d'hommes ensemble;
Ils venoient furieusement,
Et pourtant assez lourdement:
Quoy que démesurez colosses
Ils me parurent un peu rosses.
Des cypres allans & venans,
Ou des grands chesnes cheminans,
Du bois, qu'aucun fer ne prophane,
De Iupiter ou de Diane,
Sont la seule comparaison,
Qu'on puisse faire auec raison
De ces messieurs Anthropophages:
Au reste tous vilains visages,
Quand ils eussent eu deux bons yeux,
(Ils n'en auoient qu'un chassieux)
Iamais n'eussent esté leurs faces.
Que patrons à faire grimaces.
Quand ils approcherent la mer,
Ce fut à nous à bien ramer;
Mais quelle fut nostre imprudence?
Sans auoir non plus souuenance
De nostre bon Prince Helenus,
Ny des discours par luy tenus,

Que ce si ce bon compatriote
N'eust iamais connu nostre flote,
Nous allions fort bien nous fourrer,
Sans nous en pouuoir retirer,
Tout droit dans la mer defendüe,
Où si souuent nef s'est perdue.
Mais quand on a peur, pour vn peu
On se jetteroit dans vn feu :
Et nous craignions Charybde & Scyle
Moins que ces monstres de Sicile.
Boreas vint tout à propos,
Qui nous mit l'esprit en repos,
Il venoit de deuers Pelore,
Il me semble qu'il souffle encore,
Tant i'ay gardé le souuenir
Du bien qu'il nous fit à venir.
Ce bon vent, des vents le plus sage,
Nous porta par delà Pantage,
Le golphe dit Megarien,
Et le bas Thapse, en moins de rien.
Le pauure Grec Achémenide
Nous seruit en ces lieux de guide,
Et me disoit tous les endroits
De la coste, en son Itaquois,

Dont

TRAVESTY.

Dont i'eus grand plaisir de m'instruire.
Vis à vis du fleuue Plemmyre,
Assez pres du fameux destroit,
Où le nocher le plus adroit
A peur de Charybde & de Scyle,
On rencontre vne petite Isle,
Dont Ortygie est le vieil nom,
Autrefois ville de renom,
Dont Madame la renommée
Chose bien estrange a semée.
Maint Autheur, animal mentant,
Nous donnant pour argent contant,
Que le fleuue Alpheus d'Elide,
Sans lanterne, flambeau, ny guide,
Par certain sentier sousterrain,
Luy, ses poissons, & tout son train,
Y va voir la source fameuse
Arethuse, ou bien Aretheuse,
Et s'y ioint en bonne amitié :
Puis meslant tous deux par moitié,
Leurs eaux aussi claires que vitres,
Tous leurs poißõs, toutes leurs huistres,
Ils se vont rendre dans la mer,
Ce qui les fait bien renommer.

En cette Isle où terre nous prismes,
Quelques sacrifices nous fismes,
Où maint animal fut saigné,
Comme on nous l'auoit enseigné.
Nous vismes la grasse campagne,
Que la riuiere Elore bagne,
Et de Pachin les hauts rochers,
Si connus de tous les nochers :
Pres de là l'on voit Camerine,
Des champs des Geloens voisine,
Et le lieu qu'on nomme Gela,
Pour vn fleuue passant par là.
Nous vismes la haute Agrigente,
Qui de si bons cheuaux enfante,
Seline fertile en palmiers,
Et les rocs craints des nautonniers,
Du promontoire Lilybée,
Où mainte nef est absorbée :
Et puis Drepane me receut,
Port funeste, où ma constance eut
A s'exercer de bonne sorte,
Quoy que i'aye l'ame assez forte,
I'eus bien de la barbe à peler,
Et trouuay bien à qui parler.

TRAVESTY.

Helas! i'y perdis mon bon pere,
(Souuenir qui me deseſpere.)
Il mourut le pauure vieillard,
S'il euſt voulu mourir plus tard,
Il auroit veſcu dauantage;
Il mourut, & c'eſt grand dommage.
Il m'aimoit, ie l'aimois autant,
Et plus meſme qu'argent contant :
Il mourut, & c'eſt tout vous dire,
Depuis l'on ne m'a point vû rire,
I'en ay pris le noir hocqueton,
Et n'ay plus raſé mon menton.
Cher papa, qu'auiez-vous à faire
Vne action ſi temeraire,
Et qu'on ne peut faire deux fois?
En vous ſeul ie me conſolois
De ma fatale deſtinée :
Puiſque la voſtre eſt terminée,
Que pour moy vous eſtes perdu,
Et ne me ſerez point rendu,
Si quelqu'vn me vouloit apprendre,
Comme il faut faire pour ſe pendre,
Tres-volontiers de ſa leçon
Ie luy payerois la façon :

Au lieu que pauure exilé i'erre,
De mer en mer, de terre en terre.
Helas ! le Prophete Helenus
Dans les discours qu'il m'a tenus
Ne m'en dit pas vne parole,
Ni mesme Celéno la fole :
Et neantmoins cette guenon
Me dit au nez pis que mon nom,
Et me menaça de famine,
L'irrassasiable vermine.
Ayant mis mon pere en repos,
Et le vent soufflant à propos,
I'abandonnay ce lieu funeste,
Madame vous sçauez le reste.
Le vent deuenu furieux
M'a fait aborder en ces lieux,
Où ma flotte bien hebergée,
Vous sera tousiours obligée.
Ainsi finit maistre Æneas,
De conter si long-temps si las,
Et si pressé de faire vn somme,
Qu'il baailloit tousiours le pauure homme :
Dame Didon baailloit aussi,
(Car qui voit baailler, fait ainsi)

TRAVESTY.

Non moindre fut la baaillerie,
Qu'auoit esté l'yurognerie.
Tyriens & Troyens baailloient,
Quelques-vns debout sommeilloient,
A tous momens testes baissées
En sursaut estoient rehaussées,
Enfin chacun chercha son lit.
Ie vais au mien, car i'ay tout dit.

FIN.

Extrait du Priuilege du Roy.

PAR grace & Priuilege du Roy, DONNE' à Paris le huitiéme iour de Ianuier 1648. Signé par le Roy en son Conseil, BERAVD. Il est permis au sieur SCARRON, de faire Imprimer, vendre & distribuer par tel Libraire ou Imprimeur qu'il aduisera bon estre, *Le troisiesme Liure de son Eneide de Virgile Trauesty*, & ce durant l'espace de dix ans entiers, à compter du iour que ledit troisiesme liure sera acheué d'Imprimer : Et defenses sont faites, à tous autres de quelque condition qu'ils soient, d'en vendre ny distribuer d'autre impression, que de celle qu'aura fait faire ledit sieur Scarron, ou de ceux qui auront droict de luy, à peine de confiscation des Exemplaires, & de trois mil liures d'amende, ainsi qu'il est plus amplement porté dans l'Original.

Et ledit sieur Scarron a cedé & transporté le present Priuilege à Toussainct Quinet, pour en joüir suiuant l'accord fait entr'eux.

Acheué d'imprimer pour la premiere fois, le 23. iour de Decembre, mil six cens quarante-huit.

Les Exemplaires ont esté fournis.

LE
VIRGILE
trauesty
de
M. SCARON

A Paris Chez Touffainct Quinet Au Palais 1648. Auec Priuilege du R

LE VIRGILETRAVESTY EN VERS BURLESQUES,

De Monsieur SCARRON.

LIVRE QVATRIESME.

A PARIS,

Chez TOVSSAINT QVINET, au Palais, sous la montée de la Cour des Aydes.

M. DC. XLIX.
AVEC PRIVILEGE DV ROY.

A MONSIEVR
ET MADAME
DE
SCHOMBERG.

ONSIEVR ET MADAME,

C'est icy le second Liure de ma façon, qui a esté dedié en mesme temps à deux personnes. Les vns en

á iij

EPISTRE.

riront, les autres ne le trouueront pas bon, & moy ie me foucieray fort peu de ce qu'on en dira, pourueu que j'arriue à la fin que ie me fuis propofée. Il y a affez long-temps que ie fuis malade, pour croire que ie mourray bientoft. Encore que ma maladie foit de mon inuention, ie ne la connois pas affez, pour fçauoir combien elle durera, & fi elle me fera le plus vieil malade de France, comme elle m'a fait le plus eftropié. C'eft ce qui me fait fonger à payer mes debtes. Toute la Fráce fçait affez ce que ie vous dois, MADAME, & ie fçay, MONSIEVR, que ie vous ay des obligations qui ne font pas petites. Ie pourrois bien m'en acquiter, miferable que ie fuis, à la façon des miferables, en difant que Dieu vous le rende, & le priant pour vous. Mais vous auez tous deux, quoy que peut-eftre, non pas en pareil degré, plus de

EPISTRE.

credit que moy en la Cour celeste : Ie n'étrepren donc point au delà de mes forces. Ie vous donne tout ce que ie vous puis donner. Si ce n'est pas tout ce que ie vous dois ; c'est vous payer en mauuaise monnoye. Mais il faut tirer d'vn mauuais payeur ce que l'on peut. Si vous me prenez pour ce que ie suis, vous ne douterez point, que si mon Virgile Trauesty estoit ce qu'il n'est pas, c'est à dire, plus digne de vous, ie ne vous l'offrisse plus hardiment, que ie ne fay les maigres diuertissemens d'vn malade. Ie croy, MADAME, que les vers Burlesques que i'ay mis en lumiere iusqu'à cette heure, ne seruiront pas peu à vous faire croire ce que ie vous dis maintenant en prose. Et pour vous, MONSIEVR, lors que i'eus l'honneur de vous parler, Ie vous consideray comme vn homme extraordinaire ; Les grandes actions

EPISTRE.

que vous auez faites depuis, ont bien fait voir, que vous estiez ce que vous me parustes, & que mon inclination naturelle ne s'estoit pas trompée. Et i'ose dire, si les mal-heureux comme moy, se peuuent quelquefois resioüir, que i'ay ressenty vne ioye extreme, quand les deux personnes du monde que i'estimois le plus, se sont trouuées si dignes l'vne de l'autre. Mais en mesme temps, que par les plus belles paroles que i'ay pu mettre ensemble, ie tasche à vous persuader que ie vous honore extrememement, ie ne vois pas que ie vous importune de mesme. Ie finis donc mon Epistre, quelque plaisir que les malades, aussi bien que les vieillards, prennent à parler, & quelque beau sujet que i'en aye; C'est par là que ie croy bien mieux vous tesmoigner mon zele, que par ma longue prose: permettez

EPISTRE.

tez moy seulement de vous iurer foy d'vn homme qui n'a plus guieres à viure, que le vostre tres-humble & tres *& cætera*, que vous allez voir au bas de la fueille, qui est le refrein ordinaire de toutes les Epistres, est dans la mienne la plus grande verité que dira iamais,

MONSIEVR & MADAME,

Vostre tres-humble, tres-obeissant, & tres-obligé seruiteur, SCARRON.

Extrait du Priuilege du Roy.

PAR grace & Priuilege du Roy, DONNE' à Paris le huitiéme iour de Ianuier 1648. Signé par le Roy en son Conseil, BERAVD. Il est permis au sieur SCARRON, de faire imprimer, vendre & distribuer par tel Libraire ou Imprimeur qu'il aduisera bon estre, *Le quatriéme Liure de son Eneide de Virgile Trauesty*, & ce durant l'espace de dix ans entiers, à compter du iour que ledit quatriéme Liure sera acheué d'Imprimer : Et defenses sont faites à tous autres de quelque condition qu'ils soient, d'en vendre ny distribuer d'autre impression, que de celle qu'aura fait faire ledit sieur Scarron, ou de ceux qui auront droict de luy, à peine de confiscation des Exemplaires, & de trois mil liures d'amende, ainsi qu'il est plus amplement porté dans l'Original.

Et ledit sieur Scarron a cedé & transporté le present Priuilege à Toussainct Quinet, pour en jouir suiuant l'accord fait entr'eux.

Acheué d'imprimer pour la premiere fois, le 20. iour de May mil six cens quarante-neuf.

Les Exemplaires ont esté fournis.

FAVTES SVRVENVES
à l'impreſſion.

Pag. 2. vers 7. l. Que fait. pag. 10. vers 5. l. Hiarbe. pag 14. vers 13. mettez apres la, vne virgule. pag 27. vers 23. l. empennez. pag 40. vers 12. l. Gens en ont. pag 61. vers. 14. l. Hiarbe. p. 65. vers 11. l. Qu'a. p. 79. vers 18. l. Quoy que. pag. 105. vers 4. penduë. pag. 115. vers 1. l. Que tout voit. p. 120 à la reclame Fi, liſez Si.

LE VIRGILE TRAVESTY.

LIVRE QVATRIESME.

CEPENDANT la Reyne Didon
Perdoit sa face de dondon,
Pour prendre celle d'vne hetique,
Tant amour forcené la pique.
En vain pour ce feu violet,
Causé par vn desir folet,

A

La pauurette boit à la neige,
Son chaud tourment point ne s'allege,
L'insensée a beau boire frais,
Elle ne se fait que des frais.
Tantost d'Æneas le merite,
Fait sa poitrine vne marmite,
Qui fait brusler busche & tison,
Et tantost la bonne maison
De ce rauissant personnage,
Donne l'assaut à son veufuage :
Et puis son visage charmant,
Vient luy troubler l'entendement.
Cette pauure Reyne des foles
S'arreste à ses moindres paroles,
Toute seule s'en entretient,
Puis elle dit, mon cœur en tient,
Mon cœur à l'amour si rebelle,
Et ma franchise en a dans l'aisle.
Helas ! que ne l'ay-je paré
Le rude coup qu'on m'a tiré.
Ayant sur le pere d'Ascagne
Tant fait de chasteaux en Espagne,
Elle s'en alla mettre au lit,
Pour se reposer vn petit.

TRAVESTY.

Mais le repos qui tout enchante,
A sa passion violente
Ne peut le remede donner,
Elle ne fait que se tourner,
Pour trouuer vne bonne assiete,
Sa fiéure tousiours l'inquiete.
Elle se pert, & le voit bien,
La malheureuse n'y peut rien:
Elle s'irrite, elle se fasche,
Consulte sa raison, & tasche
D'appaiser ses sens forcenez;
Ma foy, ce n'est pas pour son nez.
Si-tost qu'elle vit la lumiere,
Elle appella sa chambriere,
Et luy dit, faites-moy venir
Ma sœur, ie veux l'entretenir.
Cette sœur auoit nom Dame Anne,
Teint oliuastre, & nez de canne,
Et bien moins belle que sa sœur,
Mais aymable pour sa douceur,
Capable d'vne bonne affaire,
Qui sçauoit parler & se taire,
Et si pleine de charité,
Qu'en vn cas de necessité

Elle eust esté Dariolette,
D'ailleurs de conscience nette.
Si tost que la Reyne la vit,
Rouge en visage, elle luy dit.
O ma sœur Anne, ô ma fidelle,
(La faisant asseoir auprés d'elle,
Et luy iettant les bras au cou.)
Dis-moy donc ma sœur, pourquoy? d'où?
Comment? par quelle destinée
Est venu chez moy cét Enée?
O qu'il est frais, ô qu'il est gras!
O qu'il est beau, quand il est ras!
Qu'il est fort, qu'il est beau gendarme!
Que sa riche taille me charme,
Que son œil fendu, grand & bleu,
Décoche de matras de feu
Sur Dame, ainsi que moy peu fine,
A n'armer pas bien sa poitrine:
Quiconque le croiroit issu
Des Dieux, ne seroit point deceu.
Quand quelqu'vn a l'ame poltronne,
A tout bruit il tremble, & s'estonne,
A tout coup il saigne du nez:
Mais ce Roy des determinez,

TRAVESTY.

Combien de places enleuées,
Combien de guerres acheuées,
Le font sans contradiction
Passer chez toute nation,
Pour vaillant comme son espée,
En sang Grec si souuent trempée,
Et qu'on m'a dit estre vn vieil loup,
Qui tranchoit, & du premier coup,
Vn chenet comme vne chandelle,
Dieu me veuille deliurer d'elle.
O si ie n'auois resolu
De viure en vn estat solu,
Si ie n'estois bien resoluë,
Apres auoir esté soluë
D'vn homme qui me fut si cher,
De ne iamais me rattacher :
Si ie ne craignois mariage,
Comme vn mary fait cocuage,
Oüy, si ie ne l'auois iuré,
Que ce nœud qui tient si ferré,
Ne me serreroit de ma vie,
Ie te confesse mon enuie.
(Mais n'en dis mot ma chere sœur)
Cét homme me reuient au cœur.

Depuis la mort du cher Sichée,
Ie ne m'estois point requinquée,
Et qui m'eust parlé d'vn mari,
N'eust pas esté mon fauori.
Mais depuis que i'ay veu mon hoste,
Mon corps percé de coste en coste,
(Ie te le confesse ma sœur)
A fort mal conserué mon cœur :
Ma blesseure n'est que trop vraye,
Il saigne d'vne mesme playe,
Ie sens les mesmes accidens,
Qui m'inquietent le dedans,
Et reconnois bien que mon ame
Brusle d'vne pareille flame.
Mais certes ie l'estousseray
Cette flame, où ie ne pourray.
Deuant que ce mal-heur m'arriue,
I'ayme mieux brusler toute viue,
Ou plustost que mon chien de corps
Soit mis bien-tost au rang des morts,
Et fasse en Enfer penitence
De sa mauuaise resistance.
O pudeur ie te garderay,
Autant de temps que ie viuray :

TRAVESTY.

On ne verra iamais qu'Elise
Tombe en faute, & qu'on en médise.
Le premier qui receut ma foy,
L'emporta, mourant, auec soy;
Que le pauure defunt la garde,
Et qu'en pitié Dieu me regarde,
Car mon esprit en verité
A quelque chose de gasté.
Cela dit, vne grosse pluye,
Qu'en vain sa belle main essuye,
Couurit de pleurs tout son rabat.
Grand vent petite pluye abat.
Mais au prouerbe n'en desplaise,
Les souspirs causez par sa braise,
Par ses pleurs largement iettez,
Furent de plus belle irritez;
Et ses souspirs à la pareille,
Comme le vent le feu réueille,
Et que le feu fait en aller
Vn pot à force de brusler.
Tant plus ses souspirs s'exhalerent,
D'autant plus ses larmes coulerent,
Si que iamais tant ne pleura
La Didon, ny ne souspira.

Sa sœur l'ayant reconfortée,
Luy dit de sa bouche édentée.
O chere sœur, que i'ayme mieux,
Ny que mon cœur, ny que mes yeux,
Sçachez de moy, ma sœur mamie,
Qu'vn tantin de Polygamie,
Quoy que l'on dise, fait grand bien:
Vous vieillirez en moins de rien,
Et quand vous vous verrez vieillote,
Vous direz, peste de la sote,
D'auoir passé vos ieunes ans,
Pour la crainte des mesdisans,
Dans le fascheux estat de veufue.
Il n'est rien tel que chose neufue;
Choisissez vn mary nouueau,
Et vous l'appliquez sur la peau.
Il n'est point de telle fourrure,
Et si vous voulez que i'en iure,
Ie m'en vay vous faire vn serment,
Plus gros que maudit soit qui ment:
Puissay-je deuenir Vestale,
Auoir sur mes vieux ans la gale,
Estre pauure, mourir de faim,
S'il est rien tel, apres le pain,

Que

TRAVESTY.

Que d'espouser un honneste homme,
Qui soit basty tout ainsi, comme
Ce bel Æneas le Troyen,
Que l'on tient tant homme de bien.
Gardez bien qu'il ne vous eschape,
Que vostre Majesté l'atrape ;
Mariez-vous sans biaiser,
Faire autrement c'est niaiser.
Lors que maistresse de famille,
Vous aurez fait garçon & fille :
A l'un vous direz, mon fanfan :
L'autre vous dira, ma maman.
Et s'ils se mettent trop à braire,
Tout ce que vous auez à faire,
Mettez-les moy sur vos genoux,
Et me les assommez de coups,
C'est le plus grand plaisir du monde :
Vous craignés qu'un defunt en grõde.
Laissez-le gronder s'il luy plaist,
En l'Enfer, où ie croy qu'il est.
Il est bien oiseux, le beau sire,
De trouuer sur tout à redire.
Quant à moy, ie me trompe fort,
Si quand un homme est roide-mort,

Il prend garde à son Espousée,
Ce n'est qu'une billeuesée,
Vn vray conte à dormir debout,
Ou de nourrice, & puis c'est tout.
Ie veux bien que le Prince Iarbe
Par son espaisse & sale barbe,
Vous ait quelque dégoust donné,
Et que maint autre forcené
De ces Roitelets de Libye,
Vous ait donné fort peu d'enuie:
Ie trouue en vostre auersion
Vostre iustification.
Mais pour celuy-cy, qui vous touche,
Vous fait venir l'eau à la bouche,
Que vous ne faites que guigner.
Prenez-le moy sans barguigner;
Encore vn coup, il le faut prendre,
En essayer, & puis le rendre,
Si ce qui reluit n'est pas or.
De plus considerez encor,
Parmy quels barbares vous estes,
Et la demeure que vous faites
Parmy ces peuples Libyens,
La pluspart visages de chiens.

TRAVESTY.

Certes l'entreprise est bien grande,
Si vous n'auez qui vous defende.
D'vn costé le Getulien,
Larron comme vn Bohemien:
De l'autre costé le Numide,
Qui cheuauche sans mors ny bride:
Les Syrtes inhospitaliers,
Et les Barcéens bandouliers:
La ville de Tyr offensée,
Vostre Majesté menacée
Par nostre frere vn vray pendart,
Qui nous gastera tost ou tard.
Ces ennemis là mis ensemble,
Vous aduertissent, ce me semble,
Que vous deuez songer à vous.
On vous viendra rouër de coups:
Au lieu qu'estant femme d'Enée,
Dont la flote ainsi mal menée,
Ne se trouue en ce port, sinon
Par l'entremise de Iunon.
Auec ce personnage, dis-je,
Si quelque voisin vous afflige,
Et pense vous inquieter,
Vous auez dequoy le frotter.

B ij

O que vostre ville naissante
S'en va deuenir florissante!
Et que cét hymen bien-heureux,
Par ces Phrygiens valeureux,
Va rendre nostre Estat Punique
Victorieux & magnifique!
Vous n'auez qu'à remercier
Les Dieux du Ciel, & les prier,
Que ce grand hymen s'accomplisse:
Et qu'Æneas l'on diuertisse,
Si bien que sans courir ailleurs,
Ny chercher des gistes meilleurs,
Aupres de vous il s'accagnarde.
O ma sœur, prenez-y bien garde,
Inuentez bien adroitement
Des sujets de retardement.
Que de iour en iour on l'amuse,
Faites excuse sur excuse,
Dites que ses meilleurs vaisseaux
Sont prests de se mettre en morceaux,
Qu'il n'est matelot qui ne fuye
Orion l'Astre pisse-pluye,
Et qu'on ne peut l'hyuer flotter,
Sans grandement pericliter.

TRAVESTY.

Par cette harangue efficace,
Didon iadis toute de glace,
Deuint bien-tost toute de feu,
Et la pudeur, qu'encore vn peu
Dans son ame elle auoit gardée,
S'enfuit de la dévergondée.
En suitte de ces beaux discours,
La Reyne prit ses habits courts;
(Car auec vne longue cotte,
On fait trop grand amas de crotte;)
Et se coiffa d'vn capuchon,
Sans oublier masque & manchon,
Pour aller en secret au temple.
Elle estoit de fort bon exemple,
Et qui iamais en bonne foy,
Ne fit du temple vn caquetoy.
Estant là, sa sœur auec elle,
Chacune offrit vne chandelle,
La bouche se gargarisa,
Et d'encens s'aromatisa;
Et puis on fit vn sacrifice
A Ceres des loix inuentrice,
Du poupelin, & du pasté,
Qu'on croit aussi l'auoir esté

Du sauoureux pain de Gonesse.
On offrit à cette Deesse
Deux brebis ieunes & de choix.
Le blond Phébus porte-carquois,
Inuenteur de la Sarabande,
Eut part en cette digne offrande,
Comme aussi Liæus le bon,
Grand dissipateur de jambon :
Dieu sçait si l'on mit en arriere
Iunon la Deesse nopciere,
Car c'est d'elle, en semblable cas
De qui l'on fait le plus grand cas.
La Didon de fort bonne grace,
Respandit le vin d'vne tasse
Sur le front de la sœur d'vn bœuf,
Blanche comme vne coque d'œuf.
Et puis fit quelques caracoles
A l'entour des saintes idoles,
Leur fit à tous de beaux presens :
Des animaux agonisans
Elle consulta les entrailles,
Qui sentoient bien fort les tripailles,
Dont le nez elle se bouscha,
Et tres-sottement se fascha.

TRAVESTY.

O vanité des Aruspices!
Dequoy seruent les sacrifices
A femme qui se meurt d'amour?
C'est chercher la Lune en plein iour,
Que de chercher quelque remede,
Lors que ce grand mal la possede.
Elle a beau faire, il faut brusler,
Mourir de faim sans se saouler:
Ou bien pour contenter sa rage,
Faire parler le voisinage.
Son pauure esprit deuenu fou,
La fait courir sans sçauoir où.
Ce feu gregeois tousiours s'augmente,
Et deuore la pauure Amante:
Versast-elle de pleurs vn seau,
Ce feu gregeois brusle dans l'eau,
Et la brusleroit de plus belle.
Par Mahom, c'est grand pitié d'elle!
Tout ainsi, par comparaison,
Quand friand de la venaison,
Vn Pasteur dans les bois de Crete
A transpercé d'vne sagete,
Ou bien, si vous voulez, d'vn dard,
Vne bische de part en part,

Apres l'auoir long-temps chaſſée,
Sans bien ſçauoir s'il l'a bleſſée.
Il s'en va comme il eſt venu,
Et le pauure animal cornu,
Ie me trompe, car la femelle
(Autre n'en ſçait la raiſon qu'elle)
N'a ni corne ni cornichon,
Non plus que ſon petit bichon,
Deuant qu'il ait armé ſa teſte.
Retournons à la pauure beſte;
Elle fuit au trauers des bois,
Qui ſont drus au pays Cretois,
Comme vne biſche frenetique,
Portant la fléche qui la pique
Touſiours attachée à ſon flanc,
Duquel ſort vn ruiſſeau de ſang.
L'application eſt aiſée
Sur Didon d'amour embraſée.
Elle prend meſſire Æneas,
Et le tiraillant par le bras,
Le promene parmy la ville:
Comme Enée a l'ame ciuile,
Et la Didon beaucoup d'amour,
A chaque paſſage, & deſtour

On

TRAVESTY.

On se faisoit cent deferences,
Et deux cent trente reuerences,
Ce sont, si bien vous supputez,
Trois cent trente ciuilitez.
Elle luy monstroit ses richesses,
Le dessein de ses forteresses,
Chemin faisant le caressoit:
Caressant, se radoucissoit,
Puis rougissoit de sa sottise
La pauure malheureuse Elise :
Puis pallissoit d'auoir rougi,
Ayant peur d'auoir mal agi,
Pour le dessein qu'elle a de plaire,
Ce qui n'est pas petite affaire.
Souuent elle se mesprenoit,
Alors qu'elle l'entretenoit,
Et prenoit Gautier pour Garguille:
Elle babille, & rebabille,
Ne sçait quasi ce qu'elle dit,
Et tout le monde en estourdit:
Elle veut dire quelque chose,
La commence, acheuer ne l'ose,
Ouure la bouche, & ne dit mot,
Tout de mesme que fait vn sot:

Et puis elle le meine boire,
Luy fait redire son histoire,
S'encheuestre de plus en plus,
Le mange auec des yeux goulus,
Sur tout ce qu'il dit se rescrie,
Sans pouuoir cacher sa furie.
Mais quand il se faut separer,
Qu'il est temps de se retirer,
Lors que la Reyne des estoiles,
La nuit auec ses sombres voiles
A tout couuert nostre horison,
Le diable est bien à la maison.
Quand elle se voit toute seule,
Elle souspire, elle s'esgueule
A force de pousser ses cris,
Tant le trouble est dans ses esprits:
Elle entretient la forcenée,
Absente, son absent Enée,
Elle parle & respond pour luy,
Afin de flatter son ennuy.
Elle n'en est point entenduë,
Car il dort la cuisse estenduë,
Sans se soucier si Didon
Passe vne bonne nuit ou non.

TRAVESTY.

Quand le ieune Ascagne elle attrappe,
Comme ayant peur qu'il ne s'eschappe,
Elle le met entre ses draps,
Et le serre entre ses deux bras,
Essayant par cette finesse
D'adoucir le mal qui la blesse.
Ha vrayment c'est vn bon vieux tour
Contre vn Dieu fin comme l'Amour.
Cependant tout ouurage cesse,
On se desbauche, & la ieunesse
Ne songe plus à s'exercer,
Et ne fait que son temps passer:
Tout mange, boit, rit, danse, & raille,
O diable si pas vn trauaille;
Tous les ouurages commencez,
Par les ouuriers sont laissez:
Les tours demeurent imparfaites,
Les murailles ont des lunetes,
Tous les desseins vont à vau-l'eau,
Ce qu'on ne trouue bon ny beau,
Tout le monde en dit des sornettes,
On en fait mille chansonnettes,
Autant en emporte le vent,
On ne fait pas mieux que deuant.

Iunon de colere enflammée,
De voir perdre sa renommée,
Et mettre tout à l'abandon
La Sidonienne Didon.
Cette Dame qui tousiours gronde,
Alla trouuer Venus la blonde,
Et d'vn visage refrongné :
Vous croyez auoir tout gagné,
Luy dit-elle, Dame Cythere,
Par vostre infame ministere,
Et de Cupidon vostre enfant,
Qui tranche du Dieu triomphant,
Et qui pourtant pour tout potage,
N'est que Dieu du maquerelage.
Vrayment vos deux diuinitez
Ont de grands honneurs meritez,
D'auoir triomphé par surprise
De la pudeur de Dame Elise.
Maistre Æneas vostre bastard,
Comme tout soudrille est vantart,
En fera des contes pour rire.
Vous faites estat d'en mesdire,
Et les choses iront ainsi :
Ha vrayment attendez-vous y.

TRAVESTY.

Vous vous estes mis en la teste,
Que nostre chien n'est qu'vne beste,
Vous trouuerez à qui parler ;
Ie sçauray fort bien demesler,
Malgré vos dents, cette fusée,
Fussiez-vous cent fois plus rusée.
Confessez-le moy sans mentir,
Vous auez eu soupçon de Tyr,
Et pour cela fait dans Carthage
Tout ce plaisant remu-ménage;
Tous vos desseins sont descouuerts,
Et reüssiront à l'enuers.
Certes vous & moy, ce me semble,
En nous raccommodant ensemble,
Passerions bien mieux nostre temps:
Vos desirs sont desia contens.
Didon meurt d'amour pour Enée,
Assemblons-les par hymenée :
Ie consens que le Phrygien
Soit maistre du Sidonien,
Et verray le Prince de Troye
Gouuerner Carthage auec ioye.
Et bien est-il bon le party?
Luy dit Iunon. I'aurois menty

Si ie vous disois le contraire,
Dit Venus, & dans cette affaire
Que vous venez de proposer,
Ie ne vois rien à refuser.
Elle voyoit pourtant la Dame
Iunon iusqu'au fonds de son ame,
Et que la proposition
N'estoit que pure inuention,
Afin que sa chere Libye
Fust à couuert de l'Italie :
Mais à fourbe, fourbe & demy.
Vouloir estre vostre ennemy,
Et prendre contre vous querelle,
C'est se vouloir perdre, dit-elle,
On n'y peut gagner que des coups,
Ie sçay fort bien qu'vn diable & vous
Estes quasi la mesme chose,
Et que quand fascher on vous ose,
Il vaudroit mieux estre pendu.
Or pour cét hymen prétendu
Ie doute bien fort de l'affaire,
Car le Destin nous est contraire,
Iupiter est pour le Destin,
Qui veut que l'on parle latin

TRAVESTY.

Quelque iour par toute la terre;
Il vous craint comme le tonnerre,
Faites le diable à la maison,
Vous le mettrez à la raison,
Ou plustost faites-luy caresse,
Vous connoissez bien sa foiblesse,
Et lors que vous l'auez flatté,
Si c'estoit vostre volonté,
Qu'il feroit la fausse monnoye,
Que sans se soucier si Troye
En Rome ressuscitera,
Tout s'en ira comme il pourra,
Biē ou mal, pouruou qu'il vous plaise;
Que le fort en gronde ou s'en taise,
Le Seigneur s'en soucira peu,
Et tournera la chose en jeu.
Dressez donc vostre batterie.
I'asseure vostre Seigneurie,
Que de mon costé ie feray
Merueilles, ou ie ne pourray.
Ainsi parla Venus la belle.
Iunon fort satisfaite d'elle,
Luy fit quelques complimens cours,
Puis reprit ainsi le discours.

LE VIRGILE

Ie me charge de cette affaire,
Pourueu que nous puissions nous taire,
Et chacune de son costé
Agisse auec fidelité.
Voicy comme ie m'y veux prendre,
Et le piége que ie veux tendre.
Demain ma Didon s'en ira,
Si-tost que le Soleil luira,
A la chasse auec vostre Enée,
Vne bourrasque inopinée,
Que ie feray tomber sur eux,
Fera peur aux plus valeureux :
Horrible sera la tempeste,
Dont ie prétends troubler la feste,
Car le tonnerre grondera,
Grosse gresle s'y meslera,
Et l'obscurité sera telle,
Qu'on aura besoin de chandelle.
Les Tyriens se cacheront,
Et les Troyens, comme ils pourront.
Pour éuiter pareille pluye,
Il n'est personne qui ne fuye,
Et qui n'aille pour se cacher
Sous vn arbre, ou sous vn rocher,

Sans

Sans songer si durant l'orage,
La Reyne marche à sec, ou nage.
Vostre Enée auec ma Didon,
S'enfuiront de grande randon
Se nicher dans vne cauerne,
Et lors ie veux bien qu'on me berne,
S'ils sortent comme ils sont entrez
Ie vous les rends encheuestrez,
D'vn lien qui tient comme teigne,
Et si ma Didon n'est brehaigne,
Dans neuf mois on verra sortir
De leur fait vn Infant de Tyr.
Ainsi parla du Ciel la Dame :
Vous estes vne braue femme,
Dit Venus riant en son cœur.
Apres ce compliment mocqueur,
Les deux Dames se saluerent,
Et puis apres se separérent,
Venus alla voir sa Paphos,
Et Iunon tira vers Samos,
Pour assister vne accouchée
D'vn Embryon bien empeschée.
Le lendemain au poinct du jour,
Tout fut en rumeur à la Cour,

D

La ieuneſſe Phenicienne,
Chacun auec ſon chien ou chienne,
Tous braues, & tous à cheual,
Les vns bien, & les autres mal,
Et tous équipez pour la chaſſe,
Parurent en la grande place.
Force piqueurs Maßiliens,
Quantité de valets de chiens,
De leurs trompes faiſoient fanfare,
Comme qui diroit tantarare.
Les vns eſtoient chargez de rets
Pour empriſonner les foreſts,
Les autres d'alliers pleins de mailles,
Et de courcaillets pour les cailles :
Bottez à cru, les gros Milours,
Armez d'eſpieux, en habits courts.
A la porte de Dame Eliſe,
Qui prenoit encor ſa chemiſe,
Ioüoient les vns au trique-trac,
Les autres prenoient du tabac,
Diſcouroient d'vne & d'autre choſe,
Et bien ſouuent rioient ſans cauſe.
Mais à la fin trop de rumeur
Mit la Reyne en mauuaiſe humeur.

TRAVESTY.

La Dame leur enuoya dire,
Qu'elle n'aymoit pas ouyr rire.
Son tracquenart rongeant son frein,
D'or, d'argent, de fer ou d'airain,
Ie n'en sçay pas bien la matiere,
De son pied grattoit la poussiere.
C'estoit vn fort bon traquenart,
Horsmis qu'il auoit vn jauart.
La Reyne habillée & coiffée,
Et soigneusement attiffée,
Sortit en pompeux appareil,
On ne peut rien voir de pareil,
Sa seule robe en pierrerie
Valoit plus d'vne mestairie,
Elle estoit de ras de Chaalons,
Couuerte de quatre galons,
Et de gros boutons à freluches,
Sur son chef deux plumes d'austruches,
Auec quelques autres de pan,
Faisoient sur vn petit turban
Vne espece de capeline,
Vn carquois chargeoit son eschine,
Garny de matras erpennez,
Tres-artistement façonnez.

Ses cheueux qui sur son derriere
Flotoient d'vne belle maniere,
Estoient ce matin là gauffrez,
Et noüez de cordons chiffrez,
De la main de la forcenée
D'vn Æ qui faisoit Ænée.
Item son superbe manteau
Fait à Sidon de drap d'Vsseau,
Et qu'elle portoit en escharpe,
Estoit d'vne couleur de carpe,
Car d'escailles d'or esmaillé,
Et tres-artistement taillé,
L'estoffe estoit toute couuerte,
Et sur l'escaille iaune & verte,
Quand le Soleil à plomb donnoit,
Peau de carpe elle deuenoit.
Il se retroussoit d'vne agrafe,
Qui respondoit à la piafe ;
Cette agrafe representoit
Vne pate d'ours qui tastoit,
Et que tastoit d'ours autre pate,
L'vne & l'autre de fine agate.
Les Phrygiens vinrent aussi
En grosses bottes de roussy,

Iülus estoit à leur teste,
Tout esbaudi de telle feste.
Apres luy vint son cher papa,
Qui les yeux de tous occupa,
Tant estoit beau le galant homme:
Peu s'en faloit qu'il ne fust, comme
Apollon, alors que quittant
Xanthe, qu'on dit qu'il ayme tant,
Et la Lycie, où l'on frissonne;
Ce beau fils de Dame Latone,
Poudré, frisé, rasé de frais,
A grand équipage & grands frais,
Vient faire à Delos residence,
Pour le receuoir, chacun danse,
Les Agathyrses peinturez,
De leurs plus beaux habits parez,
Et les Dryopes, & les Cretes,
Dansent comme marionnettes,
Chacun le cul du pied s'y bat,
Iamais on ne vit tel sabat.
Ce Dieu sur les costaux de Cynthe,
Se promene la teste ceinte
De fueilles & de rubans d'or,
Tel, & plus beau peut-estre encor

Parut en son habit de chasse,
Messire Æneas dans la place.
Il fut de chacun admiré,
Des yeux de Didon deuoré :
Et luy pareillement sur elle
Ioüa souuent de la prunelle.
Alors que l'on fut dans les bois,
Des rochers chévres & chamois,
Prirent la peine de descendre,
Et l'on prit celle de les prendre.
Force daims trauersant les champs,
Maintes petarrades laschans,
Faulserent bien-tost compagnie,
Sans beaucoup de ceremonie;
Et maint cerf y prit le deuant,
Viste autant & plus que le vent,
Faisant naistre dans son passage
De poussiere vn espais nuage.
Ils se sauuoient en moins de rien,
En quoy certes ils faisoient bien,
Iülus, autrement Ascagne,
Monté sur vn cheual d'Espagne,
Attrapoit les plus auancez,
Puis les ayant outre-passez,

TRAVESTY.

Venoit sur eux à toute bride,
Poussoit son cheual intrepide,
Luy faisoit passer des fossez,
Qui font peur quand ils sont passez.
O que le compagnon desire,
Qu'vn grand sanglier de bonne mire
Vienne deschirer furieux,
Les chiens au milieu des espieux :
Ou que quelque lion descende
Au milieu de toute la bande,
Faire trembler les plus ardents,
En leur monstrant griffes & dents,
Quoy que beste si rauissante
Ne soit guere diuertissante.
Cependant qu'ainsi l'on chassoit,
Le Ciel serain s'obscurcissoit,
Et par de grands coups de tonnerre
Declaroit la guerre à la terre.
Le tonnerre ayant bien grondé,
De la gresle fut secondé,
La gresle le fut de la pluye.
Il n'est personne qui ne fuye,
Tant cét orage vehement
Pensa tout perdre en vn moment :

Il tonne, il gresle, il pleut, il vente,
L'horrible tempeste espouuente
Les esprits les plus asseurez:
Et les esclairs reïterez,
Au lieu d'ayder dans les tenebres,
Font naistre des craintes funebres.
Les Tyriens comme des fous,
Pour se cacher cherchent des trous,
Les Phrygiens en font de mesme:
Iülus le visage blesme
Demande par tout son papa,
Lequel cependant s'eschapa,
Auec Didon toute pleureuse,
Et neantmoins toute amoureuse,
Et laquelle eust ioüé beau ieu,
Qui l'auroit voulu croire vn peu.
Ils patroüillerent dans les crottes,
Sans se soucier de leurs bottes,
Non plus que de leurs pauures gens,
Et se sauuerent diligens
Dans vne profonde cauerne,
Faute d'auoir vne lanterne,
Ils s'y fourrerent à tastons,
Et s'entre-seruant de bastons.

Estant

TRAVESTY.

Estant dans cette noire grotte,
Chacun auec vn pied de crotte,
Ils recouurerent leurs esprits:
C'est ce qu'on peut auoir appris
D'vne chose faite en cachette,
Outre que ma plume est discrette,
Virgile qui n'est pas vn fat,
Sur vn endroit si delicat
A passé viste sans descrire
Chose, où l'on peust trouuer à dire;
C'est pourquoy ie n'en diray rien,
Mais ie croy que tout alla bien.
Æneas comme vn homme sage
N'en a iamais dit dauantage,
Et Didon n'a iamais rien dit
De ce qu'en la grotte elle fit:
Sçachez seulement qu'ils s'y tinrent
Assez long-temps, & que suruinrent
Tandis qu'ils furent là dedans,
De tres-funestes accidens.
On dit que Iunon la nopciere,
Et Dame Tellus nourriciere,
S'entre-donnerent le signal,
Si c'est pour bien, si c'est pour mal,

E

Encore vn coup, ie m'en veux taire.
Le Ciel complice de l'affaire,
Soit qu'il en fust d'auis, ou non,
Tira force coups de canon:
Les Nymphes des lieux en hurlerent,
Et leurs testes descheuelerent,
C'est pourquoy le monde a pensé,
Qu'il s'estoit sans doute passé
Entre Didon & maistre Enée
Vne maniere d'hymenée.
Car de cét honneste nom-là
Dame Didon nomma cela.
Mais ie sçay bien que quelques prudes
Luy donnerent des noms plus rudes,
Et non-obstant la qualité,
Qu'à Tyr l'on a bien caqueté,
Tant de Didon que de son hoste;
Certes iamais pareille faute
Ne causa pareil repentir,
Et la pauure Infante de Tyr
En mourut, dont ce fut dommage,
Que maudit soit son mariage,
Et maudite soit sa vertu.
Ie veux qu'il se soit esbatu

Auec elle, Æneas de Troye,
Ce n'est qu'vne action de joye,
Et laquelle ne deuoit pas
Produire vn funeste trespas.
En falloit-il cesser de viure?
La suiue, qui la voudra suiure:
Ie connois de fort bons esprits,
Qui ne voudroient pas à tel prix.
Achepter de la renommée,
Qui n'est ma foy qu'vne fumée.
Autre renommée il y a,
Laquelle par tout publia,
Que Didon auec Maistre Enée
Estoit iointe par hymenée.
Cette renommée est vn mal,
Ou plustost vn traistre animal,
Qui ne se peut tenir en place,
Il n'est malice qu'il ne face,
Il est menteur, & mesdisant,
Et prend force, chemin faisant.
Dans les commencemens il semble,
Que de peur en parlant il tremble,
Puis apres à tout il se prend,
Et de petit deuient si grand,

Qu'il s'estend par toute la terre.
On dit qu'apres l'estrange guerre,
Que contre les Dieux intenta
Encelade, lequel planta
Contre leur dongeon escalade,
La mere de cet Encelade,
Et de Cæ, autre grand voleur,
En accoucha par grand malheur.
Cecy soit dit sans luy déplaire;
La terre ne pouuoit pis faire:
Quand elle en auroit auorté,
Elle auroit bien plus merité:
Ce Monstre bisarre & fantasque
Va viste du pied comme vn Basque,
A le corps de plumes couuert,
Sur chaque plume vn œil ouuert,
Vne oreille tousiours ouuerte,
Lãgue à craindre, & bouche diserte,
Qui dit tout indifferemment
Ce qu'elle sçait, & souuent ment.
La nuit elle fait diligence,
Cette pernicieuse engeance,
Et vole comme vn chat-huant,
Ses vastes aisles secoüant

TRAVESTY.

Entre deux airs sans prendre terre,
Puis le iour elle fait la guerre,
S'entend à l'œil sur une tour,
Et prend garde tout à l'entour,
L'oreille ouuerte pour apprendre,
Ce que sa bouche doit respandre.
Tout beau, je parle en singulier,
Deuant parler en plurier,
La male-beste a des oreilles,
Des bouches pasles ou vermeilles,
Et des yeux iour & nuit ouuerts,
Noirs, bleus, gris, blancs, iaunes ou verts,
De la couleur il ne m'importe,
Autant que son maigre corps porte
De plumes, dont il est aussi
Porté tant par-là que par-cy,
Ou par-cy par-là, l'un vaut l'autre.
En un mestier comme le nostre,
On ne rime pas comme on veut,
Mais seulement comme l'on peut.
Cette conteuse de nouuelles,
En fit par tout courir de belles,
Tant d'Æneas que de Didon;
Publiant qu'elle auoit fait don

LE VIRGILE

De sa personne à Maistre Enée,
Et cela, par bon hymenée;
Et qu'Æneas de son costé
S'estoit sottement garrotté:
Que ce restaurateur de Troye,
Se donnoit bien fort au cœur joye
Auec la Dame & que tous deux,
(Sans se mettre en peine, si d'eux,
Sortiroient les deux Republiques,
Par lesquelles à coups de piques,
De dagues, masses, flesches, dards,
Sont tombez tant de bons soudarts;)
Ne s'amusoient plus dans Carthage
Qu'à vaquer à leur mariage,
Et passoient les iours tous entiers
A se faire des heritiers.
Leurs Courtisans faisoient de mesme,
Tout estoit veille de Caresme,
Les Vendredis & Samedis,
Comme les Lundis & Mardis:
On n'entendoit que serenades,
On ne voyoit que mascarades,
Faire festins, danser balets,
Fous les maistres, fous les valets,

TRAVESTY.

Tout alloit en Cour par escuelles,
Tant les Messieurs que les Donzelles,
Les Donzelles que les Messieurs,
Faute d'exercices meilleurs,
S'appelloient mon petit cœur gauche,
Faisoient iour & nuit la débauche :
Les plus morigenez d'eux tous
Pouuoient passer pour de grãds fous :
Et Didon estoit resolüe,
Deust-on l'appeller dissolüe,
Et quand bien on en médiroit,
Que tant que l'hyuer dureroit,
Elle passeroit son enuie,
Et feroit iour & nuit la vie,
De pareille force & vigueur,
Malgré l'hyuer & sa rigueur.
Ce sont les discours mal-honnestes,
Dont la plus meschante des bestes,
Rendit les peuples esbays,
Du vaste Libyque pays.
Puis elle alla trouuer Hiarbe,
Le Roy du peuple pique-barbe,
Que le grand Iuppin Ammon fit
A Garamante, qu'il rauit.

Elle fut long-temps son Amante,
Cette Donzelle Garamante,
Et tint long-temps embeguiné
Ce Dieu par son teint bazané.
Ce Prince honoroit fort son Pere,
Et n'honoroit pas moins sa Mere,
Afin de viure longuement,
Pour cela, magnifiquement
Il auoit fait bastir cent Temples,
De riche structure, & fort amples,
Dans ces cent Temples, cent Autels,
Peu de gens on a veu de tels,
Ornez de figures taillées,
Tres-artistement grisaillées,
Deuant chaque Autel, lampe estoit,
Qui beaucoup d'huile luy coustoit,
Estant iour & nuit allumée:
Là, mainte victime assommée
Par ce Roy noir veslu de blanc,
Engraissoit la terre de sang,
Les portes en estoient ornées
De fleurs, de rubans cordonnées,
Et les rubans comme les fleurs,
Estoient de diuerses couleurs.

TRAVESTY.

La nouuelle eſtant donc ſemée
Par la méchante renommée,
Que Didon & le Phrygien
Scandaliſoient les gens de bien,
Ce Prince du Pays Libique,
Comme vn amant bien-toſt ſe pique,
Et qu'il auoit l'eſprit haultain,
Crut qu'il n'eſtoit rien plus certain;
Il s'en alla tout en colere
Au Temple s'en plaindre à ſon Pere,
Voicy les diſcours qu'il luy tint,
Les yeux pleurans, paſle le teint,
Et les mains vers le Ciel hauſſées,
L'vne dans l'autre entrelaſſées.
O grand Iupiter, reueré
Du Maure au grabat peinturé,
Et qui pourtant n'as grande cure
Du Maure, ny de ſa peinture.
Quoy que le Maure en verité
Boiue ſouuent à ta ſanté :
Ton tonnerre, & tes petarrades,
Ne ſont donc que fanfaronnades,
Et tout le bruit qu'au Ciel l'on fait
N'eſt rien que du bruit ſans effet.

F

LE VIRGILE

Quoy? le bon qui te sacrifie,
Et le meschant qui te deffie
N'en seront donc ny pis ny mieux?
Et la Terre au dessous des yeux
N'aura que le desaduantage
D'estre plus basse d'vn estage?
Et moy qui te sers nuit & iour,
Et la Didon qui fait l'amour
Meriterons de mesme sorte:
Si bien Iupiter, qu'il n'importe
De faire bien, ou faire mal,
Auprés de toy tout est égal.
Vne Didon, vne coureuse,
S'en vint en faisant la pleureuse
Nous demander place à bastir,
Cette fugitiue de Tyr
Qu'en ce riuage nous receusmes,
Et dont compassion nous eusmes,
Est esprise d'vn autre gueux,
Qui se fait nommer le Pieux;
Cét autre Paris, cét Ænée,
Auec sa troupe effeminée,
Comme vne Donzelle accoustré,
Poudré, frizé, fardé, mitré

D'vne toque Méonienne,
Auec cette Sidonienne
Tout ouuertement fait dôdo,
Et comme on dit vit à gogo.
Ainsi par cette bonne Dame,
Cependant que ie te reclame
Ie me trouue amoureux cornu,
De quoy ie te suis bien tenu:
A d'autres, Iupiter, à d'autres,
Si sur les sacrifices nostres
Tu fondes tes meilleurs repas,
Ma foy tu n'engraisseras pas.
De mes victimes assommées,
Et de mes lampes allumées
Ie suis fort mal recompensé;
Vrayment, si ie l'eusse pensé,
Ie n'eusse pas perdu ma peine,
Et mainte vache, & beste à laine,
Seroient encore dans leur peau,
A faire honneur à mon troupeau.
Cette harangue bien sensée
Ainsi chaudement prononcée,
Fit tout l'effet qu'elle deuoit.
Seigneur Iupiter qui tout voit

Vit le Monsieur & la Madame
Qui s'appelloient, mon cœur, mon ame,
Et l'vn de l'autre embeguinez,
Sans cesse se rioient au nez,
Sans se mettre beaucoup en peine,
Autant Æneas que la Reine.
S'ils faisoient les gens caquetter,
Cela fascha bien Iupiter,
Il appella son fils Mercure,
Bastard de gentille nature,
Et bien aussi morigené,
Qu'vn garçon sans offense né.
Il est vray qu'il aymoit à prendre,
Mais on en est quitte pour rendre :
Si tost que son Pere le vit,
Voicy le discours qu'il luy fit.
Va faire brider vn zephyre,
Monte dessus, & t'en vas dire
A Maistre Æneas le Troyen,
Qu'il ne fut iamais qu'vn vaurien,
Que sa mere de son courage
Nous auoit promis dauantage,
Deux fois des mains des Grecs sauué
On ne l'auoit pas reserué

TRAVESTY.

Pour faire de l'amant fidelle,
Ou pluftoſt du Ian de Niuelle :
Dis luy qu'vn miroir à Putin,
Pour dompter le pays Latin,
Et vn mal-propre perſonnage,
Et que de Teucer le lignage
Demande vn homme de vertu
Et non pas vn coigne-feſtu
Pour le faire bien-toſt renaiſtre,
Et dans le bas monde paroiſtre
Arbitre de tous les Eſtats,
Foullant aux pieds les Potentats :
Si cette grandeur l'importune
Qu'il n'empeſche pas la fortune
D'Aſcaigne, à cela deſtiné
Par vn Arreſt au Ciel donné.
Qu'il ceſſe donc de me déplaire,
Qu'il nauige, & me laiſſe faire,
Et s'il dit qu'il n'en fera rien,
Qu'il s'aille, vous m'entendez bien,
Ie ne veux point dire le reſte,
Vole donc, mon fils, adieu, preſte.
Ainſi luy parla Iupiter,
Et Mercure alla s'appreſter :

A ses talons, que mulle aucune
Par respect iamais n'importune
Talonnieres il ajusta,
Et puis proprement adjousta
A chacune vne paire d'aisles,
Car ce Dieu ne pourroit sans elles,
Quoy que Dieu, non plus qu'vn caillou
Voler sans se casser le cou :
Mais quand il a la iambe armée
De sa talonniere emplumée,
Dessus la terre & dessus l'eau,
Il ne se trouue point d'oyseau,
Qui vouluft faire vne carriere,
Contre vn tel porte-talonniere,
Qui pourroit du vol disputer
Auec l'oyseau de Iupiter :
Et puis il prit son Caducée,
C'est vne verge entrelacée
D'vne couple de beaux Serpens,
Entortillez, & non rampans.
Auec cette verge il fait rage
Ce Dieu Patron du brigandage,
Prononçant certains mots follets
Qu'on dit iouant des gobelets,

TRAVESTY.

Et dont i'ay perdu la memoire,
Il fait ce qu'on ne pourroit croire,
S'il ne fait qu'un homme toucher,
En Enfer il se va cacher :
Et s'il veut retirer cét homme,
Le retouchant, il en sort comme
Qui dans l'Enfer n'a point esté
Sans estre de son feu gasté :
Quand il veut qu'un homme sommeille,
Luy fourrant sa verge en l'aureille,
Il le fait bien-tost sommeiller,
Et quand il le veut resueiller
A deux ou trois bons coups qu'il donne
De son baston, il n'est personne
Qui ne se réueille en sursaut,
Il en fait le froid, & le chaut,
De la mesme, il fait la tempeste
Et quand elle fait trop la beste
Il l'a dissipe en un instant :
Auec ce baston important
Il donne aussi sur les aureilles,
Et mille autres belles merueilles
Que ie n'ay loisir de conter,
De peur de le trop arrester.

Le voila desia qui costoye,
Comme vn Aigle, & non comme vn Oye
Les flancs de son grand Pere Atlas,
Vieillard qui doit estre bien las
Depuis que son eschine forte
Toute la masse du Ciel porte :
Ce Mont a sur sa sommité
Des grands sapins en quantité,
Qui couurent sa teste & sa nuque
Et luy font comme vne perruque,
De son gros chef-couuert de bois,
S'exhale maint nuage épois
Qui le cache & qui l'enuironne,
Et luy fait comme vne Couronne,
Sa bouche crache des ruisseaux,
Dont les froides, & claires eaux,
Se separent en plusieurs Fleuues,
Tous les Hiuers des neiges neufues
Luy font vn just-aucorps nouueau,
Qui ne quitte iamais sa peau,
Et tousiours neige dessus neige
Son ventre & son grand dos allege
Contre le Soleil tousiours chaut
En ce climat plus qu'il ne faut,

TRAVESTY.

Sa barbe magazin de glace
Fait honneur à sa large face,
Car la glace sied au menton
Mieux que la laine, ou le coton.
Là, le Dieu porte-caducée,
Fit sa premiere reposée,
Et puis hachant dru & menu,
De ses quatre aisles soustenu,
Vint fondre sur les eaux salées :
Auec ses aisles estalées,
Il semble qu'il voudroit ramer,
Tant il raze de prés la mer.
Comme vn oyseau de couleur bleuë,
Au bec long, à la courte queuë,
Vn peu moins gros qu'vn Sansonnet,
Que l'on appelle vn Martinet,
Nage de l'aisle à fleur de l'onde,
Et puis tout à coup son fonds sonde,
Afin de prendre au dépourueu
Vn petit poisson qu'il a veu,
Et puis l'ayant happé, le croque
Tout vif, areste, escaille, & coque :
Tel, mais quatre fois plus leger
Des Dieux l'illustre messager,

Du dos de Monsieur son grand Pere,
(Car Atlas engendra sa mere)
Vint razant le bord Lybien,
Fondre où le Prince Phrygien,
Auec Didon d'amour rauie,
Menoit vne fort laide vie.
Ce gentil Dieu que ie vous dy,
Pour ne rien faire en estourdy,
Se posa sur vne chaulmiere,
Là, de sa double talonniere
Desembarassant son talon,
Il vit faisant le violon
Vis à vis de sa violonne,
Meßire Æneas en personne,
Poudré, frizé, fardé, tondu,
Vn riche habit bien entendu,
Augmentoit fort sa bonne mine,
Il estoit de belle estamine,
Le manteau de drap de Sidon,
Present de la Dame Didon.
Comme cette Reine amoureuse
Estoit vne grande couseuse,
Elle auoit fort adroittement
Chamarré d'vn beau passement,

TRAVESTY.

Et parsemé de point d'aiguille,
Autant l'habit que la mandille :
Son coutelas Damasquiné,
D'vne peau d'anguille enguaisné,
Auoit de jaspe la poignée,
Tres-artistement besognée.
Enfin, il estoit ce iour-là
De ceux, dont l'on dit, les voila :
Elle prés de luy, luy prés d'elle,
Regardans vne Citadelle
Qu'on bastissoit diligemment,
Ils ordonnoient du bastiment.
Tout beau, tout beau, ie me mesconte
Si fort, que i'en rougis de honte.
Didon n'estoit pas auec luy,
I'ay pensé donner aujourd'huy
A mes enuieux à reprendre,
Et dire de moy pis que pendre.
Retournons au Dieu qui surprit
Messire Æneas, dont l'esprit
Ne songeoit alors qu'à Carthage,
Et bien moins à faire voyage,
Que moy, cul de jatte follet
Ne songe à danser vn ballet.

LE VIRGILE

La harangue du Dieu fut telle.
Ha Dieu vous gard, Mademoiselle,
Car veu l'habit que vous portez,
Semblable nom vous meritez :
Vous faites donc de l'Architecte,
Et vostre vertu qu'on respecte,
S'accoquinera, de façon
Que vous passerez pour Maçon ;
Vous songez à bastir Carthage,
Vous estes vn homme bien sage,
Et quoy ? pour vos folles amours
Voudriez-vous bien passer vos iours
A faire le Sardanapale,
Et seruir vne Martingale ?
Si vous vous trouuez bien icy,
Il n'en est pas d'Ascaigne ainsi,
Auquel, au moins à sa lignée,
La terre habitable gagnée,
Est promise par le destin,
A la gloire du nom Latin :
Iupiter le lance-tonnerre,
Qui voit comme dans cette terre
Vous viuez, dont il a pitié
Plus qu'il ne doit de la moitié,

TRAVESTY.

Par moy qui vous parle, vous mande,
Que quittant cette houppelande,
Et cét habit effeminé,
Au pluſtoſt l'ordre ſoit donné
Pour partir à toute la flotte,
Ou qu'autrement d'vne marotte
Il veut que vous ſoyez coiffé,
Et du catalogue biffé,
De ceux dont il fait quelque compte.
Vous deuez bien mourir de honte,
De faire ſi long-temps le fou,
Et de paſſer pour le matou
D'vne chatte de Barbarie.
Reconnoiſſez ſa piperie,
Et croyez ce que ie vous dy.
Apres ce langage hardy
Il reprit ſa forme premiere,
Et ce grand éclat de lumiere,
Dont les Dieux ſont accompagnez.
Maiſtre Æneas les yeux clignez,
Le poil heriſſé dans la teſte,
Et ſtupefait comme vne beſte,
Ou comme vn homme condamné,
Demeura ſi fort eſtonné,

G iij

Qu'il ne vit point partir Mercure.
Le temps desia beaucoup luy dure,
Qu'il n'ait regaigné ses vaisseaux,
Et n'aille iouer des cousteaux,
Où son noble destin le meine.
Il n'est pas en petite peine
De sçauoir où, quand, & comment
Il pourra faire vn compliment,
Dont la Dame Didon se paye.
De l'appaiser de quelque baye,
Son cœur n'y sçauroit consentir,
Et cependant il faut partir :
Il gratte, & regratte sa teste
Pour trouuer vn pretexte honneste
De quitter ces aymables lieux.
Il pourroit alleguer les Dieux,
Mais vne amoureuse en colere,
Aux diuinitez peu defere :
Le pauuret que fera-t'il donc ?
Estant confus s'il le fut onc :
Ie conseillerois le beau Sire
De s'en aller sans en rien dire,
Quitte pour crier au larron.
En cét endroit, Maistre Maron

TRAVESTY.

N'a point approfondy l'affaire,
Tellement qu'il se peut bien faire,
Que Maistre Æneas estoit sou,
D'auoir tousiours femme à son cou,
Et volontiers plioit bagage :
Mais comme il estoit homme sage,
On n'a iamais sceu tout de bon,
Si cela luy faschoit ou non.
Il fit venir Maistre Sergeste,
Mnestée, & Cloante, & le reste
De ses amis les plus discrets,
Ausquels il dit : Soyez secrets,
Ramassez tous vos équipages.
Les plus prompts seront les plus sages,
Qu'on mette au plustost les vaisseaux
En estat de fendre les eaux,
Enfin que la flotte s'appreste,
Et ne vous rompez point la teste
Du sujet que nous en auons,
Soyons secrets, & nous sauuons :
De mon costé i'auray la peine
D'y faire consentir la Reine,
En luy faisant vn tel discours,
Ie sçay le peril que ie cours :

Ie feray couler mainte larme,
Ie cauferay bien du vacarme,
Et ie m'attends aux accidens
Qui viennent d'ongles, & de dens.
Elle aura beau faire la belle,
Si partiray-je en dépit d'elle,
Me deuſt-elle ſauter aux yeux,
Lors que nous ferons nos adieux :
Comment feray-je ? que diray-je ?
Et par où le commenceray-je,
Ce mal-encontreux compliment ?
Par ma foy, ie ne ſçay comment,
Qui pourroit changer la coruée,
Contre quelques coups deſcourgée,
Ou que ne ſuis-je deſia loin,
Auec dix mille coups de poin.
Ainſi parla Meſſire Ænée,
Et ſa trouppe bien eſtonnée,
Et pourtant, aiſe de partir,
Luy promit tout, ſans repartir.
Mais leur clandeſtine entrepriſe
A Didon fut bien-toſt appriſe,
Soit que la Dame s'en douta,
Ou que la choſe on luy conta.

(Qui

TRAVESTY.

(Qui pourroit tromper vne amante?)
Elle estoit vn peu vehemente,
Et vouloit, ce qu'elle vouloit,
Quatre fois plus qu'il ne falloit :
Mais quand vn nigaut luy vint dire,
Dont il n'eut pas sujet de rire,
Car le menton on luy pela,
Lors que la chose il reuela;
Quand donc on aduertit la Dame,
Que de la moitié de son ame
On l'alloit bien-tost separer,
Qu'Æneas faisoit preparer
Sa flotte comme vn infidelle,
Sans se soucier beaucoup d'elle :
Alors la pauure femme, alors
Malade d'esprit, & de corps,
Deuint tout à coup la figure
Du visage, & de la posture
D'vne Thyade ayant du vin,
Quand pleine de ce jus diuin,
Durant la triannalle Orgie,
Dont la feste a tant d'energie,
Bacchus, des Dieux le plus grand fou,
Entre dans son corps, par son cou,

Ou si l'on veut par son derriere,
Ie n'en sçay pas bien la maniere,
Mais bien que ce fougueux Demon
Se rend maistre de son poulmon,
La fait hurler comme vne beste,
La fait crier à tuë teste,
Comme on fait apres vn larron
Sur le sacré mont Cithéron,
Portant mal le vin qui l'emporte,
Et monstrant tout ce qu'elle porte :
Ainsi la Reyne ayant pleuré,
Gemy, sanglotté, souspiré,
Sué de chaud, tremblé de fiévre,
Tordu ses doigts, mordu sa léure,
Plombé son sein, ses yeux poché,
Ses cheueux noirs bien arraché,
Ses deux fesses bien soufflettées,
Et ses seruantes mal-traittées,
Elle alla trouuer de ce pas,
Marchant en folle, sans compas,
Le venerable fils d'Anchise,
Et l'entreprit en cette guise.
O des fripons le plus fripon,
Franc soudrille, grippe-chapon,

TRAVESTY.

Homme sans honneur, & sans ame,
Ie vais bien te chanter ta game.
Tu l'as donc esperé meschant?
Et qui de moy te vas cachant,
De faire sans moy ta retraitte,
Peut-estre en larron, ta main faitte;
Et la faire à nostre desceu,
D'où l'on t'auoit si bien receu.
Quoy? l'amour que tu m'as iurée,
Ma main dans la tienne serrée,
Ce qui te fut en moy de cher,
Ne peuuent donc t'en empescher?
Ny Didon de la mort si proche,
Ame de bronze, cœur de roche:
Et tu veux partir en hiuer,
Comme ne pouuant t'arriuer
Vn plus grand mal que ma presence!
Helas, celuy de ton absence
Est d'autant plus cruel pour moy,
Que ie ne puis viure sans toy,
Car tant mon mal-heur est extréme,
Tout meschant, tout cruel, ie t'ayme.
Cependant perfide tu pars
Pour vn chemin plein de hazars,

Si c'estoit pour aller à Troye
I'y consentirois auec ioye,
Mais tu t'en vas, & tu ne sçais
Pour quelle raison tu le fais,
Si ce n'en est vne assez forte,
De me voir bien-tost roide morte :
Demeure donc, tu feras mieux,
Ie t'en conjure par mes yeux,
Qui furent pour toy pleins de charmes,
Et ne le sont plus que de larmes :
Ie t'en conjure par la main
Que tu m'as donnée inhumain,
Par la main, que tu m'as donnée
En signe de nostre hymenée,
Le seul bien qui me peut rester,
Et pourtant que tu veux m'oster.
Si cette raison est peu forte,
Ne m'ayme plus, il ne m'importe,
Mais prend pitié d'vne maison,
Que tu pers par ta trahison.
Demeure donc cruel Birene,
Ou que le grand Diable t'emmene :
Pour toy des peuples Lybiens,
Et ie l'oze dire des miens,

TRAVESTY.

Des Tyriens ie suis blasmée,
Par toy ie suis sans renommée,
Par qui i'allois le nez leué,
Et paroissois sur le paué,
Au lieu que dans ma propre ville,
Chacun de moy fait vaudeuille,
Et ie sçay plus d'vn Rocantin,
Où l'on m'oze appeller putin.
Demeure donc, cruel, demeure,
Regarde vne Reine qui pleure.
Si tost que tu seras party,
Mon maraut de frere aduerty,
Viendra tout piller à ma barbe,
Peut-estre le Getule Iarbe :
Que i'ay tousiours traitté de sot,
Pour me faire écurer son pot,
Ou pour chose encor plus honteuse,
M'emmenera comme vne gueuse.
S'il restoit encore auec moy
Vn fils qui fust semblable à toy,
Non pas d'humeur, homme volage,
Mais bien du corps, & du visage,
I'aurois en mon affliction
Vn peu de consolation :

H iij

Mais de toy tout ce qui me reste,
N'est qu'un desespoir bien funeste;
Qui deuroit bien causer le tien,
Si tu n'estois pire qu'un chien.
Ainsi dit, la Dame affligée,
Et puis elle fit l'enragée :
Æneas ferme comme vn roc,
Et sur ses ergots comme vn coq,
Tant le Dieu Lancepetarrade,
Par cette fameuse ambassade,
L'auoit rendu fier, & despit,
Se mit à resuer vn petit.
Il fut long-temps sans se remettre,
Estant pris au pied de la lettre,
Enfin ayant bien bégayé,
Il dit, le visage effrayé,
Comme d'vn homme qu'on va pendre,
Ces mots, qu'ils vous plaira d'entendre.
Belle qui pleurez par les yeux,
Ou parlez moins, ou parlez mieux.
Vous m'assasinez de reproche,
Vous m'appellez vn cœur de roche,
Ie n'en ay iamais eu pour vous,
Que de mouton, & des plus doux.

Ie ne veux point nier ma dette,
I'en feray sonner la trompette,
Publiant icy comme ailleurs,
Qu'on ne voit point de gens meilleurs
Que les habitans de Carthage,
Si ce n'est qu'ils ont le visage
Vn peu tanné, sauf vostre honneur,
Et tirant sur le Ramonneur,
Le nez vn tant soit peu trop large,
Et la léure auec trop de marge,
Et ie ne sçay quelle senteur
Qui tient bien de la puanteur :
Mais ce petit defaut s'excuse
En vne nation camuse,
Et vostre petit nez de chien,
N'a iamais offensé le mien :
Quant à moy pour des choses telles,
Que ie traitte de bagatelles,
Ie ne partirois point d'icy,
Si les Dieux le vouloient ainsi,
Et passerois bien vne année
En cette terre bazanée ;
Mon Dieu que les chats y sont beaux!
Ie veux en charger mes vaisseaux,

Et veux acheter de vos barbes,
Pour me souuenir des Alarbes,
Alors que ie les monteray,
Croyez, Madame, que i'auray
De vostre Majesté memoire,
Par ma foy, vous le deuez croire.
Donnez donc tréue à vos beaux yeux,
Ne pleurez plus, vous ferez mieux.
Vous m'auez parlé d'Hymenée,
Auec vn certain Maistre Ænée,
Madame, ie le connois bien,
Au nom de Dieu n'en faites rien,
C'est vn esprit acariastre,
Homme à vous battre comme plastre,
Qui se feroit desmarier,
Et lors vous auriez beau crier,
Chassez donc si vous estes sage,
De vostre esprit ce mariage,
Cét homme n'est pas vostre fait,
Et ce n'est pas pour cét effet
Qu'il a pris terre en cette coste,
Ne comptez donc plus sans vostre hoste,
Et rayez-moy de vos papiers,
Faites marcher vos asteliers,

Et m'oubliez, s'il est possible,
Faisons-nous un adieu paisible,
De crainte de faire parler
Ceux qui nous verroient quereller :
Si j'estois encore mon Maistre
Ie resterois icy peut-estre,
Mais aussi peut-estre que non,
Car ie vous le dis tout de bon,
Le plus grand souhait de mon ame
Ne va qu'à rebastir Pergame,
Et que rendre Troye au Troyen,
Puis un Apollon Grynéen
Des saints Oracles interprete,
Me voit souuent, & me repete,
Que ie pers icy bien du temps,
Que les Dieux n'en sont pas contens ;
Qu'on parle au Ciel de ma folie,
Qu'il faut que i'aille en Italie,
Sans faire aupres de vous l'Adon ;
Car dites-moy, Dame Didon,
Puisque vous estes bonne & sage,
Voudriez vous bien quitter Carthage ?
Vous seriez folle en cramoisy,
Ma bonne Dame pensez-y :

Si i'allois mesprifer la terre,
Où ma posterité par guerre
Doit tout mettre sous le baston,
Encore vn coup, qu'en diroit-on?
Ce seroit iouer à desplaire
Aux Dieux, qui conduisent l'affaire,
Et ne m'estimeriez-vous pas
Fol à vingt & quatre caras?
Toutes les nuits mon pere Anchise
Me vient tirer par ma chemise
Et me crie, Homme sans vertu,
A quoy Diable t'amuses-tu?
Est-il temps d'enfiler des perles,
Et d'aller à la chasse aux Merles?
I'ay mis Merles, pour rimer mieux,
Car autant que le serieux
Le Burlesque veut que l'on rime,
Et veut mesme aussi que l'on lime:
Autrement les Vers sans repos
Se peuuent faire à tous propos,
Et n'est aucun qui ne rimaille
En ce temps-cy, vaille que vaille,
Et tel Liure est de bout en bout
Rime, & puis rime, & puis c'est tout,

TRAVESTY.

Des mots de geule hors de leur place,
Et quolibets froids comme glace.
Tels Rimeurs meriteroient bien
D'estre nommez Rimeurs de rien,
Ou bien Rimeurs à la douzaine,
Cecy soit dit pour prendre haleine :
Si quelqu'vn n'en est pas content,
Il en peut de moy dire autant,
Ie crains fort peu les coups de langue.
Or pour reprendre la harangue,
Dont nous auons rompu le fil,
Madame, continuat-il :
Ce cher Pere qui tant m'effraye,
Me dit, auec sa voix d'orfraye:
O des hommes le plus perdu,
Qui faisois tant de l'entendu,
Et pourtant n'es pour tout potage,
Qu'vn Bourgue-maistre de Carthage,
Quel est le chemin que tu prens,
Qu'en diront Messieurs tes Parens ?
Qu'en dois-je dire moy ton Pere ?
Qu'en doit dire Venus ta Mere ?
Elle en peut dire, & dira bien,
Qu'vn bastard ne vaut iamais rien ;

I ij

Et qu'en dira ton fils Afcaigne,
A qui le pays de Cocaigne
Eft promis par l'Arreft des Dieux,
A moins que d'en eftre enuieux,
Qui doit en faire la conquefte,
Pour le voir Couronné à la tefte,
Que toy, qui n'as que du caquet,
Et qui t'es defcouuert coquet.
Sans ceffe il me tient ce langage,
Mais en voicy bien dauantage;
Apres quoy ie ne dis plus rien,
Et de cela vous pouuez bien
Me croire, ou fi vous ne le faites,
Ie diray par tout que vous eftes
Femme teftuë, & fans raifon.
Ie vous dis donc, fans trahifon
Et fans mentir d'vne parole,
Que Mercure, le Dieu qui vole
Moins des aifles, que de la main,
En habit & vifage humain,
Mais tout efclattant de lumiere
A moy, qui parle, & ne mens guere;
Aupres d'icy s'eft prefenté,
Si ie ne vous dis verité,

Puiſſay-je n'eſtre qu'une beſte :
Ce Dieu m'a bien laué la teſte,
Mettez donc la voſtre en repos,
Sans regret donnez-moy campos :
Ou bien ie le ſçauray bien prendre,
Quand on me deuroit faire pendre,
Ie verray le pays Latin,
I'y ſuis forcé par le Deſtin,
Et vous par voſtre Deſtinée,
A vous paſſer de Maiſtre Ænée.
Tandis qu'Æneas enfila
Le diſcours ciuil que voila :
Didon de raiſon deſpourueuë
Ne jetta point ſur luy la veuë,
Les yeux fichez ſur le paué,
Le viſage de pleurs laué,
En ſon eſprit bourru la rage
Faiſoit un eſtrange rauage :
En fin ſes yeux elle darda
Sur Ænée, & le regarda
Depuis les pieds iuſqu'à la teſte,
Furieuſe comme tempeſte,
Et puis luy dit ces meſmes mots.
O le plus vil des animaux,

Le plus dur & le plus sauuage,
Et qui fais tant de l'homme sage,
Tu n'es qu'vn sot, tu n'es qu'vn fat,
Tu n'es qu'vn larron comme vn rat,
Vn coureur de franches lippées,
Et tes suiuans traisneurs d'espées,
Qui ne valent pas mieux que toy,
Ne seroient pas viuans sans moy:
Tu te dis fils de Citherée,
La chose n'en est asseurée,
Qu'en tant que grand fils de putain,
Mais ie sçay bien pour le certain,
Que ny Citherée est ta mere,
Ny feu Dardanus ton grand-pere,
Et que toy qui fais tant du Coq
Ne fus iamais que fils d'vn Roc,
Et qu'vne Montaigne est ta mere,
Que de telle mere, & tel pere
Il ne peut sortir qu'vn caillou:
Non ie me trompe, c'est vn loup
Qui t'engendra d'vne pantere;
Aucuns disent vne vipere,
Qui te conçeut d'vn leopard;
Les autres disent vn lezard,

TRAVESTY. 71

Qui t'engendra d'vne tigreſſe ;
Autres vn dragon, d'vne aſneſſe ;
Vn renard, d'vn cameleon ;
Vn rinocerot, d'vn lion ;
Vn cocodrille, d'vne auſtruche ;
Vn loup ceruier, d'vne guenuche ;
Pour moy ie te mets au delà
De tous ces vilains monſtres-là,
Pour dire de toy pis que pendre,
Et de crainte de me meſprendre,
Ie te tiens, Roc, Roche, Caillou,
Pantere, Leopard & Loup,
Vipere, Lezard & Tigreſſe,
Ie t'eſtime Dragon, Aſneſſe,
Vn Renard, vn Cameleon,
Vn Rinocerot, vn Lyon,
Vn faux Cocodrille, vne Auſtruche,
Vn Loup ceruier, vne Guenuche,
Et pour acheuer mon ſermon,
Ie te tiens pire qu'vn Demon,
Pire qu'vn Diable qui t'emporte,
Toy, ton fils, toute ta cohorte,
Et moy ſotte caroigne auſſi
De m'eſtre embeguinée ainſi

D'un mangeur de Poulle, un Gendarme.
Ay-je veu couler une larme
De ses yeux ? ay-je ouy sortir
De sa bouche un petit souspir ?
A-t'il eu pitié d'une amante ?
Mais vainement ie me tourmente,
Il n'est qu'un pendart, qu'un vaurien,
Et Iupiter qui le voit bien
Et l'ingrate Iunon complice
Ne m'en feront iamais iustice.
On ne voit plus que des ingrats,
Les voyez-vous refaits & gras,
Ces Phrygiens que Dieu confonde,
Délabrez, s'il en est au monde,
Transis de froid, mourant de faim,
Qu'on eust fouëtez pour du pain,
Pauures d'habits, comme de mine,
Sales magazins de vermine ;
En fin veritables cagous,
Et leur Roy le plus gueux de tous,
Ils sont venus en ce riuage
Montrer leur affamé visage,
Ils ont mangé comme des lous,
Et quand ils ont esté bien saous,

Et

Et contens comme rats en paille,
Le Capitaine, & la canaille,
S'en vont sans payer leur escot,
Que maudit soit le pied descot,
Et les pieds descots qui se suiuent,
Par moy seule les coquins viuent,
Ils me quittent les vagabonds.
Ha! ie vai sortir hors des gonds,
La fureur saisit ma ceruelle,
Le traistre me la baille belle :
Il m'allegue vn Dieu Iupiter,
Qu'il a peur de mescontenter,
Et les Oracles de Lycie,
Comme si le Ciel se soucie
De cettuy-là, de cettuy-cy,
Il seroit bien oiseux ainsi :
Et puis, admirez l'imposture,
Il me vient iurer que Mercure,
Sur ses aisles doubles porté,
A luy tantost s'est presenté,
Pour haster ce plaisant voyage.
Ha! ie n'en puis plus, i'en enrage.
Va va, ie ne te retiens plus,
Par mes reproches superflus,

K

Va-t'en où ma fureur t'enuoye,
Que iamais ie ne te renuoye,
Va chercher ton pays Latin,
Fui moy cruel, fui ton destin,
Si le Ciel a quelque justice,
Vn escueil sera ton supplice,
Là tu demanderas pardon,
Là tu reclameras Didon,
Didon, par toy tant offensée,
Au lieu d'estre recompensée.
Ie te veux poursuiure inhumain,
Vne torche noire à la main,
Ie t'en grilleray les moustaches,
Homme le plus lâche des lâches;
Et quand i'auray fini mon sort,
Tu me verras apres ma mort,
Et iour & nuit, fantosme horrible,
Te lançant vn regard terrible,
Ie te feray par tout, Hou Hou,
Ie te feray deuenir fou,
En Enfer i'auray la nouuelle
Du desordre de ta ceruelle,
Dieu sçait, si son vin il aura,
Celuy qui me l'apportera.

TRAVESTY.

O Chien, Loup, Lyon, Tigre, Suisse,
Que bien-tost le Ciel te punisse.
Apres ce ioly compliment,
Qu'elle fit un peu brusquement,
Elle luy tourna le derriere
D'vne desdaigneuse maniere.
Le Seigneur luy fit un salut,
Dire ses raisons luy voulut,
De ses bras elle se dérobe,
Luy laissant un pan de sa robe,
Il la resaisit, l'embrassa,
Elle se desembarassa,
Sans vouloir ouïr la harangue,
Qu'il tenoit preste sur sa langue,
Sottement il la conjuroit,
Car lors grande risque il couroit
De ne luy dire rien qui vaille,
Car tout criminel s'entretaille ;
Enfin luy disant, croyez-moy,
Elle luy criant, oste-toy,
Infidele, ingrat, hypocrite,
La Dame gaigna la guerite,
Et le laissa pour reuerdir,
Au point qu'il alloit s'enhardir

K ij

De la payer d'vn apophtegme.
Il auoit ja mis bas vn flegme,
Car il crachoit, touſſoit, mouchoit,
Quand vn diſcours il ébauchoit,
Mais la cruelle à toute bride,
Le laiſſa diſcourir à vuide;
Apres cette Reine qui court,
Ses femmes ayant le nez court,
Et les narines eſcachées,
Suiuoient, faiſant les empeſchées;
Maures à la file marchans,
Comme les vaches vont aux champs,
La ſuiuirent iuſqu'à ſa chambre,
Où ſe dépoüillant chaque membre,
Dans ſon grabat elle ſe mit,
Dieu ſçait ſi la Dame y dormit;
Pour Æneas, quoy qu'en ſon ame
Il aymaſt tendrement la Dame,
Et que de ſe voir obligé
De prendre ainſi d'elle congé,
Il euſt vn dépit incroyable,
L'Arreſt des Dieux irreuocable
Fit, qu'il n'en relaſcha pas moins
De ſa diligence, & ſes ſoins,

TRAVESTY.

A faire trauailler son monde,
Les vns poussoient les nefs dans l'onde,
Et les autres les espalmoient,
Ou bien de rames les armoient:
Là l'on coigne, là l'on charpente,
Là l'on raccommode vne fente,
Chacun trauaille à qui mieux mieux,
Autant les ieunes que les vieux.
Ainsi les fourmis, ce me semble,
Que le soin de l'hyuer assemble,
Pour picorer quelque boisseau
De froment mis en vn monceau,
Vont au trauail en grosse trouppe,
Chacun vn grain de bled en crouppe,
A la file s'entre-suiuans,
Bel exemple pour les viuans
D'amasser leur froment en gerbe,
Au lieu de les manger en herbe.
Il me semble que ie les voy,
Conduisant leur petit conuoy,
Le chemin de fourmis fourmille,
Sur leur dos noir le grain blanc brille,
On diroit des grains cheminans,
Tant les allans que les venans

N'occupent qu'vne estroite voye,
Où l'on traisne, porte, ou charroye.
Les vns en guise de Sergens,
Font marcher les moins diligens,
Les plus forts, les foibles soustiennent,
Les vns vont, & les autres viennent,
Enfin tous trauaillent fort bien,
En fourmis d'honneur & de bien :
Les Nobles Troyens tout de mesme,
Par vne diligence extresme
Equippent leurs nefs dans le port,
Dont Didon se réjoüit fort.
Quelle fut alors ta pensée,
Ha pauure Didon insensée ?
Dy nous vn peu combien de fois
Tu joignis à ta foible voix,
Qui faisoit alors mille plaintes,
De tes dix ongles les atteintes,
Et te fis des incisions,
Sans parler des contusions :
Lors que tu vis sur ton riuage,
Qu'on ioüoit à remu-mesnage.
Quelle fut ton affliction,
Et iusqu'où fut ta passion?

TRAVESTY.

Que des Matelots les huées,
Le grand bruit des nefs remuées,
Et tout le riuage en rumeur,
Te mirent en mauuaise humeur.
Elle pleure, & ses ongles ronge,
Tandis qu'elle consulte, & songe,
Si deuant ce Catilina
Elle ira faire O benigna;
Afin qu'en ce pressant affaire
Reproche on ne luy puisse faire,
De n'auoir pas tout essayé,
Et de n'auoir pas employé
Ce qu'elle auoit de Rhetorique,
Pour fleschir cét amant inique,
Ce Neron, ce Tiberius,
Qui faisoit de l'Olibrius.
O petit bastard de Cythere !
Quelque issu de bons pere & mere,
Tu ne vaux pourtant pas vn liard,
Bandé comme vn colinmaillard:
Que sur les cœurs auec tes fléches,
Tu fais d'imperceptibles bréches,
Et par la force de tes cous,
Que de sages, deuiennent fous!

Ira-t'elle la pauure beste,
Porter soy-mesme sa Requeste,
Par laquelle il est conjuré,
Que son départ soit differé?
Non, sa sœur ira bien pour elle;
Elle commande qu'on l'appelle,
Et puis, ayant fermé son huis:
Tu vois, chere sœur, où i'en suis,
Et pour auoir esté trop bonne,
La recompense qu'on me donne,
Luy dit-elle, iettant de l'eau
Par ses yeux la valeur d'vn seau:
Tout semble ayder à ce corsaire,
Ou plustost, aymable aduersaire,
Ses gens sont prests, il l'est aussi,
Il s'en va, ie demeure icy,
Moy, qui sans luy ne sçaurois viure.
S'il m'estoit permis de le suiure,
I'aurois bien-tost fait mon paquet:
Ma sœur, affile ton caquet,
Va le trouuer, dis-luy merueille,
Sans se faire tirer l'aureille,
Di luy, qu'il demeure auec moy,
Il a tousiours fait cas de toy,

Il

TRAVESTY.

Il t'ayme, tu connois son tendre,
Et tu sçais comme il le faut prendre.
Si i'auois preueu ce mal-heur,
J'aurois pouuoir sur ma douleur:
Mais maintenant elle est trop forte,
Le fort sur le foible l'emporte,
Ie l'ayme, le traistre qu'il est,
L'ingrat m'assassine, & me plaist,
Et d'autant plus que ie l'adore,
D'autant plus, le meschant m'abhorre.
Cours donc, ma sœur, va t'en le voir,
En toy seule est tout mon espoir.
Ie me serois desia penduë,
Mais l'heure encore en est induë,
Car ie n'auray, s'il t'en souuient,
Que trente ans à Noël qui vient.
O ma sœur fay luy bien comprendre,
Comme Ronsard dit à Cassandre,
Qu'à moins que Dolope soudard,
Ou cil dont l'homicide dard
Mit Hector dans la sepulture.
Il deuroit estre, le parjure,
Plus reconnoissant à Didon.
Bon, si les peuples de Sidon

Auoient secouru ceux d'Aulide,
Il auroit raison le perfide :
Ou bien si i'auois dispersé
Les os d'Anchise trespassé ;
Mais helas ! toute mon offense
Est d'auoir auec violence,
Aimé ce mauuais garniment,
Qui ne m'ayma que froidement,
Ou pour parler mieux, cét infame
Qui me hayssoit en son ame,
Et qui ne veut pas m'escouter,
Moy, qui ne le veux arrester,
Que pour vne saison meilleure,
Apres, qu'il aille à la bonne heure,
Chercher son beau pays Latin,
Qu'il aille suiuant son destin,
Receuoir quelque playe, ou bosse,
Ie ne luy parle plus de nopce.
Aussi bien c'est l'injurier,
Que de le vouloir marier.
Pauure folle, ie ne demande
Qu'vne faueur qui n'est pas grande,
Ie luy demande vn peu de temps,
C'est de cela seul que i'attens

A ma fureur quelque remede ;
Le grand Diable qui le poſſede
Le rendra ſourd comme vn aſpic,
Et ie n'auray point de repic.
Si ma demande eſt ennuyeuſe,
Qu'il contente vne furieuſe,
Et ſe contraigne vn peu pour moy
Le cruel, qui manque de foy
A celle qui manque à ſoy-meſme,
Pour le cherir iuſqu'à l'extréme.
Va donc ma ſœur, va l'obliger
A me complaire, & ne bouger.
Et pourueu qu'il ne m'abandonne,
Dy-luy, ma ſœur, que ie luy donne
Dés ce ſoir, Comedie, & bal,
Ou que Dieu le garde de mal.
Si tu conduis bien cette affaire,
Tu me connois, laiſſe-moy faire,
Si tu ne t'en trouues pas bien,
Dy par tout que ie ne vaux rien.
Ie ne t'en dis pas dauantage,
Va donc parler à ce volage,
Et cependant ie chanteray,
C'eſt à ſçauoir ſi ie pourray,

L ij

Car ie me sens toute hors d'haleine,
La chanson d'Olimpe à Bireine.
Sa sœur s'en alla, puis reuint,
Fit des messages plus de vingt,
Et le trouua tousiours de mesme,
Et le premier & le vingtiesme :
Il ne fit que luy repeter,
Le bon Dieu vous veüille assister.
Non qu'il fust d'esprit si sauuage,
Onc ne fut meilleur personnage :
Mais il obeissoit aux Dieux,
Et le destin capricieux
L'auoit rendu, d'homme traitable,
Homme de cœur impenetrable.
Ainsi Borée, vn maistre vent,
D'entre les Alpes se leuant,
Montagnes de neiges couuertes,
Vient sur vn chesne aux feüilles vertes
De toute sa force donner,
Afin de le desraciner :
Cét antique voisin des nuës,
Pour du guy, des feüilles menües,
Et quelque chose d'esbranché,
En est quitte à fort bon marché :

Si sa teste est des Cieux voisine,
Ses pieds qu'on nomme sa racine,
Sont proches du pays d'enfer;
Si bien qu'il a beau s'esbouffer
En soufflant, le bon vent Borée;
Ainsi cette Reine esplorée,
Par ses larmes, & par ses cris,
Ses messages, & ses escris,
Ne peut fondre ce cœur de glace,
Il persiste, quoy qu'elle face,
Et n'en est pas plus esbranlé,
Que cét arbre dont i'ay parlé;
Quelque larme à la desrobée,
Sans son consentement tombée,
Peut sa face humidifier:
Mais il ne s'y faut pas fier,
Ce sont larmes de Cocodrille,
Quoy qu'en dise Messer Virgile.
Reuenons à Dame Didon,
A qui le meschant Cupidon,
S'il faut que le Troyen s'esloigne,
Va bien tailler de la besoigne.
Sa sœur ayant fait son raport,
Elle s'effraya de son sort,

L iij

LE VIRGILE

Le desespoir saisit son ame,
Et prit la place de sa flame;
Sa flame se change en fureur,
Ce qu'elle ayma luy fait horreur.
Elle s'abandonne à la rage,
Le iour mesme luy fait ombrage,
Elle le hait, elle le fuit,
Souhaitte vne eternelle nuit,
Pour ne se pas voir elle-mesme.
La mort par son visage blesme,
Ne luy fait point blesmir le sien.
Son plus agreable entretien
Ne sont que rages, que furies,
Que fantosmes, que resueries.
Dans l'horreur qu'elle a de son sort,
Elle ne songe qu'à la mort;
Souuent quelque horrible presage
A ce cruel dessein l'engage.
Vn iour tastant d'vn vin nouueau,
Ce vin se conuertit en eau,
Sa tasse qu'elle auoit rinsée,
Fut d'elle en colere cassée:
Car tant plus elle la lauoit,
Tant plus salle elle la trouuoit.

TRAVESTY.

Vn iour pissant, la pauure Elise,
Elle pissa dans sa chemise;
Beuuant dans vn vase émaillé,
Son vin deuint du sang caillé,
Elle s'en rougit la machoire,
Et ne pût acheuer de boire.
Vn iour qu'elle sacrifioit,
Comme le grand Prestre prioit,
Le bouc égorgé se resueille,
Et mordit le Prestre à l'aureille,
Dont il s'écria tout fasché;
On doute si ce fut peché:
Car on tient que la Destinée
Auoit telle chose ordonnée.
Il s'escria donc, reniant,
Et son aureille maniant:
Foin du bouc, du vœu salutaire,
De la putain qui le fait faire,
Eust-elle au corps ce fer plongé,
Comme l'a ce bouc esgorgé.
La Reine remit la partie,
Et prenant d'vne main l'hostie,
A plusieurs le nez en brida;
Le Prestre d'abord en gronda,

Et puis apres à cause d'elle,
Tourna la chose en bagatelle.
Chaque iour il luy suruenoit
Quelque chose qui l'estonnoit,
Dont sa sœur n'eut iamais nouuelle,
Quoy que confidente fidelle.
Vn petit Temple fort deuot,
Que feu son mary, grand bigot,
Respectoit autant qu'vne idolle,
Que souuent cette pauure folle,
Ornoit de fleurs & de festons,
Et de blanches peaux de moutons.
Vn iour qu'elle estoit toute seule,
Ce petit Temple ouurit la gueule,
Et le ton de voix imitant
De ce mary qu'elle ayma tant;
Il dit, faisant le Hieremie:
Venez à moy, Didon mamie.
Elle respondit sans couleur:
Temple, vous me portez mal-heur.
Souuent durant la nuit obscure,
Vn oiseau de mauuais augure,
Nommé chat-huant ou hibou,
Concerte auec vn gros matou,

Es

TRAVESTY.

Et ces deux amis des tenebres
Chantent mille chansons funebres,
Et font des exclamations,
Qui causent palpitations
A la pauure Reyne amoureuse,
De son naturel fort peureuse.
Bien souuent ses gens estonnez,
Luy vont mettre deuant le nez
Vne prediction antique,
Qui dit en langage Punique,
Qu'vne pauure Reyne mourra
Pour vn drosle qui s'enfuira.
Toutes les nuits qu'elle sommeille,
Quelque songe affreux la resueille,
Tantost Æneas luy paroist,
Qui la fuit ou la mesconnoist,
Ou bien qui luy fait face à face
Vne ridicule grimace:
Elle court apres, il s'enfuit,
Puis elle se trouue la nuit
Toute seule en vne campagne,
Sans que personne l'accompagne.
Elle siffle en paulme les siens,
Elle huche ses Tyriens,

M.

Mais les inciuils sont pour elle,
Le chien de feu Iean de Niuelle.
Lors elle tremble, elle paslit,
Et mesme pisse-elle au lit,
Et mesme fait-elle autre chose,
Salle en vers aussi bien qu'en prose.
Comme des rats & des souris,
Elle auoit grand peur des esprits
Alors qu'elle estoit toute seule,
Dieu sçait donc comme elle s'égueule:
Ainsi le pauure Pentheus,
Pour auoir dit que Lyæus
N'estoit qu'vn escume-tauerne,
Voit les Deesses de l'Auerne,
Chacune en main vn gros serpent,
Duquel elles le vont frapant:
De cette insolente beuuë
Il eut vne telle breluë,
Que le plus souuent il pensoit
Voir deux Thebes, & non faisoit,
Le pauure fou n'en voyoit qu'vne,
Prenoit le Soleil pour la Lune.
C'estoit la chercher en plein iour,
Quand le Soleil faisoit son tour,

TRAVESTY.

Il paroissoit double à sa veuë,
Tant son ame estoit dépourueuë
De ce qu'on appelle raison.
Ainsi lors que de sa maison
Oreste eut vengé la macule,
Sur sa mere vn peu canicule,
La tuant auec son ribaut,
De sang froid, ou bien de sang chaut.
Depuis ce temps les Comedies,
Ie veux dire les Tragedies,
Le representent qui s'enfuit
Deuant sa mere qui le suit:
Là l'on voit ce fils trop colere,
Qui gaigne au pied deuant sa mere,
Qui l'appelle ingrat, inhumain,
Vne torche noire à la main,
Et de couleuures vne tresse,
Dont sans cesse elle vous le fesse,
Et quand il la pense éuiter,
Sur son seüil il se voit guetter
Par les Donzelles Eumenides,
Vengeresses des homicides.
Elise pour auoir peché,
N'est pas quitte à meilleur marché:

M ij

Elle se resout, la pauurette,
De choisir vne mort secrette;
Pour reüssir dans son dessein,
Qui ne part pas d'vn esprit sain:
Elle cherche dans sa ceruelle
Quelque mode de mort nouuelle.
De se transpercer d'vn cousteau,
Elle craint vn peu trop sa peau.
De s'en aller comme vne beste,
Contre vn mur se rompre la teste,
Ou bien s'estrangler d'vn licol,
Au grand dommage de son col;
Cette mort est pour le vulgaire,
Les Roys ne la pratiquent guere.
De monter sur quelque lieu haut,
Et puis de là prendre le saut;
Elle peut, tombant sur la teste,
Monstrer quelque endroit deshonneste.
Enfin ayant bien ruminé,
Et plusieurs morts examiné,
Elle fit dresser vne Pyre.
Si ce mot que ie viens de dire
Est obscur à quelque ignorant,
Qu'il sçache en langage courant,

# TRAVESTY.

Que ce mot qui luy semble estrange,
Veut dire du bois qu'on arrange,
Au haut duquel se vient loger
Celuy qui le fait arranger,
Duquel apres l'on fait grillade :
C'est à la mort faire brauade,
Pour moy, ie ne le ferois pas,
Elle ne vient qu'à trop grands pas
Cette Demoiselle édentée,
Sans estre ainsi de nous hastée,
Outre que qui se tuë ainsi,
Court risque d'estre sans mercy,
Traisné tout nud sur vne claye,
Et c'est pour cela qu'elle essaye
De mourir de quelque trespas,
Pour lequel on ne puisse pas
L'exposer en place publique,
Comme au Seigneur Caton d'Vtique
On eust fait, si de sang rassis
Parmy nous il se fust occis.
Voulant donc iouër de son reste,
Pour couurir ce dessein funeste,
Elle fit appeller sa sœur,
A qui d'vne feinte douceur,

LE VIRGILE

Cachant sa mortelle pensee,
Elle dit : Il m'a donc laissée
L'ingrat, le Turc, le vagabond,
A sa parole il fait faux-bond :
Mais ie veux bien perdre vne aureille
Si ie ne luy rends la pareille,
Ou ie le feray reuenir.
I'ay trouué pour y paruenir,
Si ie ne me trompe, vne voye,
Qui te causera de la ioye.
On m'a certain aduis donné,
Dont i'ay l'autheur bien guerdonné :
Car il en a receu cent Iules,
Et l'ay fait vallet de mes mules.
Cét homme donc que ie te dy,
Qui n'est pas vn homme estourdy,
Des confins de l'Ethiopie,
Où le Ciel sur Atlas s'appuye,
Pays des noirs Massyliens,
La pluspart grands Magiciens,
Me fait venir vne sorciere,
Qui fut autresfois chambriere
D'Hesperus, & menoit, dit-on,
Tous les iours pisser son dragon.

TRAVESTY.

L'appastoit, luy donnoit à boire
Auec quatre mots de grimoire,
Le rendoit doux comme vn agneau,
Prodige en serpent tres-nouueau.
Au sabbat elle est la premiere:
Et du bouc noir la familiere,
Des morts elle fait des viuans
A des farfadets poursuiuans
Vn certain ballay qu'elle monte,
En vistesse vn cheual surmonte.
Il vole comme vn tourbillon,
Elle est du Diable postillon;
Il tonne lors que bon luy semble,
Pleut, gresle & vente tout ensemble,
Sçait bien faire tourner le sas,
Fait venir la Lune icy bas,
Et descendre dans les campagnes
Les arbres des hautes montagnes.
Elle fait de petits marmots,
Sur lesquels disant quelques mots,
Elle porte l'amour dans l'ame,
Tant de l'homme que de la femme.
Sous elle la terre mugit,
Quand sa verge puissante agit,

Vne riuiere vers sa source,
Malgré qu'elle en ait prend sa course,
On la vient voir de toutes pars
Pour des pomades, pour des fars,
Pour faire des maquerelages,
Pour rentraire des pucelages,
Pour trouuer de l'argent perdu,
Pour de la corde de pendu
Dont elle fait ses malefices:
Toutes les nuits dans les justices,
Elle va l'eschelle planter.
Son Demon luy vient rapporter
Tout ce qui se fait sur la terre,
Tant en la paix, comme en la guerre,
Sur son dos la porte en tous lieux,
Et la rend inuisible aux yeux.
Elle sçait nouër l'esguillette:
Bref elle commande à baguette
A tous les habitans d'Enfer,
Mesme à Monseigneur Lucifer:
C'est en cette femme sçauante
Que ie mets toute mon attente.
O chere sœur! c'est malgré moy,
Que ie m'en sers en bonne foy;

C'est

TRAVESTY.

C'est vne chose defenduë,
Mais toute esperance est perduë
De fléchir le Prince Troyen,
Si ce n'est par ce seul moyen.
Fai donc mettre sur vne Pyre
Les choses que ie te vay dire,
Son bonnet de nuit, ses chaussons,
Vne paire de callessons,
Sa bigotelle & sa pincette,
Qu'il a laissez sur ma toillette,
Son espée à faire combat,
Et le detestable grabat,
Où ie me suis abandonnée
A ce fils de putain d'Ænée:
La sorciere dit, qu'autrement
Ne se peut finir mon tourment,
Que tout ce qui fut à l'infame,
Doit estre purgé par la flame,
Et qu'en cela gist mon salut.
Tout ce que la Reine voulut,
Anne le crut sans contredire,
N'attendant d'elle rien de pire,
Que ce qu'elle fit quand le sort
A Sicheus donna la mort.

Faisant donc vne reuerence,
Non pas à la mode de France:
Mais en disant Salamalec,
Et se portant la main au bec,
Elle courut troussant sa juppe,
Executer la pauure duppe,
Ce que Dame Didon vouloit,
Vn peu pluſtoſt qu'il ne falloit.
La Pyre fut bien-toſt dreſsée,
Et branche sur branche entaſsée
De cheſne sec & de cyprés,
Fendu par éclats tout exprés.
L'inconsolable Dame Eliſe,
Faisant vne mine bien griſe,
Monta deſſus à pas contez,
Criant trois fois, Or eſcoutez.
On l'eſcouta pour luy complaire,
Mais elle ne fit que se taire.
Elle sema feuïlles & fleurs,
Et mit reſpandant force fleurs,
D'Æneas la rude rapiere
Sur le lit, ou le cimetiere
De son bonheur, le meſchant lit,
Où la Dame fit le delit;

Sur ce mesme lit vne Image,
Representant le personnage,
Virgile dit que ce marmot,
Si ce n'est qu'il ne disoit mot,
Ressembloit au bon Duc de Troye
Si fort, que chacun auec ioye,
Crioit, Voila Maistre Æneas,
Et pourtant ce ne l'estoit pas :
Et puis faisant de l'empeschée,
Vne Prestresse enharnachée
De tous ses funebres atours,
Fit deux cent quatre-vingts deux tours
Alentour des autels sans nombre.
Les Dieux de la demeure sombre
Furent, quoy que ny beaux ny bons,
Appellez par leurs trois cents noms.
Obmis l'Erebe ne fut mie,
Ny le Chaos, que Dieu benie,
Ny la triple Dame Hecaté,
De ceux dont l'esprit est gasté,
La Patronne, & cette Patronne,
L'est, dit-on, de mainte personne.
Puis d'vn petit vase de fer,
D'eau, puisée au grand puis d'Enfer,

LE VIRGILE

Elle versa pour le moins pinte;
Ie boirois plustost de l'absinthe,
Que d'vne telle eau, me deust-on
Assommer à coups de baston.
Elle fit bien d'autres mysteres,
De plusieurs herbes mortiferes
Elle parsema le bucher,
Puis vn petit morceau de chair,
Qu'ont au front les fils des chevalles,
Bon contre les vertus moralles,
Et bon pour donner de l'amour,
Fut par elle aussi mis au iour.
Didon offrant aux Dieux la Mole,
L'œil esgaré comme vne fole,
Le pied droit nud, l'autre chaussé,
Et le vestement retroussé,
Deux doigts au dessous de la hanche,
Tenant l'autel de sa main blanche,
Attesta hautement les Dieux,
Ceux de l'enfer, & ceux des Cieux,
Les Astres, & leurs influences,
Et leur fit force doleances,
De ce que leur influxion
Nuisoit à son affection.

TRAVESTY.

Et pourtant comme estant bien sage,
Ny du penser, ny du langage,
Ne leur dit pire que leur nom,
Ce qui de tous fut trouvé bon :
Ouy bien un peu clabauda-t'elle,
Contre son Amant infidelle,
Luy souhaitta venin d'Aspic,
Et le regard d'un Basilic,
Tic, Scorbut, Lepre, Diarrée,
Escrouëlle, & Fiévre pourprée,
La petite Verole, & pis :
Et là-dessus, d'un noir tapis
S'affubla la nature humaine ;
La nuit vint dans un char d'Ebene,
Le sommeil auec elle vint,
Qui fit des dormans plus de vingt:
Il en fit au haut des montagnes,
Dans les vallons, dans les campagnes,
Dans les fleuues, dans les estangs,
Dans les villes, & dans les champs ;
Chacun dormoit dans Trebizonde,
Plus de cent milles à la ronde,
Dans Paris, Rome, enfin par tout
Nostre Orizon, de bout en bout:

Didon seule en nostre Hemisphere,
Tandis que de la mort le frere,
Doux frere d'vne rude sœur,
Enchante tout par sa douceur,
Tandis que toute la nature
Semble estre dans la sepulture,
Et que tout viuant paroist mort,
Didon, dis-je, non plus ne dort,
Qu'vn chat-huant dans les tenebres.
Elle fait cent desseins funebres,
Et dit en souspirant tout haut,
Ces paroles, ou peu s'en faut.
Ventre de moy, que deuiendray-je?
Vers Sire Hiarbas m'en iray-je?
Le prier d'estre mon mary,
Le fat fera le renchery,
Et me dira, Dieu vous assiste.
M'en iray-je suiure à la piste
Sire Æneas dans son vaisseau?
Il me fera ietter dans l'eau:
Dieu sçait auec quelle huée
Des soldats ie serois iouée,
Puis que tel Maistre tel valet.
Ha c'est vn estrange poulet!

TRAVESTY.

Qui ne vaut pas qu'on le regarde,
De telles gens le Ciel nous garde;
Tout icy bas s'en va gasté
Faute d'honneur & loyauté:
Mais ie veux bien que i'y consente,
Que i'aille comme vne innocente
Luy dire, reuenez à moy;
Il feroit trop du quant à moy,
Il me feroit coupper ma iuppe,
Ma foy ie ne suis pas si duppe.
Il faut bien mieux s'en ressentir,
Desolée Infante de Tyr,
De l'amour qui se rend si haue,
Serois-tu tellement esclaue?
Et manquerois-tu tant de cœur?
Que d'aller trouuer ce moqueur,
Le prier de te faire grace.
Souuien-toy plustost de sa race,
Souuien-toy de Laomedon,
Trop credule Dame Didon:
Va-t'en plustost à main armée,
De ton desespoir animée,
Fondre, auec tous tes Tyriens
Sur Ænée, & sur ses Troyens:

LE VIRGILE

Helas, qu'est-ce que ie veux faire
Contre vn si vaillant aduersaire ?
Ses gens frappent comme des sourds,
Loups, Dogues, Lyons, Tigres, Ours;
Ta nation lasche & perfide
Voudra-t'elle suiure son guide ?
I'eu peine à les faire partir
Lors que ie me sauuay de Tyr,
Et cette maudite canaille,
N'allant pas pour faire ripaille,
Mais courir hazard du trespas,
Reuiendroit bien-tost sur ses pas.
Ils iront la teste baißée,
Mais leur colere estant paßée,
Ils s'en reuiendront tout ainsi,
Que l'on a fait à Iuuisy.
Ha plustost, Reine mal-heureuse !
Sans faire tant de la pleureuse,
Va te pendre sans hesiter,
Il n'est plus temps de se flatter,
Toute esperance estant perduë,
Tu plairas peut-estre penduë.
Les hommes ont d'estranges gous,
Et les grands Seigneurs plus que tous.

Qu'est-ce

TRAVESTY.

Qu'est-ce donc que tu veux attendre ?
Encore une fois va te pendre,
Tu te pendras fort justement.
Quand on s'est pendu un moment,
On ne veut plus faire autre chose :
Et toy, de mon mal-heur, la cause
Sœur Anne, qui me le peignis
Aussi charmant qu'un Adonis,
Et qui de mes larmes touchée,
Me rendis si fort débauchée,
Que les Poëtes en diront
Peut-estre plus qu'ils ne sçauront,
Ie ne me verrois pas moquée,
Ny comme une sotte excroquée.
Si j'auois suiuy ma raison,
Et moins cru mon échauffaison,
J'aurois obserué mon veufuage,
Sans faire un second mariage,
J'aurois sans reproche vescu,
Sans faire apres sa mort cocu,
Defunt Sichaus mon pauure homme,
Toutes les fois que ie le nomme,
Ie sens mon cœur tendrifier,
Et mes yeux humidifier.

O que te voila diffamée
Femme, d'homme trop affamée!
Et que ce lâche suborneur
Te couste de gloire, & d'honneur!
Tu serois bien plus fortunée,
Si tu n'estois point femme née,
Mais plustost chienne, ou bien guenon,
Ou bien brebis, galleuse ou non.
Tandis que sur cette matiere
Elle passe la nuit entiere,
S'en prenant mesme aux innocens :
Ænée auec tous ses cinq sens,
Dans sa nef paisiblement ronfle,
Attendant que le bon vent gonfle
Ses voiles, de chanvre, ou de lin :
Comme ce Prince peu malin,
Et qui iamais ne l'eust laißée
Sans vne affaire bien preßée,
Dans son vaisseau faisoit dodo,
Sans songer beaucoup à Dido :
Le Dieu Mercure vint en songe,
(Et cecy n'est point vn mensonge)
Car moy qui vous parle, Scaron,
Ie le tiens de Maistre Maron :

TRAVESTY.

Ie dis donc que le Dieu Mercure,
Comme on le voit en sa peinture,
Auec vn bonnet à l'Anglois,
Vn beau baudrier de chamois,
Auquel pendille vne escarcine,
En sa main droite vne houssine,
Où deux gros serpens émaillez
Sont l'vn dans l'autre entortillez,
A chaque talon talonniere,
Et tout éclattant de lumiere,
Vint luy dire à peu prés cecy :
Pauure homme qui dors sans soucy,
Et qui ne sçais pas qu'on s'appreste
A te venir rompre la teste.
Sauue, sauue-toy, de par Dieu,
Et quitte vistement vn lieu
Où chacun a iuré ta perte ;
La mer sera tantost couuerte
Des vaisseaux qui t'attaqueront,
Malheur à ceux qui ne fuiront.
Gaigne le deuant sans remise,
Tu ne connois pas Dame Élise.
Toute gratieuse qu'elle est,
Alors que quelqu'vn luy déplaist,

C'est vne Diablesse complete,
Toute autre femme est ainsi faite,
Et n'est pas vn pire animal,
Qu'vne femme qui nous veut mal.
Cette pressante remonstrance
Mit Æneas si fort en transe,
Qu'il ne pût iamais dire rien
Au Messager Cyllenien,
Qui se perdit dans la nuit noire,
Si Virgile est Autheur à croire.
Lors Æneas frottant ses yeux,
Qui peut-estre estoient chassieux,
Se mit du plus haut de la pouppe,
A réueiller toute sa troupe,
Criant bien fort, sauue qui peut,
Enfans, c'est à nous qu'on en veut,
Vn Dieu du Ciel me vient de dire,
Qu'on s'apreste à nous déconfire,
Bon Dieu qui nous viens aduertir,
D'éuiter les peuples de Tyr,
Dieu qui nous conseilles la fuitte,
Nous allons nous mettre a ta suitte,
Si tu veux attendre vn moment
Nous ferons ton commandement.

TRAVESTY.

Qui que tu sois Dieu tutelaire,
Tu merites vn grand salaire,
Et d'estre en mon Kalendrier:
Et vous que i'ay droit de crier
Et de vous rompre aussi les testes
Alors que vous faites les bestes,
Puis que vous me tenez pour chef,
Démarons d'icy derechef,
Quittons cette maudite riue,
Et quiconque m'ayme me suiue,
Ils en veulent, les bazanez
A nos aureilles, & nos nez.
Faisons donc de ramer merueilles
Pour nos nez, & pour nos aureilles,
Plustost que d'en estre perclus
I'aimerois mieux ne viure plus.
Ces nez plats, ces puants de Maures
Sont de dangereuses pecores,
Et Didon mesme ne vaut rien,
Quoy qu'elle m'ait voulu du bien.
Allons donc mes amis, courage,
Esloignons ce fascheux riuage,
Gaignons la mer encore vn coup,
Il nous importe de beaucoup,

O iij

Puis qu'on en veut à nostre vie :
Quand elle nous sera rauie
Par ces Afriquains forcenez,
Nous serons les plus estonnez.
Cela dit, son Maistre Pilotte
Donna le signal à la flotte,
Puis d'vn fourreau de maroquin
Tirant son glaiue Damasquin,
Æneas en couppa le chable
De l'ancre, fiché dans le sable,
Et les autres chefs l'imitant,
C'est à dire en faisant autant,
Les vaisseaux en mer s'eslargirent,
Les flots de vaisseaux se couurirent,
Et l'on ne vit plus dans le port
Que vaisseaux qui prenoient l'essort.
Alors l'aurore violette
Laissa dans sa couche mollette
Le vieil Tithon, vn maistre fou
De s'estre encheuestré le cou
Si vieil, d'vne si jeune femme,
C'est vne fort honneste Dame,
Qui tous les matins de ses pleurs
Emperle, ce dit-on, les fleurs :

TRAVESTY.

Lors que la riue bazanée
Fut d'elle toute enſaffranée,
Et qu'elle eut ſemé ſes ioyaux
Sur fleurs, arbres, herbes, roſeaux:
La Didon que l'amour réueille,
Et luy met la puce à l'aureille,
Se iette en bas de ſon grabat,
Voyant que le poinct du iour bat,
Ou pluſtoſt blanchit ſa feneſtre,
Elle s'y mit pour reconnoiſtre
Ce que faiſoit ſon cher amy,
Lors pour elle un Diable & demy:
Quand elle vit la deſolée,
La flotte Troyenne enuolée,
Et dans ſon port pas un vaiſſeau,
Mais ſeulement quantité d'eau,
Elle frappa de ſa main cloſe,
Comme s'il en euſt eſté cauſe,
Son tant agreable muſeau,
S'eſgratigna toute la peau,
Fit cent actions d'une folle,
S'appliqua mainte craquiquolle,
Pocha ſes yeux, mordit ſes dois,
S'arracha le poil pluſieurs fois,

Puis se frappant deux fois la cuisse :
Il s'en va, dit-elle, le Suisse,
Et pour ne reuenir iamais :
Et toy, Iupiter, tu permets
Que ie me trouue ainsi moquée,
Dans ma propre ville excroquée,
Et sans pouuoir tirer raison
D'vne si noire trahison,
Et personne de mon Royaume,
Ne se fera pas Iean Guillaume,
Pour estrangler à belles mains
Ce larron des plus inhumains.
Ca qu'on l'attrappe, qu'on le grippe,
Ca qu'on le chastre, qu'on l'estrippe :
Sortez, marchez, courez, volez,
Frappez, tranchez, tuez, bruslez.
Ha que dis-tu, femme insensée !
Où Diable est ta raison passée ?
Où Diable as-tu mis ta vertu ?
Pauure femme à quoy songes-tu ?
O comme sans te donner trefue,
Ton rigoureux destin t'acheue,
Qu'il eust bien fait de t'assommer,
Quand tu te mis à trop aymer,

TRAVESTY.

Et que tu te donnas en proye
Et ton Sceptre, au Prince de Troye.
Fiez-vous donc à ces pieux,
A ces gens qui baissent les yeux,
A cét homme de bien qui porte
Son vieil Pere à la chéure morte,
Et qui sauue ses Dieux du feu,
Afin de mieux couurir son jeu,
Puis qu'ils ne sont qu'vn contre-quatre,
Ne pouuois-ie pas les combatre?
Le prendre, & l'ayant mal traitté,
Le hacher en chair de pasté?
Et faire des capilotades
De tous ses maudits camarades,
Et puis des membres rebondis
Du fils, faire vn salmigondis,
Le seruir à table à son Pere,
Et puis apres la bonne chere,
Luy dire: Mal-heureux goulu,
Ton chien d'estomac est pollu,
Et de ta propre geniture,
Glouton, tu t'es fait nourriture.
Mais peut-estre de ton costé
La victoire n'eust pas esté.

P

Au pis aller, i'y fuſſe morte,
Victorieuſe, ou non, qu'importe,
Puis que la victoire n'a pas
Pour Didon de fort grands apas.
Ou victorieuſe ou vaincuë,
Il faut touſiours qu'elle ſe tuë,
Pour auoir commis le peché
De ſe donner à bon marché:
Et puis ma ruine peut-eſtre
Pouuoit cauſer celle du traiſtre,
On peut ſon vainqueur entraiſner,
Souffrir la mort, & la donner.
Ie pouuois confondre ſa flotte,
Me coiffer d'vne bourguignotte,
L'attaquer, luy percer le flanc,
Mettre tout à feu, tout à ſang,
Eſgorger le fils & le pere,
Mettre le feu dans leur gallere,
Et faire des autres vaiſſeaux
Grillade au beau milieu des eaux,
Puis par vn deſeſpoir extréme
Auec eux me perdre moy-meſme.
Soleil qui chauffes l'Vniuers,
Soit de droit fil, ſoit de trauers;

TRAVESTY.

Que tout vois, & qui tout regardes,
Et par les rayons que tu dardes
Produis la lumiere & le iour,
Vis-tu iamais plus lasche tour?
Iunon, qui sçais toutes ces choses,
Et qui peut-estre me les causes:
Et toy tenebreuse Hecaté,
Toy qui par mon ordre as esté
La nuit aux carrefours hurlée,
Et par tes saints noms appellée:
Dames des tenebreux manoirs,
Vengeresses des crimes noirs,
Dieux de la moribonde Elise,
Si la vengeance m'est permise,
Prenez, iustes Diuinitez,
Part en mes maux & m'escoutez.
S'il faut que mon filou d'Ænée,
Par l'Arrest de la destinée,
Laquelle bien souuent ne sçait
Pourquoy les choses elle fait;
S'il faut, dis-je, que ce volage
Attrape enfin quelque riuage,
Que ce ne soit pas sans danger,
Et sans auoir peur de plonger.

P ij

Qu'il tremble de peur comme vn lâche,
Qu'il en pleure comme vne vache:
Qu'vn Peuple qui le pousse à bout,
Et qui dos & ventre & par tout
Le batte, & toute sa cohorte
Soit, où la tempeste le porte,
Et que ne sçachant où donner,
Qu'il soit contraint d'abandonner
Son fils Iulus, & s'en aille
En equipage de canaille,
Mandier vn foible secours.
Qu'il voye à la fin de leurs iours
Ses plus chers par fer ou par corde:
Et si par la paix on s'accorde,
Qu'il n'en iouïsse pas long-temps,
Qu'il meure au plus beau de ses ans,
Et que son corps sans sepulture
Aux oyseaux serue de pasture,
Ou bien qu'il soit des loups mangé,
Et comme vn cheual mort rongé:
Et vous Nation Tyrienne,
Que iamais il ne vous aduienne
D'estre iamais correspondans
Auec ses chiens de descendans.

TRAVESTY.

Que quelqu'vn naiſſe de ma race,
Qui chez eux-meſmes les defface,
Qui ſoit vn bruſleur de maiſons,
Mangeur de poulles, & d'oiſons,
Vn grand deflorateur de filles,
Et grand ruineur de familles.
Soyez d'eux touſiours diuiſez,
A tous leurs deſſeins oppoſez,
Alliez de leurs aduerſaires,
A leurs confederez contraires:
Enfin ſoyez tels que les chats
Ne ſoient pas plus meſchans aux rats,
Voila ce que ie vous demande,
Et que le bon Dieu vous le rende.
Apres ces imprecations,
Ses funeſtes intentions
Luy changerent tout le viſage,
S'abandonnant toute à la rage,
Et ne ſongeant plus qu'à mourir,
Elle dit, qu'on allaſt querir
Barcé, de Sichæus nourrice,
Car la ſienne miſe en juſtice
Pour auoir fait à Tyr vn vol,
Auoit fini par vn licol.

Aussi-tost qu'elle fut venuë,
La vieille nourrice chenuë,
Au front estroit, œil enfoncé,
Nez plat, & pourtant retroussé,
La Reine luy dit : Ma nourrice,
I'ay besoin d'vn petit seruice,
Va faire venir vistement
Ma sœur, dis-luy que promptement
Elle se laue toute entiere,
Par trois fois en eau de riuiere,
Que les animaux destinez
Auec elle soient amenez,
Et toy, mets aussi sur ta teste
Ton bandeau des saints iours de feste.
I'ay dessein, pour me mettre bien
Auec Iupiter Stygien,
De luy faire vn beau sacrifice,
Et punir du dernier supplice
Le marmouzet de ce mastin,
Qui me fait passer pour putin.
La vieille s'en court à pas d'oye
Où la pauure Didon l'enuoye,
Laquelle lors de toutes parts
Lançant ses funestes regars,

TRAVESTY.

Se retira, folle acheuée,
Où la Pyre estoit esleuée,
Le feu de ses yeux tout esteint,
Les léures liuides, le teint
Tout pasle, & la veuë égarée :
Sa mort, qu'elle tient asseurée,
Luy donne vn air remply d'horreur,
De desespoir, & de fureur.
Quand preste à iouër de son reste,
Elle vit le bucher funeste,
Elle se hasta d'y monter;
Elle auoit eu soin d'apporter
La dague de Messire Ænée,
D'vn pan de robe embeguinée,
Afin qu'on ne peust soupçonner
Qu'elle s'en vouluft assener :
Elle apperceut sur la couchette,
Où sa faute auoit esté faite,
Du faux amant les callessons,
Son bonnet de nuit, ses chaussons,
Et le reste de ses guenilles,
Et d'amour quelques beatilles,
Comme rubans, vers, & poullets,
Bagues, cheueux, & brasselets :

Et puis lâcha paroles telles
A l'aspect de ces bagatelles.
Bijous, autrefois desirez,
Haillons autrefois honorez,
Et qui maintenant ne me faites
Que hair celuy dont vous estes,
Escoutez mes derniers discours,
Ie sçay que ie parle à des sourds :
Mais ma raison s'est enuolée,
Excusez vne desolée.
I'ay vescu Reyne de ces lieux,
Tant que l'ont permis les bons Dieux,
I'ay fait faire vne belle ville,
I'ay tousiours esté fort ciuile,
Mais helas ! pour l'auoir esté,
I'ay tout mon cher honneur gasté,
Mon mary frappé par derriere
De mon frere qui ne vaut guiere,
A receu satisfaction
Par ma genereuse action,
D'auoir sa finance enleuée,
Chacun m'en a fort approuuée,
Et le roolle que i'ay ioüé
En ce monde, eust esté loué,

TRAVESTY.

Si du fils de putin d'Enée,
La flotte en ces bords amenée
Par quelques Dieux à moy faschez,
N'eust tous mes beaux exploits tachez.
Apres ce langage farouche
Elle baisa deux fois la couche,
Couche, où la Dame se perdit,
Comme ie vous ay desia dit,
Et puis apres toute changée,
Mourons: & sans estre vangée,
Dit-elle : c'est là le destin
Que doit auoir vne putin,
Et qu'Æneas, voyant reluire
La flame qui me va destruire,
Ait le cerueau tout estonné
De ce presage infortuné.
Ayant parlé de cette sorte,
On la vit tomber demy-morte,
Sans dire vn seul mot d'In manus.
Vn glaiue entre ses tetons nus
Auoit fait vn large passage,
Par où cette Dame peu sage
Respandit de bon sang humain
Par terre, non pas plein la main,

Mais plein vne bonne escuellée,
Et son ame parmy meslée,
S'en alla, ie ne sçay pas où,
Apres ce bel acte de fou,
Tout beau, ie veux dire de folle.
Chaque valet ioüa son roolle,
Chacun ses cheueux arracha,
Par grimace ou non se fascha,
Des femmes les cris & huées
Penetrerent iusqu'aux nuées,
On n'entendoit que hurlemens,
Les poings, les visages gourmans
Faisoient vn tintamarre estrange :
Là quelqu'vn les deux mains se mange,
Là l'autre pelle son menton,
Et l'autre de coups de baston
Se meurtrit le dos à soy-mesme.
Bref, le desordre est tout de mesme,
Que si l'on auoit introduit
L'ennemy de iour & de nuit
Dedans Tyr ou dedans Carthage,
Le soldat s'anime au pillage,
Et par les quartiers s'espandant,
Va tout prenant & tout perdant.

Les cris de femmes qu'on viole,
Les regrets de ceux que l'on vole
Sont portez iusques dans les Cieux,
Et le feu rendu furieux
Par le vent qui se fait de feste,
Paroist victorieux au faiste
Des saints temples & des maisons,
Qu'il reduit apres en tisons.
La confusion est semblable
Apres cette mort déplorable,
Dans Carthage, où les Tyriens
Donnent au Diable les Troyens.
Anne ayant appris la nouuelle,
En pensa perdre la ceruelle,
Elle y courut, se deschirant
Le visage, & son poil tirant,
Frappant sur quiconque l'arreste,
Et donnant de cul & de teste,
Elle se fit bien-tost chemin
A coups de pieds, & coups de main,
Ayant ainsi chassé la tourbe,
Elle cria: Ma sœur la fourbe
Vous iouez donc de ces tours-là?
Est-ce bien viure que cela?

Vrayment vous en sçauiez bien d'autres,
Vous traittez donc ainsi les vostres?
Et tout cét appreſt d'eschaffaut
Eſtoit vn attrappe nigaut?
Mais helas, dequoy me plaindray-ie?
A qui raiſon demanderay-ie?
Pour auoir trop toſt obey
I'ay tout perdu, i'ay tout trahy:
O Bourgue-meſtres de Carthage,
Vous n'auez guiere de courage,
Si contre Dame Anne faschez
En morceaux vous ne la hachez:
O ſœur, autrefois ſi iolie,
Vous auez fait vne folie,
Laquelle on ne peut reparer.
Auez-vous deu vous ſeparer
D'vne ſœur, qui fut ſi fidelle?
Il valoit mieux s'aſſeurer d'elle,
Puis toutes deux d'vn coup fourré,
Chacune en main glaiue aceré,
S'entrepenetrer la peau tendre,
Ou bien d'vn taillant ſe pourfendre.
Au moins ſi i'auois aſſiſté
A ce treſpas premedité,

TRAVESTY.

J'aurois eu du gain dans ma perte,
Et i'aurois gobbé bouche ouuerte,
L'ame de ma sœur s'enuolant,
Si que l'vne à l'autre meslant,
I'en aurois vne bonne paire,
Et ce seroit vn bon affaire
De pouuoir en ayder à point
Quelque amy qui n'en auroit point.
Ca de l'eau, viste qu'on m'en puise,
Afin que ie la gargarise,
Ou bien pluftoft vn peu de vin,
Ma sœur aimoit ce ius diuin:
Mais à propos, de l'Emetique,
Car il est, dit-on, mirifique,
Et ressusciteroit vn mort.
Que ne la saignoit-on d'abord?
La mort est souuent esloignée
Par vne premiere saignée.
Tenant ces funestes propos,
Comme elle auoit le corps dispos,
Haute en iambe comme vne austruche,
Et grimpoit comme vne guenuche,
Elle se fit voir d'vn plein saut
Au beau milieu de l'eschaffaut:

Q iij

Là recommencerent les plaintes,
Et les souffletades non feintes,
Didon voulut le iour l'orgner,
Mais il fallut bien-tost cligner.
Elle voulut par bien-seance
Faire à sa sœur la reuerence,
Mais elle en eut le démenty
De son corps trop appesanty.
Trois fois sa mourante paupiere
S'ouurit, pour chercher la lumiere,
Et l'ayant veuë, elle lascha
Vn souspir, & ses yeux boucha.
Iunon voyant la mort camuse,
Qui trop cruellement s'amuse,
Comme se plaisant à son ieu,
A tuër Didon peu à peu.
Elle appella sa Messagere
Iris, Deesse fort legere.
Iris venuë, elle luy dit :
Va-t'en couper le fil maudit
De ma Didon infortunée,
Elle aduance sa destinée :
C'est pourquoy son ame ne peut
Sortir aussi-tost qu'elle veut.

TRAVESTY.

*Et sans doute la Parque grise
Qui se fasche d'estre surprise,
Ne veut pas iouër du Ciseau;
Aussi legere qu'vn oiseau,
Et d'vn beau satin de la Chine
Enrichissant sa bonne mine,
Iris vint au commandement
De la Dame du Firmament,
Où Didon toute agonisante,
Sur son triste grabat gisante
Languissoit fort cruellement,
Expirant, ie ne sçay comment:
Elle trouua la pauure Dame,
Dont le corps luttant auec l'ame
Auec d'incroyables efforts
Souffroit à la fois mille morts.
Lors elle dit : Ie te déliure
De tout ce qui te faisoit viure,
Meurs, meurs donc, c'est trop lanterneo,
Lors on entendit bourdonner
Son esprit sortant de sa playe:
Ie ne sçay si la chose est vraye,
Didon mourut, Iris s'enfuit,
Adieu, bon soir, & bonne nuit.*
  Fin du quatriesme Liure de Virgile Trauesty.

virgille

A Paris, Chez Touffainct Quinet Au Palais 1648. Auec Priuilege du Ro

LE VIRGILE TRAVESTY EN VERS BVRLESQVES,

De Monsieur SCARRON.

LIVRE CINQVIESME.

A PARIS,
Chez TOVSSAINT QVINET, au Palais,
sous la montée de la Cour des Aydes.

M. DC. L.
AVEC PRIVILEGE DV ROY.

A MONSIEVR
DESLANDES
PAYEN
CONSEILLER EN
PARLEMENT DE LA GRANDE
CHAMBRE, PRIEVR DE LA CHARITE´ SVR
LOIRE, ET ABBE´ DV MONT S. MARTIN, &c.

MONSIEVR,

Puis que les Epiſtres liminaires, ſont la pluſpart longues & ennuyeuſes, & que ces gros eſcadrons de bel-

EPISTRE.

les paroles, dont elles sont composées, ne paroissent sur le papier que pour faire aduoüer de gré ou de force à ceux à qui on les addresse, que l'on est leur tres-humble seruiteur; vous ferez fort bien dés icy de ne passer pas plus outre à la lecture de la mienne, peut-estre qu'elle sera longue, & que me laissant emporter au plaisir de vous entretenir, ie ne craindray point de vous ennuyer, pourueu que ie me satisface: En lisant donc seulement la conclusion de mon Epistre vous estes dispensé de tout ce qui la precede, & de cette conclusion mesme, pourueu que vous me fassiez l'honneur de la croire. Quand ie deurois passer pour vn jureur, il faut que ie vous jure par Apollon, les neuf Muses, & tout ce qu'il y a de venerable sur le Sacré Coupeau, que vous estes vne des personnes du monde que i'estime le plus; je ne pense pas vous en donner des preuues bien assurées, en vous dediant mon liure, car par le mesme serment que ie vien de faire, ie suis prest de signer deuant qui l'on voudra, que tout le papier que i'employe à écrire, est autant de papier gasté, & qu'on auroit droit de me demader, aussi bien qu'à l'Ariofte, où ie prens tant

EPISTRE.

de coyōneries: Tous ces traueſtiſſements de liures & de mon Virgille tout le premier ne ſont pas autre choſe que des coyonneries ; & c'eſt vn mauuais augure pour ces compilateurs de mots de gueule, tant ceux qui ſe ſont jettez ſur Virgile & ſur moy, côme ſur vn pauure chien qui ronge vn os, que les autres qui s'addonnent à ce genre d'eſcrire là, comme au plus aiſé, c'eſt dis-je vn tres-mauuais augure pour ces tres Burlables Burleſques, que cette année qui en a eſté fertile, & peut-eſtre autant incommodée que de Hannetons, ne l'a pas eſté en Bled: Peut-eſtre que les beaux eſprits qui ſont gagez pour tenir noſtre langue ſaine & nette, y donneront ordre, & que la punition du premier mauuais plaiſant qui ſera atteint & conuaincu d'eſtre Burleſque Relaps, & comme tel condamné à trauailler le reſte de ſa vie pour le Pont-Neuf, diſſipera le fâcheux orage de Burleſque qui menace l'Empire d'Apollon: Pour moy ie ſuis tout preſt d'abjurer vn ſtille qui a gaſté tant de monde: & ſans le commandement expres d'vne perſonne de condition, qui a toute ſorte de pouuoir ſur moy, ie laiſſerois le Virgile à ceux qui en ont tant d'enuie, & me tien-

EPISTRE.

-drois à mon infructueuse charge de malade, qui n'est que trop capable d'exercer vn homme entier. Ie me represente quelque Lecteur judicieux, qui se dit à soy-mesme, ou à d'autres, que i'ay donc grand tort de vous faire vn si mauuais present, & de vous importuner d'vne Dedicace: C'est à mon grand regret que l'entousiasme m'a pris, en mesme temps que le rumatisme, que ie suis reduit à faire des Vers pour n'estre pas capable d'autre chose en l'estat où ie suis, & qu'il faut que mes amis se sentent des incommoditez qui viennent de la connoissance des Poëtes. Hé bien Monsieur? ne m'en estois je pas bien douté? que ie me laisserois aller au plaisir de vous entretenir, & que mon Epistre seroit bien longue; elle le seroit bien d'auantage, si ie la voulois remplir des belles actions, qui rendent vostre vie illustre, mais quand on pense vous louer, on vous mortifie, & vostre modestie en patiroit: Ie luy fais donc grace de deux ou trois feuilles de papier, que ie pourrois employer à vos loüanges, aussi bien on sçait chez le Barbare, & chez le Romain, aussi bien que chez le François, ce que vous auez fait, & ce que vous estes capable de faire: Ie
finis

EPISTRE.

finis donc enfin mon Epiſtre, vous conjurant encore vn coup de croire, qu'il n'y-a rien de plus vray au monde que ce qui eſt eſcrit au bas de la page; Ce ſont cinq mots dont l'original eſt ſigné de ma main; par leſquelles ie vous proteſte, que ie ſuis de toute mon ame,

MONSIEVR,

                    Voſtre tres - humble &
                    tres-obeïſſant ſeruiteur,

                    SCARRON.

Extrait du Priuilege du Roy.

PAr grace & Priuilege du Roy, DONNÉ á Paris le huitiéme jour de Ianvier 1648. Signé, Par le Roy en son Conseil, BERAVD. Il est permis au sieur SCARRON, de faire imprimer, vendre & distribuer par tel Libraire ou Imprimeur qu'il aduisera bon estre, *Le cinquiéme Liure de son Eneide de Virgile Trauesty*, & ce durant l'espace de dix ans entiers, à compter du jour que ledit cinquiéme Liure sera acheué d'imprimer : Et defenses sont faites à tous autres de quelque condition qu'ils soient, d'en vendre ny distribuer d'autre impression que de celle qu'aura fait faire ledit sieur Scarron, ou de ceux qui auront droict de luy, à peine de confiscation des Exemplaires, & de trois mil liures d'amende, ainsi qu'il est plus amplement porté dans l'Original.

Et ledit sieur Scarron a cedé & transporté le present Priuilege à Toussainct Quinet, pour en joüir suiuant l'accord fait entr'eux.

Acheué d'imprimer pour la premiere fois, le dixiéme jour de Decembre mil six cens quarante - neuf.

Les Exemplaires ont esté fournis.

LE VIRGILE TRAVESTY.

LIVRE CINQVIESME.

TANDIS que Didon l'on brusloit,
Messire Æneas s'en alloit
Poussé d'vn vent soufflant en poupe,
Ce qui plaisoit fort à sa troupe,
Laquelle redoutoit l'effort
Qu'vne Princesse aymant trop fort,
Pouuoit faire sur leurs personnes:
Faire de leurs femmes des Nonnes,

Faire d'eux des Moines chastrez,
Apres les auoir chapitrez,
Ce n'estoit pour eux que des roses,
Mais ils craignoient sur toutes choses
Qu'occire elle ne les voulut,
Apres quel mal point de salut.
Tandis qu'entr'eux ils en raisonnent
De leurs nefs, qui les flots sillonnent;
Carthage leur parut en feu:
Æneas n'eust pas donné peu
Pour en apprendre au vray la cause,
Il sçait bien ce qu'vne femme ose,
Quand elle a chaussé son bonnet,
Son procedé n'estoit pas net,
Et le bon Seigneur souuent pense
Qu'il luy doit plus que sa dépense;
Son esprit en a cent remors,
Et souuent reproche à son corps
Qu'il s'est monstré beaucoup fragile
Auec Dame vn peu trop facile.
Si-tost qu'il fut en pleine mer
L'air commença de s'enrhumer,
Et d'vn grand flux de pituite,
Et de grands coups de foudre en suite

TRAVESTY.

Fit peur au troupeau Phrygien,
Chacun lors eust donné son bien
Pour estre loin de la tempeste,
Chacun souhaita d'estre beste
Plustost que d'estre homme flottant,
Car flottant, & periclitant,
N'est quasi qu'vne chose mesme :
Palinurus la face blesme
Prit en main son bonnet pointu,
Criant, A qui Diable en veux-tu ?
Neptune, Maistre des Baleines,
Souuerain des humides plaines,
Pourquoy les vents porte-soufflets
Apprestent-ils leurs camoufflets
Pour troubler le repos de l'Onde ?
Ils ne sont bons en ce bas monde
Qu'à faire perir des vaisseaux,
A faire tomber des chapeaux,
Et remplir les yeux de poussiere ;
Vrayment ils ne te craignent guere,
Et font auec peu de raison
Mal, les honneurs de ta maison.
Pourquoy combattre à toute outrance
Les amis de ta Reuerance,

Gens pacifiques, gens de bien,
Et qui ne leur demandent rien :
Hé de grace, Seigneur Neptune,
Plus de calme, & moins de rancune.
Tandis que ces maux il laschoit
Æneas sa barbe arrachoit,
Se cassoit les dents de gourmades,
Et meurtrissoit de souffletades
Son visage de pleurs couuert.
Nous voila donc tous pris sans vert?
Cria-t'il au bon Palinure ;
Oüy, respondit-il, ie vous jure
Quand Iuppin mesme le voudroit,
Tout Dieu qu'il est, il ne pourroit ;
Nous conduisit-il en personne,
Par ce Diable de vent qui donne
Nous mener où nous pretendons
Faire mourir tant de dindons.
Quant à moy si l'on me veut croire,
Plustost qu'estre contraints de boire
Plus que nous n'auons de besoin,
La Sicile n'est pas trop loin,
Ou le braue Acestes demeure ;
Ie suis d'auis que toute à l'heure,

TRAVESTY.

Sans lutter contre mer & vent,
Ce qui perd les gens bien souuent,
Nos vaisseaux y tournent les prouës :
Æneas essuyant ses jouës
De la manche de son pourpoint,
Car de mouchoir il n'auoit point ;
Dit, Il faut croire le Pilote,
Car il voit bien que nostre flotte
Contre ces Demons inconstans,
Pourroit fort mal passer son temps ;
Pires que mauuaises haleines,
Vents, de vos injustes fredaines
Ie seray donc tousiours le but ?
Et comme vn homme de rebut,
La mer donc, tousiours sur ces costes
De mes Nefs brisera les costes ?
En Sicile donc de par Dieu
Il n'est point sur la terre vn lieu
Que plustost ie choisisse & prise,
Excepté la terre promise,
Que celle qu'Acestes regit,
Où feu mon pere Anchise gist ;
Vieillard qui valoit vn ieune homme:
C'a donc amis trauaillons, comme

Doiuent trauailler gens de bien,
Noſtre trauail ne va pour rien,
Recommençons donc de plus belle.
Apres vne harangue telle,
Qui le monde contenta fort,
On entendit de bort en bort;
Sicile, Sicile, Sicile,
Toſt apres ſe découurit l'Iſle,
Objet qui les fit rire tous,
Comme des perdus, ou des fous.
Aceſtes perſonne bien née
Ramonoit lors la cheminée,
Comme il eſtoit prés de hurler
Haut & bas, iuſqu'à s'égueuler
Aux Nefs, Banderolles, & Garbes,
Armes, habits, Troyennes barbes,
Il reconnut ſes bons amis;
Auſſi-toſt s'eſtant à bas mis,
Non ſans auoir deuant huée
La chanſon, de voix enroüée,
Il fut au port les receuoir:
Ils furent rauis de le voir.
D'vne peau d'Ours non entamée
Sa large échine eſtoit armée,

Et chaque main l'estoit d'vn dart,
Onc ne fut vn meilleur soudart :
Le colet fouppy d'accolades,
Et les bras froissez d'embrassades,
Enfin las à faire pitié,
Il cria, C'est trop de moitié ;
Amis, moins de ceremonie,
Ou bien ie fausse compagnie ;
Ainsi que le Seigneur voulut,
Chacun r'engaisna son salut,
Et ne se fit plus tant de Feste ;
Et luy, se mettant à leur teste,
Ce qui ne fut pas laid à voir,
Il les mena vers son manoir,
Sa petite caze rustique,
Où sans beaucoup de Rhetorique
Il les receut à cœur ouuert :
Il mit luy-mesme le couuert,
Sa seruante Barbe appellée,
A la fontaine estant allée :
Ils repeurent tous à gogo,
Et puis apres firent dodo.
Æneas ayant fait vn somme
Legerement en honneste homme,

Si-tost qu'il vid le point du iour,
Il se saisit de son tambour,
Et puis en sonna l'assemblée ;
La troupe des Troyens troublée,
Car ils n'estoient point aduertis,
Autant les grands que les petits
S'assemblerent demandans ; Qu'est-ce ?
A l'entour du Sonneur de quaisse
Qui leur tint, cessant de sonner,
Et n'entendant plus bourdonner,
Ce discours, ou bien vn semblable,
Monté sur vne haute table.
O mes fidelles compagnons,
Que i'ayme plus que mes roignons,
Qui de Pergame en cendres mise,
Vous estes sauuez en chemise,
Pour estre par monts, & par vaux,
Participans de mes trauaux :
L'année est, me semble, accomplie,
Mal-heur que iamais ie n'oublie,
Depuis que la mort attrapa
Defunct Monseigneur mon Papa :
Ce iour pour moy si déplorable,
Et pour moy tousiours venerable,

Merite

TRAVESTY.

Merite bien vn bout de l'an,
Dans le Destroit de Magellan,
Chez le Scythe, chez le Tartare,
Chez le peuple le plus barbare,
Voire chez les Grecs, qui pour nous
Sont pires que Taupinambous;
Enfin au milieu de Mycene,
M'en deussay-je trouuer en peine,
Ie celebrerois ce sainct Iour :
Aujourd'huy que par vn bon tour
Que Dame Fortune me jouë,
Dont ma foy beaucoup ie me louë,
Nous sommes par les vents poussez
Où nous auons ses os laissez ;
Il faut que ie les solemnise,
Preparons-nous-y sans remise,
Prions les Dieux d'vn zele chaut
Que nous puissions trouuer bien-tost
Cette terre tant desirée,
Où retraite estant asseurée,
Et murs auec chaux & ciment
Esleuez magnifiquement,
Tous les ans nous y puissions faire
Vn solemnel Anniuersaire :

Acestes à chaque vaisseau
Donnera le pere d'vn veau,
Ou bien deux, si ie ne me trompe,
Demain à grand esclat & pompe
Vn Sacrifice l'on fera,
Où nos Dieux on inuitera,
Et ceux de mon compere Aceste,
Que chacun s'y rende bien leste,
Qu'on n'y fasse point les badins,
Qu'on n'y vienne point en gredins,
Ny les Dames en Martingalles,
En colets, & chemises salles,
Mais auec leurs plus beaux atours,
Que l'on ne porte qu'aux grands jours,
Verbi gratia, les Dimanches,
Et sur tout, des chemises blanches:
Et si le celeste Flambeau
Dans neuf iours paroist assez beau,
Pour croire que de la journée
Eau du Ciel ne sera donnée,
Je vous proposeray des jeux,
Où ie regaleray tous ceux
Qui remporteront l'aduantage.
J'entends, que le long de la plage

TRAVESTY.

Nos Rameurs exercent leurs bras,
L'exercice des Fierabras
Sera le redoutable Ceste,
Pour la lutte, course, & le reste
Des jeux entre nous vsitez,
Aux vainqueurs seront presentez
Force joyaux & riches nippes,
Ie feray défoncer des pippes,
On y boira de cent façons,
On y chantera des chansons,
Sur tout, celle de grand guenippe,
Moy-mesme, à la main vne pippe
Ie boiray, ie petuneray,
Iusqu'aux gardes m'en donneray,
Car pour celebrer telle Feste
Ie considere peu ma teste ;
Faites donc exclamation,
En signe d'approbation.
Alors se fit vne huée
Dont mainte aureille fut tuée,
Toute la Coste respondit
Au son que ce grand cry rendit :
Ayant fait signe de se taire,
Æneas n'entendit plus braire,

LE VIRGILE

Et puis d'un visage courtois,
L'estomach encore pantois
D'auoir crié comme les autres,
Il dit ; O camarades nostres,
C'est fort bien crié, Dieu mercy,
Puis ayant malgré luy toußy,
Car il auoit, s'il le faut dire,
Criaillé trop fort le beau sire ;
Mais par excez tout il faisoit,
Dont bien souuent il luy cuisoit ;
D'ailleurs c'estoit vn fort braue homme,
Außi bon qu'il en fut dans Rome :
(Or vous sçauez que les Romains
Sont la fine fleur des humains,
Mais finißons la parenthese.)
Meßire Æneas donc, bien aise
De voir ses gens gays & gaillards,
Leur dit quelques petits broquars
Dont auroit pû rire vne souche,
Puis pour leur faire bonne bouche,
Leur dit, Allez amis feaux
Couronner vos chefs de rameaux.
Pour faire honneur à feu mon pere,
Comme de l'arbre de ma mere,

TRAVESTY.

De *Laurier*, arbre toûjours vert,
Vous m'allez voir le chef couuert :
Cela dit, sur sa cheuelure
L'Arbre d'immortelle verdure
Parut en chapeau façonné,
De mesme en fut chaperonné
Acestes, & le vieil *Elyme*
Au corps sec, à l'esprit sublime,
Grand joüeur d'Eschets, & Tarots,
Et qui pour guarir les surots,
Les malandres, farcin, auiues,
Et pour prendre à la glus les griues,
Enfin toutes sortes d'oyseaux,
Sçauoit mille secrets noueaux :
Autant en fit le ieune *Ascaigne*,
Lors vestu d'habit de campagne,
C'estoit d'vn fort beau bourracan,
Que dans Carthage, en vn encan
Sa belle-mere pretenduë,
D'vne vieille nippe venduë,
(C'estoit certain cotillon gris)
Auoit acquis à fort bas prix,
Et pour faire la bonne mere,
Donnée au fils, pour plaire au pere.

B iij

Tous les ieunes Godelureaux
Se mirent aussi des Rameaux,
Chaque teste estant couronnée ;
L'incomparable Maistre Ænée
Se mit à la teste d'eux tous,
Marchant sans ployer les genoux
Auec vne majesté telle
Qu'onc ne fut desmarche plus belle.
Onc ne fut vn Conuoy plus beau :
Estans arriuez au tombeau,
La douleur sur la face peinte,
Æneas fit apporter pinte
D'vn tres-excellent vin clairet,
Pris au plus prochain cabaret,
Et le respandit sans en boire
(Chose tres-difficile à croire)
En suite du sang, & du laict
Quatre fois plain vn gobelet,
Sema le lieu de fleurs nouuelles,
Et puis lascha paroles telles.
Bon jour de mon pere les os,
Qui prenez icy le repos,
Tandis que moy pauure homme triste,
Suiuy des mal-heurs à la piste,

TRAVESTY.

Ie cours comme vn Bohemien,
Et traité comme vn pauure chien:
Si du terme de quelque année
De Madame la Destinée,
Vos iours eussent esté prolongez,
Vous nous eussiez veu bien logez,
En la region d'Italie,
Que l'on nous prosne tant jolie,
D'où l'on dit que nos descendans
Battans les gens malgré leurs dents,
Comme ils voudront feront litiere
De la machine ronde entiere :
Mais le Dieu du Ciel n'a pas fait
Les choses, selon mon souhait,
Sa saincte volonté soit faite :
Sur cette piteuse entrefaite,
Vn fort grand vilain serpent vint
Qui fit frayeur à plus de vingt,
Æneas en eust telle trance
Qu'il ne fit nulle reuerence,
Luy qui les donnoit à credit,
Mesme pour rien à ce qu'on dit.
Ce grand serpent long de deux aunes,
Tout parsemé de taches jaunes,

De *bleu*, *vert*, *gris*, *noir Zinzolin*,
Auoit le regard tres-malin ;
Il scandalisa par sa mine,
Et par sa face serpentine,
Et par de certains tordions
Qui causoient palpitations,
Les plus huppez de l'assemblée,
Qui sans doute eust esté troublée
Sans vne vision d'honneur
Qui dissipa toute leur peur :
Outre que le serpent fut sage,
Corps d'homme n'en receut outrage,
Au contraire il sourit au nez
Des pauures Troyens estonnez ;
Et Maistre Æneas pour luy rendre
(Comme il estoit homme fort tendre)
A tout ce que faire il voyoit :
Quand il voyoit rire, il rioit,
Et son visage de rosée
Auoit la peau toute arrousée,
Quand quelqu'vn deuant luy pleuroit,
(Ce que personne ne croiroit)
Afin donc de luy faire feste,
Et ne le traiter pas de beste,

D'vn

D'vn visage tout radoucy
Æneas luy sousrit aussy;
Et le serpent sans rien respandre
Se mit adroitement à prendre
Sa part dans les oblations,
Puis refaisant ses tordions,
Et des couleurs de son eschine
De fin taffetas de la Chine,
Representant l'Arc bigarré
Dont le Ciel est souuent paré,
Serpentant sur son iaune ventre;
Le bon drosle de serpent r'entre,
Virgile ne dit pas par où,
Ie croy que ce fut par vn trou;
Mais soit par trou, fenestre, ou porte,
Fort peu, ce me semble, il importe :
Il suffit qu'estant délogé,
Ænée ayant vn peu songé
Et ruminé, si ce reptile
A lescher les plats si habile
Estoit valet d'Anchise, ou Dieu
De ce tant venerable lieu ;
Il conclud enfin en sa teste,
(En attendant que de la beste

On sçeut la vraye extraction)
De faire en toute occasion
De nouueaux honneurs à son pere.
Il se fit un visage austere:
Car en si funeste action,
On doit auoir l'ambition
De faire vne mine piteuse,
D'auoir la face bien pleureuse,
Ou lors qu'on ne peut larmoyer
Il faut des pleureurs soudoyer.
Le voila donc en mine grise,
Qui derechef regale Anchise.
Il fait esgorger cinq brebis,
Cinq cochons gras & rebondis,
Et cinq genisses potelées,
Versa du sang par escuellées,
Du vin pour le moins plein vn seau;
Puis se panchant sur le tombeau,
Inuoqua l'ame de son pere,
Qui fut si sourd à sa priere,
Qu'à tout ce que le Seigneur dit,
Au Diable vn mot qu'il respondit.
Chacun des Troyens fit despense,
Plus, ou moins, selon sa puissance:

Apres force sang respandu,
Ils se mirent à corps perdu
A faire entr'eux tous la desbauche,
Chacun beut à droict & à gauche
A la santé de ses amis,
Tout y fut en vsage mis ;
Æneas auec sa sagesse
Pinta si bien, qu'il fit mainte esse,
Et mesme deux ou trois faux pas,
Alors qu'à la fin du repas
Il hazarda quelques gambades
Pour réjoüir ses camarades ;
Puis en vn lict il se sauua,
Où son vin à l'aise il cuua.
Le beau Phœbus Porte-lumiere
Enfin commença la carriere
Du neufiéme iour desiré,
Le Ciel en parut tout doré
Iamais plus belle matinée
Ne promit plus belle journée,
Chacun vint des lieux d'alentour
Tant pour voir Aceste's, que pour
Voir ces gens, dont la renommée
Par tout estoit si bien semée,

Qu'en ce temps-cy mesme il n'est nul
Qui ne trouue par son calcul,
Que de Troyen ou de Troyenne
Son pere ou sa mere ne vienne.
A grand donc, ou bien petit pas,
Lequel des deux, n'importe pas,
Tant de Villes que de Bourgades,
Pour voir les renommez Troades,
Vieillards, hommes, femmes, enfans,
En leurs beaux atours piaffans,
Se trouuerent sur le riuage ;
Maistre Æneas faisant le sage ;
(Car il faut bien couurir son jeu
Deuant les gens qu'on connoist peu,
Et bien faire la chattemitte :)
Fit apporter vne marmitte,
(C'estoit vn des prix destinez.)
Deux pourpoints fort bien gallonez,
Moitié filet & moitié soye,
Vn sifflet contrefaisant l'oye,
Un engin pour casser des noix,
Vingt & quatre assiettes de bois,
Qu'Æneas allant au fourage
Auoit trouué dans le bagage

Du venerable Agamemnon :
Certain Autheur a dit que non,
Comptant la chose d'autre sorte,
Mais icy, fort peu nous importe :
Vne toque de Velours gras,
Vn engin à prendre des rats
Ouurage du grand Aristandre,
Qui sçauoit fort bien les rats prendre
En plus de cinquante façons,
Et mesme en donnoit des leçons :
Deux tasses d'estain émaillées,
Deux pantoufles desparreillées,
Dont l'vne fut au grand Hector,
Toutes deux de peau de Castor,
L'vne bleu Turquin, l'autre verte,
Et l'vne & l'autre d'or couuerte :
Un Cistre dont Priam sonnoit
Quand la ioye au cœur luy venoit,
Et plusieurs autres nippes rares
Dont les ames les plus auares
Pourroient contenter leur desir,
Qu'Æneas auec grand plaisir,
Et d'vne ame fort liberale
Aux yeux de l'assemblée estale :

Puis apres il tambourina,
Prit vne Trompette, & sonna,
Tara, tara, tara, tantare,
En suite cria, Gare gare,
Iusqu'à se faire mal au cou,
(En quoy ie trouue qu'il fut fou.)
L'on fit place, l'on fit silence,
Maistre Æneas d'vne eloquence,
Que l'on ne sçauroit exprimer :
Il faut commencer par la mer,
Cria-t'il, parmy nos Galeres,
On choisira les plus legeres,
Le vainqueur qui commandera
Celle qui le prix gaignera,
Aura sa teste couronnée,
Sa vertu sera guerdonnée
D'vn present si bien estoffé,
Qu'on dira, qu'il est né coiffé.
Mnesteüs choisit la Baleine :
Cette illustre race Romaine
Des tant renommez Memmiens,
Si connus aux temps anciens,
Est venuë au grand bien de Rome,
De ces Troyens que ie vous nomme :

TRAVESTY.

Nos DE MESMES en sont aussy
Descendus, chacun sçait cecy,
A la gloire de nostre France,
En qui l'on voit en concurrence
La Science, & la Probité,
L'Esprit, la Generosité,
Enfin les vertus Cardinales,
Pesle-mesle auec les Morales,
Donner à tous à deuiner
A qui l'on doit le prix donner :
Sur tout, ce President sans tache,
Le plus grand homme que ie sçache,
De nostre Paris l'ornement,
Et qui dans le Gouuernement
De nostre Monarchie entiere,
Ietteroit bien de la poussiere
Aux yeux de certains grands Atla
Qui souuent plus foibles que las,
Sous le faix de nostre Machine,
Sont contraints de ployer l'eschine ;
Cela veut dire en bon François,
Mais chut. En ce lieu ie preuois
Que quelque gauche Politique
Dira d'vn ton fort magnifique

Que l'Escriuain facecieux
S'il parloit peu parleroit mieux,
Si i'ay menty qu'on me puniſſe,
Si i'ay dit vray qu'on m'applaudiſſe.
Mais retournons à nos moutons,
Et ſuccintement racontons,
Qui furent ceux qui commanderent
Les Galleres, qui diſputerent
Le prix par Æneas donné.
Gias ieune homme fort bien né,
Fort adroit en ſes exercices,
Et fort grand peſcheur d'eſcreuiſſes,
Sur la chimere commanda
Auſſi legere qu'vn dada.
Sergeſtus autre galland homme,
Duquel ſont deſcendus à Rome
Les Sergiens gens pleins d'honneur,
Teſmoin Galba, le bon Seigneur,
Qui ſe rendit la teſte chauue,
Parce qu'il auoit le poil fauue.
Ce Sergeſtus donc ſus nommé
Euſt vn vaiſſeau bien eſpalmé,
Plein de gens à l'eſchine forte,
Qui le nom du Centaure porte;

TRAVESTY.

Il inuenta le jeu de dez,
Et mangeoit les oyseaux bardez;
Car alors si l'on me veut croire,
On ne parloit point de lardoire.
Cloantus autre bon garçon
Parut en vn blanc calleçon
Sur la Scylle, vne autre Gallere,
Comme les autres fort legere,
De cét ancien Cloantus
Est venu le sieur Cluentus.
Et ce sont là les seuls qui furent
Chefs des Galleres qui coururent.
On voit loin du bord vn escueil
Qu'on descouure aisément de l'œil:
Alors que la mer n'est pas sage,
Alors qu'elle boult, qu'elle enrage,
Cét escueil, moitié blanc & vert,
Des flots enflez est tout couuert,
Il a bien de l'air d'vn Theatre :
Quand la mer moins accariastre
Est retournée en son bon sens,
Les oyseaux en mer se sauissans;
(Ce sont les Plongeons, ce me semble)
Viennent en grosse troupe ensemble

D

Y faire souuent station,
Comme aussi conuersation
Auec des oyseaux de marine :
Cét escueil a fort bonne mine,
C'est pourquoy le Troyen le prit,
(Comme il fait tout auec esprit,)
Pour seruir de but aux Galleres,
Qui sur les campagnes ameres
Deuoient pour des riches joyaux
Faire suer maints alloyaux.
Æneas en tout fort habile,
Voulut qu'on joüast à croix-pile,
Pour ne voir point de mescontans
Parmy les nobles contestans :
Les Galleres ayant pris la place,
L'ardeur aussi bien que la glace
S'impatronisa des esprits,
Les Patrons en habits de prix,
Du haut de leurs poupes dorées,
A leurs chiormes preparées,
De ramer comme des Demons,
Firent cent beaux petits sermons :
La froide crainte de ne faire
En ramant que l'eau toute claire

TRAVESTY.

Fait qu'inceſſamment le cœur bat
Au Matelot comme au Forçat :
Nuds comme les enfans qui ſortent
Des lieux, où les meres les portent,
Ayant bien vuidé le hanap,
Et tous huillez de pied en cap,
Les Forçats ſur les bancs attendent
Que les Trompettes leur commandent
De ramer de teſte & de cu,
Pour eſtre vainqueur ou vaincu :
Voila le ſignal qui ſe donne,
Voila la trompette qui ſonne,
Et fait la coſte retentir,
Ie les vois tous d'vn temps partir,
La mallepeſte comme ils rament !
Comme les flots verds ils entament !
Comme ils hurlent, les foux qu'ils ſont,
L'eſpouuantable bruit qu'ils font,
Mon Dieu que leurs rames ſont belles,
On diroit que ce ſont des ailes,
Qui n'auroit point veu de vaiſſeaux
Diroit que ce ſont des oyſeaux.
Ie ne ſçay rien qui mieux reſſemble
A ces vaiſſeaux voguans enſemble,

Que quatre cheuaux accouplez,
Que coups de fouet redoublez,
Font courir de toute leur force,
Et le vert Cocher qui les force,
Ressemble aux Chefs encourageans
Leurs Rameurs d'estre diligens.
Encore vne fois, comme ils rament!
Comme l'eau sallée ils entament!
Les voila qui voguent de front.
Voyez-en vn qui l'ordre rompt,
Et qui deuance tous les autres,
Celuy-là dit ses Patenostres:
Rame, rame, tu feras mieux,
Rame, & tu plairas aux bons Dieux,
Qui veulent que l'on s'éuertuë,
Ie veux que la fiévre me tuë
Si dans Marseille il y en a
Qui rament comme ces gens-là.
Les spectateurs d'vn œil auide
Regardent, & rament à vuide,
Tant est forte l'impression
Que leur fait l'inclination:
Le bruit des regardans qui crient,
Et qui pour leurs bons amis prient,

TRAVESTY.

Retentit aux lieux d'alentour,
L'Echo fait du bruit à son tour,
Et respond au mot de courage,
Tantost courage, & tantost rage,
Selon que celuy qui le dit
Chez l'Echo trouue du credit.
Gias songeant à son affaire
Auec ces gens sceut si bien faire,
Qu'entre les autres il passa,
Et de beaucoup les deuança :
De prés le suit le sieur Cloante,
Dont la Gallere est plus pesante,
Mais aussi de Rameurs plus fort :
Apres eux de pareil effort
Le grand Centaure & la Baleine
Voguent de Carene en Carene,
Tantost l'vne prend le deuant,
Puis l'autre, qui la va suiuant,
De suiuante deuient suiuie,
Et toutes de pareille enuie,
Non pas auec pareil succez,
Courent au gain de leur procez :
Desia ces amis aduersaires
D'ailleurs hommes tres-debonnaires

LE VIRGILE

Voyans qu'ils approchoient le but,
S'entre-regardoient, comme au Rut;
Les gros Marcous s'entre-regardent,
Où de leurs griffes ils se lardent,
Chacun en son cœur souhaitoit
Que la Gallere qui portoit
Chaque pretendant & sa bande
Allast où le Diable commande
Ou du moins au fonds de la Mer:
Chacun se tuoit de ramer.
Gias qui croit que son Pilote,
Comme vn vieil fou qu'il est radote
De ce qu'en mer il s'eslargit,
Aussi fort qu'vn Lion rugit,
Et s'escrie, escumant de rage,
Serre, serre donc le riuage
Fils de putain de Menetus,
Serre, ou bien nous sommes victus.
Serre donc, serre à la pareille:
Menetus fait la sourde oreille,
Et s'esloigne tousiours du bort,
Et si pourtant il n'a pas tort.
Habile qu'il est il redoute
Certains rocs, où l'on ne voit goute

Qui pourroient bien en son Vaisseau
Introduire vn deluge d'eau:
Lors Gias se met en furie,
Et derechef crie & recrie,
Vieil coyon, Pilote enragé,
Mes ennemis t'ont-ils gagé
Pour m'oster l'honneur de la sorte?
Serre, ou que le Diable t'emporte,
Serre le bord, ame de chien:
Mais au Diable s'il en fait rien.
Et lors pour l'acheuer de peindre
Cloantus est prest de l'atteindre,
Qui s'estoit finement glissé
Entre le riuage laissé,
Et la Nef en Mer eslargie,
Lors Gias la face rougie,
Car grosse colere y monta,
Contre Menetus s'emporta
Et sans songer si la colere
Est chose de grand vitupere,
Et qu'vn acte sale il faisoit,
Tant la rage le maistrisoit,
Il trauersa de pouppe en proüe
Faisant vne tres-laide moüe,

Et prenant son homme au colet
Comme un Milan fait un Poulet,
Il le ietta teste premiere
Vn peu pis que dans la riuiere,
Et ce tant inciuilement,
Que ce fut sans un compliment,
Qui la chose eut fort adoucie,
Mais alors il ne se soucie
Que de regaigner le deuant,
Sur Cloantus qu'il va suiuant.
Il prend le Gouuernail luy-mesme,
Enragé, le visage blesme,
Exhortant ses gens à ramer.
Cependant du fonds de la Mer
Qu'il auoit de ses bras couppée,
L'ayant assez belle eschappée,
Menetus reuint dessus l'eau,
Chaque poil faisant un ruisseau,
Renfroigné comme un chien qui grõde
De ses bras pellus il fend l'onde,
Et fait tant qu'il se vient iucher
Sur le haut d'un petit rocher :
Dieu sçait si la belle assemblée
Que sa cheute auoit bien troublée,

Se

TRAVESTY.

Se mit à rire de bon cœur
Quand elle vit qu'à son honneur,
Assis sur le cul comme un Singe
Il tordoit sa barbe & son linge,
Et vomissoit les flots sallez
Trop auidement aualleƶ.
Lors reuint l'esperance entiere
A ceux qui tenoient le deriere
D'auoir aussi part au gasteau,
Sergestus poussant son Vaisseau
Sur Mnesteüs eut auantage,
Qui de tout son cœur en enrage,
Il court le long de son Coursier
Et s'esgosille de crier,
Voila de beaux rameurs de merde
Il faut donc que le prix ie perde ?
Ma foy, si vous estiez encor
Compagnons de deffunt Hector,
Il vous traitteroit de gauaches,
Vous me faisiez tant les brauaches
Et vous ne trauailleƶ non plus,
Que gens de leurs membres perclus,
Et qui m'a donné ces pagnottes,
Auec leurs bras de cheueniottes,

Coursier de galere.

Sont ce ceux qui ramoient si bien
Le long du bord Getulien,
Dans la rude Mer d'Ionie,
O gens de bien, par Ironie!
Vous n'estes rien, en bon François,
Que gens qui meritez du bois:
Ramez donc, & de bonne sorte,
Ou que le Diable vous emporte,
Et m'emporte moy-mesme aussy
D'auoir gens faits comme ceux-cy.
Pour le premier prix passe encore;
Mais comme vne lourde pecore
Arriuer au but le dernier,
Ha! c'est assez pour resnier.
Ie n'ay garde, ô Sire Neptune,
De porter aucune rancune
A celuy qui sera vainqueur,
I'y consens & de tout mon cœur.
Tu peux bien à ta fantaisie
Faire à qui tu veux courtoisie;
Mais pourtant si c'estoit à moy
I'oserois bien iurer ma foy,
Que ton Altesse Maritime
De mon present feroit estime:

TRAVESTY.

Mais au moins, grand Dieu Marinier,
Que ie ne sois pas le dernier :
C'est à vous Madame Chiorme
D'empescher cét affront enorme ;
Ramez donc comme gens de bien,
Ou tout est, vous m'entendez bien.
A cette harangue energique
Chacun de bien ramer se pique ;
En moins de rien tous ces truans
De secs deuindrent tous suans,
Et si fort leur grossit l'haleine,
Qu'ils ne respiroient plus qu'à peine :
La Chiorme fit grand effort,
Qui s'en fut plaint eut eu grand tort :
Ce que voyant Messer Sergeste
Il voulut iouër de son reste,
Et se couler le long du Roc
Sa Gallere aussi-tost fit, coc
Et puis crac, le bout de la proüe
Se fracasse tout, & s'eschoüe :
On entendit auec effroy
Hurler vn, Dieu soit auec moy ;
Plus de vingt rames se casserent,
Deux cens hommes se renuerserent

Comme quilles qui ça qui la
En vn mot tout fort mal alla.
La Gallere fort entamée
De ses Auirons desarmée
S'embarassa dans les Rochers,
Et les Forçats, & les Nochers
Auec grandes perches ferrées
De leurs rames defigurées
Taschoient de pescher les morceaux
Qui flottoient brisez sur les Eaux.
Autant & plus que vent en pouppe
A Mnesteus comme à sa trouppe
C'ét accident vint à propos,
D'esprit, & de corps, fait dispos
Il fit trois pas de Sarabande,
Pour resiouir toute sa bande
Laquelle à force de ramer
Fendit si prestement la mer
Qu'on l'eust alors bien comparée
A quelque Colombe effarée,
Quand du lieu d'où sont ses petits
Ses aisles faisant cliquetis
Aussi viste qu'vne sagette
Pour quelque rumeur qu'on a faite

Elle fend le cristail de l'air,
Et puis sans ses aisles branler
Sur l'une & sur l'autre estenduë,
En l'air à gogo suspenduë,
On la voit pourtant auancer
Plus quasi qu'on ne peut penser.
Mnesteüs donc, en sa baleine
D'abord du but la plus lointaine
Voyant Sergestus eschoüé
Cria, le bon Dieu soit loüé.
Et le laissa bien loin derriere
Faisant non pas quelque priere
Mais des iuremens de Chartier
Ou si l'on veut de Brelandier.
Tandis que Messire Sergeste
Contre Messire Destin peste
Mnesteüs attrapa Gias
Et luy dit, qu'est-ce que tu as?
Et qu'as-tu fait de ton Pilotte!
Faut il qu'vn homme ainsi sanglotte?
A cela point ne repartit
Gias, qui de rage glatit
Dans sa Nef qui nage sans guide
Et ressemble vn Cheual sans bride.

Puis de Cloante il approcha,
Ce qui grandement le fascha,
Vogua quelque temps à sa crouppe,
De sa proüe, esgalla sa pouppe,
Puis apres en tout l'esgalla,
Et lors le Diable s'en mesla;
Chacun lors à son aduersaire
Fit vn souhait peu debonnaire.
Le miserable Cloantus
De victor *deuenu* victus,
Ne pouuoit prendre patience:
L'autre plus d'heur que de science
L'auoit à la fin attrappé:
R'enfroigné comme vn constippé
Il dit à ses gens force injures
En vne autre saison bien dures;
Mais d'vn homme d'ire embrasé
Tout fut aisement excusé;
L'esperance ressuscitée
Du pauure Diable de Mnestée
Emporta de tous la faueur;
On fit sur luy grande clameur
Afin de luy donner courage:
Messire Cloantus enrage

De cet impreueu pretendant,
Et vers la mer les bras tendant
Il fit, si i'ay bonne memoire,
Cette oraison iaculatoire;
Bons Dieux qui dans la mer logez,
Souuent les Vaisseaux soulagez,
Quand ils sont trop chargés de hardes;
Qui portans escailles pour bardes
Estes bien souuent attellez,
Au char du Roy des Flots sallez,
Et qui souuent, Dieux debonnaires,
Poussez par le cû les Galleres
Quand leur cours n'est pas plus hasté
Qu'vn long Traineau de bois-flotté:
Si de la mienne retardée
La course par vous est aydée,
Si i'atteins le but souhaitté
Par l'effect de vostre bonté,
Un bœuf sera la recompense
De vostre diuine assistance,
Et pour vous chatoüiller le goust,
Car vous aymez bien le ragoust,
Les chairs seront en estouffade,
Les entraillades à la poivrade,

Et pour vous traitter en mignons,
I'y mesleray des champignons;
De plus un present magnifique
De vin Grec assez energique
Pour faire parler des Poissons,
La somme de quatre poinçons :
Cette promesse qui les touche
Leur fait venir l'eau à la bouche;
Toutes les Deïtez de l'Eau
S'empressans au tour du Vaisseau,
Firent &) bien tost & bien viste
Arriuer Cloantus au giste,
Les Dieux qui luy firent ce bien,
Sont ceux cy si ie m'en souuien,
Les Phorques Dames tres humides
Panopée & les Nereïdes,
Et l'aquatique Palemon
Qui fait grand traffic de limon,
Poussans & de cul & de teste
Les Dieux bleus au corps demy beste
Mirent Cloantus dans le Port,
Ce qui les resiouit bien fort,
Le venerable Maistre Ænée
Voyant l'affaire terminée,

TRAVESTY.

Fit appeller les concurrens,
Et les reçeut selon leurs rangs ;
Il fit vne harangue à Cloante,
Que l'on trouua fort elegante,
Par vn vilain petit Heraut:
Et qui pourtant crioit bien haut:
Il fit publier sa victoire,
Et puis pour le combler de gloire
De Laurier sa teste coëffa,
Puis apres il desagraffa
Son pourpoint, & de son aisselle
Tira sa feconde escarcelle,
Et fit present aux Mariniers
A chacun de quatre deniers ;
Deffonça trois tonnes de biere,
Et pour leur faire chere entiere
Fit esgorger trois ieunes bœufs
Et faire des gasteaux aux œufs.
D'vne Casaque bien bordée,
Icy Meandre & Melibée
Donnent quelque confusion
A moy qui fais la version :
D'vne Casaque donc fort riche,
Grand signe qu'il n'estoit pas chiche,

Cloantus il remunera,
Qui, dit-on, de joye en pleura.
Cette Casaque represente
L'histoire fascheuse, ou plaisante,
De Ganimedes qu'ayma tant
Le Dieu du Ciel foudripetant.
On voyoit là ce jeune drosle,
La Hallebarde sur l'espaule,
Qui suiuoit & n'attrapoit pas
Vn Cerf qui fuyoit à grand pas.
Comme il poursuit ainsi sa beste,
Vn Aigle qui vient à sa queste
Le prend, sans beaucoup de respect,
Auec ses griffes & son bec.
Des gens destinez pour sa garde,
L'vn ramasse sa Hallebarde,
Et ses compagnons à grands cris.
Poursuiuent l'Oyseau qui l'a pris.
Son chien, appellé Gueule-noire,
Chien de fidelité notoire,
S'eslance en l'air auec chaleur
Apres ce grand vilain voleur,
Et quoy que son bien-aymé Maistre
Commence en l'air à disparoistre,

TRAVESTY.

Et mesme ne paroisse plus ;
Par des jappemens superflus,
Il fait voir l'ardeur de son Zelle,
Que le chien de Iean de Niuelle
Aupres de ce mastin de bien
Est vn abominable Chien.
Cuirasse de clouds d'or cloustée,
Fut le Guerdon du sieur Mnestée,
Couuerte de mailles d'acier,
L'ouurage, dit-on, d'vn Sorcier :
Elle fut jadis la Cuirasse,
D'vn grand Capitaine fracasse,
D'vn Grec nommé Demoleon,
Tout couuert de poil de Lion,
Qu'Æneas tua pres de Xante :
Au reste elle estoit si pesante,
Que Phegeus & Sagaris
Pour rien n'eussent pas entrepris
De la porter tous deux ensemble ;
Vous ne sçauez pas, ce me semble,
Qui sont ces gens nommez ainsi,
Ie ne le sçay pas bien aussy :
Suffit quoy qu'elle fut si lourde,
Et cecy n'est point vne bourde,

Que quand il en estoit armé,
Ce grand homme que i'ay nommé,
Il couroit pourtant comme vn Liévre
Aux Phrigiens donnoit la fiévre,
N'en estant pas plus empesché
Que de quelque petit peché.
De plus il donna deux chaudieres,
Quelques vns ont dit deux aiguieres
Et deux gondolles de Laitton
De la valleur d'vn Ducaton.
En cét endroit maistre Virgille
Des Poëtes le plus habile,
Ne nous fait point sçauoir qui fut
Celuy qui ces beaux presens eut,
Si ce fut Gias ou quelque autre,
Mais il y va fort peu du nostre :
Tant y-a qu'en fort bel arroy
Faisans tous bien du quant à moy,
Sur le riuage ils promenerent
Les beaux presens qu'ils remporterent,
Et s'y promenerent aussi,
Cela se doit entendre ainsi,
Tandis qu'ils font leurs caracolles,
Faisans grand dégast de parolles

TRAVESTY.

Et racontans leurs beaux exploicts,
Disans vne chose deux fois.
On vit de loin le sieur Sergeste,
Du peu de rames qui luy reste
De cét inconsideré choc
Qu'il auoit eu contre le Roc,
Taschant d'amener sa Gallere
Où l'on ne voyoit que misere.
Dans ce Vaisseau tout disloqué
Mordant ses doigts d'auoir choqué,
Et non tant fasché de sa perte
Que de la vergoigne soufferte;
Il prit sans honte & sans remors
Par tous les endroits de son corps,
Plus de cent fois le Dieu de l'Onde
Au grand scandale de son monde :
Du pauure Nauire eschoüé,
Vn grand vilain serpent roüé
De quelque pesante charrette,
Est la comparaison bien faite :
Ou bien quand par quelque passant
D'vn coup de baston fracassant,
Sa personne peu respectée
Est vn peu rudement traittée ;

Si que l'espine de son dos
A receu dommage en ses os,
Il se traisne à peine sur l'herbe
De la moitié du corps superbe,
De l'autre tres-mortifié,
Ou pour mieux dire estropié :
Ainsi la Gallere entamée
En quelque endroit assez armée ;
En quelque autre au lieu d'auirons
Estant comme les vaisseaux ronds,
Sans rames, qui luy seruent d'aisles,
Auec des perches telles quelles,
Au lieu de voguer gayement
Se traisne en mer languissement :
Enfin employant quelques voilles,
Grace à l'inuention des toilles,
Elle aborda comme elle pût
Le riuage qui la receut.
Pour adoucir sa fascherie,
D'vne seruante bien nourrie,
Qui nourrissoit en mesme temps
Deux garçons à l'enuy tettans,
Il fut regallé par Ænée :
Cette seruante estoit bien née

TRAVESTY.

Elle s'appelloit Pholoé,
Dont le nez un peu trop troüé,
Laiſſoit quaſi voir la ceruelle,
Quoy que Cretoiſe eſtoit fidelle ;
D'vn viſage noir & graſſet,
Et ſentoit vn peu le gouſſet ;
Elle joüoit de l'eſpinette,
Manioit bien la caſtaignette,
Rempliſſoit bien le paſſement,
Et donnoit bien vn lauement.
Æneas quittant la Marine,
Vers vn champ vny s'achemine,
Enuironné de coſtaux vers,
Et ces coſtaux d'arbres couuers,
Eſtoient à peu pres la figure
D'vn grand Cirque d'architecture :
Là ſur vn gros billot aſſis,
Il prononça de ſens raſſis,
S'il eſt vray que ie m'en ſouuienne,
Ces mots en langue Phrygienne:
O ! mes bien-aymez aſſiſtans,
O ! vous Meſſieurs qui m'eſcoutans,
N'eſcoutez pas grandes merueilles,
Ouurez de grace vos aureilles ;

Quiconque de vous veut courir,
Et veut vn beau prix acquerir,
Qu'il se presente à la bonne-heure,
En vne occasion meilleure,
Ny pour amasser plus d'honneur,
Les iambes qu'il eut du Seigneur
Ne peuuent estre employées :
Çà, çà, donc casaques ployëes,
Vienne quiconque à bon jarret
Le tesmoigner en ce gueret,
Et de sa semele legere
Nous emplir les yeux de poußiere,
Tant Sicilien qu'estranger,
Il suffira d'estre leger
Pour pouuoir entrer en la lice,
Rien par faueur, tout par iustice :
Pour les plus escarbillars, i'ay,
Ce que les rats n'ont pas mangé.
A cette efficace promesse,
Sortit du milieu de la presse
Euryale, vn fort beau garçon
Couuert d'vn simple calleçon.
Apres luy parut Monsieur Nise
Couuert de sa seule chemise,

De cét Euryalus nommé
Desmesurément enflammé,
Mais dont l'on ne pouuoit rien dire,
Et puis Diores vn beau Sire,
Du sang royal de Priamus,
Le Sicilien Helymus,
Et Panopes son camarade
Prisez tous deux pour la gambade,
Et jeux de disposition,
D'Acestes l'inclination,
Qui l'accompagnoient à la chasse,
Et qui chassoient tous deux de race;
J'oubliois Salie & Patron,
Dont l'vn, à ce que dit Maron,
Estoit issu d'Acarnanie,
Et l'autre venoit d'Arcadie.
Maron n'esclaircit pas trop bien
Qui des deux est l'Arcadien,
Et qui vient de l'Acarnanie,
Et Scarron fort peu s'en soucie :
Il suffit que tels qu'ils estoient,
Du sang Tegæan ils sortoient:
Plusieurs autres se presenterent,
Lesquels seulement se lasserent,

G

Et despenserent force pas,
Ie ne les nommeray donc pas :
Deschargez de ventre, & de croupe,
Ces beaux coureurs vindrent en trouppe
Se planter, bien déliberez,
Et de leur vistesse asseurez,
Deuant le braue fils d'Anchise,
Dont la personne estoit assise
Sur vn billot en vn lieu haut,
Comme ie vous ay dit tantost,
D'où, par le moyen de sa langue
Il fit ouïr, cette harangue :
Qui de vous ne courra bien fort,
Par feu mon pere aura grand tort,
Car quand on court bien, on attrappe ;
Pour vous faire mordre à la grappe,
Escouttez ce que de bon cœur
Ie pretends donner au vainqueur :
Deux beaux Dards à la Gnossienne,
Dont les bois ne sont pas d'Ebene,
Vne pertuisanne de fer,
Qu'on peut richement estoffer
Si l'on y veut faire despense
De la façon que ie le pense :

TRAVESTY.

Ces presens en commun seront
Pour ceux, qui les disputeront ;
Aux trois plus vistes, ie d'estine
Vn cheual de fort bonne mine,
Richement caparassoné
D'vn Camelot pasle tané,
Qu'vn bord de cuir doré gallone ;
Plus vne trousse d'Amazone,
Ses flesches, & son Baudrier,
De la main d'vn bon ouurier,
Sur lequel reluit vne perle
Aussi grosse que l'œil d'vn Merle ;
Plus vne sallade d'Argos ;
Presens, qui valent trois lingots :
Puis, chacun criant sur eux, viue
Ils seront couronnez d'Oliue.
Chacun prit place, cela dit,
Le signal donné, l'on partit
Au son de la trompe enroüée,
Vous eussiez dit, vne nuée
Qui dans la lice s'espendit,
L'air espois sur eux se rendit,
La poudre de leur pieds esmeüe
Faisant sur leur teste vne nüe,

L'œil plus viste que le pied, fut
Dés le commencement, au but,
D'où, tacitement il exhorte
A courir, le pied qui le porte.
Nize les autres deuança,
Et derriere luy les laissa
Les poitrines toutes pantoises,
De la longueur de quatre toises :
Apres luy, mais loin de luy, court
Salius, qu'vn espace court,
Separé du jeune Euryale,
Qu'Helymus peu s'en faut esgalle,
A qui le dernier, Diores
Souuent bat les tallons, expres,
Et par malice, dans la fesse
Luy met le bout du pied sans cesse,
Et l'eust à la longue emporté
Sur luy, malgré sa primauté.
Nize estoit du but assez proche,
Quand il luy vint vne anicroche
Qui, voulsit ou nom, l'arresta,
Et sa belle course gasta,
Changeant toute son esperance
En vne sotte reuerence,

Qu'il fit, de son long estendu,
Sur du sang de bœuf respandu,
Troublé, comme vn Fondeur de cloche,
Quoy qu'il ne boitte, ny ne cloche,
Il voit que les prix destinez
Ne sont pas pourtant pour son Nez;
Mais perdant esperance & gloire,
Il ne perdit pas la memoire
D'Euryalus, qu'il adoroit;
Car comme Salius couroit
Saisissant sa jambe & sa guestre,
Si fort ses pieds il encheuestre,
Que du nez en terre il donna,
D'où se leuant, il ramena
Vn coup sur le muffle de Nize,
Qui, sans iamais quitter sa prise
Le mordit quatre fois au cû;
Ainsi, d'Euryale vaincu,
Et le cû marqué de morsures,
Tandis qu'à Nize il chante injures,
Et que Nize sans l'escouter
Ne songe qu'à bien l'arrester;
Le petit fripon d'Euryale
Viste comme le vent destale,

Et laissant l'autre renier
Arriue au but le fin premier,
Fauorisé de la huée
De tous ceux, par qui fut louée,
De Nize la bonne action,
En signe d'aprobation,
Qui crioient, viue, viue, viue,
Helymus le second arriue,
Et le troisième, Diores,
Qui le tallonnoit de si pres,
Que de cette talonnerie
On pensa bien voir broüillerie ;
Lors Salius, auec grand cris
Se plaint qu'on luy volle le prix,
Allegue l'injuste cascade ;
Mais Euryalus persuade,
Ne faisant rien que larmoyer,
Qu'on ne peut sans prix l'enuoyer ;
Et Diores, pour luy supplie,
Disant, que s'il faut qu'à Salie
Soit octroyé le prix premier,
Qu'il se voit exclus du dernier.
Æneas des bons le modelle,
Leur dit, finissez la querelle

TRAVESTY.

Vous serez tous recompensez,
Taisez vous, & vous embrassez.
D'vne peau de Lion entiere
Dont la Iube, faite en testiere
Vn morion representoit,
Et qui d'autant plus riche estoit
Que chaque griffe estoit dorée,
L'injustice fut reparée,
Dont Salius se plaignoit tant:
Et lors Nize, se presentant,
Et faisant remarquer la boüe
Qui depuis le haut de la joüe,
Iusqu'à la cheuille du pié
Le rendoit tout crotiffié,
Dit, On me deuroit recognoistre,
Moy vainqueur, ou qui deuroit l'estre,
Et qui n'ay ma course gasté,
Que pour auoir trop viste esté:
Æneas se mit à sousrire,
Et luy dit, refrenez vostre ire,
Vous serez aussi guerdonné
D'vn beau casque damesquiné,
Remarquable pour sa doublure,
Pour ses plumes, pour sa graueure,

Ouurage de Didimaon :
A quoy Nize dit, Par Mahom
On le verra deſſus ma teſte
Chaque Dimanche, & chaque Feſte,
Meure, qui dira iamais mal
De grand Seigneur ſi liberal.
La courſe eſtant ainſi finie,
Toute animoſité bannie,
Et les coureurs guais, & contens :
Il ne faut point perdre de temps,
Dit Ænée, empoigne le Ceſte ;
Quiconque aura du cœur de reſte ;
A quiconque s'y veut frotter,
Vn bœuf paré pour le tanter,
Sera le prix de la victoire ;
Vne eſpée à guaiſne d'yuoire,
Outre, vn fort iolly morion
Sera le prix du champion,
Qui par les coups de l'aduerſaire
Sera contraint enfin de faire,
Signe de ſes deux bras laſſez,
Qu'il en a trop, au moins aſſez.
Chacun eut grande retenuë
A voir le Ceſte, dont la veuë

Fit

Fit peur à ceux des regardans,
Qui n'estoient pas des plus fendans ;
Le grand Darés seul se presente,
Darés, à la taille Geante,
Qui seul, auec Pàris ioüoit
A ce ieu, qui les gens roüoit ;
Qui pour celebrer la memoire
Du vaillant Hector, eut la gloire
D'assommer pres de son tombeau
Butez, aussi fort qu'vn Taureau,
Et tres expert en la gourmade.
Sans mensonge, ou bien par brauade,
(Car on ne l'a iamais bien sceu)
Ce Butez se disoit issu
D'Amiclus, grand brizemachoire,
Et fort renommé dans l'histoire.
Darés s'estant donc presenté,
Plus d'vn cœur fut espouuanté
De veoir ses espaules ossues,
Ses bras, ou plustost ses massues ;
Outre que ce grand Goliat,
De son naturel vn grand fat,
Donnoit dans l'air mille gourmades,
Tiroit en l'air mille ruades,

H

Puis ayant bien frappé, rioit
Comme vn maistre fou qu'il estoit,
Criant çà, çà, que ie le rouë,
Que ie luy fracasse vne iouë,
Que ie luy creue vn œil ou deux;
Ce deffi parut si hydeux
Qu'au Diable, s'il y vient personne,
Tant ce puissant, paillard estonne,
Et Troyens, & Siciliens,
Qui lors furent de grands vauriens.
Ne voyant personne paroistre,
Il se creut aysément le maistre
Du Bœuf, qui peu se tourmentoit
De sçauoir qui son maistre estoit,
(Telle estoit son indifferance)
Il estoit Bœuf de conscience,
Qui laissoit les gens quereller
Sans iamais vouloir s'en mesler.
Darés prit cette douce beste
Par les deux cornes de sa teste,
Criant, iusqu'à s'en enrumer,
Qui veut donc se faire assommer:
Puis se tournant vers maistre Ænée,
Seray-ie toute la iournée

TRAVESTY.

Dit-il, attendant qu'vn groüin
Se faſſe eſcrazer à mon poing ;
Qu'on me mette quelqu'vn en teſte,
Ou bien que i'emmene la beſte,
Ie ſuis trop long-temps en ce lieu.
Qu'il ait le Bœuf, au nom de Dieu,
Qu'il en faſſe des choux, des raues,
(Diſoient quelques vns des plus braues)
Vn peu contre luy mutinez,
D'auoir, pour luy, ſaigné du nez.
Aceſtes de rage en trepigne,
Et dans ſon courage, rechigne
Du Bœuf trop aiſément gaigné:
Il s'en alla tout indigné
Accoſter le vieillard Entelle,
Qui couché ſur vne banſelle,
Pour Darés, & ſa vanité,
Moins froid, n'en auoit pas eſté:
Il luy dit, Te voila bien ſage,
Et qu'eſt deuenu ton courage ?
Toy, qui de tes deux poings fermez
A tant de ruſtres aſſommez ;
Ayant eſté le camarade
Du plus vaillant en la gourmade,

Qu'on ait veu iamais en ce lieu,
Qui mesme en est le demy-dieu,
D'Erix, au redoutable Ceste
Si peu de courage il te reste ;
Que ce grand vilain mal basty
A tes yeux du prix est nanty ;
Et n'as tu pas quelque vergongne
D'estre estendu comme vn yurogne
Quand Dares à toy comme à nous,
Fait redouter ses pesans coups :
Que deuiendra ta renommée
Par toute nostre Isle semée,
Les prix à ton plancher pendus,
Pour les combats par toy rendus ?
Entellus dit, Ta remonstrance
N'est pas certes sans apparence,
Mais ce n'est pas faute de cœur
Que ie laisse Darés Vainqueur,
La vieillesse froide & pesante
M'a rendu l'ame indifferente
Et pour le bien, & pour l'honneur ;
Si j'auois ma jeune vigueur
Ce Fanfaron, qui fait le rogue
Qui jappe apres nous comme vn Dogue,

TRAVESTY.

De mille coups de poings farcy
Seroit veu me crier mercy;
Et sans espoir de Bœuf, ou Vache,
(Lasche motif de tout gauache)
De la seule gloire animé,
Ie l'aurois desia bien gourmé :
Et qu'ainsi ne soit, Maistre Aceste,
Du peu de force qui me reste,
Il ne tiendra qu'au sieur Darés,
Que nous ne nous voyions de prez:
Cela dit, il ietta par terre
Deux vilains instrumens de guerre,
Deux Cestes, mal plaisans à voir,
Plusieurs n'eurent pas le pouuoir
De n'en destourner pas leur faces,
Faisant d'aussy laides grimasses,
Que ceux qui couuers d'vn linceul,
Pensent la nuit voir leur Ayeul:
C'estoit de Gantelés semblables
Que des Atletes redoutables ;
L'Atlete le plus redouté :
Erix, deuant qu'estre dompté,
Se combattoit à toute outrance,
Et meutrissioit d'importance ;

H iij

Les gourmeurs, assez imprudens
Pour oser luy monstrer les dents.
Darés voyant telles menottes
Se mit du nombre des paignottes,
Dit, qu'il n'en vouloit point taster,
Et que ce seroit se gaster :
Maistre Æneas prend & manie
La Machine de fer garnie,
Que sept gros cuirs de bœuf pliez,
De iointures de plomb liez,
Rendent à porter si pesante,
Que luy mesme s'en espouuante,
Luy, qui fort comme vn Turc estoit :
A quoy le vieillard adioustoit ;
Et si vous auiez donc veu celle
Qui gasta d'Erix la ceruelle,
Vous feriez cent signes de croix,
Moy-mesme à peine ie le crois,
Moy qui l'ay veu, à la malheure,
Et qui de souuenir en pleure :
Quand Sire Hercules s'en seruoit,
Non plus de fatigue il auoit
Que s'il eut tenu quelque plume,
Quoy qu'aussy lourde qu'vn enclume,

Et pesante deux fois autant
Que celle qui vous trouble tant ;
La mesme, dont vostre grand frere
Erix se seruoit d'ordinaire,
Dont depuis i'ay fait des exploits
Desquels le moindre en vaut bien trois,
Lors qu'auec ma vigueur premiere,
I'auois ma valleur toute entiere :
Le Ceste est encore taché
Du sang, & du cerueau seiché,
Quand Hercule apres mainte touche
Luy fit vn abreuuoir à mouche,
De son Ceste, dont il tacha
Celuy-cy, quand il le toucha :
Ie suis homme sans simagrée
Si vostre grand Darés l'agrée,
Et ne m'en veut iamais de mal,
Ie vas l'estriller en cheual,
Mais si mon Ceste l'espouuante,
S'il trouue l'arme trop pesante,
De laquelle jadis Erix
Des forts à remporté le prix,
Que d'autres Cestes on me donne,
Et ie veux que l'on me chapponne

Si dans deux coups on ne verra,
A qui le Bœuf demeurera ;
Pourueu qu'auec la bonne grace
D'Æneas, la chose se fasse,
Et d'Acestes mon bon Seigneur.
Vous parlés en homme d'honneur,
Dit Æneas : Çà qu'on m'apporte
Deux Cestes d'vne mesme sorte.
Les Cestes furent apportés,
Et par les Experts visités,
Entellus prit l'vn. Darés l'autre,
Disant tout bas sa Patenostre,
De veoir l'autre tant espaulu,
Ossu, membru, fessu, velu,
D'vne eschine nerueuse & large,
Et d'vne patte faite en targe.
Je deurois me semble auoir dit,
Qu'aisément son corps nud l'on vit,
A cause qu'il auoit bas mise
Et sa jacquette, & sa chemise,
S'entend, si chemise il auoit,
Car autrement il ne pouuoit
Quitter que sa seule iacquette ;
Ie suis fort fidelle interprette ;

Et

TRAVESTY. 65

Et quand ie fais obmiſſion
C'eſt par pure inaduertiſion.
Les voila donc preſts à bien faire
Entellus & ſon aduerſaire,
Plantez tous deux ſur leurs ergots
Se faiſant mines de Magots,
(Id eſt) s'entrefaiſans la moüe :
D'abord, & l'vn, & l'autre ioüe,
Et comme pour eſcarmoucher
Porte maints coups ſans ſe toucher.
Puis s'eſchauffans dans l'eſcarmouche
L'vn d'eux ſon aduerſaire touche,
Qui faſché d'auoir mal paré
Luy rend le change bien ſerré :
Enfin tout de bon ils ſe taſtent,
Et pluſieurs beaux membres ſe gaſtent,
Darés plus qu'Entellus gaillard.
Entellus plus puiſſant paillard ;
Poings auancez, Ceſte en arriere,
Les yeux ardans, la mine fiere,
Ils s'entraſſomment, les grands fous,
D'vne grande ſomme de coups :
Leurs poulmons reſpirans à peine
A tous deux font groſſir l'haleine,

I

Et leurs membres nuds palpiter ;
Tantost vn coup les fait rotter
Appliqué sur le Diaphragme,
Et vomir du sang vne dragme.
Tantost l'vn d'eux n'attrappe rien,
Dont l'autre se trouue fort bien.
A l'vn le ventre frappé sonne,
A l'autre la teste s'estonne,
Ou pour mieux dire sa raison,
Du coup qui frappe sa maison :
Maints coups perdus frisent l'aureille :
Enfin, ils font tous deux merueille.
Darés faisant, maint, & maint saut,
L'intrepide Entellus assaut
Qui n'a recours qu'à la parade,
Sans reculler à la gourmade,
L'œil fiché sur son ennemy
Et sur ses pieds bien affermy :
Son homme le tourne, & regarde,
Pour trouuer vn membre hors de garde
Sur lequel il puisse donner.
Quand on le voit ainsi tourner
On se represente vne place,
De qui le mur, par tout fait face,

TRAVESTY.

Que l'on tourne pour descouurir
Par où le mur se peut ouurir;
Et contre lequel l'aduersaire
Ne fait pourtant que de l'eau claire,
Et ne s'est ayant bien tourné
Que beaucoup de peine donné.
Sur Darés qui tel assaut liure
Vn coup pesant plus d'vne liure
Par Entellus fut desserré;
Ce grand coup ne fut point paré,
Mais esquiué, dont le bon homme
Ne trouuant rien, tresbucha comme
On voit tresbucher bien souuent
Vn Pin esbranlé par le vent.
Entellus donc, en grosse beste,
Tresbucha de cul & de teste,
Et son Dieu Iuppin renia;
Sur sa cheute on se r'escria,
Assauoir le Peuple de Troye,
D'exultation & de joye,
Le Sicilien bien fasché
Du bon Entellus tresbuché.
Æneas, & le braue Aceste
Y furent deuant tout le reste,

Aceste leuant son amy,
Qui iuroit en diable & demy,
Se mit tout bas à le semondre ;
Il ne daigna pas luy respondre,
Ny mesme à Messire Æneas
Qui luy faisoit de beaux helas !
Quoy qu'en son ame le beau Sire,
Fut moins prés à pleurer qu'à rire,
Comme on ne peut s'en empescher
Quand on voit quelqu'un tresbucher.
Ayant bien rajusté son Ceste,
Il fit retirer Maistre Aceste,
De sa cheute plus qu'enragé,
Quoy que par elle encouragé,
Et sachant bien en conscience,
Qu'auec plus d'heur que de science,
Darés qui faisoit l'entendu
L'auoit veu par terre estendu :
Leué, donc & remis en place,
Rage au cœur, rougeur à la face,
De n'auoir jusques là fait rien
De sa valleur qu'il cognoist bien ;
Il monstra ce qu'il sçauoit faire :
Oncq ne fut plus rude aduersaire ;

TRAVESTY.

Darés fut tout espouuanté
Des coups de ce refuscité,
Et n'eut recours qu'à la parade;
L'autre, gourmade, sur gourmade,
Vous le pousse de coing en coing;
Et l'assomme de coups de poing;
Ses coups tombent dru comme gresle,
Darés a peur qu'on ne luy fesle
L'habitacle de la raison,
Quoy qu'il en ait moins qu'vn Oyson:
Il est pres de demander lettre,
Ne sçachant en quel lieu se mettre,
A couuert d'vn Ceste si lourd;
Le vieil Entellus fait le sourd,
Trauaillant sur luy de plus belle
A donner jour à sa ceruelle:
Darés estoit tout essoufflé,
Le visage de coups enflé,
Pres de donner du nez en terre:
Quand Æneas vint à grand erre
Se mettre entre les combattans;
Certes il y vint bien à temps,
Car de la premiere taloche,
Sur estomach, ou sur caboche,

Darés alloit estre acheué;
Le poing estoit desia leué,
Quand Æneas auec Aceste,
De ce rude joüeur de Ceste,
Qui ne faisoit point de quartier
Vinrent le cœur dulcifier.
Daignez ne passer pas plus outre,
Homme au poing lourd, comme vne poutre;
Vne autre fois nostre Darés
N'approchera pas de si prés
Vn de qui les coups peuuent moudre
Vne Roche, & la mettre en poudre,
Et par qui seroit assommé
Un Elefant, fut il armé.
A ces mots, le donne gourmade,
Deuint doux comme castonnade;
Tant Æneas eut de credit :
Soit fait, comme vous auez dit,
Et la noyse soit terminée,
Dit Entellus : Lors Maistre Ænée,
Deuers le battu se tournant,
Sur pieds à peine se tenant;
Il luy fit, si i'en ay memoire,
Cette leçon consolatoire,

TRAVESTY.

Le soustenant de ses deux bras,
Il falloit, mauuais Fierabras,
Il falloit connoistre son homme,
Deuant que de s'y frotter, comme
Vous auez fait contre celuy
Qui vous destruisoit aujourd'huy,
S'il n'estoit aussy debonnaire,
Qu'il est inuincible aduersaire ;
Ne sentez vous pas en sa main,
Quelque chose de plus qu'humain,
Et que quelque Dieu le protege :
Allez mon beau gourmeur de nege,
Vous faire vistement panser,
Et taschez de n'y plus penser.
A ce discours, le pauure drosle,
Le chef tout penchant sur l'espaulle,
Les yeux pochez au beurre noir,
Luy dit tout bas, iusqu'au reuoir :
Il n'en pût dire dauantage,
Et mesme n'eut pas le courage,
De porter la main à ses dens,
Pour voir s'il en restoit dedans ;
Sa barbe estoit toute rougie,
D'vne piteuse emorragie,

Et son nez de coups escaché,
Se vuidoit sans estre mouché.
Les Troyens vinrent, qui le prirent,
Et le prenant tel mal luy firent,
Car son corps estoit tout meurdry,
Qu'il fit vn pitoyable cry :
Le Coustelas, & la Salade
Tinrent compagnie au malade,
Pour consoler son nez cassé ;
Et le Bœuf du prix fut laissé,
Pour la recompense d'Entelle,
Qui fit vne harangue telle ,
Enflé d'orgueil, comme vn crapaut,
D'auoir conquis à ce ieu chaut,
Vn Bœuf, qu'on pansoit à l'estrille ,
Comme vn Bœuf de bonne famille.
O vous Troyens, ieunes & vieux,
De nostre victoire enuieux;
Venez voir, ce que ie sçay faire,
Venez voir, à quel aduersaire,
Vous auez Darés desrobé ,
Et comment il estoit flambé ,
Si vous n'eussiez à nostre patte,
Soustraict, son debille omoplatte :

TRAVESTY.

Cela dit, de son poing serré,
Un coup par luy fut desserré
Entre les cornes de la beste;
Ce coup entra dedans sa teste,
D'où sortit un ample cerueau,
Et de sang, la valleur d'un sceau;
Et le Bœuf, sans ceremonie,
Au monde fauça compagnie.
Puis il dit, d'un cœur tout contrit,
Et recueilly dans son esprit,
Regardant la voute aterée,
D'une façon toute esplorée,
Ces mots, Erix mon cher Seigneur,
Ie t'offre du bon de mon cœur;
Pour Darés, à qui ie pardonne,
Ce Bœuf, tres honeste personne.
Sur cette action d'Entellus,
Les assistans, qui moins, qui plus,
Firent une grande huée,
Qui fut long-temps continuée;
Dont Ænée estant ennuyé,
Cria tout haut, c'est trop crié,
Ie suis las d'ouyr tousiours braire;
I'aymerois mieux auoir affaire,

K.

Aux sous des petites Maisons,
Qu'à tant de ceruelles d'oysons,
Qui n'ont iugement, ny science.
Ayant fait faire ainsi silence ;
Il dit, Vienne qui sçait tirer:
Lors on vit de l'estuy tirer
Maint Arc, comme de maintè trousse,
Sortit mainte fleche non mousse.
Apres que maints bons compagnons
Se furent mis en rangs d'oignons,
D'Iulus le reuerend Pere,
Fit dresser vn mas de Gallere,
Ayant fait au bout attacher,
Deuant qu'en terre le ficher,
Auec vne longue ficelle,
Ramier, Pigeon ou Tourterelle ;
Il n'importe ce que ce fut,
Pourueu qu'on arriue à son but,
Facilement on se dispence,
Quand petite est la consequence.
Puis apres au sort on tira,
Dont maint visage s'altera,
Et d'espanouy deuint sombre,
De peur de n'estre pas du nombre

TRAVESTY.

De ceux qui deuoient de droit fil
Tirer deſſur le volatil.
Maiſtre Æneas en choiſit quatre,
Qui deuoient eſſayer d'abattre,
Par vn coup de traict deſcoché
L'oyſeau ſur le mas attaché.
De gibier vn grand homicide,
Dit Hippocoon Hyrtacide,
Fut le premier eſleu du ſort,
Ce qui le reſiouït bien fort:
Le ſecond fut, Maiſtre Mneſtée,
La teſte encore garrotée,
Du rameau d'Oliue emporté,
Pour auoir bon vogueur eſté;
Dequoy ie ne veux plus rien dire,
Puis que deſia l'on l'a deu lire:
Maiſtre Eurition fut le tiers,
Phœnix des Arbaleſtriers,
Frere cadet de feu Pandare,
Des grands tireurs d'arc le plus rare,
Qui ſçeut à propos ſecourir,
Pâris, qui s'en alloit mourir,
Sous les coups de ſon aduerſaire,
Qui quartier ne luy vouloit faire,

Dont les Grecs estoient esbaudis,
Et les Troyens bien estourdis ;
Quand à propos le sieur Pandare
Prenant son Arc sans dire gare,
En donna tout droit dans le cû,
De Menelaüs le cocu :
Surquoy les deux os se meslerent,
Et les champions separerent.
Le quatriesme, & dernier fut
Le vieil Aceste, qui voulut,
Auec toute cette jeunesse,
Contester de force & d'adresse.
Ces Arbalestriers esleus,
Banderent de leurs bras velus,
Leurs Arcs mortiferes Machines,
Non sans se roydir les eschines.
Hippoon le premier d'eux,
Addressant au Ciel mille vœux,
Qui jusques là ne penetrerent,
Mais en beau chemin demeurerent;
Frappa d'vn traict le bout du Mas,
Plus haut, il eut donné moins bas :
La beste volante effrayée,
Voulut s'enuoler, mais liée,

TRAVESTY.

En l'air elle se debattit,
Et voila tout ce qu'elle fit.
Tandis qu'au bout de la ficelle,
Dans l'air elle hache de l'aisle ;
Mnesteüs tire, & de son traict,
Coupe la corde, & lors Dieu sçait,
Si la pauurette en fut faschée ;
Et si se sentant destachée,
Elle ne doubla point le pas :
Ha! tout beau, ie n'y pense-pas;
Ie veux dire prit sa vollée,
S'en estant donc dans l'air allée.
Erytion le franc Archer,
Deuant que son traict descocher,
Fit à son frere vne priere,
Laquelle il receut toute entiere :
Tandis que le pauure animal,
S'enfuit, ne songeant à nul mal ;
Vn coup qui le prit en croupiere,
Le fit reuenir en arriere,
Et son beau vol interrompit,
Ce qui luy fit bien du despit;
La pauure beste transpercée,
Ayant sa vie en l'air laissée,

Tomba comme eut fait vn caillou,
Sans peur de se rompre le cou.
Qui fut camus, ce fut Aceste,
Voyant que pour luy rien ne reste,
Et qu'il faut, s'il veut descocher,
Qu'il aille ailleurs vn prix chercher:
Mais le facetieux bon homme,
Ne laissa pas de tirer, comme,
S'il eut tiré dessur l'Oyseau:
Et lors vn prodige nouueau,
Estonna toute l'assemblée.
Aussy-tost que la fleche aislée
De l'arc qu'il deslascha partit,
En flame elle se conuertit,
Et ressemblant vne fusee,
Ou quelque couleuure embrazée,
Ou comme nostre autheur dit mieux,
Vne estoille aux crins radieux ;
Elle se guinda dans l'air perse,
Comme vn feu qui du cristal perce ;
Puis elle se perdit en l'air,
Cessant de viure, & de voller.
Sur cette bizarre auanture,
Chacun fit mainte coniecture ;

TRAVESTY.

Maints Deuins entouziasmez,
Se firent par là renommez,
Predisans choses merueilleuses,
Qui pourtant estoient bien douteuses:
Les redoutables Phrygiens,
Comme aussy les Tynacriens,
Enfin, tous ceux de l'assemblée,
En eurent la teste troublée :
Ænée en fit vn grand can-can,
Et se destachant vn carcan,
Qui luy pendoit dessus la gorge,
Ou le noir Dragon de Saint George,
En vne Agathe estoit graué,
D'vn coup de lance, l'œil creué :
Il s'approcha du pere Aceste,
En luy disant, ie vous proteste,
Qu'onc ne fut Archer plus adroit,
Sans l'auoir veu qui le croiroit,
Que vous eussiez peu d'vne fleche,
Faire feu, comme d'vne meche :
Vrayment, ou ie n'y connois rien,
Ou Iupiter vous veut du bien,
Quant est de moy ie vous reuere,
Autant que i'ay fait feu mon Pere,

Ie dirois que ma mere aussy,
Mais ce seroit mentir ainsi :
Que si les prix sont pour les autres,
Vous aurez quelques presens nostres;
Pour vous faire oublier le tort,
Que vous a fait icy le fort.
Cela dit, de fort bonne grace,
Et du carcan, & d'une tasse,
Icy au massif, & bien pesant,
Il luy fit vn fort beau present.
Cette tasse bien trauaillée,
Auoit iadis esté baillée
Au Pere de nostre Æneas,
Qui d'icelle faisoit grand cas,
Par le bon Tracien Cissée;
Cette tasse estoit rehaussée
D'esmail fin, qui representoit,
Bacchus, Dieu du vin qui rottoit.
Puis apres de branche d'Oliue,
Faisant signe qu'on criast, viue
Il couronna son chef chenu,
Que d'ordinaire il auoit nû.
Eurytion sans repugnance,
Laissa donner par preferance,

TRAVESTY.

Le premier prix qu'il meritoit,
Comme tres ciuil qu'il estoit;
Tres-largement de Maistre Ænée,
Son adresse fut guerdonnée.
Mnesteüs eut aussi son don,
Et l'Hyrtacide Hippocoon.
Apres l'adroitte tirerie,
Vint la noble Cheuallerie :
Epitides fut appellé
Grand vieillard, au menton pellé,
D'Ascanius le Pedagogue,
Homme austere, à mine de dogue,
Mais Docteur des plus estimez,
Et grand faiseur de bouts-rimez,
Natif de Rion en Auuergne;
Quoy qu'incommodé d'vne bergne,
Vn tres-deliberé vieillard,
Et des hommes le plus raillard :
Aussi-tost qu'il fut en presence,
Il fit des mieux la reuerence,
Comme il en faisoit grand debit;
Puis, Messire Æneas luy dit,
Epitides, ma geniture
A telle apresté sa monture?

L

Et nos ieunes gallefretiers,
Ont ils apresté leurs coursiers ?
Pour monstrer par maint caracolle
Qu'ils sont sortis de bonne escolle;
Va t'en donc viste les querir :
Lors Epitides de courir;
Ce vieillard à la cuisse seiche,
Estoit viste comme vne fleche,
Et sautoit trente pieds d'vn saut,
Il fut donc reuenu bien tost,
Suiuy de maint petit Saint George,
Tous guais, comme pourceaux en l'orge,
Et leurs cheuaux enharnachez,
De force rubans attachez :
On ne vit iamais plus beau monde,
Chacun d'eux auoit vne fronde,
Non pas pour fronder des Arretz,
Mais des pierres, cailloux, & grez,
Les vns auoient l'arc, & la fleche,
(Car d'engeins à ressort ou meche,
Qu'on appelle instrumens à feu
En ce temps-là l'on vsoit peu.)
Les autres d'vne lance guaye,
Ou d'vne picque de Biscaye ;

TRAVESTY.

Disons pluſtoſt de tous les deux,
Pour tenir les gens moins douteux,
Auoient leur patte droicte armée
Et leur teſte toute emplumée,
Comme leur col eſtoit paré
De collier de laitton doré.
Sous trois fort iolis Capitaines,
En juſt'aucorps de tiretaines ;
Furent formez trois eſcadrons,
Le premier, fraiſes à godrons,
Le ſecond, teſtieres Angloiſes,
Et le tiers, cappes Bearnoiſes,
Rendoient pour mieux garder leur rangs
Les vns des autres differens.
L'vn des chefs de ces gens d'elite,
Eſtoit fils du pauure Polite,
Le ieune fils de Priamus,
Qu'aſſomma Neoptolemus.
Il montoit en chauſſes de page
Vn fort beau cheual de bagage :
Mais pourtant qu'on auoit dreſſé,
Et qui franchiſſoit vn foſſé,
Auſſi large qu'vne riuiere,
Comme vn autre eut fait vne orniere

L ij

Le second chef estoit Atis,
Pour qui d'amoureux appetis,
Ascanius le fils d'Ænée,
Auoit la raison fascinée,
Estant de cét Atis si fou,
Qu'il l'auoit tousiours à son cou.
Le sieur Maron, de sa monture,
Ne nous fait aucune peinture ;
Mais sans doute il estoit monté
En homme de sa qualité.
Le plus beau de tous fut Ascaigne,
Son cheual, couleur de chastaigne,
Le meilleur cheual de Sidon,
Estoit vn present de Didon.
Ce cheual estoit vne beste
Propre à paroistre vn iour de Feste ;
Qui faisoit le saut de bellier,
Et duquel souuent cauallier,
Sans le secours de la crinniere,
Tomboit la teste la premiere ;
Mais tant fut il mauuais cheual,
Courant à mont, ou bien à val :
Quand il eut fait le Diable à quatre,
Il n'eust peu nostre Iule abbatre ;

TRAVESTY.

Sçauant du pied, & de la main,
Comme vn creat de Benjamain ;
Ou d'autre chef d'Academie,
Qu'icy ie n'allegueray mie.
Pour les autres ieunes cadetz
Acestes fournit des bidetz,
Et mainte Iument poulliniere,
Que les Poullains suiuoient derriere.
Les Troyens frapperent des mains,
Voyant les fils de leurs germains,
De leurs cousins, de leurs cousines,
De leurs voisins, de leurs voisines,
Et quelques vns aussi des leurs
Habillez en petits Seigneurs,
Et parés en coureurs de bague,
Sur les reins coutelas ou dague ;
Ils reconnurent dans leurs trais
De leurs amis morts les portraits ;
Quoy qu'en leurs visages la crainte
En couleur pasle fut dépeinte,
A cause qu'ils s'espouuantoient
De leurs cheuaux qui trop sautoient :
A la fin, ils se rasseurerent,
Et dans leurs selles s'ajusterent.

Epitide vn foüet claqua,
Le clac dupliqua, triplica:
Aussi-tost ensemble ils partirent,
En vn escadron, qu'ils deffirent;
Se separans en pelottons,
S'escrimerent de leurs bastons ;
Les vns tournerent les espaules,
Que les autres à coups de gaules
Caresserent assez long temps,
Les battus deuinrent battans;
Puis ayant cessé de se battre,
Se mirent tous, qui quatre à quatre,
Qui trois à trois, qui deux à deux,
Et firent entr'eux mille jeux,
A courbettes, & caprioles;
Puis apres maintes caracolles,
Ils pousserent tous leurs coursiers,
Ayant le deuant les premiers,
Comme les derniers le derriere,
Faisant quantité de poussiere.
Tous ces tours, & tous ces destours
Les vns longs, & les autres cours,
Representoient le labyrinte,
Que pour celle qui fut enceinte,

TRAVESTY.

On fait d'vn gros vilain Taureau,
Par vn artifice nouueau;
Mais pour vn deſſein beaucoup ſalle,
Inuenta le fameux Dedale;
Du grand Roy Minos Charpentier,
Et des plus experts du meſtier:
Force murailles tournoyantes,
Et forces routes fouruoyantes,
Par des deſtours entre-laſſez,
Embaraſſoient les mieux ſenſez,
Qui ne connoiſſoient plus leur voye.
Ainſi ces jouuenceaux de Troye
Pouſſans leurs animaux en rond,
Puis apres les pouſſans en long,
Rompans, & puis doublans leurs files
Ainſi que les Dauphins agiles,
Dans la Mer Libyque ſouuent,
Alors qu'il ne fait point de vent
Font entr'eux mille ſingeries,
Ou bien pluſtoſt Dauphineries;
Ainſi, dis-je, ces jouuenceaux
Firent voir mille ieux nouueaux,
Que le fondateur d'Albe, Iule
Recommanda par vne Bule,

A ses descendans des Albains
De qui les tiennent les Romains;
Qui depuis auec grande ioye
En l'honneur du peuple de Troye,
(Vraye action de gens de bien)
Ont appellé ce jeu Troyen,
Qu'à grans frais à l'honneur d'Anchise
Rome tous les ans solennise.
Mais tandis que Maistre Æneas
S'amuse à tous ces beaux esbats:
Madamoiselle la Fortune
Qui tousiours luy porte rancune,
Luy ioüe vn tour de son mestier
Qui le va bien faire crier:
Junon plus meschante qu'vn page,
A sa faiseuse de message,
Iris qu'on appelle Arc en Ciel
Parla, le cœur rempli de fiel,
Vn petit moment à l'aureille ;
Aussi-tost Iris s'appareille,
Et quittant toutes ses couleurs,
Dont, quand les Auteurs font des leurs;
(C'est à dire quand ils s'esgayent,
Et de force bayes nous payent)

Nous

TRAVESTY.

Nous font cent contes violets,
Enfans de leurs esprits follets.
Cette Dame port'ambassade,
Le long de l'admirable Arcade,
Que l'on voit quelque-fois dans l'air,
Se laissa bien & beau couler,
La fesse fort bien reueftuë ;
Car glissant à bride abbatuë,
Elle auroit eu corrosion,
Par la trop longue friction,
Et s'auroit fait mal à la crouppe :
Estant donc ainsi, vent en pouppe,
Descenduë au trauers des airs
Auec vn dessein fort peruers ;
Sur la riue Tynacrienne
Elle vit la flotte Troyenne,
Et tout le peuple Phrygien,
Qui lors ne s'enquestoit de rien,
Et qui laissoit sur sa parolle,
La flotte au port ; action folle :
Leurs femmes faisoient bande à part,
Se tenans loing d'eux à l'escart,
Et faisant sur la mort d'Anchise,
Comme on dit, vne mine grise,

M

Non sans pester de leurs malheurs,
Auec grands cris, auec grands pleurs,
Serons-nous tousiours dessus l'onde,
Et le rebut de tout le monde?
Disoient les vnes en pleurant;
Les autres disoient, en iurant,
N'aurons-nous iamais vne Ville?
Et nostre Æneas tant habille,
Ne veut il jamais s'arrester
Sans nous faire tousiours trotter?
Iris voyant tant de murmure,
Quitta sa Diuine figure,
Et se trauestit à l'instant,
Prenant vn corps tout tremblottant,
Baston en main, aux yeux besicle,
Et se fit femme de Dorycle,
Vieille barbuë, & qui contoit,
Cent ans, & point ne radottoit;
Ains estoit femme bien sensée,
Quoy que de vieillesse cassée.
A propos, j'auois oublié
Qu'elle s'appelloit Beroé,
De famille fort ancienne,
Et de nation Rhoetienne.

TRAVESTY.

La meschante Deesse Iris,
Ayant donc cette forme pris,
Se mit piteusement à dire,
Ces mots, qui ne sont pas pour rire,
Pauures gens qui vos iours passez
Sur des vaisseaux demy-cassez,
Pauures femmes, pauures coureuses,
Serez vous tousiours malheureuses?
O! que bien moins vous le seriez,
Si deuant vos murs vous auiez,
Esté par les mains des Dolopes,
Mises au Royaume des taupes.
Au lieu qu'estre tousiours en mer,
A mourir de faim, à ramer,
Loing du benoist plancher des Vaches
Tristes habitans de Pataches,
Où les punaises & les poux,
Ont fort peu de respect pour nous,
Est vne vie infortunée,
Autant que d'vne ame damnée.
Sept ans sont passez peu s'en faut,
Que souffrant le froid, & le chaut,
Battus de vents, & de tempestes,
Conduits par le nez comme bestes,

M ij

Nous cherchons le pays Latin,
Que promet, dit-on, le Destin,
A nostre maudit Capitaine,
En eust il la fiévre quartaine;
Et sans nous tourmenter ainsi,
Que ne demeurons nous icy?
Et qui nous empesche de faire
Au pays d'Erix nostre frere,
Et d'Aceste nostre Parent,
Qui nous seruira de garant,
Vne belle ville murée,
De nous si long-temps desirée,
Où nous passerons mieux le temps
Que parmy les vents inconstans.
O! nos Dieux de nostre Patrie,
En vain sauuez de la furie
De nos ennemis meurtriers,
Pour deuenir des Nautonniers:
N'aurons-nous donc jamais la joye
De voir vne nouuelle Troye:
Symois, sejour des Plongeons,
Et Xante fertille en Gougeons.
Ha! bruslons nos nefs comme paille,
Qui ne vallent plus rien qui vaille;

TRAVESTY.

J'ay veu cette nuict en dormant,
Cassandre une torche allumant;
Et qui me disoit, Qu'en Sicille,
Nous deuions choisir domicille;
Et que c'estoit viure en Oysons,
Au lieu d'habiter des maisons,
D'estre tousiours en des Nacelles,
Nageans tousiours comme Sarcelles,
Et cent autres oyseaux de Mer,
Qu'il n'est pas besoing de nommer.
Bruslons donc nos vaisseaux, vous dis-je,
Apres prodige, sur prodige;
Faisons de nos nefs du charbon,
Ou n'attendons plus rien de bon,
Du Ciel, mais querelle, & rancune:
Voila quatre Autels de Neptune,
Couuers de feu suffisamment,
Pour faire un bel embrazement:
Allons donc ma chere Brigade,
Allons trauailler en grillade;
Et pour prendre congé des Eaux,
Mettons le feu dans nos vaisseaux.
Cela dit, la bruslante Dame,
Prit un gros tison plein de flame,

Pour commencer l'acte inhumain;
Ce tison partant de sa main,
Prit le chemin des nefs de Troye,
Pour faire vn feu, non pas de joye :
Les Dames de ce coup hardy,
Eurent l'esprit bien estourdy,
Et leurs yeux quasi s'en fendirent,
Tant alors elles les ouurirent
Sur cette meschante action,
En signe d'admiration.
Une d'entre elles, fille antique,
Autant qu'vne vieille rubrique,
Une parfaite Virago,
Qui s'appelloit Dame Pyrgo;
Quoy que d'humeur vn peu fascheuse,
Sur la famille tant nombreuse,
Du pauure Priam ruyné,
Elle auoit long-temps dominé;
Comme nourrice, & gouuernante,
Elle estoit fameuse Pedante,
Qui cent fois foüetta pour rien
Les filles du Roy Phrygien :
Cette venerable antiquaille,
D'vn ton de chatte qui criaille;

TRAVESTY.

Quand Iris lança le tison,
Allongeant vn grand col d'Oyson,
Profera ces mesmes parolles,
N'estes vous pas de grandes folles
De croire que c'est Beroé?
Le personnage est bien joüé;
Mais fort peu souuent ie m'abuse,
Et quoy que ie sois bien camuse,
Ie trouue icy bien du qu'as-tu,
Autant que feroit nez pointu;
La Beroé gist dans sa chambre,
Souffrant du mal en chaque membre;
Outre, vn fort grand desuoyement,
Qui la fait iurer diablement,
De n'estre pas comme les autres,
A reciter des patenostres,
Et Requiescat in pace,
Pour Maistre Anchise trespassé.
Pour celle-cy, la malle-peste,
C'est vn donzelle celeste;
Son gousset sent le romarin,
Remarquez bien son air diuin,
Son visage, son encouleure,
Son ton de voix, & son alleure.

Ainsi Dame Pyrgo parla,
Dont depuis tout fort mal alla.
Cette harangue suasoire,
Fut d'abord difficile à croire ;
Les biens promis par le Destin
Dans le joly païs Latin
Les rendoient un peu retenües :
Et les tempestes soustenües
Ne les persuadoient pas peu
De mettre leurs vaisseaux en feu :
Elles ne sçauoient donc que faire;
Mais Iris pour finir l'affaire,
Soudain se desberoiza,
Sa forme reDiuiniza :
Fit voir son arc dans une nuë,
Et de ses aisles soustenuë,
Fut veuë assez long-temps voler,
Puis apres se perdit dans l'air.
Il n'en fallut pas dauantage,
Les Troyennes pleines de rage,
Sans faire aucun raisonnement,
Hurlant Diaboliquement,
Ainsi que font les possedées,
De leur seule fureur guidées,

TRAVESTY.

Au grand mespris des Immortels,
Saccagerent les quatre Autels,
Du venerable Dieu Neptune,
Chacune endiablée, & chacune,
Et du Destin, & d'Æneas,
Ne faisant que fort peu de cas.
Par ces femmes de feux armées,
Furent aussi-tost enflamées:
Les pauures Galleres du Port;
Le feu courant de bort, en bort,
Des cordes humides, & seiches,
Fait en moins de rien mille meches;
Deuore le haut, & le bas,
Gaigne les Voilles, & le Mas,
Par mille flames qu'il enuoye,
Qui se font par tout claire voye.
Bref tout le bois, tant peint, que non,
Deuint en peu de temps charbon;
Et les Galleres de flottantes,
Deuiennent Galleres ardentes.
Eumelus courut à grands pas
Faire sçauoir ce piteux cas;
La nouuelle fut bien-tost creuë,
Car la flame s'estant accruë,

De bien loing paroissoit dans l'air,
Faisant estincelles voller.
Chacun courut vers le riuage ;
Ascanius eut l'aduantage,
A cause de son bon coursier,
D'arriuer tout le fin premier.
O caroignes que Dieu confonde !
Les plus mal faisantes du monde,
Qu'on deuroit assommer de coups,
Cria t'il, que Diable auez vous ?
De brusler nos vaisseaux, & faire,
Pis que le Gregeois aduersaire,
Qui n'a bruslé que nos maisons ;
Où trouuerez vous des raisons
Pour vne trahison si noire ?
Et qui jamais la pourra croire ?
Vous auez bruslé vostre espoir,
Vieilles gaupes à l'esprit noir ;
Qui meritez d'estre bernées,
Et dos-& ventre bastonnées :
En courant icy comme vn fou,
I'ay pensé me rompre le cou ;
Et pour ce beau feu d'artifice,
I'ay laissé là mon exercice.

Ayant dit tout cela, d'vn ton,
D'aueugle qui pert son baston ;
Il jetta par terre son Casque.
Æneas courant comme vn Basque,
Arriua là tout forcené,
De ses Troyens enuironné ;
Quand il vit de prés le desordre,
Il se mit ses deux mains à mordre ;
Criant, où sont donc ces Putains ?
Où sont ces Demons intestins ?
Mais les Caignes, la chose faite
Auoient sonné pour la retraitte,
Feignant de s'en aller pisser,
Et chercherent pour se musser :
Qui quelque Rocher, qui quelque Antre,
Donnant, & la Deesse au Diantre,
Et la Iunon qui l'enuoyoit,
Qui peut estre alors en rioit:
Elles n'en faisoient pas de mesme,
Comme leur rage fut extreme ;
Les remors du Prince offencé,
Les troubla plus qu'on eut pensé.
Iunon n'estant plus dedans elles,
Qui de ses pauures Damoiselles,

Auoient rendu les esprits fous ;
Elles fourerent dans des trous,
Leurs testes foibles les premieres,
Ne montrant rien que les derrieres
Qui sont, comme on sçait, moins honteux,
Que les visages vergoigneux.
Mais à des vaisseaux pleins de braize
Dequoy sert vne synderese,
Puis qu'on n'y fait rien auec l'eau :
Tout y rebrusle de plus beau ;
Et malgré l'eau les flames viues
S'attachent aux pieces massiues ;
La flame gaigne pas à pas,
Des endroits hauts, les endroits bas ;
L'air s'obscurcit de là fumée
Qu'engendre l'estoupe allumée ;
Les flancs des Nefs suent vn peu,
Puis aussi-tost sont veus en feu ;
Qui par vne fureur extreme
Introduit son ennemy mesme,
Et donne vne entrée à la Mer,
Qui fait les Vaisseaux abysmer :
Æneas à cette misere,
S'arrache le poil, desespere,

TRAVESTY.

De voir ce Demon intestin,
Qui de ses Vaisseaux fait festin ;
Et qui si bien brusle, & fricasse,
Que maint corps de Nef est carcasse,
Et maint vaisseau bien attelé,
N'est plus qu'un peu de bois bruslé ;
Voyant que la puissance humaine,
Y perd autant d'eau, que de peine ;
Il deschira, fou qu'il estoit,
Tout le vestement qu'il portoit,
Et lors tout le monde eut la veuë
De sa chair de longs poils pourucuë ;
Il fit, d'une mourante voix,
Deux grands Helas ! les bras en croix,
Regardant la voûte celeste ;
Puis il prononça ce qui reste ;
Iupiter, que i'ayme beaucoup,
Voicy bien du feu pour vn coup,
Et si ce n'est pas feu de joye ;
Celuy qui brusla nostre Troye,
A comparer à celuy-cy,
N'estoit qu'vn feu coussi, coussi :
S'il arriue qu'il nous souuienne,
Tant soit peu de la Gent Troyenne ;

Si parmy ce peuple abysmé,
Quelqu'vn par vous est estimé :
Plaise à vostre Iupiterie,
Que ce soit moy, ie vous en prie,
Et vous serez remuneré
De m'auoir ainsi preferé :
En signe de la preference,
Qu'il plaise à vostre Reuerence,
Sur nos pauures Nefs de pleuuoir,
Comme il en a bien le pouuoir ;
A nos affaires descousues,
La liberalité des nues,
Viendra ma foy bien à propos,
De l'eau donc de grace à pleins pots ;
Car vous en auez à reuendre,
Et vous sçauez bien où la prendre.
Helas, quelques fois vous pleuuez !
Toutes les eaux que vous auez,
Et plus qu'on ne vous en demande ;
Quelquefois la pluye est si grande,
Alors qu'on s'en passeroit bien,
Qu'vn chapeau neuf ne dure rien.
Pleuuez donc, ie vous en conjure,
Et pleuuez à bonne mesure,

TRAVESTY.

Jamais l'eau ne fut plus à point:
Si pour nous vous n'en auez point,
Auec vostre Canon celeste,
Exercez vous sur ce qui reste,
A nos Vaisseaux puluerisez,
Ioignés des corps fulgurisez,
Ou bien si vous me voulez croire,
Donnez à nos Vaisseaux à boire;
C'est ne les obliger pas peu,
Car ils ont le corps tout en feu;
Ou bien pour me reduire en poudre,
Encore vn coup iouez du foudre.
Aussi-tost qu'Æneas eut dit,
Vn deluge d'eau descendit
Jamais on ne vit telle ondée,
Vne Riuiere desbordée,
N'eust pas plus humecté les Naus,
Que firent du Ciel ces canaus:
On craignit de perir par pluye,
Æneas quasi s'en ennuye,
Quoy qu'vn peu deuant pour l'auoir,
Il eut donné tout son auoir:
Ie passe les hardes mouïllées,
Les robes de crotte souïllées;

Les chemins deuenus ruisseaux,
Pour vous dire que les Vaisseaux,
A mesure qu'ils s'humecterent,
A l'aide de l'eau resisterent,
Au feu, qui l'eau si fort craignit,
Qu'il s'enfuit, ou qu'il s'esteignit.
De ces Galleres enflamées,
Fors quatre des-ja consommées,
Tout le reste qui demeura
Facilement se repara :
Pour la flame ainsi déconfitte,
Maistre Æneas ne fut pas quitte,
Du chagrin qui luy fait auoir,
L'incertitude de sçauoir,
S'il doit se mettre encore en course,
Pour trouuer à ses maux resource,
Et pour obeïr au Destin,
Apprendre à bien parler Latin ?
Ou si dans l'Isle de Sicille,
Il choisira son domicille :
Cét ambarras terriblement
Luy trouble tout l'entendement.
Nautés de qui Dame Minerue,
Met souuent la ceruelle en verue,

Grand

Grand desbroüilleur d'vn cas obscur,
Et grand deuineur du futur
Et qui par dessus l'Interprette
Tenoit tant soit peu du Poëte:
Luy dit alors, tranchant le mot
Æneas vous estes vn sot;
Il faut aller busquer fortune,
Et si pour nous elle a rancune,
Il faut la vaincre en endurant
Les Dieux feront le demeurant:
Vous auez du conseil de reste
En vostre bon compere Aceste,
Consultez-le amiablement,
Il vous dira sincerement
Tout ce que là dessus il pense,
Comme vn homme de conscience:
Parlez luy donc sans differer,
Et vous amuser à pleurer.
Pour moy, si vous me voulez croire,
Ie ferois faire vn beau memoire
De ceux qui ne sont bons à rien,
Et retenant les gens de bien,
Ie ferois bastir vne ville
En quelque canton de Sicille,

Où ie laisserois les Truhans,
Et tous les esprits remuans
Qui ne sont bons qu'à ne rien faire,
Obeïr mal, & tousiours braire,
Les enfans, les femmes sans dens,
Les malades, les vieilles gens;
Bref toutes personnes oyseuses
Ainsi que des brebis galleuses.
Le cher Acestes regira
La canaille qu'on laissera :
Vne Ville Aceste nommée
De bonnes murailles fermée
Sera desormais le taudis
De ses feineans engourdis :
Et pour vous braue fils d'Anchise
De tous ceux qui seront de mise
Qui sçauront des mieux fourager,
Les villageois faire enrager,
Piller maisons, brusler Villages,
Faire sermens de tous estages,
De ceux-là, dis-je, vous serez
Le chef, & vous les menerez,
Guerroyer les Peuples du Tibre,
Riuiere de petit calibre,

TRAVESTY.

Mais qui lorgnera de trauers
Tous les fleuues de l'vniuers,
Et sur eux, & sur leurs Nacelles
Aura droit d'imposer gabelles,
Et de les traitter de ruisseaux
Quoy que portans de grands basteaux.
Là finit le Maistre Prophete,
Vn flegme entrant en sa luette
L'empeschant de continuer
Et le faisant esternuer :
Mais pour tout cela, Maistre Ænée
Se tourmente en ame damnée,
Et n'en n'a pas moins d'embarras :
Il se mit en ses salles draps
Lors que la Nuict, la claire brune,
Pour bien faire honneur à la Lune,
Du ciel, son frere auoit chassé :
L'esprit donc bien embarassé,
Et se repaissant de chimeres,
Anchises le meilleur des Peres,
Le vint veoir en habit decent,
Car son braue fils connoissant,
Et sachant bien que le fantosme
Luy causoit aisement symptosme,

Et qu'outre les rats & souris
Il craignoit bien fort les esprits,
Et que lors estant d'humeur sombre.
S'il fut venu fait comme vne ombre,
Et contre-faisant le Hibou,
Æneas fut deuenu fou.
Au sortir de la cheminée :
Il dit, Dieu vous gard maistre Ænée,
Ænée en son lit s'enfonça,
Où de frayeur mesme il pissa,
Comme en vision repentine
Ordinairement on vrine ;
Anchise luy cria, tout beau,
Æneas retenez vostre eau,
Et tordez bien vostre chemise :
Ie suis vostre bon pere Anchise ;
Pour vous auoir trop bien traicté,
Ie vous ay fait enfant gasté ;
Iupiter qui par vn orage,
A fini du feu le rauage,
M'a soigneusement enuoyé,
Pour dans vostre esprit desuoyé
Remettre toute chose en ordre :
On ne sçauroit trouuer à mordre,

sur ce que Nautez vous a dit,
A son conseil donnez credit;
C'est vn conseil tres salutaire:
Ceux qui sçauront bien dire, & faire,
Aillent auecque vous chercher
Les lieux où vous deuez nicher.
Sur les bords bien-heureux du Tibre
Vous trouuerez vn Peuple libre,
Et qui fronde en Diable & demy
Quand il luy vient quelque ennemy:
Mais deuant qu'aller à la guerre,
Il vous faut aller dessous terre
Visiter le Royaume noir
De Messer Pluton le manoir.
Là vous verrez vostre bon Pere,
Qui vous fera fort bonne chere,
Car ie ne suis pas vn damné,
De mille feux enuironné;
Mais dans les beaux champs Elizées
Où les ames canonisées,
Passent le temps fort plaisamment;
Ie tiens vn bel appartement.
En ces lieux Madame Sibille,
Que chacun croit comme Euangile,

Vous menera droict comme un fil ;
Lors j'exerceray mon babil
Sur vostre Genealogie,
Que ie sçay par cœur sans magic :
Mais un ombre ne peut tenir,
Contre le jour qui va venir,
Le Soleil leuant qui me lorgne,
M'a rendu quasi d'un œil borgne ;
Deuant que l'autre en ait autant,
Ie me retire en clignottant.
Lors se perdit Madame l'Ombre,
Dedans l'air encore un peu sombre ;
Æneas auec grand effroy,
S'escria, Que l'on vienne à moy :
Puis sa frayeur estant passée,
Et sa ongreline endossée ;
Il dit, mais il n'estoit plus temps,
Mon cher pere ie vous attens ;
Reuenez ie vous en conjure,
Ha ! vous auez l'ame bien dure
De me visiter pour si peu ;
Puis voulant allumer du feu,
Qu'il auoit caché sous la cendre,
Le bon Seigneur au lieu de prendre

TRAVESTY.

Les pincettes, comme il devoit,
Il se brusla le maistre doit;
Et s'escria tout en collere,
Malle-peste du chien de pere,
Et qui me l'a donc ramené
Au grand Diable soit il donné :
Mais aussi-tost le bon Ænée,
Comme il estoit ame bien née,
Du blaspheme se repentit,
Et grande douleur en sentit :
Il tira de son escarcelle
Vn gros d'Encens masle ou femelle,
Puis escrima de l'Encensoir;
Mais par malheur il fit tout choir,
Et remplit sa chambre de braize,
Ayant donné contre vne chaize:
Puis apres au sel & à l'eau,
Il fit lors le premier tourteau,
Qu'on nomma depuis tallemouze,
Ainsi que Pedans plus de douze
Ont escrit ie ne sçay comment
En vn certain petit Comment:
Cette offrande fut presentée,
A Vesta Deesse édentée,

Car elle a bien quatre mille ans,
Ou cinq mille, si ie ne mens :
Ayant ainsi fait son offrande,
Et chanté certaine legende,
Il chercha ses gens à grands pas,
Qui d'abort ne le creurent pas;
Mais quand un homme d'hōneur jure,
Il faut auoir l'ame bien dure,
Pour ne croire pas son serment,
Ne fut-ce que par compliment :
Ils le creurent donc, comme Aceste,
Que la volonté manifeste,
Des grands Dieux rendit si sousmis,
Qu'il promit tout à ses amis :
Sans s'amuser à la moustarde,
Le bon Maistre Æneas n'eust garde
De laisser ses gens refroidir,
Il fit les faineants choisir,
Les Dames, & les inutiles,
A qui la demeure des Villes,
Plaisoit plus que celles des Nefs,
Des Tantes, Pauillons, & Trefs;
En fin ceux, qui fors bonne chere,
Se plaisoient fort à ne rien faire :

Il

TRAVESTY.

Il retint auec luy les gens
Qu'il connut estre diligens,
Durs au trauail, duits à combattre,
Dont vn seul en eust battu quatre;
Petits en nombre, mais d'vn cœur
Grand & de tous perils vainqueur:
Puis les Nefs furent reparées,
De nouueaux taffetas parées,
De neufs Auirons, & de Mas,
Bref, refaittes de haut en bas.
Æneas gentil personnage,
Qui sçauoit jusqu'à l'arpentage,
Et qui quand il ne l'eust pas sçeu,
En eust tout le secret conçeu:
Bien-tost, telle estoit sa memoire,
Que moy mesme j'ay peine à croire:
Tous les departemens marqua,
Deux Bœufs traisnans vn soc picqua,
Cela veut dire vne charruë,
Designa mainte place, & ruë;
Place à vendre, place à roüer,
Vn ample tripot pour joüer;
Place à part pour les Concubines,
Et de fort superbes latrines.

P

Aceſtes tout encouragé
De ſe voir en Prince erigé;
Fit des loix bonnes ou mauuaiſes,
Et crea des porteurs de chaiſes.
Et puis ſur le mont Ericin,
A Venus Celeſte Putin,
On fit vn Temple magnifique,
Moitié moilon, & moitié brique,
Et pour Anchiſe au tombeau mis,
Vn braue Preſtre fut commis,
Pour pſalmodier, & pour faire
Bruſler ſans ceſſe vn luminaire:
Outre vn bois qu'on ſantiffia,
Qu'au meſme Anchiſe on dédia.
Æneas ſe mit en deſbauche,
Tables à droit, tables à gauche,
Neuf jours durant on feſtina,
Et les Autels on couronna;
Lors la Mer eut la face gaye,
Le Vent Auſter qui la ballaye,
Se repoſant ſans dire mot,
Et ſans enfler le moindre flot;
Comme il n'eſt bonne compagnie
Qui ne ſoit enfin deſ-vnie;

TRAVESTY.

Il fallut au depart songer,
Et lors ce fut pour enrager;
Toute cette trouppe effarée,
Qui deuant craignoit la marée:
Ces Rostisseuses de Vaisseaux,
Pleurerent alors comme Veaux;
Ie deuois dire comme Vaches:
Les faineants, & les gauaches,
Voyant qu'on les laissoit ainsi,
Vouloient monter en mer aussi.
Ænée auec douces parolles,
Y meslant quelques parabolles,
Par fois se mettoit à pleurer,
Puis rioit pour les asseurer:
Les bonnes gens pour luy complaire,
Faisoient comme ils luy voyoient faire;
Tantost rioient, tantost pleuroient,
Sans sçauoir ce qu'ils desiroient;
Ænée & sa sagesse extreme,
Ne le sçauoit pas bien luy mesme:
Enfin tous ces gemissemens
Finirent par embrassemens,
Et seruiteur, & moy le vostre,
Qui se firent de part & d'autre.

Aceſtes promit qu'il auroit
Grand ſoin de ceux qu'on laiſſeroit.
On fit eſgorger quelques beſtes,
Vne brebis pour les tempeſtes,
Et pour Erix le Fierabras,
Trois veaux qui n'eſtoient pas trop gras.
On fit embarquer tout le monde,
On tira les anchres de l'Onde;
Quand vn chacun fut embarqué,
Æneas s'eſtant colloqué,
A la prouë, aſſis à ſon aiſe,
Sur vne malle, au lieu de chaiſe,
De verte Oliue couronné;
Vn pot de vin luy fut donné,
Qu'il verſa dans les eaux ſallées;
Des quatre beſtes immollées,
Les entrailles il répandit,
Dans l'eau, qui point ne les rendit,
Et qui ſans doute en fit curée
Aux braues filles de Nereé.
A peine auoit il acheué,
Qu'vn petit vent s'eſtant leué;
Les rames d'vn temps ſe hauſſerent,
Dans l'eau de la Mer ſe ſaulſerent,

Et se sausant, & desausant,
Le riuage allerent laissant;
D'où les yeux long-temps les suiuirent,
Et maints bonnes gens les benirent.
Lors Venus songeant à son fait
S'ajusta de maint altifet,
Et s'en alla trouuer Neptune
En vne heure fort opportune,
Car rien alors il ne faisoit,
Et tout bonnement s'amusoit;
La Mer estant calme pour l'heure,
Faute d'amusoire meilleure,
A faire en Mer des ricochets:
Vn Triton auec des crochets,
Et quelques fois auec ses pattes,
Luy desroquoit des pierres plates,
D'vn Rocher assis pres de là
Qui ne seruoit rien qu'à cela:
Voyant la Celeste caroigne,
Il abandonna sa besoigne,
Et rebouttonna son pour-point;
Mon Dieu ne vous destournez point
De cét agreable exercice,
Dit, des Gouges l'Jmperatrice,

D'un ton de voix, doux comme un luth ;
Apres un gracieux Salut,
Ainsi parla le Roy de l'Onde :
Ie ne sçaurois pas bien mon monde,
Et ie manquerois d'entre-gent ;
Quand ie receurois de l'argent,
Si ie ne laissois mon ouurage
Lors que Dame de mon lignage,
Et que j'ayme d'affection
M'honnore de sa vision,
Quel bon vent icy vous ameine ?
De Iunon l'implacable haine,
Luy dit elle, qui depuis peu
A mis toute la flotte en feu,
De mon fils, & dans sa boutade,
De mon fils mesme eut fait grillade
S'il n'estoit homme à quereller,
Quiconque le voudroit brusler ;
Chacun en nostre Cour Celeste
Là hayt & fuit comme la peste,
Et si Iupiter faisoit bien
Il l'estrilleroit comme un chien ;
Aussi-bien ce n'est qu'une chienne :
Le sac de la ville Troyenne ;

TRAVESTY.

Le temps qui remedie à tout
N'a point mis sa rancune à bout,
Des loix du sort, la Dame fiere
Se torche souuent le derriere ;
Mais Helas vous la connoissez,
Ses faits la descouurent assez :
L'autre jour dans la Mer Lybique,
Ce bon corps à faire relique,
Des vents contre nous se seruit ;
Mais vostre Altesse, qui le vit,
Sans sauon laua bien les testes
De ces exciteurs de tempestes,
Et r'enuoya ces soufflancus
Aussi penauts que des cocus,
Qui de leurs femmes euentées,
Dans les lettres interceptées
Trouuent en termes non obscurs,
Qu'ils ont les angles du front durs.
N'ayant rien fait par la tempeste
Elle a voulu la male beste
Acheuer la flotte par feu,
Et vrayement s'en a fallu peu
Si son mary par vne ondée
Fasché que la desuergondée

Nous vint ainsi persecuter,
N'eust fait le dessein auorter.
Sa haine estant si manifeste
Au peu de Vaisseaux qui nous reste,
Malgré son injuste couroux,
Accordez vn temps calme & doux,
Et faites que sur vostre Empire,
Regne seulement le Zephire,
Et pour les fougueux Aquilons,
Chassez les moy comme felons,
De qui les mauuaises haleines
Causent mille morts inhumaines,
Et tant de gens ont desconfis :
En vn mot, faites que mon fils
Sans qu'aucun malheur le poursuiue,
Sain & sauf sur le Tibre arriue,
Et memoire, à proportion
De si grande obligation
Ie garderay foy de Deesse.
Vous estes sur la Mer Maistresse,
Dit Neptune, auecque raison,
C'est vostre premiere maison,
Comme en estant originaire
Vous y pouuez tout dire, & faire ;

I'ay

TRAVESTY.

J'ay souuent traicté de gredins,
De seditieux, de badins:
Les vents dont vous craignez l'haleine
Ne vous en mettez point en peine,
J'auray soing de vostre fan fan
Comme vne biche de son fan.
J'ateste & Symois & Xante,
Alors que la dextre vaillante
D'Achilles fit dessur leurs bords
De corps viuans, force corps morts,
Ce grand fanfaron d'Æacide
Fut alors si grand homicide,
Si cruel, & si scandalleux,
Qu'Agamemnon en fut honteux:
Vostre fils durant la meslée
A ce vaillant fils de Pellée,
Ayant ozé comme vn follet
Prester sottement le collet;
L'autre (outre la faueur Celeste,
Qui lors paroissoit manifeste,
Et qui le rendoit tant altier
Qu'il ne faisoit point de quartier,
Ayant vn notable aduantage,)
Quoy qu'esgaux peut estre en courage

Q

Comme il alloit exterminer,
Vostre Æneas ; pour destourner
Ce malheur, qui vous eust gastée,
Ayant vne nuë empruntée ;
Ie sceus à propos le cacher,
Et lors Achille eust beau chercher,
Il n'en trouua, ny vent, ny voye,
Et pourtant en ce temps-là, Troye
M'estoit vn pays odieux,
Mais ie le fis pour vos beaux yeux,
Et ie ferois bien dauantage :
Maistre Æneas aura passage,
Et pour entrer & pour sortir
Dans l'Enfer, sans y rien patir :
Il faudra perdu dans vn gouffre
Qu'vn seul pour tous les autres souffre,
Que vainement on cherchera,
Vn seul pour plusieurs payera ;
Mais que vostre Altesse diuine
N'en fasse pas plus maigre mine.
Et n'en n'ait pas l'esprit fasché,
C'est estre quitte à bon marché :
Ayant par si belle promesse
Remis l'esprit de la Deesse,

TRAVESTY.

A son char gisant pres de là,
Le bon Roy des flots attella
Non des Dauphins comme l'on pense,
Mais selon toute vray semblance,
Deux Hippopotames dressez
De qui les crins estoient tressez,
Et puis sur la campaigne humide
Poussa son char à toute bride.
Si-tost qu'il parut sur la Mer
Ce fut aux flots de se calmer,
Tous les vents plierent bagage
De mesme que fit tout nuage,
Enfin en Mer tout fut changé :
Le bon Seigneur fut cortegé
De maints monstres à face fiere
Qui sortirent teste premiere,
A cheuauchons sur Marsoüins.
Iamais on ne vit tels grouïns,
Ny de plus estranges visages,
Des Baleines de tous corsages
Seringuant de larges ruisseaux
Par les canons de leurs museaux,
Marchoient en fort belle ordonnance,
Et gardant bonne contenance,

Glauque en teste de son troupeau,
En coquille, au lieu de batteau,
Enflant & l'vne, & l'autre jouë,
D'vne Conque marine jouë:
L'heritier d'Ino, Palemon
Cheuauchoit vn fort beau Saumon:
Six grosses huistres à l'escaille,
En vn char couuert de roquaille,
Traisnoient vn ancien Triton
Qui donnoit aux autres le ton
D'vne coquille recourbée,
Sa face estoit toute plombée
Du trop grand effort qu'il faisoit.
Phorque vn escadron conduisoit
Monté sur Dauphins, dont la queuë
Se retroussoit sur l'Onde bleuë:
Thetis à la main gauche estoit
Qu'vne grosse Solle portoit:
Dame Melite estoit juchée
Sur vne Raye enharnachée;
Et Panopée en vn traisneau
Tiré par vn gros Maquereau
Paroissoit en vraye espousée:
Vn Esturgeon portoit Nesée

TRAVESTY.

Vn Euesque Marin, Spio,
Et Thalie, vne Poulle d'eau:
Et Cymodocé la derniere
Montoit vn Oyseau de riuiere:
Telle fut la procession
De l'aquatique nation.
Æneas voyant la bonace,
Fit vne certaine grimace
Qu'il faisoit ordinairement
Quand il auoit contentement,
De quelque affaire bien douteuse.
La flotte ne fut pas oyseuse,
A profiter du temps serain,
Les Vaisseaux allerent beau train;
Quand on eut donné tous les voilles
Le vent s'engouffrant dans les toilles,
Donne le loisir aux Forçats
De reposer leurs membres las.
Palinurus le bon Pilotte
Vogue à la teste de la flotte,
S'il tourne à gauche, ou bien à droit,
Chacun le suit, chacun le croit,
A cause qu'il ioint la science
A plusieurs ans d'experience.

Le temps ainsi tout radoucy
Des Vaisseaux chassoit le soucy,
De la venerable chiorme,
Il n'est personne qui ne dorme
Couchez de leur long sur les bancs,
Ils donnent relasche à leurs flancs
Dont ils ont la santé troublée
Par la secousse redoublée,
Et puis l'excez de trauailler
Aide fort à bien sommeiller :
Tandis que chacun dort & ronfle,
Que le vent tous les voilles gonfle,
Et que les Pilottes pour tous
Exercent leurs yeux de Hibous ;
Vn Dieu leger comme vne plume
Qui dort aussi fort qu'vne enclume,
Le sommeil qui ressemble fort
A sa sœur, Madame la Mort,
Qui craint le jour & les chandelles
Et ne fait nul bruit de ses aisles,
Qui fait quelque fois prou de bien,
Mais icy qui ne vallut rien,
Et fit vn tour de meschant homme ;
Ce Dieu dispensateur du somme

Vint depuis le haut iusqu'en bas
Ressemblant à certain Phorbas
Faire piece au bon Palinure ;
Sous cette traistresse figure,
Le bon Pilotte il approcha,
Et ce discours luy descocha,
D'vne langue aussi dangereuse
Que d'vne beste venimeuse :
Vous dormiriez bien vn petit,
Vous en auez bon appetit ;
Dittes moy le vray Palinure,
Tandis que la bonnace dure,
Donnez vous vn peu de sommeil,
I'auray jusqu'à vostre réueil
Soin qu'aucun desordre n'arriue.
Quelque ignorant vostre aduis suiue,
Pour moy ie ne le suiuray pas
Ce dit-il, au fourbe Phorbas,
Ayant peine à leuer sa teste ;
Car alors cette malle-beste
Le sollicitoit grandement
De dormir vn petit moment :
Vous n'auez pas trouué vostre homme
De croire que ie fasse vn somme,

Et que ie me laisse attraper
Au temps qui ne fait que tromper.
Et que diroit Messire Ænée
Qui m'a sa flotte abandonnée,
Si ie dormois comme vn pourceau
Pres de la mort dans vn Vaisseau?
Chien eschaudé craint la cuisine
Ainsi que ie fais la marine :
Finissant son petit sermon
Il ne quitta point le timon.
Le Sommeil voyant à sa mine
Qu'il auoit esuenté la mine,
Et que contre vn si fin niais
Il falloit vn autre biais,
Auec vn certain dormitoire
De couleur blanche, grise ou noire,
Car on ne l'a iamais bien sçeu,
Il frotta sans estre apperceu
Les temples du pauure Pilotte,
Qui sans plus songer à la flotte
Tomba dormant comme vn pourceau,
Tout à plat dessus son Vaisseau,
Et le Sommeil impitoyable
Saisit au corps le miserable,.

Et

Et precipita chef premier
Le Timon, & le Timonnier :
Il cria faisant la cascade
A moy Phorbas, cher camarade,
Mais le sommeil se desphorba,
Alors que son homme tomba,
Et voyant qu'il faut qu'il se noye,
A moins de nager comme vn Oye,
Se mit à rire comme vn fou
Le laissant boire tout son saoul :
Apres l'action meurtriere,
Ce bon-Dieu qui ne valloit guiere,
Sans faire de bruit, secouant
Ses deux aisles de Chathuant,
Se perdit dedans les tenebres,
Ou quantité d'oyseaux funebres,
Qui le suiuent par tout en corps,
L'attendoient comme des recors;
La Nef ainsi depatronnée,
Et mesmement destimonée,
Ne laissa pas d'aller son train,
A cause que le temps serain,
Promis par le pere Neptune
La sauuoit de toute fortune.

Certain vent pourtant qui regnoit,
Dans des escueils que l'on craignoit
Fort renommez par les Sirenes,
Dont l'on conte mille fredaines,
La portoit petit à petit ;
Quand Messire Æneas sentit,
Ou que son Pilotte estoit yure,
Ou qu'il auoit cessé de viure,
Et si Dieu n'y mettoit la main,
Qu'il estoit en mauuais chemin ;
Il s'en alla le cœur en glace
Chercher Palinure en sa place ;
Il vit, ô regretz superflus,
Que Palinure n'estoit plus !
Et que luy, Monseigneur son Maistre
S'en alloit aussi cesser d'estre ;
Ses Vaisseaux voguoient à tastons,
Ainsi qu'aueugles sans bastons ;
Et la periclitante flotte
S'en alloit faire de la sotte,
Et se fracasser à trauers,
De force escueils des flots couuers ;
Des-jà le murmure de l'Onde,
En ce lieu là, qui tousiours gronde,

TRAVESTY.

Un tres-insuportable bruit,
A ceux qui nauigent de nuit,
Le rendoit pasle comme vn linge,
Le front ridé comme vn vieil Singe;
Pelerinages il voüa,
Ie ne sçay pas s'il les paya,
Mais en vne affaire mauuaise,
Ainsi que l'or en la fournaise,
C'est alors que le bon Seigneur
Se montroit homme de valleur;
La Nef ainsi d'estimonée
Fut par luy si bien gouuernée,
Et le Seigneur fut tant adroit,
Tournant à gauche, ou bien à droit,
Qu'esloignant le mauuais passage,
Si commode à faire nauffrage;
Il s'eslargit en pleine Mer,
Non sans vn regret bien amer,
De la perte de son Pilotte,
Incessamment il en sanglotte,
Criant, helas mon cher amy !
Pour auoir vn peu trop dormy,
Vous allez seruir de repuë
A quelque Turbot ou Barbuë,

Où sur quelque bord inconnu,
Vous serez exposé tout nû.

FIN DV CINQVIESME LIVRE
du Virgile Trauesty.

A Paris Chez Toussainct Quinet Au Palais 1648   Auec Priuilege du Roy

LE VIRGILE TRAVESTY EN VERS BVRLESQVES,

De Monsieur SCARRON.

LIVRE SIXIESME.

A PARIS,
Chez TOVSSAINT QVINET, au Palais,
sous la montée de la Cour des Aydes.

M. DC. LI.
AVEC PRIVILEGE DV ROY.

A MONSIEVR
ET MADAME
LE COMTE
ET LA COMTESSE
DE FIESQVE

ONSIEVR ET MADAME,

Vous m'auiez promis vn petit Chien, vous ne me l'auez pas donné ; Ie vous auois promis de vous dédier

EPISTRE.

vn Liure de Virgile, je vous en dédie vn : Voilà tout ce que j'ay à vous dire ; Ie suis,

MONSIEVR ET MADAME,

Voſtre tres-humble & tres-obeïſſant ſeruiteur,
SCARRON.

Extraict du Priuilege du Roy.

PAR grace & Priuilege du Roy, DONNE à Paris, le huictiéme iour de Ianvier 1648. Signé, Par le Roy en son Conseil, BERAVD. Il est permis au sieur SCARRON, de faire imprimer, vendre & distribuer par tel Libraire ou Imprimeur qu'il aduisera bon estre, *Le sixiesme Liure de son Eneide de Virgile Trauesty*, & ce durant l'espace de dix ans entiers, à compter du iour que ledit sixiesme Liure sera acheué d'imprimer: Et defenses sont faites à tous autres de quelque condition qu'ils soient, d'en vendre ny distribuer d'autre impression que de celle qu'aura fait faire ledit sieur Scarron, ou de ceux qui auront droict de luy, à peine de confiscation des Exemplaires, & de trois mil liures d'amende, ainsi qu'il est plus amplement porté dans l'Original.

Et ledit sieur Scarron a cedé & transporté le present Priuilege à Toussainct Quinet, pour en jouyr suiuant l'accord fait entr'eux.

Acheué d'imprimer pour la premiere fois, le dixiesme iour de Ianuier mil six cens cinquante-vn.

Les Exemplaires ont esté fournis.

LE
VIRGILE
TRAVESTY.

LIVRE SIXIESME.

INSI Maistre Æneas parla.
Cependant sa bouche exhala
Maint soupir; & de sa paupiere
Sortit de pleurs vne riuiere,
Qui se separa sur sa peau
En quinze ou seize gouttes d'eau.

Les Nauires par luy guidées,
Des vents fauorables aydées,
A la fin vinrent à bon port
Anchrer sur l'Euboique port.
Les vaisseaux l'vn auprés de l'autre
Comme des grains de patenostre
S'arrangerent également.
Chaque Nauire en vn moment
Deuers la Mer tourna sa prouë
Comme pour luy faire la mouë,
De s'estre encore vn coup tiré
Des flots, sans estre deuoré.
Les anchres en mer deuallerent,
Et leurs becs pointus acrocherent.
Le riuage parut paré
De mainte pouppe au bois doré
Quitter les vaisseaux prendre terre,
Aller à la petite guerre,
Ce ne fut quasi que tout vn,
Fors quelques preneurs de petun
Qui s'amuserent sur la riue
A vuider vn peu de saliue,
Non sans vuider quelque baril.
Les vns battirent le fuzil,

TRAVESTY.

Les autres en terre auancerent,
Virent des bestes en chasserent,
Si ce qu'ils coururent fut pris
C'est ce que ie n'ay pas apris,
Et ce qui ne m'importe guieres.
Ceux qui trouuerent des riuieres
En vinrent faire le raport.
Cependant Æneas le fort
Maron dit Pieux, mais la rime
M'est vne excuse legitime.
Æneas donc fort ou Pieux,
Si tant est que vous l'aymiez mieux,
Alla voir d'Apollon le temple,
Autant pour donner bon exemple,
Que pour tirer les vers du nez,
(Suiuant les bons aduis donnez,
Par son Reuerend pere Anchise)
De la Sibille teste grise,
Qui depuis deux cens & tant d'ans
Ne sçauoit que c'estoit que dens;
Apollon son maistre d'Escolle
S'ébattoit à la rendre folle,
Et lors il n'y faisoit pas bon;
Car lors la méchante Guenon,

La diseuse de logogriffes,
Rouloit ses yeux, montroit ses griffes
Hors de terre, en l'air s'eleuoit,
Disant tout ce qu'elle sçauoit,
Que l'on croyoit comme Euangile.
Voila quelle estoit la Sibille
Que Maistre Æneas alla voir
Puisque vous le voulez sçauoir.
D'abord le temple magnifique
Exerça fort la Retorique
Tant des Troyens, que du Seigneur,
Quoy que d'ailleurs homme d'honneur,
Vn des plus grands parleurs du monde,
Nation dont la terre abonde,
La pluspart grands diseurs de rien,
Au grand malheur des gens de bien.
Ce temple estoit, pour sa peinture
Aussi beau que pour sa structure,
Et n'auoit pas esté basty
Par quelque petit apprenty,
Ou par quelque maçon de balle,
Mais par l'ingenieux Dedale,
Qui de peur du Tyran Minos
S'estant appliqué sur le dos

TRAVESTY.

Vne paire d'aifles bien faite
Auoit ainfi fait fa retraite,
Faifant bien peur chemin faifant
A maint oifeau qui l'auifant
Quatre ou cinq fois gros comme vn oye
Le prenoit pour oifeau de proye.
Enfin fi bien emplumaché
Ayant dans l'air long-temps haché,
Il vint charrié fur fes plumes
Se hucher fur la tour de Cumes,
Non fans grande admiration
De toute cette Nation,
A Maiftre Apollon par homage
Il fit prefent de fon plumage;
Et puis charpentier & maçon
Vn beau temple de fa façon,
Sans m'amufer à le décrire,
Car fa beauté s'en va fans dire,
Et jamais Auteur bien fenfé
N'a fait temple rapetaffé,
Mais toujours temple magnifique
De marbre plutoft que de brique.
Ce beau temple donc qui fera
Superbe autant qu'il vous plaira,

Estoit bien peint sur son portique,
A huille, à fresque, ou Mosaïque,
Et ces tableaux representoient
Les Atheniens qui battoient
Rudement le Prince Androgée,
Dont son Altesse surchargée,
De trop de coups & trop pezans
Auoit finy ses jeunes ans.
Minos estoit là, dont la mine
D'homme qui rend sa medecine
Faisoit au peuple meurtrier
Peur de n'auoir point de quartier.
Puis on voyoit le peuple Attique
Du viol de la foy publique
Qui se repentoit, mais trop tard,
Contraint de tirer au hazard,
Ou bien au sort, si mieux on l'aime,
Car ce n'est qu'vne chose mesme.
Ils tiroient donc en grand soucy
Minos le commandant ainsi,
Au sort les masles & femelles,
Autant les beaux comme les belles,
Les magots comme les guenons,
Selon que se trouuoient leurs noms:

TRAVESTY.

Ceux qui ne rencontroient pas chance
S'en alloient seruir de pitance
Au fils de la femme à Minos
Qui les rongeoit iusques aux os.
Vis à vis l'Isle de Candie
Peinte de cette main hardie
En pleine mer se faisoit voir
Celle qui contre le deuoir
D'vne Reine femme bien sage
Eut d'vn Taureau le pucelage,
Estoit là peinte & son Taureau,
Et Monsieur son fils homme veau,
Prince du costé de sa mere,
Mais vilain du costé du pere,
D'vn grand coquin de bœuf issu,
De qui l'on a iamais bien sceu
Ny la maison ny l'origine,
Mais son fils par sa bonne mine ;
A la femme de Minos plut,
Il voulut ce qu'elle voulut,
Et par le moyen de dedale
Encorna la maison Royale.
Ie ne vous diray point comment,
Car ie confesse ingenument

Que j'ay la face toute rouge
Du faict de cette Reine gouge,
Et Maron, sauf correction,
En a fait trop de mention.
Tu serois aussi pauure Icare
Placé dans cet ouurage rare,
Si ton pere songeant à toy
N'eust laissé tomber hors de soy
Et les pinceaux & la peinture,
Piteuse fut ton aduenture;
Et ta cire qui se fondit
Mauuais office te rendit.
Maistre Æneas sur cet ouurage
Se fust amusé dauantage,
Car il s'amusoit volontiers,
Et passoit les iours tous entiers
A faire des chasteaux de carte,
A coller de vieilles pancartes
Dont il formoit de grands Dragons,
Retenus par des cordeaux longs
Qu'il laissoit aller dans les nuës,
Et que l'on prenoit pour des gruës :
Enfin il estoit vetilleur,
Ce tant renommé batailleur,

Et sou-

TRAVESTY.

Et souuent feu son pere Anchise
Luy faisant vne mine grise
Auoit predit tranchant le mot
Qu'il ne seroit iamais qu'vn sot.
Mais il se trompa le bon-homme,
Car ce grand fondateur de Rome
Au moins celuy, dont sont sortis
De la louue les deux petis,
Qui de louueteaux se rendirent
Rois des Latins qu'ils asseruirent.
Ce fondateur de Rome doncq
Fut grand homme s'il en fut oncq.
Or ie vous ay dit tout à l'heure
Qu'il eust fait plus longue demeure
A considerer les tableaux ;
Ses gens, la pluspart jeunes veaux,
S'amusoient ainsi que leur Sire
A les regarder sans mot dire ;
Quand Maistre Achates arriua
Qui par viues raisons prouua
Que c'estoit acte de caillettes
De regarder marionnettes,
Lors que le temps presse, & qu'il faut
Battre le fer quand il est chaut.

Puis la Prestresse Deiphobe
De peur de choir troussant sa robe
Vint dire au beau fils de Venus
Ces mots que i'ay bien retenus.
O Monsieur le Patron des sages
Ce n'est pas parmy des Images
Qu'on trouue vn Royaume gratis.
Pour contenter tels appetis
Il faut bien vne ame plus forte,
Il faut bien agir d'autre sorte,
Laissez, laissez donc ces tableaux
Et donnez l'ordre pour huict veaux,
Et huict brebis que ie demande
Pour faire pour vous vne offrande.
Aussi-tost dit, aussi-tost fait.
La Prestresse en voix de faulcet
Deuant la porte de l'Eglise
Hucha les gens du fils d'Anchise.
Vn Antre profond où le iour
N'entre non plus que dans vn four,
Est d'vne maniere rustique
Taillé dans la Roche Euboique.
De ce noir Antre cent conduits
Vont aboutissant à cent huis,

TRAVESTY.

Par lesquels la saincte Interprete
Quand on l'interroge caquette.
Il n'arriua pas plutost là
Auec grand respect, que voila
Madame l'entouziasmée
Qui dit d'une voix enrumee,
Voici le temps d'interroger.
Lors on la vit toute changer,
Et sa fureur, quoy que diuine,
La fit de tres-mauuaise mine.
On vit le fonds de ses nazeaux :
Ses deux yeux passablement beaux
Deuinrent des yeux sans prunelle :
Sa cheuelure deuint telle
Que les pointes d'un herisson,
Et perdit son caparasson.
Sa face deuint cacochime,
Et son teint de pasle, minime.
I'ay sceu depuis deux ans en ça
Que dessous elle elle pissa.
Sa bouche se couurit d'escume,
Son poulmon par ce diuin rume
Fit sa poitrine panteller,
Et soupirs sa bouche exhaler,

B ij

Qu tenoient du rot quelque chose;
Mais sa fureur en estoit cause.
De plus on la vit à l'instant
Croistre d'vn pied & d'vn empant,
Et sa voix fut toute changée,
Bref elle fut comme enragée.
Le grand Dieu dans son corps fourré
Dans elle ayant tout alteré,
Voici ce que la forcenée
Dit au bon seigneur Maistre Ænée.
Æneas fai ton oraison,
Autrement la saincte maison
N'ouurira pas la moindre porte.
Lors qu'elle eut parlé de la sorte
Le plus hardy des assistans
Eut les membres tres-palpitans,
Et fut prés, forcé par sa fievre,
De gagner les chãps comm'vn lievre.
Mais pas vn n'osa détaller
Entendant leur Maistre parler;
Voici ce que dit le beau Sire
Serieusement & sans rire.
Phœbus, qui de nostre Ilion
Pris tousiours la protection,

TRAVESTY.

Qui guidas la fleche mortelle
De Pâris franche Demoiselle,
Si bien qu'Æacide le fort
Par ce mignon fut mis à mort,
Par maintes mers dont les riuages
Nourrissoient maints peuples sauuages,
Sous ta conduite i'ay couru,
Dont i'ay l'esprit vn peu bourru;
C'est trop courir & ne rien prendre,
& pour rien trop long-temps attendre,
Car i'estime vn peu moins que rien
Ce païs, qui comme le chien
Qu'auoit deffunct Iehan de Niuelle
S'enfuit alors que ie l'appelle.
Le voici pourtant attrapé,
Aprés s'estre tant échapé,
Mais ma foy s'il l'échappe encore,
Fussiez-vous grands Dieux que i'honore,
Mille fois Dieux plus absolus,
Je ne vous honoreray plus.
Sans y mettre beaucoup du vostre
Vous pouuez bien au peuple nostre
Pardonner, & vous ferez bien,
Et l'acte sera bien Chrestien;

Si voſtre colere ſans bornes,
Pour vn ſeul qui planta des cornes
Sur vn front qui le meritoit,
Sans ceſſe nous perſecutoit.
Le Deſtin qu'on tient ſi grand, Sire,
Y trouueroit bien à redire,
Il a fait entre vifs vn don
D'vn païs plantureux & bon,
A noſtre nation Troyenne,
Il faut bien que la choſe tienne,
Ou contre la donation
Ie ferois imprecation.
Lors ô Phœbus porte lumiere,
Et toy ſa ſœur l'harquebuſiere,
De temples richement bâtis,
Où l'on pourra prier gratis,
Vous ſerez guerdonnez au large,
Gens bien entendus auront charge
De faire des jeux de renom
Qui porteront voſtre ſainct nom;
Et toy Madame la Sibille
A tourner le ſas tant habille,
I'ay pour toy des preſens auſſi
Qui ne ſont pas couſſi couſſi,

TRAVESTY.

Mais tels que tu seras contente,
Pourueu que contre mon attente
Tu n'ailles d'vn langage obscur
M'emmasquarader le futur;
Ou bien sur des feüilles m'écrire
Les choses que tu me dois dire;
Mais écry-les sur parchemin
En beau caractere Romain,
Ou chante les moy comme vn Ode
Sur quelque beau chant à la mode.
La Vierge tandis qu'il prioit
Diablement se diablifioit,
Id est valde dans sa poitrine,
Elle auoit bataille intestine
Auec son Dieu, qui de son corps
S'estant emparé des ressorts,
Luy faisoit auoir la posture
De ceux qu'on met à la torture,
Tant afin de l'éuacuer,
Ce Dieu qui la faisoit suer;
La pauure Vierge possedée
Fretilloit en deuergondée;
Mais ce corps si bien demené
Au Dieu dans elle cantonné

Ne fera point quitter la place,
Quelques vains efforts qu'elle face,
Elle cede donc à son Dieu,
Et lors les cent portes du lieu,
Sans qu'aucun les ouurit, s'ouurirent,
Et ces paroles répondirent ;
O grand Prince qui sur la mer
As eu maint accident amer,
Et qui t'és tiré nettes bragues
D'entre maintes villaines vagues,
La terre te prepare aussi
Mainte querelle & maint souci ;
La terre promise est bien seure,
Mais tu maudiras cent fois l'heure
De t'estre mis en estourdy
En cette terre que ie dy.
Là de ta dague en main serrée
Mainte taloche desserrée,
Et ton corps maintefois haché,
Ce qui sera tres-grand peché,
Te fera dire en triste mine
Qu'il n'est point roze sans espine.
Là le Tibre qui rougira,
Le Xante te ramenteura,

Ie dis

TRAVESTY.

Ie dis rougira, non de honte,
Car on en feroit peu de conte,
Mais de sang humain respandu
Sorty de maint corps pourfendu.
Là des Grecs auec vn Achille,
Comme le deffunct plain de Bille,
Fauorisez d'vne Iunon
Qui ne te garde rien de bon,
Te susciteront des affaires
Qui ne seront pas des plus claires.
Là reduit à tres piteux point
Qui n'importuneras-tu point ?
Quelles nations, quelles villes
De mœurs barbares ou ciuiles,
N'iras-tu faisant le pleureux
Et parlant d'vn ton doucereux
Comme font tous les miserables,
Prier de t'estre secourables ?
Et la cause de tout ce mal,
Autre femme, imbarbe animal,
Autre malheureux mariage,
Mais il faut auoir bon courage,
Malgré la fortune vn grand cœur
De ses malheurs deuient vainqueur.

Tu vaincras tout par l'assistance
D'autres peuples que l'on ne pense,
Ce seront des Grecs comme ceux
Qui t'ont fait d'vn grand Prince vn gueux.
Ainsi la Sybille Barbuë
Finit sa harangue ambiguë.
Dont Æneas dit à ses gens,
Maudit sois-je si ie l'entens,
Et que maudit soit l'edentée.
Cependant toute inquietée
(Car son Dieu fougueux la quittans
L'alloit bien fort inquiettant,)
Elle hurla comme vne folle.
Æneas reprit la parole;
O Vierge qui si fort hurlez,
Laissez-moy parler, ou parlez.
Aussi tost dit, la forcenee
Fit aux yeux de Monsieur Ænee
Vn pet, vn sifflet & vn sault.
Chacun en éclatta bien hault,
Et luy n'en faisant que sous-rire
Se mist tout doucement à dire,
Ie m'attends bien à tout cela
Que vous venez de dire là,

TRAVESTY.

Et s'il m'arriue pis n'importe,
Pourueu que vous faciez en sorte
Qu'en Enfer, ce hideux manoir,
Ie puisse auoir l'honneur de voir
Encor vn coup Monsieur mon pere,
Par vostre faueur ie l'espere;
Car sans vous ie ne voudrois pas
M'embarquer dans ces païs bas.
Mais pour voir, mon bon pere Anchise
Ie passerois nud en chemise
Au trauers de piques & dars,
Au trauers de mille soudars,
De mille donneurs d'estriuieres,
Quoy que ie ne les ayme guieres,
Et que qui me les donneroit
Bien fort me desobligeroit.
Mais ie luy dois bien dauantage,
Il m'a suiui malgré son âge
Par tous les lieux où i'ay rodé,
Quoy que bien fort incommodé
D'vne hargne, & si i'ose dire
De quelque chose encore pire :
Il m'aima tant ce cher Papa,
Que quand le Grec nous attrapa

Je le portay sur mon eschine,
Et me sauuant à la sourdine
Je le mis en bonne santé
Hors de la ville en sauueté.
En recompense le bon-homme
M'a suiui par tout, ainsi comme
Nous voyons vn fidelle chien
Suiure vn maistre qu'il aime bien.
Au reste ce n'est point mensonge,
Luy mesme me la dit en songe,
Que sans vous & vostre support
Je ne ferois qu'vn vain effort;
Et qu'en la demeure enfumee
Je trouuerois porte fermee.
Ayez donc de grace pitié
D'vne si parfaite amitié,
D'vn si bon fils, d'vn si bon pere,
Et faites si bien que Cerbere
Ait pour moy la ciuilité
Qui se doit à ma qualité,
Et comme vn mastin de village
N'aille pas escumant de rage
Exercer son triple gozier
Sur ma peau tendre comme ozier.

TRAVESTY.

Si pour estre Chantre & Poëte,
Et ioüeur de Marionnette
Orphee auec son guitarron
A flechi le vieillard Caron
Et deliuré son Euridice,
Qu'vn serpent fourré de malice
Auoit occise en trahison ;
Ie puis à plus forte raison,
Auiourd'huy que litterature
Est en fort mauuaise posture,
Esperer qu'à moy, grand Seigneur,
Sera faite mesme faueur,
Et que i'iray voir mon bon pere,
Si Pollux l'a pû ie l'espere,
Et si Thesée aussi l'a pû,
Et le grand Alcide; ils n'ont eu
A le prendre par le lignage,
Sur moy que fort peu d'auantage;
Comme eux ie suis des Dieux issu,
La belle Venus m'a conceu;
Et ie puis iurer de ma mere
Plus hardiment qu'eux de leur pere.
Voila ce que le Troyen dit ;
Et voici ce que respondit

La vieille toute radoucie,
Torchant ses yeux pleins de chassie.
Enfant de Venus tant prisé,
· Le chemin d'Enfer est aisé,
On y peut entrer quand on l'ose,
Mais d'en sortir, c'est autre chose;
Peu de mortels des Dieux cheris,
Bien morigenez &*nourris,
Issus de Diuines braguettes,
En sont reuenus bragues nettes:
Ces vastes païs sont couuers
De bois qui sont noirs & non vers,
Que le noir Coccyte enuironne,
Dont l'eau n'est ny belle, ny bonne.
Mais nonobstant ce que ie dy
Si vous estes assez hardy
Pour vouloir la chose entreprendre,
Et dans l'Enfer deux fois descendre,
Quoy que ce soit vn dessein fou,
Et que se casser bras ou cou
Soit action moins temeraire
Que celle que vous voulez faire,
Voici le fidelle conseil
Qu'il vous faut suiure en cas pareil.

TRAVESTY.

Vn certain pommier (dont les pommes
Vaudroient bien au siecle où nous sommes
Leur pesant d'or à bon marché)
Dans vn bois obscur est caché,
Où sans vne bonne lanterne
On voit moins qu'en vne cauerne.
Or ce venerable pommier
Qui porte vn fruit si singulier,
Ne porte d'or fin qu'vne branche,
Et si tost que quelqu'vn la tranche
Il en repousse vne autre encor
Ainsi que l'autre de fin or.
D'Enfer la Dame souueraine
Qu'on nomme Iunon sousterraine,
N'aime que ces pommes de prix,
Les autres luy sont à mépris,
Fut-ce des pommes de reinette ;
Et si quelque teste mal faite,
Si quelque estourdy, quelque veau
Pensoit sans ce fatal rameau
Visiter les Prouinces sombres,
Il resteroit parmi les ombres,
Ayant d'abord esté battu
Par le chien triplement testu.

Sans m'importuner dauantage
Allez donc si vous estes sage
Chercher ce rameau precieux,
Employez-y tous vos deux yeux,
Car, tout fin qu'on vous croit peut-estre,
Ne le pourrez-vous reconnestre,
Eussiez-vous autant d'yeux qu'Argus,
Plus penetrans & plus aigus :
Tout dépend de la destinee,
Autrement, Monseigneur Ænee,
Cherchassiez iusqu'à demain
Vne bonne serpe à la main,
Vostre serpe bien affilee,
Ainsi comme elle estoit allee,
Reuiendroit sans auoir tranché
Ce rameau d'or si bien caché ;
Mais si le destin vous l'ordonne,
Ce rameau fatal en personne
A vos yeux d'abord brillera,
Et vostre main le cueillera,
Comme elle cueilleroit sans peine
Vn petit brin de marjolaine :
Mais au lieu de m'interroger
Vous feriez bien mieux de songer

A metti

A mettre dans la sepulture
Vn corps qui tend à pourriture,
Vn de vos amis roide mort,
Et lequel put desia bien fort,
Son ame en est inquiettee,
Et la flotte toute infectee;
Allez donc la purifier
Et ce grand malheur expier
Par sacrifices salutaires.
N'allez pas gaster vos affaires
Pour épargner quelques brebis
Et quelques ora pro nobis.
Lors vous pourrez là bas descendre
Sans que mal vous en puisse prendre,
Sans qu'on vous dise, qui va là ?
Elle se teut, aprés cela.
Æneas luy tourna l'eschine
Faisant vne piteuse mine,
Ayant l'esprit embarrassé
Et de cet amy trespassé,
Et du Rameau dont la Sibille
Faisoit vn cas si difficile :
Puis il sortit de l'antre obscur
Fort inquietté du futur :

Ie suppose que la Cumee
Fut en vn instant renfermée.
Cependant tout triste & pantois
Il s'en alloit rongeant ses doits;
Acates suiuoit son Altesse,
Laquelle luy disoit sans cesse,
Qui Diable est donc cet homme mort?
Qui sent desia mauuais si fort;
Acates luy respondit, Sire,
Ie ne vous en sçaurois rien dire,
Ie n'en ay rien veu ny rien sceu:
Là dessus d'eux fut apperceu
Misenus descendant d'Æolle
Couché sans vie & sans parole,
Et qui pis est sans vie aussi;
Æneas le voyant ainsi
Tout prest de deuenir charongne,
Dit, elle a raison la carongne
Voila Misenus roide mort
Si par grand bonheur il ne dort.
Ce Misenus, estoit Trompette,
Petit hemme au nez de pompette,
Qui ne portoit point de braguier,
Quoy que les gens de ce mestier

Pour sonner trop fort leurs buccines
Ayent besoin de ses machines.
Il fut le Trompette autrefois
D'Hector, à dix escus par mois,
Et deux paires de bas de chausse;
Et comme à la fin tout se hausse,
Æneas par an luy donnoit
Deux cens francs, & l'entretenoit
De souliers, bottes & bottines,
De clisteres & medecines :
Au reste ce bon Trompeteur
Estoit aussi gladiateur,
Et se piquoit de bonne brette,
Autant que de bonne Trompette;
Heureux s'il eust tousiours bretté,
Et s'il n'eust iamais trompetté :
Car ce iour-là prés du riuage,
Sur vn roc, chantant son ramage,
Et trompettant comme vn perdu,
Et faisant si fort l'entendu,
Qu'aux Tritons les diuins Trompettes,
Il ozoit bien chanter goguettes,
Et les deffier au combat,
Action qui sentoit le fat.

Ils laisserent quelque temps faire
Des fanfares au temeraire,
Et puis, remplis de mal-talent,
(Car tout Triton est violent)
Auecq vn grand instrument croche
Le déguerpirent de la roche,
Et firent boire ce grand fou
Vn peu plus que son chien de fou:
Puis ayant fait ce beau ménage
Le remirent sur le riuage.
Il fut donc alors question
De faire lamentation,
Et les obseques salutaires;
Toutes les choses necessaires
Furent prestes en moins de rien,
Car ils estoient tous gens de bien,
Et chacun sçait que Maistre Ænee,
Personne bien morigenee,
Estoit sans fast & vanité
Adoré pour sa charité.
Il pleura donc comme les autres,
Recita force Patenostres,
Et puis ce Prince tres-humain
Courut la coignee à la main

Dans la forest du bois abbatre,
Il en abbatit plus que quatre,
Et chacun dit à haute voix
O le grand abbateur de bois.
On fit maints fagots & bourrées,
Et buches longues & carrees,
Sans oublier quelques cotrets,
Pour en faire vn bucher aprés
Qui bruslast le corps de Misene,
Afin que son ame sans peine
Iouyst en vertu du bucher
Des priuileges de l'Enfer.
Aprés cette ceremonie
Æneas en grande agonie
Poussant mille souspirs ardens
Disoit entre ses belles dens :
Si ce Rameau cette merueille
Se faisoit voir à la pareille
En quelque endroit de la forest,
Puisque si veritable elle est
La vieille Dame que Misene
S'est trouué mort dessur l'arene,
Ie me tiendrois plus fortuné
Qu'vn homme veuf, ou qu'vn aisné.

Comme il parloit de cette sorte
Deux pigeons que la plume porte
Se vinrent à luy presenter,
De ioye il se mit à saulter,
Car il les connut à leur mine
Pour estre à sa mere Ciprine :
Lors il se mit à les hucher
Afin de les faire approcher,
Et de plus le bon Sire Æneé
Tira de vesse vne poignee
D'vne poche de boucassin
Qu'il portoit à l'endroit du sein,
Chose qui passe la croyance ;
Mais telle estoit sa preuoyance,
Que iamais sans vesse il n'alloit,
Dont le bon Seigneur regaloit
Les oiseaux de Venus la belle
Quand il estoit visité d'elle :
Mais pour vesse ny huchement
Ils n'obeirent nullement,
Quoy qu'il adioustast ces paroles.
Beau couple de pigeons qui volles,
Si tu voulois t'aller jucher
Où ie dois la branche arracher,

TRAVESTY.

Qui doit faciliter l'entree
Dans la tenebreuse contree,
Où ie veux, si ie puis, entrer,
Quoy qu'on me puisse remontrer.
Ie fonderois par chaque annee,
Moy qui m'appelle Maistre Ænee,
Cent boisseaux de vesse, & de pois
Qu'on vous deliureroit par mois,
Et vous, ô ma Diuine Mere,
Par le secours de qui i'espere
Deuenir Empereur Romain,
De grace tenez-y la main.
Inutile fut la promesse
De ce beau prometteur de vesse,
Les venerables pigeonneaux
De Venus les sacrez oiseaux,
Sans rabâtre vn petit coup d'aisle,
Fendirent le vent de plus belle;
Luy, se mit à doubler le pas
Afin de ne les perdre pas.
Or comme la couple volante
Le tenoit la gueule beante,
Teste haute, & les yeux ouuers,
Il donna deux fois à trauers

De deux petits monceaux de pierres,
Tellement qu'il fit deux parterres,
Mais aussi-tost se releuant,
Il alla tousiours poursuiuant
Les pigeons qui si bien vollerent,
Qu'à tire d'aisle ils arriuerent
Où l'air d'enfer se fait sentir;
I'ay bien peur ici de mentir,
Mais Maron escrit, qu'vn grand gouffre
Exhalle illec vn air de souffre,
Pour laquelle odeur éuiter
Les oiseaux furent veus pointer
Iusqu'en la region des nuës,
D'où les deux aisles estenduës,
Ces Pigeons aux yeux d'Æneas
Qui de courir estoient bien las,
Vinrent tout à propos descendre
Sur le rameau qu'il vouloit prendre,
Qui rendoit les yeux éblouïs
Comme vn Iacobus, ou Louis,
Tant reluisoit ce rameau rare;
Messire Maron le compare
A la gomme jaune qui luit
Sur la branche qui l'a produit;

La

TRAVESTY.

La comparaison est foiblette,
N'en déplaise à si grand Poëte,
Il devoit en sujet pareil
Mettre Lune, Estoille, ou Soleil.
Dieu sçait si la branche dorée
Du bon seigneur tant desirée
Fut arrachee avecq ardeur,
Il l'arracha d'aussi bon cœur
Qu'un chien ou qu'un chat pille ou grippe
Vn morceau de chair ou de trippe.
Cela fait riant comme vn fou
Il alla trouver en son trou
La vieille Sybille Cumée.
Cependant tous ceux de l'armée
Donnoient la derniere façon
Au corps aussi froid qu'vn glaçon
De Misenus le bon trompette;
De sa charoigne putrefaitte
Le sale cuir fut nettoyé,
Et de bonne eau roze ondoyé;
On lui releua les moustaches,
On lui mit de belles gamaches,
Vn bonnet de nuit de satin,
Dont la coëffe estoit de quintin;

Vn hault de chausses de grizette,
Vn pourpoint couleur de noizette
De belle sarge à deux-enuers
Chamarré de trois gallons vers ;
Puis aprés vne houppelande
De beau camelot de Hollande.
Vn Bachelier desia grizon
Fit vne funebre Oraison,
Puis en l'honneur du miserable
Vne chanson tres-pitoyable
Fut chantee au son du Tambour,
Tournant tristement à l'entour
Du bucher ou bien de la pyre,
Car l'vn & l'autre se peut dire :
Autant que la pyre voulut
C'est à dire qu'il en fallut :
On y mit de la poix raisine
De la meilleure & la plus fine,
Maistre Æneas en pareil cas
D'argent ne faisoit pas grand cas,
Et lors on eust dit que sa bourse
Eust esté d'argent vne source :
Aussi ce Seigneur liberal
Ne trouua iamais son égal

TRAVESTY.

A bien faire des funerailles,
Aussi bien qu'à donner batailles.
Pour reuenir à nos moutons,
Quatre hommes en noirs hocquetons
(Deuant que l'on eust allumee
La pyre ci-dessus nommée,)
Y guinderent adroitement
Auecq vn certain instrument
Qu'en François vne gruë on nomme,
Le froid cadavre du pauure homme.
Si tost que chacun le put voir
Les Pleureux firent leur deuoir,
Il fut, aprés la Pleurerie
Question de la Bruslerie;
Des gens marchans à reculons
Le nez tourné vers les talons
Ad ritum *du peuple de Troye*,
(Peu me chault que l'on ne me croye)
Deux à deux vinrent s'approcher
A clochepied du noir bucher,
Tenant en la main droite vn cierge
De cire noire, & non pas vierge,
Au bucher ils mirent le feu,
Lors la flame joüa son jeu:

La Pyre est bien-tost engloutie,
Celuy pour qui l'on l'a bastie
D'abord par la flame rosty,
Est aprés par elle englouty;
Puis elle s'engloutit soy-mesme,
Tant sa faim vorace est extréme,
Et tout le bucher allumé
En moins de rien est consumé,
Et de bois devient bois & cendre
Si chaude, qu'on ne la peut prendre,
Mais du vin que l'on respandit,
Qu'elle beut & qui la tiedit,
Fit que cette cendre lauée
Fut facilement enleuée,
Et mise en vn tonneau d'airain
Pour la conseruer du serain:
Ce fut vn nommé Chorinée
Homme à la face enluminée
Qui mit la cendre en ce Tonneau,
Et puis qui fit aller de l'eau,
(Eau lustrale, ainsi que ie pense)
Sur toute la triste assistance:
Et puis aprés les yeux fermez,
Il dit les mots accoustumez

TRAVESTY.

En pareille ceremonie.
Æneas la face ternie,
(Car le bon Seigneur tant pleura
Que sa face il décolora)
Fit faire vn tombeau magnifique
De pierre de taille & de brique
En la place où fut le bucher;
Puis ce qui fut au deffunct cher
Fut porté deuant ce bon Sire,
Ce fut ce que ie vous vay dire:
Sa Hallebarde & son Pauois
Dur, bien qu'il ne fuſt que de bois,
Son Eschiquier, son trou Madame,
Vn Bourdon garni de sa lame,
La Taſſe en laquelle il beuuoit,
La Dague dont il se seruoit
Quand il vouloit tuer le Monde,
L'Auiron dont il fendoit l'onde,
Sa Cuiraſſe, son Casque auſſi,
Ses bottes de cuir de rouſſi,
& son gaigne-pain sa trompette
Dont la voix eſtoit claire & nette,
Le tout fut si bien arrangé
Qu'vn trophée en fut erigé,

Et ce lieu, du nom de cet homme
Mont Misene aujourd'hui se nomme.
Cela fait ce ne fut pas tout.
Æneas pour venir à bout
De son dessein si difficile,
Par les ordres de la Sybille
S'en alla vers vn trou puant,
Entouré d'vn marais gluant,
A couuert du Soleil par l'ombre
D'vn bois épouuentable & sombre.
Ce trou là que ie vous ay dit,
Trou, s'il en fut iamais maudit,
Est l'Enfer qu'il ne vous déplaise,
Si quelque Corneille niaise,
Quelque pigeon, quelque corbeau,
Il n'importe pas quel oiseau,
Sur ce pertuis pestilent vole,
Il pert le souffle & la parole,
(Ie voulois dire le siffler)
Qui pis est il pert le voler,
Et de cet air infect qu'il perce
Trebuche à terre à la renuerse,
Que s'il en reçoit quelque ennui
Il ne s'en doit prendre qu'à lui.

TRAVESTY.

Cette mal-plaisante Cauerne
Est des Grecs appellee Auerne,
Et c'est vers ce vilain trou là
Que Messire Æneas alla :
Quatre Bouuars à noire eschine,
Tous quatre de fort bonne mine,
Bien nourris & morigenez
Deuant lui furent amenez,
Vn Prestre razant à merueilles
De vin leur laua les aureilles,
Puis aprés le bras retroussé
Auecq vn razoir bien passé,
Leur raza l'entre-deux des cornes,
Dont ils parurent vn peu mornes,
Comme s'ils se fussent doutez
Qu'ils deuoient estre Holocaustez :
Le poil razé des quatre testes
De ces tant venerables bestes,
Fut jetté dedans vn réchault,
Ledit Prestre inuoqua tout hault,
Dame Hecate aux Cieux redoutée,
Autant qu'aux Enfer. respectée,
Et puis les quatre pauures bœufs
Furent auecq des couteaux neufs

Esgorgez, dont ce fut dommage :
Des hommes faits au badinage
Receurent leur sang tout fumant
Dans de grands plats d'estain sonnãt:
Maistre Æneas vn coup desserre
D'espée ou bien de cimeterre,
(Ie ne sçay pas des deux lequel
Mais tant-y-a qu'il fut mortel)
Sur le col d'vne brebis noire
Comme l'ancre d'vne Escritoire,
Afin d'en regaler la nuit
Dame qui n'aime pas le bruit,
Et la terre autre grande Dame
Qu'en pareille affaire on reclame,
Puis il occit d'vn mesme fer
Pour la souueraine d'Enfer
La tenebreuse Proserpine,
De Pluton femme ou concubine,
La fille vnique d'vn taureau
Incapable de porter veau.
Æneas fit dresser la nappe
A Pluton l'infernal satrappe,
Et fit griller pour cet effet
Maint intestin tres-putrefait.

Cett

TRAVESTY.

Cette trippe estant embrazée,
D'huille d'olif fut arrozée,
De pareille trippe Pluton
Fut tousiours diablement glouton.
Si tost que la pointe premiere
Se discerna de la lumiere,
La Terre se mit à mugir,
Et fit pâlir, & non rougir;
Tous ceux qui mugir l'entendirent,
Tous, sans excepter, s'ébahirent :
Et plusieurs Troyens des plus beaux
En inquinerent leurs Houzeaux.
Les forests voisines tremblerent,
Et de pied en cap frissonnerent.
Æneas beaucoup s'effraya,
Car plus d'vn mastin abboya
Aux approches de la Deesse,
Et lors la vieille Prophetesse
Parla (ce dit Virgile) ainsi :
Vilains prophanes loing d'ici,
Au moins vne lieuë à la ronde,
Ou que le grand Dieu vous confonde.
Et quant à vous, mon bon Seigneur,
Montrez si vous auez du cœur.

Aussi-tost dit la Sybillotte
Se precipita dans la grotte:
Æneas la voyant dedans,
Prit son fer à donner fendans,
Et quelquefois aussi des pointes,
Le tenant auec les mains iointes
A cause qu'il estoit pesant,
Et qu'il prioit chemin faisant,
Puis suiuant sa guenon de guide
Entra dans la grotte intrepide.
DIEVX qui des païs sousterrains
Estes les Seigneurs souuerains,
Et qui regnez en ces lieux sombres
Sur les morts qu'on nomme les ombres,
Qui parlent moins que des Chartreux,
S'il est vray ce que l'on dit d'eux,
Que vostre obscure seigneurie
M'accorde ce dont ie la prie.
C'est, en mes ridicules vers,
De dire à tors & à trauers
Tout ce qui me vient à la teste,
Et si quelque fat quelque beste,
Dit que i'ay Maron peruerty,
Trouuez bon qu'il en ait menty.

TRAVESTY.

Nous auons laißé Maiſtre Ænée,
L'ame étrangement étonnée,
Le pauuret hazardoit ſes pas
En lieu qu'il ne connoiſſoit pas,
Tenant ſa vieille par ſa queuë,
(Diſons-là de ratine bleuë,
Car pour bien rimer il le faut,)
Ce Seigneur donc en grand ſurſault,
Marchoit la queuë entre les jambes,
Et faiſant force pas yambes,
(Cela veut dire brefs & longs)
Tantoſt marchant ſur les talons
De la Propheteſſe ou ſorciere,
Tantoſt donnant en ſon derriere
De ſon nez, qui tres-long eſtoit
Tout autant de fois qu'il buttoit,
(Butter & broncher l'vn vaut l'autre.)
Mais reprenons le diſcours noſtre,
Et faiſons, comme de raiſon,
Icy quelque comparaiſon.
En cet endroit ici Virgile
Dit qu'Æneas & la Sybille
Auoient l'eſprit bien agité;
Et compare l'obſcurité

Qui leur offusquoit la prunelle,
A la Lune, alors que nouuelle
Vn brouillas qui l'air épaiffit,
La rend blaffarde, ou l'obfcurcit ;
Ou bien à la nuit quand obfcure
Elle rend tout d'vne peinture.
Rien ne fçauroit eftre mieux dit ;
Et ce neantmoins moy petit
Et tres-ridicule Interprete,
Ie dis, fans mépris du Poëte,
Qu'vne lampe fous vn boiffeau,
Ou fi l'on veut fous vn chappeau,
Et mefme fi l'on veut efteinte,
Eft chofe qui rend mieux dépeinte
Les lieux où marchoit Æneas,
Que la Lune auecq fon brouillas,
Ou la nuit quand elle eft obfcure
Et rend tout de mefme peinture.
Finiffons la digreffion,
Et fuiuons la narration.
Nous auons laiffé le bon Sire
Qui n'eftoit pas en train de rire,
Et qui cheminoit à taftons
Aprés la vieille aux longs tetons :

TRAVESTY.

On le receut à grand cortege
En cette infernale Noruege:
Il fut complimenté d'abord
Par le sommeil & par la mort,
Pour luy faire honneur la camarde
Contre son humeur fut gaillarde,
Et pour le sommeil luy parla
Qui cependant tousiours ronfla:
Aprés vinrent les maladies,
Les face toutes enlaydies,
Et puis quantité de vieillars
Tous médisans & babillars,
Qui marchoient deuant la Vieillesse
Qui s'appuyoit sur la Tristesse,
Laquelle tenoit par la main
La Pauureté sœur de la Faim:
Et puis marchoient cent Belles-meres
Qui menoient autant de Beauxperes:
En suite des fils de Putins
Pires tousiours que des Lutins,
Des Gendres, des Brus, des Deuotes,
C'est à dire fausses bigottes,
Qui tiennent que le grimacer
Peut tous les pechez effacer,

Et sans estre humble & charitable
Qu'à Dieu l'on peut estre agreable :
Il y vint aussi des Bigots
Pires que Gots ny Visigots,
Ce sont les gallans de ces sottes
Que ie vien de nommer bigottes,
Ces gens-là quoy que doucereux
Sont quelquefois bien dangereux :
Puis vinrent les soins en grand nombre
Tous la face grondeuse & sombre,
Ils estoient suiuis des Dépits
Autant des grands que des petits :
En suite force Gouuernantes
Toutes les haleines puantes :
Force Pedans & Gouuerneurs
Aussi grands fats, que grands parleurs :
Des Tyrans & des mauuais Princes,
Vn gros d'Intendans de Prouinces,
Suiuis de larrons fuzeliers,
Meslez de quelques Maltoutiers :
De creanciers vne brigade,
Et des presenteurs d'estocade,
Enfin tous les maux qu'ici bas
On craint autant que le trespas.

TRAVESTY.

Les Eumenides dont les nuques
Ont des serpenteaux pour perruques:
Et la Discorde dont les crins
Qui luy vont iusques sur les reins,
Sont des couleuvres venimeuses
A considerer tres-affreuses,
Auoient là leur appartement :
Tous ces serpens dans le moment
Que l'on passa deuant leur porte
Sifflerent d'vne estrange sorte,
Maistre Æneas en tremoussa
Sans dire ce qu'il en pensa.
Passant plus outre vn arbre enorme,
(L'Auteur dit que c'estoit vn orme)
Que les vaines illusions
Les songes & les visions
Auoient esleu pour domicile,
Luy fut montré par la Sybille.
Dessous ce grand orme habitoient
De grands Centaures que montoient
Des Guenons à fesses razées,
Quantité de Billevezées,
Monstres auiourd'huy fort frequens :
Force Dragons les dents craquans,

Des Gerions à triple face :
Des Griphons faisans la grimace :
De grands Geans, de petits Nains :
Des Briarées à cent mains :
Et de Chimeres vne troupe
Portant des Gorgones en croupe :
De petits monstres fort mutins
Moitié chair & moitié patins,
Ce sont femmelettes gloutonnes
Que l'on nomme courtefessones,
De vrais diables à la maison
Dont est aujourd'huy grand foison.
Des Harpies maigres & plattes,
Des Caigneux & des Culs de jattes,
A ces vilains visages-là
D'Æneas le sang se gela.
Il saisit son fer par la garde;
Monsieur Æneas prenez garde,
Dist la Sibille, ces vilains
Sont corps fantastiques & vains
Qui decoupez ne peuuent estre :
Mais lui qui n'estoit plus son maistre
Alors qu'il auoit degainé,
Chamailla comme vn forcené,

TRAVESTY.

Et pensant fendre vne Gorgone,
Son coup ne rencontrant personne,
Ce bon Seigneur vn peu trop promt
Donna d'estomac, & de front.
En terre, aux pieds de la Sibile,
Qui, comme elle estoit fort ciuile,
Si tost qu'elle le vit tombé,
Iurant en chartier embourbé,
Luy presenta sa pate d'oye,
Et fit reluire quelque ioye
En ses yeux bordez de poils gris
Pour luy remettre les esprits,
Luy disant ce n'est rien beau Sire.
Æneas la voyant sourire,
Luy qui venoit de se fâcher
Eut grande peine à s'empescher
De luy faire quelque incartade.
Il estoit sujet à boutade,
Dans le moindre mal qu'il sentoit
Ce Prince courtois s'emportoit,
Quoy qu'en vn malheur d'importance
Il n'eust que trop de patience,
Et fust d'vn esprit tres-humain :
Il se seruit donc de sa main

La face vn peu rouge de honte:
Or en cet endroit, dit le conte,
Que tant alla, tant chemina,
Et tant les jambes demena,
Tenant sous le bras la Sybille
Que l'âge rendoit moins agile,
Et qui lui crioit à tous coups
Ænée, où diable courez-vous?
Qu'ils se trouuerent prés de l'onde
De l'Acheron qui toujours gronde,
Et qui par vn canal bourbeux
A considerer tres-hideux,
Dans le Cocyte se va perdre:
(Rime qui sçait rimer en erdre,)
Ie le laisse à plus fins que moy.
Cet Acheron traisne aprés soy
Vne arene salle & puante,
Et plus chaude que l'eau boüillante,
Vn bastellier nommé Caron
Passe les morts sur l'Acheron;
Il ne fut iamais creature
De plus mal plaisante structure,
Son visage est coque de noix,
Il se peigne auecq ses cinq doits,

TRAVESTY.

De la sueur que son front suë
Dans son menton barbu receuë
Se fait de crasse vn demy doit;
Dans ce menton qui la reçoit,
Cette crasse est perpetuelle,
Et s'étend iusqu'à la mamelle,
Vne grosse chaine de fer
Sert à ce bastellier d'Enfer;
A ceindre vne robe tannée,
Quoy que careasse décharnée,
Il est fort, tout maigre qu'il est,
(Car les Dieux font ce qu'il leur plaist,)
Et n'est Espallier de Gallere
Battu d'vn Comite en colere,
Qui rame si viste & si fort
Que ce nautonnier de la mort.
Là comme des poulles moüillees
Les ames des corps dépoüillees
Attendent sur le bord de l'eau
L'heure fatale du basteau.
Comme on voit au mois de Decembre,
(Ie me trompe c'est en Nouembre.)
Comme on voit donc en ce temps-là
Cheoir les feüilles deçà, delà,

Les mouches d'Esté sont moins druës
Que ces feüilles des vents battuës,
Et les champs auparauant vers
De feüilles mortes sont couuerts :
Ainsi les Esprits en grand nombre
Se morfondent en ce lieu sombre,
Graces au Bastellier grizon.
Va, d'vne autre comparaison,
Si l'on improuue la premiere
On pourra prendre la derniere.
Comme les oiseaux passagers
Qui sont parmi nous estrangers,
De crainte du froid qui nous gele,
Gaignent l'Affrique à tire-d'aile,
Vous les voyez en grands troupeaux
Assemblez sur le bord des eaux,
Où la carauane legere
De son voyage delibere :
Ainsi ces Esprits sur le bord
De la riuiere de la mort
Attendent à grande mal-aize
Qu'à ce vieil Nautonnier il plaise
Les receuoir en son esquif ;
Mais le vilain rebarbatif,

Plus qu'aucun bastellier des nostres,
Pousse les vns, frappe les autres,
Et ne passe que qui luy plaist
Le fantasque animal qu'il est.
Ainsi sur ce bord effroyable
La troupe d'esprits miserable
Attend que son terme accompli
Elle passe l'eau de l'oubli.
Maistre Æneas eut l'ame émuë
De voir cette grande cohuë,
Et battre à ce vieil inhumain
Ces Esprits nuds comme la main:
La Vieille se mit à luy dire,
Ne vous estonnez pas beau Sire,
Tous les Esprits infortunez
Qui sont morts sans estre inhumez:
Tous ceux qui sans payer leurs dettes
Ont laissé leurs mortels squellettes,
Attendent là, durant cent ans,
Mourant de froid, claquans les dens,
Que cet officier de la Parque
Dans sa nacelle les embarque,
Ce temps-là fait ce vieil Caron
Les passe à force d'auiron

G iij

De là ce fleuue tant à craindre,
Stix, par qui iure sans enfraindre
Vn si grand & sacré serment,
Iuppin le Roy du firmament.
Æneas perdit contenance
A cette horrible penitence,
Car il empruntoit volontiers,
Et faisoit force creanciers,
Prenoit à credit auecq ioye
Sans débourser or ny monnoye,
Mais pour quelque beau compliment
Il en donnoit, & largement.
Sur ces ames non inhumees
De long-temps attendre enrhumees,
Comme il faisoit reflexion,
Auecq grande compassion,
Il vit Licaspe & Maistre Oronte
Qui d'estre morts auoient grand honte,
Ces pauures gens auoient peri
Dont il auoit esté marri,
Quand à la coste de Cartage
Il pensa perir par l'orage
Que la Iunon lui suscita,
Quand le Dieu des eaux mal-traita

De mainte outrageuſe parole
Et les vents leur Prince Æole:
Cet obiet le fâcha beaucoup,
Mais il receut vn rude coup
Quand il apperceut Palinure
En tres-grande déconfiture,
Cher ami, dit-il, eſt-ce toy?
Qui te preſentes deuant moy,
Appollon me la bailla bonne,
Quand il m'a dit que ta perſonne
En Italie arriueroit,
A ſi grand Dieu qui ne croiroit?
Et cependant mon cher compere
Je te voy, dont ie deſeſpere,
En Enfer qui cherches party,
Et ce braue Dieu m'a menty:
Mais di-moy, mon cher camarade,
Comment fis-tu cette caſcade?
Di-moy, la fis-tu de ton chef
Ou ſi tu la fis par mechef?
Quelque Dieu m'auroit bien la mine
D'auoir fait l'action maline
A la priere de Iunon
Qui ne fit iamais rien de bon;

Si de ta mort vn Dieu fut cause
Ce Dieu là ne vaut pas grand chose,
Et ce doit estre quelque Dieu
D'ame basse, & né de bas lieu.
Palinurus répondit : Sire
Vous feriez mieux de ne rien dire,
Apollon a dit verité ;
Nul Dieu ne m'a precipité :
Soit que ie ne sois qu'vne beste,
Que mon cul emportast ma teste,
Ou ma teste emportast mon cu,
D'vn trop pezant sommeil vaincu,
Je tombay de vostre Gallere
Comme vn lourdaut dans l'onde amere,
Tenant toujours mon gouuernail :
Pour vous dire par le détail
Comme cette chose est allee,
Me trouuant dans l'onde sallee
Sans perdre l'esprit ny l'espoir
Mes membres firent leur deuoir
De me porter iusqu'à la terre,
Les poissons me firent la guerre,
Ie me sentis plus de cent fois
Mordre en ie ne sçay quels endroits

Qui

Que par respect ie n'ose dire,
Ie n'auois pas sujet de rire,
Ie maudis en mille façons,
Et la mer, & tous ces poissons,
Vous, le voyage, & la gallere,
Mais aussi i'estois en colere :
Enfin ayant nagé long-temps
En dépit des flots inconstans
Ie me vis maistre du riuage ;
Mais vne nation sauuage
D'vn roc où ie m'estois juché
M'ayant rudement déniché,
Ie bus sans en auoir enuie
Assez pour en perdre la vie :
Tellement que mon corps enflé
Cà & là par les vents soufflé,
Erre, flottant de plage en plage,
Ioüet du vent & de l'orage.
Ce consideré, Monseigneur,
Tirez-moy d'vn si grand malheur,
Et que ma carcasse moisie
Dans quelque boëte bien choisie
Soit par vous mise en son repos,
Vous ne pouuez plus à propos,

Liure VI.

Car vne ame est fort mal contente
Lors que sa charogne est flottante,
Si cela doit durer long-temps,
(On m'a dit que c'estoit cent ans,)
Ie suis pour faire en ces lieux sombres
Vn bruit à faire peur aux Ombres;
Mais prenons vn plus court chemin,
Donnez-moy vostre blanche main
Quand vous passerez le Cocyte,
Ie veux, si la mienne la quitte,
Que le méchant vilain Caron
M'assomme à grands coups d'auiron.
La Sybille prit la parole.
Quoy ? pretendez-vous, teste folle,
D'estre ainsi dans l'Enfer admis
Deuant que d'estre en terre mis ?
Voyez le beau Heros de neige
Pour auoir vn tel priuilege,
L'ordre establi par les grands Dieux
Se changera pour vos beaux yeux,
Ce seroit vne belle chose;
Voudriez-vous bien estre cause
Qu'Æneas pour vous fust desdit,
Et mist en hazard son credit ?

TRAVESTY.

N'y songez donc pas dauantage,
Pauure fou, si vous estes sage:
Mais de moy vous allez ouïr
Ce qui vous pourra réjoüir.
Les habitans de la contrée
Qui vous refuserent l'entrée
En leur riuage discourtois,
En ont depuis mordu leurs doits;
Mille prodiges effroyables
Les ont rendus tres-miserables,
Ils ont eu long-temps à prier;
Finalement pour expier
Vne si criminelle offence,
Ils vous ont mis auecq dépence
Dans vn pot de fayance, ou grez
Qu'ils ont fait achetter exprez,
Et nomme le lieu, Palinure,
Afin que la memoire en dure.
L'espoir d'vn si beau monument
Le satisfit aucunement,
Il mit fin à sa doleance,
Fit vne basse reuerence,
Et ioignit les autres Esprits.
Cependant le fils de Cipris

Suiuant sa vieille Martingalle
Aborda la riue infernalle,
Caron le voyant approcher
Ne manqua pas de se fascher,
Et dit d'vne voix enrhumée,
Ombre pour ces lieux trop armée.
Et pour la barque de Caron,
N'és-tu point quelque fanfaron
Qui par quelque sotte gajeure
Viens icy faire vne braueure?
Si le braue fils d'Alcmena
Quoy que viuant, se promena
Dans nostre campagne Elisée,
Si Pirithoüs, & Thesée
Faisant comme luy les fendans
Y sont entrez, malgré mes dens,
Sans leurs grandes rodomontades,
Et mesme quelques bastonnades,
Pas vn d'eux n'eust esté receu,
Quoy que d'vn Dieu chacun issu,
Et vaillant comme son espée,
Mais vne personne frappée
Souffre tout par necessité:
L'vn d'eux fut assez effronté

TRAVESTY.

Pour mettre aux fers le chien Cerbere,
Et pour comble de vitupere
Le tirer à coups de baston
D'entre les jambes de Pluton:
L'vn d'eux, à Dame Proserpine,
Qui, quoy qu'infernale est diuine,
Oza presenter son labeur,
Mais la Dame pleine d'honneur
Rougit de honte, ou de courage,
D'vn busc lui marqua le visage,
& grand coup de pied lui donna
Dans ce, qu'vn chapon iamais n'a:
L'insolence fut fort blâmee,
Proserpine fort estimee,
Pluton de colere embrazé,
& l'Enfer fort scandalizé
On me diminua mes gages,
On me fit garant, des dommages
Qui pourroient encor arriuer,
Allez donc sans plus estriuer
Chercher ailleurs vostre aduenture.
Ou sur vostre peau molle ou dure
Ie feray iouër l'auiron
Du Bastellier d'Enfer Caron.

A la Harangue Caronesque
Qui tenoit vn peu du Burlesque,
Quoy que là vray-semblablement
On parle fort mal plaisamment,
La Vieille fit cette responce.
Vieillard plus piquant qu'vne ronce,
Point de colere, entendons-nous,
Parlons tout bas, & filons doux;
Vous voyez ici Maistre Ænee,
Vne personne aussi bien née
Qu'il en fut iamais en Paris,
Enfant bien-aimé de Cipris,
Point Mazarin, fort honneste homme,
De qui le fondateur de Rome
En vn temps par les Dieux prefix
Doit deriuer de pere en fils;
Il ne vient point ici pour noize,
Ni pour y viure à la Françoize,
C'est pour voir son pere Anchisez,
Pour lui consulter vn procez,
Et la cause aduerse ou heureuse
De sa posterité nombreuse
Qui dans le monde florira,
& pourtant s'abastardira,

TRAVESTY.

Dont ie dirois bien quelque chose,
& dont ie me tais, & pour cause:
Au reste Cerbere le chien
De lui ne doit redouter rien,
Estant Gentil-homme de race
Il aime les chiens & la chasse,
Il n'est yvrogne, ni paillart,
& Pluton n'est point au hazard
De voir par lui faire insolence
A Proserpine, en sa presence,
Comme Hercule le brutal fit.
Qui (dittes vous) vous déconfit,
A qui, quoy que desia Celeste,
Celui-ci ne doit rien de reste :
Si nonobstant ce que ie di,
Vous estes assez estourdi
Pour faire le Suisse implacable,
Et le Nocher inexorable,
Nous auons vn bon passeport,
Outre qu'il sera le plus fort
& pourra joüer de la dague,
Venez donc, ou ie vous incague,
Nous prendre dans vostre basteau :
Æneas montra le rameau;

En voyant la branche dorée
L'humeur fiere fut temperée,
& rit un peu, qui le croiroit?
Mais pour de l'or qui ne riroit?
Au rameau d'or il fit homage.
Fit ioindre sa barque au riuage,
Fit sortir quantité d'Esprits
Qui desia leur place auoient pris;
La trouppe du basteau chassee
En sortit la teste baissee,
Ce ne fut pas sans se fascher,
Et sans dire, foin du Nocher,
D'Æneas, de celle qu'il mene
& leur double fievre quartaine;
Ils auoient fort saly son bac,
Il en nettoya le Tillac,
Et puis receut en sa nacelle
Ænée, & la vieille Pucelle:
La fresle nacelle gemit
Quand Æneas les pieds y mit,
Et receut l'eau par plusieurs fentes
A cause des armes pezantes,
Des deux corps viuans, du Rameau,
Poids insuportable au basteau,

Qui

TRAVESTY.

Qui n'aime point les ames lourdes,
Quelqu'vn dira, ce sont des bourdes,
Et les ames n'ont point de poids;
Telle ame en peze plus de trois,
Et i'en connoy de tres-pezantes
Mesme sans leur poids, mal-plaisantes,
Et Dieu sçait si Caron est sourd
Quand il rencontre vn esprit lourd,
Tel esprit lourd, sur ce riuage
A payé deux fois son passage,
Et quoy qu'il ait deux fois payé
N'a laissé d'estre rudoyé.
De Caron la rudesse extréme
Deuint douce comme la cresme,
Il offrit le plus bel endroit
Au Troyen dans l'esquif estroit;
Le Troyen tenoit la Pucelle
Ciuilement dessous l'aisselle,
Parce que son corps chancelant
Branloit dans le basteau branlant;
Æneas voyant l'onde noire
Moüiller ses pieds, eut peur d'en boire.
Caron qui le remarqua bien
Luy dit, n'ayez peur, ce n'est rien,

Et cependant à l'autre riue
Comme insensiblement arriue
Le basteau, d'où Maistre Æneas
Fit vn sault, sans quitter le bras
De la Sybille, qui tirée
Deuant que d'estre preparée,
Fit vn parterre, & mit au iour
Vn remede contre l'amour,
Vne fesse tres-décharnée,
Dont auroit bien ry Maistre Ænee,
Mais par respect il se mordit
Les leures, & la main tendit
A la Sybille, desolée
D'auoir sa fesse reuellée,
Qui pourtant par discretion
N'en fit point demonstration.
Vn antre obscur à l'opposite
Du port de l'infernal Cocyte
Loge le chien triple gozier
Cerbere, de l'Enfer portier;
Ce chien, qui de loin sent son monde,
Et qui sans cesse ou jappe, ou gronde,
Quand Æneas vers luy tira
Ses jappemens reïtera:

TRAVESTY.

Desia les bestes serpentines
Qui de ses trois testes canines
Sont les barbes, & l'ornement,
Se dressoient effroyablement,
Mais la Vierge bien aduisée
D'vne ample souppe composee
De miel, & de fort Opion
Lui fit vne collation,
La beste la prit de vollee,
Puis aprés comme ensorcellee
Le long de son infame trou
S'endormit comme vn homme sou.
Maistre Æneas prudent & sage
Occupa bien-tost le passage,
Et dans l'Enfer enfin entra,
Voici ce qu'il y rencontra.
Premierement en ce lieu sombre
Il entendit les cris sans nombre
D'enfans jettez dans les priuez,
Du iour cruellement priuez,
Par maintes femmes indiscrettes
Qui les ont bastis en cachettes;
Ces pauures enfans font grand bruit,
Et braillent le iour & la nuit,

I ij

Peut-estre faute de Nourrice.
Ceux que pend à tort la Justice
Par la cruauté du destin
Qui n'est sans doute qu'vn Lutin,
Qui fait tout sans poids, ny mesure,
Et sert, ou nuit à l'auenture,
Font mille clameurs sans succez,
Pour faire reuoir leur procez,
Ils parlent tous à tuë testes,
Minos qui reçoit leurs requestes
President du Parlement noir,
Ne fait que placets receuoir,
Et ce qui fait creuer de rire
Comme il les reçoit les déchire.
Maint Auocat porte bonnet
Qui trahit son client tout net
En procez, ou bien arbitrage,
Reçoit en ce lieu maint outrage,
On le fait ronger par des rats,
Ou l'on l'assomme à coups de sacs.
Maintes Donzelles fausses prudes
Qui deuant les gens font les rudes,
Et dans le premier lieu caché
Se donnent à fort bon marché,

TRAVESTY.

Quoy qu'auares comme choüettes,
Mais moins auares que coquettes,
Ont là toujours la braize au cu,
Qu'attise quelque franc cocu,
Qui les bruſle par les parties
Dont elles ſe ſont diuerties;
Ce cocu ſi mal employé
D'autres cocus eſt relayé,
Ces femmes leur chantent goguettes:
Si bien que cocus par coquettes
Sont punis auec equité
Du crime qu'ils ont fomenté;
Tandis qu'vn des cocus s'employe
A flamber ces filles de ioye,
Les autres de cornes armez,
Et l'vn contre l'autre animez
A coups de cornes meurtrieres
S'entre-rompent dans les viſieres.
Ceux qui ſe ſont donnez la mort
Qui ne leur déplaiſe, ont eu tort,
Regrettent en vain la lumiere
D'vne épouuentable maniere,
Bien fâchez d'auoir éuité
Le froid, la faim, la pauureté,

Et d'autres accidens semblables,
Et rendent les gens miserables,
Aux despens du plus precieux
Des biens que nous donnent les Dieux,
Du riche tresor de la vie
Qu'ils se font eux-mesmes rauie :
Dans l'enceinte de neuf canaux
Que le Stix forme auecq ses eaux,
Ces pauures assassins d'eux-mesmes
Endurent des tourmens extrémes
Pour auoir auancé leur mort;
Là l'vn sur l'autre ils font effort
De se donner des coups d'épées,
Ces ames n'en sont point frappees,
Et neantmoins ne laissent pas
D'endurer pis que le trépas,
A chaque coup qu'elles se donnent
De frayeur froide elles frissonnent:
Et cette frayeur en Enfer
Fait bien plus de mal que le fer.
Tout auprés, de pauures Poëtes,
Qui rarement ont des manchettes,
T recitent de pauures vers,
On les regarde de trauers,

Et personne ne les écoute,
Ce qui les fâche fort sans doute ;
En la noire habitation
Il en est plus d'vn million.
Comme à Paris, chose certaine,
Chaque ruë en a la centaine
De ceux qu'on appelle plaisans,
Rimeurs Burlesques soy disans,
Du nombre desquels on me conte,
Dont i'ay souuent vn peu de honte,
Et pour en auoir tant gasté
Peur d'estre en Enfer arresté.
Reprenons nos ames damnees.
Celles qu'amour a forcenees
En des champs de mirtres couuers,
Qui là sont noirs, & non pas vers,
Ressentent les rigueurs encore
Du feu d'amour qui les deuore ;
La Phædre y traisne son licou,
Procris s'y cache, & fait le loup
Pour découurir à quoy Cephale
S'amuse auec l'aurore pasle:
Et mille autres comme Euadné,
Erisiphille, & Pasiphaé,

Laodamie, item Cœnée
Iadis fille, & puis guerdonnee
Par l'humide Dieu du poisson
D'estre iusqu'à sa mort garçon,
Mais aprés sa mort la pauurette
De garçon redeuint fillette.
Parmi ces bonnes Dames-là,
Æneas vit, & se troubla,
Didon, la pauure Tyrienne,
Pour lui chaude comme vne chienne.
Mais l'honneur, & son cauesson
Le rendit pour elle vn glaçon ;
Il eust éuité sa rencontre,
Mais pourtant se trouuant tout contre
Et ne pouuant plus reculer,
Il iugea qu'il falloit parler.
O belle en qui souuent ie pense,
(Cria-t'il perdant contenance)
On dit donc vray, quand on me dit
Que vostre Altesse, de dépit
De ce que ie l'auois laissee
S'estoit la poitrine percee,
Sur ma foy vous eustes grand tort,
Car vn viuant vaut bien vn mort :

Pour

TRAVESTY.

Pour moy ie ne voudrois pas faire
Vn acte à l'homme si contraire,
Vous auriez fait plus sagement
Si vous auiez fait autrement,
Ce qui me choque en cette chose
C'est qu'on m'a dit que i'en suis cause,
Pourquoy m'aimiez-vous tant aussi ?
Pour moy, ie ne fai pas ainsi,
Ie n'aime qu'autant que l'on m'aime,
Me laisse-t'on, ie fay de mesme :
Quand les Dieux me firent sçauoir
Par Mercure qui me vint voir
Qu'il falloit fuir de vitesse,
I'en pensay mourir de tristesse,
Car vous auez vn cuisinier
Que ie ne sçaurois oublier,
Auecq vous ie faisois gogaille,
Et i'estois comme vn rat en paille,
I'estois bien chaussé, bien vestu,
Mangeois à bouche que veux-tu,
Ie battois tous vos domestiques,
Et de presens fort magnifiques
Vostre main au bras potelé
M'a souuentefois regalé;

*Au lieu que depuis les tempestes
Qui sont de dangereuses bestes
M'ont fait souuent dans mes vaisseaux
Vomir, & tripes, & boyaux;
Mille fois au fort de l'orage
I'ay regretté vostre Cartage,
Autant en emportoit le vent,
Si vous sçauiez combien souuent
Regrettant vos aimables charmes,
J'ay moüillé ma barbe de larmes,
Combien de fois i'ay composé
Maint Anagramme mal-aisé
Sur Didon la Phenicienne,
Mis vostre deuise & la mienne
Sur des arbres, quand i'abordois
En quelque port voisin d'vn bois,
Vous diriez, ô belle irritée!
Ie me suis vn peu trop hastée,
Et vous ne condamneriez pas
Sans l'ouyr, Messire Æneas,
Qui parle auec tant de franchise.
Mais elle d'vne mine grise
Paya ce joly compliment
Sans s'ébranler aucunement*

TRAVESTY.

Des beaux endroits de sa harangue,
Et lui tirant vn pied de langue,
Rendant son visage vilain,
Faisant les cornes d'vne main,
Et de l'autre vne petarrade,
Et sur le tout, vne gambade,
Le laissa pleurer tout son sou.
Quelque Auteur, il faut qu'il soit fou,
Escrit, que cette ame damnee
Dit au Reuerend Maistre Ænee,
Allez vous faire tout à droit;
Ce seroit vn vilain endroit
En mon Liure, & cette parole
D'vne ombre tant soit-elle folle
Est indigne à mon iugement;
Ie ne la croy donc nullement,
Et m'arreste à mon grand Poëte
Qui dit, que l'incartade faite
Elle courut en faire part
A Sichæus le vieil penart,
Qui lors possedoit toute entiere
Cette ame de soy meurtriere,
Qui l'aimoit au petit doit, lors
Plus qu'Æneas en tout son corps.

Æneas demeura fort triste,
Et l'euſt bien ſuiuie à la piſte,
Mais la vieille lui conſeilla
De ne ſonger plus à cela,
Et s'il pouuoit meſme d'en rire.
Mais quoy que la vieille puſt dire,
Il ne trouua nullement bon
Le fier procedé de Didon,
Et pourtant comme il eſtoit tendre
Ses yeux furent veus eau répandre;
Je croi vous auoir deſia dit
Qu'il donnoit des pleurs à credit,
Et qu'il auoit le don de larmes.
Il apperceut de loin des armes,
Et n'en fut pourtant pas ſurpris,
Ayant de la Sybille appris
Que c'eſtoit le quartier des braues,
Quoy qu'ils euſſent les faces haues
Il reconnut pourtant d'abord
Ceux d'entr'eux, dont auant la mort
Il auoit eu la connoiſſance:
Ces Enfans de Dame vaillance
Exerçoient encor en Enfer
Le meſtier de battre le fer.

TRAVESTY.

Ces ames fieres, & cruelles
Ne parloient là que de querelles,
Et faisoient chacun à leur tour
Des armes tout le long du iour,
Disons plutost à la chandelle,
Car là, la nuict est eternelle,
Aumoins vn certain iour meslé
Entre chien & loup appellé :
Parmi tous ces traisneurs d'espee
On lui fit voir Partenopee,
Tydee, Adraste, & maints aussi
Qui ne sont pas nommez ici :
Puis d'entre les ombres Troyennes,
Ses connoissances anciennes
Viennent à son cou se jetter,
Quand de ioye il les voit sauter,
Dieu sçait si le Seigneur de ioye
D'humides pleurs sa face noye.
Glaucus l'ami de Sarpedon,
Les enfans d'Antenor, Medon,
Tersilochus, & Polibette,
Idæus qui là bas fouette
Comme en son viuant il faisoit
Lors que des chars il conduisoit,

Ces braues gens à nostre Sire
Firent force contes pour rire,
Et tascherent de l'amuser,
Mais ils se firent refuser.
En suite aux Grecs qui l'entreuirent
Ses armes grande frayeur firent,
Quelques vns pourtant tinrent bon,
Les autres de grande randon
L'œil effaré, la face blesme,
Gagnerent au pied, tout de mesme
Qu'alors qu'il brûla leurs vaisseaux
Et fit le fendeur de nazeaux,
La pluspart d'eux dans leurs retraites
Crierent comme des choüettes,
Æneas en rit comme vn fou,
Et fit aprés eux, hou, hou, hou.
Puis il rencontra Deiphobe,
Au lieu d'habit, soutane, ou robe,
N'ayant qu'vn méchant caneçon
Il auoit méchante façon,
Ses Nazeaux montroient sa ceruelle,
Et sa teste qu'il eut fort belle,
Estoit lors comme vn gros oignon,
Chaque bras n'estoit qu'vn moignon,

TRAVESTY.

Et ses temples de sang soüillees
D'aureilles estoient dépoüillees :
Aussi-tost qu'il eut discerné,
Ce Prince si mal attourné,
Et qui lui montroit les posteres
Afin de cacher ses miseres,
Mon cher Deiphobe, ha vrayment
Te voila basti plaisamment,
Est-ce point qu'en Enfer on pince
Aussi bien sur la peau d'vn Prince
Que sur quelqu'autre moindre peau,
Cela ne seroit gueres beau ;
Ie t'ay cru mort comme maints autres
Dans la destruction des nostres,
Et si bien mort, que ie t'ay fait
Vn vain tombeau pour cet effect
Auprez du riuage Roethée,
Et dont la memoire est restée.
Il se teut, aprez qu'il eut dit,
Voici ce qu'on lui répondit :
Ie vous suis, Monseigneur & Maistre,
Obligé ce que l'on peut estre,
Vous vous estes bien aquitté
Des deuoirs de la pieté,

Et vous ne deuez iamais craindre
Que de vous l'on m'entende plaindre;
Ie suis mort par la trahison
De la Putain, dont vn Oizon
Fit la mere fille de ioye,
Ce fut Iuppin qui faisant l'oye
Mit cette bonne Dame à mal :
Or sa fille estrange animal,
Garce à loup, fatale furie
A ma mal-heureuse patrie,
Et qui par les mains d'vn bourreau
Doit finir au bout d'vn cordeau :
Quand par vn trou de la muraille
Le cheual à la riche taille
Entra dans Troye, & nous perdit;
Cette adultere que i'ay dit
Qui sçauoit bien la manigance,
Sur vne Tour fit vne dance,
Et sous ombre de pieté
Par vn flambeau dont la clarté
Seruit aux ennemis de signe,
Nous trahit, la caroigne insigne,
Se promettant que son Cornart
Prendroit la chose en bonne part :

La nuict

TRAVESTY.

La nuict que i'eſtois auprez d'elle,
Voyez vn peu quelle infidelle,
Me voyant de mes ſens priué,
Sous ombre d'aller au priué,
Elle emporta mon Cimeterre;
Puis elle courut à grande erre
Aux ennemis, ouurir mon huis,
Dieu ſçait ſe voyant introduits
Si ces faux vilains m'épargnerent,
Vous voyez comme ils me traiterent,
Et par là vous m'auoüez bien
Que Putain ne vaut iamais rien.
Mais vous, incomparable Ænée,
Contez-moy voſtre deſtinée,
Eſt-ce fortune, ou deſeſpoir,
Qui vous met en ce païs noir.
Ce n'eſt, dit-il, ny l'vn ny l'autre,
C'eſt pour parler au pere noſtre,
L'ayant veu, ie ne penſe pas
Qu'on me reuoye aux pays bas,
Je me déplais parmi les ombres,
Et ie hay les demeures ſombres.
Cependant qu'il diſoit ceci;
L'Aurore au teint d'amant tranſi

Du blondin Phœbus la fourriere,
Auecq sa blaffarde lumiere,
Dissipoit le nuage espais
Dont la nuict noire comme geais
Obscurcissoit l'espace vuide,
Qui separe la Terre humide,
D'auecq la Celeste maison:
La Vieille eut, comme de raison,
Grande peur, que Messire Ænee
Ne causast toute la iournee,
Et partant le temps limité
Faute d'en auoir profité,
Ne se passast à ne rien faire.
Ceci soit dit sans vous déplaire,
Il ne falloit pas tant ozer
Pour venir seulement iazer,
Finissez vostre iazerie,
Et considerez, ie vous prie,
Si c'est pour faire le piteux
Que nous sommes ici tous deux:
Ce chemin qu'à droite on découure
Droit comme vn fil, conduit au Leuure
Qu'habite le Seigneur Pluton,
L'autre à la Geolle, où maint glouton

Pour auoir fait des cas atroces
Est par des Bourreaux bien atroces
Tourmenté le iour & la nuit ;
La Vieille ayant fait tant de bruit.
O vieille Patrone des gaupes
Ie rentre au Royaume des taupes,
Ne fut-ce que pour ne voir pas
Vostre visage de Choucas.
Deiphobe la chose dite
Se mit habillement en fuite,
Car la vieille qui s'échauffoit
Infailliblement le coëffoit
De l'vne & l'autre de ses pattes,
Sans doute aussi larges que plattes.
Le chemin qui meine au manoir
Du Roy d'Enfer, Pluton le noir,
Est celui des champs Elizées,
Où les ames moralizées,
Ou pour parler plus nettement,
De ceux qui bien moralement
Se sont gouuernez en ce monde
Logent, sans trouuer qui les gronde,
Sans y trouuer de grands parleurs,
De creanciers, d'estocadeurs,

De faux mangeurs de Patenoſtres,
Gens qui font enrager les autres,
Dont ici bas les gens de bien
A mon gré ſe paſſeroient bien.
Des cris qui ne ſont pas de ioye
Se font entendre en l'autre voye,
Æneas y iettant les yeux,
Vit vn Fort, ample, & ſpacieux,
Qui ſitué ſur vne roche
Eſtoit de difficile approche;
Des Baſtions de diamant
Le fortifioient diablement,
Les Dieux du Ciel auroient beau faire,
Ils n'y feroient que de l'eau claire,
Quand bien la charge ils doubleroient
Aux Tonnerres qu'ils tireroient:
Phlegeton, vn fleuue de ſouffre
Court à l'entour creux comme vn gouffre
Et roule à grand bruit du braZier
Au lieu de ſable, & de grauier:
Vne tour qui flanque la porte
Si haute (ou le Diable m'emporte)
Qu'elle atteint au plancher d'Enfer,
Eſt toute d'acier, & de fer;

Tisiphone en est la portiere,
Caroigne aussi superbe, & fiere,
Que le Portier d'vn fauory;
La vilaine iamais n'a ry,
Et sans cesse d'vne massuë
Sur quelqu'vn, quelque grand coup ruë,
Elle n'a qu'vn court hocqueton
Pour mieux iouër de son baston,
Et sa chemise de sang teinte
D'vne chaisne de fer est ceinte
Faite en cordon de S. Françcis,
Dont la méchante à chaque fois
Que quelque ame là dedans entre,
Vous me le frotte dos & ventre;
Tant sont fâcheux les accidens,
Et de la porte, & du dedans.
Le bruit des grands coups qui se donnent
Et des estriuieres qui sonnent,
Se mesle, auecq les hurlemens
De ceux qui sont dans les tourmens:
Æneas eut l'ame estonnee
Du bruit de la trouppe damnee,
Et des grands cris qu'elle iettoit:
Il demanda ce que c'estoit:

L iij

La Vieille lui répondit. Sire,
Ie m'en vais à peu prés vous dire
Tout ce que i'en ay pu sçauoir.
Quand Hecaté me fit auoir
Comme à sa seruante ancienne,
Dans la forest Tartarienne
Droit de chasse, & de me chauffer,
Et l'Intendance de l'Enfer;
I'acquis de toute Diablerie
La pratique, & la Theorie;
Le grand, & petit Chastellet
N'ont rien de funeste, & de lait,
Auprés de ce Chasteau terrible,
Aux gens de bien inaccessible.
Radamante effroyable à voir
En soutanne de bougran noir
Sur vn siege de fer preside,
Ouc ne fut Iuge plus rigide,
Les Commissaires d'auiourd'huy
Sont des moutons auprez de luy,
Quoy qu'en matieres criminelles
Nous ayons de doctes ceruelles:
Quoy qu'il iuge en dernier ressort
Il ne iuge personne à mort,

On ne voit que roüer, que pendre,
Qu'écorcher, que scier, que fendre,
Ceux que l'on a precipitez
Sont bien-tost en haut reportez,
Pour refaire autre cullebutte;
Aux mal-heureux que l'on charcute
Reuient vne nouuelle peau
Pour les charcuter de nouueau:
Là le feu qui rien ne deuore
Ayant brûlé rebrûle encore,
Aussi-tost que l'on est grillé
Dans de l'eau froide on est moüillé,
Et puis l'on remet sur la braize
Où l'on se seiche tout à l'aize:
Les Bourreaux de ces mal-heureux
N'ont guere meilleur marché qu'eux,
L'impitoyable Tisiphone
D'vn vilain serpent sur eux donne,
Et ce gros Diable de serpent
Toûjours leur donne vn coup de dent;
Ses sœurs aussi méchantes gouges
Et de serpens, & de fers rouges,
Frappent infatigablement,
Hurlant sans cesse horriblement,

Qui pis est les méchantes raillent
A chaque horion qu'elles baillent :
Ce Iuge criminel d'Enfer,
Vray cœur de bronze, ou bien de fer,
En veut sur tout aux Chattemittes,
Aux faux beats, aux hipocrites,
Quand il en attrape quelqu'vn
De leur chair il fait du petun,
Et ce petun le deconstippe
N'en auroit-il pris qu'vne pippe.
Comme la Vieille caquetoit,
Et que le Troyen l'écoutoit,
Les portes du Chasteau s'ouurirent,
Et le secret en décœuurirent,
Lors la Vieille. Voyez vn peu
Ces bestes vomissant du feu,
Elles sont les cinquante testes
De la plus horrible des bestes,
D'vn grand Hydre, la garnison
De cette infernale maison ;
Remarquez bien de quelle sorte
Il deffend le seüil de la porte,
Et s'il manquoit à son deuoir
Comment auroit-on le pouuoir

D'entrer

TRAVESTY.

D'entrer dedans sans dire gare ?
Puis que le fleuue de Tartare
Dans le fonds d'vn gouffre, aussi creux
Qu'est distant de ces lieux affreux
Le Ciel où Iupiter habite,
Comme vn torrent se precipite,
Et puis s'estant precipité
En sort comme ressuscité;
Espouuentable est la cascade,
Et qui pourroit d'vne enjambade
La passer sans tomber dedans,
Prendroit le Ciel auecq les dens,
Et seroit pure réuerie
De croire que par gallerie
Vn si large & profond fossé
Peust aysément estre percé.
Là, les fiers enfans de la terre,
Pour auoir fait au Ciel la guerre,
Sont cent pieds sous terre enfoncez,
Et puis aussi-tost rehaussez.
Les Aloïdes ames fieres
S'entredonnent les estriuieres.
Et Salmonée est petardé :
Ce brutal, sur vn char bardé,

Moitié petard, moitié fuzée,
Par toute la Grece abuzée,
Ayant contrefait les éclairs,
Et les canonnades des airs,
Dépença tout son fait en poudre,
Le Roy du Ciel joüa du foudre,
Et ce fanfaron abuzé
Aux yeux de tous fut écrazé.
Là, le grand Diable de Tytie,
Masse de chair fort mal bastie,
Couure de ses membres pezans
Vn espace de neuf arpens ;
Vn furieux oiseau de proye
Sans cesse luy ronge le foye,
Mais quoy qu'incessamment rongé
Il ne sera iamais mangé.
Ixion hurle sur sa rouë.
Pyritoüs perd ce qu'il jouë,
Ce qui le faict bien enrager.
Tantale enrage de manger,
De mets frians sa table on couure,
Aussi-tost que la bouche il ouure
Pour en manger son chien de sou,
Crac; ils s'en vont ie ne sçay où;

TRAVESTY.

Sa faim croift, les viandes reuiennent,
Sur leurs gardes elles se tiennent,
Et disparoiffent de nouueau
Quand il penfe en prendre vn morceau;
Si bien qu'enragé, maigre & blefme,
Il fait vn eternel Carefme,
Quoy qu'il croye auecq tant de plats
Eftre toufiours au Mardi-gras.
Prez de luy font les Parazites,
Rongez lentement par des mites.
Ceux qui haïffent leurs Parens,
Les Peres & Meres Tyrans,
Les enfans qui battent leurs Peres,
Rencontrent là des Belles-meres,
Belle-mere eft vn animal
Qui plus qu'vn Diable fait du mal,
Et ie croirois bien qu'vn Beau-pere
Vaudroit bien vne Belle-mere,
Et ie n'eftime gueres plus
Les Beaux-freres, Gendres, & Brus,
Qui le fçait par experience
A bien befoin de patience.
Maint compatriote de Lot
Souffre là pis que le fagot,

On luy laue de feux liquides
Ses infames Hemorroïdes.
Mainte Tribade au cul trop chault
N'a, là, pour siege qu'vn réchault.
Les mangeuses de Patenostres,
Tousiours en effroy pour les autres,
Pour elles en tranquillité,
Qui médisent par charité.
Disant que c'est blâmer le vice,
Endurent là pour tout supplice
D'estre sans cesse à marmotter,
Sans qu'aucun le puisse notter,
Et ce tourment, d'estre hors de veuë
Mille fois, pour vne, les tuë,
Tous ceux qui par ambition
Professent la deuotion,
Et sont habillez à la prude,
Non pas pour la Beatitude,
Mais pour l'estime, ou pour le gain,
Ou pour tout pretexte vilain,
Sont condamnez sans qu'on le voye,
De faire de leur peau courroye,
De plus, à viure en gens de bien
Sans que persoune en sçache rien.

Le Iuge qui vend ses parties,
Outre qu'il est frotté d'orties,
On fait esclatter à ses yeux
De beaux Ducats, qui sont ses Dieux,
Comme il pense emplir sa pochette,
On luy donne d'vne baguette
Sur les doigts, dont le seing fatal
Selon l'argent fait bien ou mal.
Son Corrupteur qui ne vaut guiere
Est puny de mesme maniere,
Quand vn coup il a desserré,
Il en reçoit vn bien serré,
Et l'autre reprend toute à l'heure
L'argent comptant dont on le leure,
En est-il saisi ? on luy prend,
Donne-t'il vn coup ? on luy rend,
Tous deux sont frapez, tous deux frappent,
Tous deux perdent ce qu'ils attrappent,
Ainsi leur tourment sans cesser
Est touſiours à recommencer.
Celles qui commettent les crimes
De mesler des illegitimes
Auec leurs justes Heritiers
Sont, auec les banqueroutiers,

Dans vn feu iusqu'à la ceinture
Se déchirant à coups d'iniure.
Ceux qui d'vne succession
Se mettent en possession
Sans en faire part à leurs freres,
S'entredonnent là des Clisteres
Où n'entre point du Lenitif
Mais du feu Gregeois corrosif.
Les mauuais Conseillers des Princes
Les desolateurs de Prouinces,
Les meschans Ministres d'Estat,
Autant le malin que le fat,
Les factieux des grandes Villes,
Les Autheurs des guerres ciuilles,
Les vns sont tous vifs empallez,
Et les autres écartellez,
Qui d'vne Potence est la branche,
Qui, comme en Turquie à la guanche
Qui roüé de coups de baston,
Qui sent le gigot de mouton
Sur vn gril comme vne Saulcisse,
Enfin chacun a son supplice,
Les vns plus, les autres pas tant
Selon que chacun est méchant.

TRAVESTY.

Là Thesée est sur une chaise,
Ainsi que moy, mal à son aise,
Outre que son malheureux cu
Faute de chair est fort pointu,
La chaise malfaite & durette
De trois de ses pieds a dizette;
Pour vous montrer que ie puis bien
Changer vn vers en moins de rien;
La chaise aussi dure que roche
N'a qu'vn pied, & ce pied la cloche;
Le voicy d'vne autre façon,
Tant ie suis vn joly garçon,
La chaise branlante, & tres-dure
N'a qu'vn pied pour toute monture,
Elle trebuche à tout moment,
Il la redresse promptement,
A t'il remis le cul sur elle,
Patratas, il cheoit de plus belle.
Phlegias fait là des Sermons
Outre qu'ils sont mauuais, fort'longs
Comme ceux qu'on fait au village,
Personne n'escoute, il enrage
Il s'egozille de crier,
Chacun a peur de s'ennuyer

Et s'enfuit en faisant la moüe
Il pousse sa voix, il s'engouë
Prônant, à ces malicieux.
Soyez justes, craignez les Dieux:
Cette sentence est bonne & belle,
Mais en Enfer dequoy sert-elle?
Faire là des Sermons si beaux,
C'est donner des fleurs aux Pourceaux.
Celuy-cy vendit sa patrie,
Celuy-là, voyez ie vous prie
Le luxurieux animal,
Mit une propre fille à mal.
Certes pour bien conter les choses
Qui dans cet Enfer sont encloses,
Pour en dire tous les tourmens
Il me faudroit plus de cent ans,
Plus de cent langues eloquantes,
Comme des clairons esclattantes,
La voix comme un bruit de canons,
Et l'haleine des Aquillons.
La vieille, apres cette Hiperbolle
Pour un temps perdit la parolle,
Et puis ayant fait un hocquet,
Reprit en ces mots son caquet:

Voila

Voila, mon bon Seigneur Ænee
Tout ce que de la gent damnée
Ie vous diray pour le prefent,
Venez faire voftre prefent,
Ie voy defia les murs de fonte,
Comme un liure ancien raconte,
Que les Ciclopes ont baftis,
Qui n'eftoient pas des apprentis :
I'en difcerne les haults Portiques,
Et les deux portes metalliques.
Pour dire la chofe en amy,
Ie ne voy ny murs, ny demy
Dit Æneas. La Perronelle
Luy dit, Vous me la baillez belle
En ces lieux mal illuminez,
Qui voit la longueur de fon nez,
Se peut vanter de bonne vuë,
Puis les mortels ont la breluë,
Allons, allons, doublons le pas;
Le Troyen ne repartit pas,
Et fe mit, comme elle, en la voye,
Sans que fon œil fon chemin voye,
Mais la Sybille le guida,
Si bien qu'au mur il aborda,

Où le bon Seigneur fit en sorte
Qu'à tastons il trouua la porte,
D'eau de puits il s'eau-benista,
Et le rameau d'or presenta;
Il pensoit le donner luy-mesme
En main propre, à la Dame blesme,
Et luy faire son compliment,
Mais vn gros Suisse, arrogamment
Luy dit qu'elle estoit empeschee.
La Sybille en fut bien fâchee,
Et l'autre en eut bien du chagrin,
Car on leur eust donné leur vin.
Enfin ils eurent donc entrée
Dans la bien-heureuse contree,
Où Maron dit qu'il fait si bon,
Que tout le pain est du bon bon,
C'est à dire est vn pain de sucre,
Où rien ne se fait pour le lucre,
Mais où les habitans gratis
Contentent tous leurs appetis,
Tous les faiseurs de mauuais contes,
Les faux Marquis, & les faux Comtes,
Les sots de mauuais entretien,
Les Hableurs, les diseurs de rien,

Les grands parleurs, & les copistes,
Les fats qui contrefont les tristes
Les plus importuns des humains,
Ceux qui montrent leurs belles mains,
Ceux qui se disent sans memoire,
S'imaginans qu'ils feront croire
Qu'ils en ont plus de iugement,
Ce que l'on croit pieusement ;
Ceux qui donnent des estocades,
Ceux qui disent qu'ils sont malades
Et ne le sont que de l'esprit,
Comme on voit par leur appetit ;
Les femmes qui tousiours demandent
Les vieillards qui tousiours gourmandent,
Ceux qui nous aiment malgré nous,
Les faux sages, les méchans foux,
Ceux qui content tousiours leurs songes,
Qui sont bien souuent des mensonges,
Ceux qui ne disent iamais mot,
Finesse ordinaire à tout sot,
Qui de soy ne peut rien produire,
Et qui croit que par vn soûrire
Et par vn silence affecté
Il couure sa stupidité,

Ou témoigne sa modestie
En ne chantant pas sa partie,
Foin, de ces chanteurs de tacét,
Soit en fauteüil, soit en placet,
Soit en ruelle, soit en ruë,
Vn bon esprit n'est pas si gruë
Qu'il ne soupçonne le reuers
De ces esprits clos & couuers ;
Ceux de qui l'haleine est bien forte,
Ou bien pour parler d'autre sorte
Dont l'haleine sent les porreaux,
Les hommes qui font trop les beaux,
Enfin tous ceux, & toutes celles,
Tant les masles, que les femelles,
Qui font les viuans enrager,
Ne doiuent nullement songer
A venir là troubler la feste,
Tout est ciuil, tout est honneste,
En ce sejour des bien-heureux ;
S'il s'y rencontroit des fâcheux
Qui troublassent leur bande guaye,
On les parafferoit de craye,
Ou comme des pestiferez
Seroient des autres separez,

TRAVESTY.

Et tost aprés mis à la porte,
Où le portier feroit en sorte
Les renuoyant bien bastonnez
Qu'ils n'y mettroient iamais leurs nez.
C'est vn vray païs de Cocaigne,
Dans du vin muscat on s'y baigne,
Et tout le monde y sçait nager
Sur le dos, le ventre, & plonger,
On y contente son enuie
Selon ce qu'on fut en sa vie;
Le jeu seul est là defendu,
Car qui voudroit auoir perdu?
Qui se plut à lutter, y lutte,
Qui fut contestant, y dispute,
Vn mangeur, y mange son sou,
Vn beuueur, y boit comme vn trou,
Vn chasseur chasse, & rien ne manque,
Y tire qui veut à la blanque,
Et rencontre dans son billet
Quelque bijou qui n'est pas lait:
Enfin, on dance, on rit, on raille,
On se repose, on fait gogaille,
On s'exerce à la course, au sault,
On lit des nouuelles d'enhaut;

Qui veut y ballotte à la paulme,
Et mesme en ce plaisant Royaume
Ils ont vne Lune, vn Soleil,
Ou quelque chose de pareil :
Le Reuerend Signor Orphée,
La teste de laurier coëffee,
Y chante sur son guittarron
Des airs du renommé Guedron.
Les Nobles fondateurs de Troye,
Marchant grauement à pas d'oye,
Barbe en pointe, & chappeau pointu,
Y discourent de la vertu,
Ilus, Dardanus, Assarace,
Et cent autres de mesme race,
Les vns font leurs cheuaux trotter,
Les plus hardis les font saulter,
D'autres font leurs chariots courre,
Et d'autres jouënt à la mourre,
Les plus vieux, & les plus sensez
Y parlent des siecles passez,
Ou bien font des contes pour rire;
Ceux qui font rage de la lyre,
I'entens, les Poëtes diuins,
Alors qu'ils sont entre deux vins,

TRAVESTY.

Par deffi se chantent des carmes,
Qui font rire, ou verser des larmes,
Selon que ce qu'on a chanté
Rend triste, ou met en gayeté.
Celuy qui pour le peuple endure,
Que l'on relegue, ou claquemure,
Les Catons qui font tousiours bien,
Comme fait Deslandes-Payen.
Les Prelats, à droit, comme à gauche,
Nets de toute salle débauche,
Et qui n'ont point eu de Laïs,
Ceux qui sont morts pour leur païs,
Les pauures de vie inconnuë,
De vertu rare, quoy que nuë,
Les beaux esprits point médisans,
Les Peintres, Nobles Artisans
Qui sont de leurs iours la merueille,
I sont le laurier sur l'oreille,
Faisant bonne chere à leurs sens
Par mille plaisirs innocens.
Enfin les hommes de merite
Dont la troupe est là fort petite
Aussi bien qu'en ce monde ici,
Sont là, sans peine, & sans souci,

Et se réiouyssent ensemble
De la façon que bon leur semble;
Aucuns dansent des Tricotets,
Ce sont ceux qui furent coquets,
Et quelques Donzelles sçauantes
De ces galans sont les gallantes;
Le plus souuent ils vont au cours,
(Car on le tient là tous les iours)
Ou bien sur les molles herbettes,
Font l'vn contre l'autre à fleurettes;
Ou se donnent les violons
Qui sont là rares, mais fort bons.
D'entr'eux tous, le Rimeur Muzee
Ayant la Sybille auisee,
(Peut-estre qu'il la connoissoit)
Luy demanda, ce que cherchoit
En ces bas lieux Messire Ænée.
La vieille comme estant bien née,
La chose ne luy cella pas,
Et dit, le saluant bien bas,
Nous cherchons en ce païs sombre
D'Anchisez la venerable ombre,
Non pas seulement pour le voir,
Mais pour essayer de sçauoir

Ce que

Ce que Madame Destinée
A la race de Maistre Ænée
Veut faire de mal & de bien,
Ce bon Prince qui n'en sçait rien
Auec quelque raison espere
Qu'il sçaura le tout de son Pere,
Et d'estre aydé de son conseil.
Ie croy qu'il se gratte au Soleil
C'est son exercice ordinaire
Comme il est d'humeur solitaire,
Si vous l'agréez, volontiers
Ie m'offre de faire le tiers
Et de vous mener, où ie pense
Qu'est à present sa reuerence.
Voila ce que Muzæus dit:
Maistre Æneas au mot le prit,
Et fit compliment au Poëte:
Ils parlerent de la Gazette,
Car grand Nouueliste il estoit,
Et comme un Diable contestoit,
Quoy que dans les champs Elizées
Les ames bien ciuilizées
Ne contestent que rarement,
Mais Æneas adroittement

S'estant apperceu de son vice
Pensa luy rendre un bon office,
A ce qu'il voulut se rangea,
Dont quasi Muzæ enragea;
Car tout animal qui conteste
Contre qui luy cede tout, peste,
Et c'est bien le pousser à bout
Que se taire & luy ceder tout.
Marchant, & faisant conference,
Ils trouuerent une Eminence
D'où l'œil pouuoit aller bien loin,
Æneas n'ajant plus besoin
De ce bel esprit qui le mene,
Ou pour luy donner moins de peine,
Ou se sentant importuner
Le fit sur ses pas retourner;
L'autheur retranché de leur troupe
Ils grimperent sur une crouppe,
Non sans auoir bien halleté,
La Vieille en eut mal au costé :
Sur cette bosse de la terre,
Dieu sçait comme ils firent la guerre
S'entend à l'œil, car autrement,
Ie parlerois peu nettement,

TRAVESTY.

Et j'attirerois la Critique
Qui daube sur qui mal s'explique :
Leur yeux ayant leurs coups visez
Sur tous les objets opposez,
Ils descouurirent Maistre Anchise
Aux longs crins de sa teste grise,
Il estoit dans vn plaisant val
Qui des ames est l'arsenal,
Ce ne sont pas des ames neufues,
Mais des ames d'autres corps veufues
Qui sur terre retourneront,
Et d'autres corps habiteront :
Parmy ces personnes en herbe
Qui ne sont pas encore en gerbe,
Le bon Seigneur consideroit
Celles dont grand bruit on feroit :
Aussi tost qu'il vit Maistre Ænée
Il dit d'une voix estonnée.
Ie t'ay bien long-temps attendu
Mon fils, en ce Pays perdu
J'aurois douté de ta venuë
Sans ta piëtié si connuë,
Mais j'en estois aussi certain
Que si ie t'eusse eu dans la main :

J'eu peur de te voir dans Cartage
Encheueſtré d'vn Mariage,
Car ſi le Deſtin n'a menty
On te garde vn meilleur party;
Pour te parler en conſcience,
Mille fois par impatience
J'ay crié d'vn eſprit mutin
Maudit ſoit le fils de Putin,
Il eſt vray que le terme eſt rude,
Mais pardonne à ma promptitude
C'eſt le vice de ma maiſon;
Quand on ayme on eſt ſans raiſon,
Vien donc mon fils que ie t'embraſſe,
Vien me baiſer droit à la face,
Vien dis-je ſans plus differer.
Autant qu'vne ame peut pleurer
Du Pere de Meſſire Ænée
La barbe de pleurs fut baignée,
Et d'Anchiſez l'enfant gaſté
Verſa des pleurs en quantité,
Diſant telle ou ſemblable choſe.
O de mes pleurs l'aimable cauſe
Mon cher & bien aimé Papa
Qui m'auez depuis Pe à Pa

TRAVESTY.

Jusqu'à la plus haute science
(Par exemple la Chiromance)
Monstré non pas comme un Pedant,
Toûjours fâcheux, toûjours grondant,
Et ne respirant que le lucre,
Mais en m'estant doux comme sucre,
Et sans m'auoir iamais battu
Quoy que ie fusse un peu testu,
Ie n'ay pas fait grande prouesse
En venant chercher vostre Altesse
Jusqu'au fond du Royaume Noir,
Ie n'ay rien fait que mon deuoir
Et i'aurois baissé d'un estage
S'il en eust fallu dauantage:
Mais depeschez-moy vistement,
Ma flotte peste asseurement,
Les plus retenus en colere,
Sans porter respect à ma mere,
M'appellent Bastard, vous vieux fou,
La peste leur casse le cou,
Ou ie les donne au mille Diables,
Et mille autres pointes semblables
Dont le sujet ou le suiuant
Regale son Maistre souuent:

Apres ces mots plains de franchise
Il voulut embraßer Anchise,
Mais rien du tout il n'embraßa,
Par trois fois il recommença,
Et par trois fois à l'embraßade
L'ombre luy fit la petarrade
Luy disant. Tu ne me tiens pas,
Tu te lasses en vain les bras,
Ie suis vn ombre à ton seruice;
Et non pas vn corps qu'on saisisse:
Maistre Æneas en fut confus
Comme quand on souffre vn refus,
Mais apres vn moment de honte
Le Seigneur n'en fit pas grand conte.
Dans le fonds du vallon estoit
Vn bois que le vent agitoit,
Le fleuue ennemy de memoire
Passoit auprez, donnant à boire
A plusieurs esprits alterez ;
Ils estoient ensemble serrez,
Car la multitude estoit grande,
On peut comparer cette bande
Aux Abeilles quand dans vn pré
De cent mille fleurs diapré,

TRAVESTY.

Leur saoul de fleurs elles se donnent,
Et piccorant les fleurs, bourdonnent,
Ainsi les ames dans Lethé
Sans se faire ciuilité
S'entrefaisoient choir dans le fleuue,
Tandis que quelqu'vne s'abreuue,
L'autre par le cul la choquant
Prenoit sa place en se mocquant.
Ænée à cette multitude,
Ne fut pas sans inquietude,
(Maron dit, qu'il en eut horreur)
Mais ie croy que c'est vn erreur,
Il est vray que voyant la chose,
Volontiers, il eust sceu la cause
De leur grande alteration,
Et pourtant par discretion
Il dissimula son enuie;
Anchisez, qui fut en sa vie
Fin & ruzé, comme vn Normant,
Le vit à ses yeux aisément,
Il luy dit. Ceux que tu vois boire
Taschent de perdre la memoire
Dans la riuiere de Lethé
D'auoir en d'autres corps esté

Afin qu'au monde retournées
Apres vn grand nombre d'années
Des corps jadis abandonnez,
Comme de pechez pardonnez
Elles perdent la souuenance.
N'en déplaise à vostre Eminence
Ces Esprits là, dont vous parlez
Sont du jour bien ensorcellez
De le venir chercher sur terre,
Ou tant de maux leur font la guerre,
C'est folie ou stupidité
Ou ce n'est pas la verité.
A cette responce inciuille,
Anchisez sans croire à sa bille
Luy dit d'vn ton plus serieux,
Ne parle point, ou parle mieux,
Entre vous gens de l'autre monde
Tousiours en son sens on abonde,
Cecy vous soit dit en passant.
Maistre Æneas en rougissant
Rentra bientost en sa coquille ;
Et voicy de fil en aiguille,
Ce qu'adjousta son Geniteur,
Gesticulant en Orateur.

Dame

TRAVESTY.

Dame Nature, est vne mere
Qui produit, sans l'ayde d'vn Pere
Ce grand nombre d'enfans diuers
Qui peuplent le vaste Vniuers :
Comme, le Ciel clair comme vn verre
Le Soleil, la Lune, la Terre
La Mer, les bois, & cætera,
Id est tout ce qui vous plaira.
Or cette Madame Nature,
Qui sert à tout de nourriture,
Qui fait tout agir, tout mouuoir,
Sans qu'on le puisse aperceuoir,
Est infuse par tout le monde,
Selon qu'aux choses elle abonde,
Elle en accroist les Qualitez,
Les mesures, les Quantitez :
Lors que de sa lumiere interne
Vn corps humain est la lanterne,
Cette lumiere en ce corps fait,
Plus grand ou plus petit effect ;
Quand cette lumiere est plus forte
Lors l'Esprit sur le corps l'emporte ;
Et quand le corps est le plus fort,
L'Esprit y manque, & le corps dort :

L'esprit du corps prend vne crasse
Qui facillement ne s'efface,
Et quoy qu'il ayt son corps laissé
Il n'est pourtant pas descrassé
De cette crasse qui le mine,
Qu'il n'ayt passé par l'estamine,
C'est à dire par les tourmens,
Qui durent vn grand nombre d'ans:
Les Esprits nets de leurs ordures
Ayans souffert mille tortures,
Ayans esté fort bien pendus,
Bruslez, sur la roüe estendus,
La teste ou les costes brisées,
Sont admis aux champs Elizées,
Où par l'espace de mille ans
A fine force de bon temps,
A force de viure à leur aise
Ainsi que l'or dans la fournaise,
On les met d'assez haut Karat,
En cet agreable climat,
Pour estre au monde renuoyées:
Outre qu'elles sont nettoyées
Dans la riuiere de Lethé;
D'auoir autre part habité

TRAVESTY.

Elles y perdent la memoire,
Pour cela l'on les y fait boire.
Ma foy ie ne vous entens pas,
Dit à cela Maistre Æneas,
Et dés la quatriesme ligne
Soit que ie n'en sois pas trop digne
Ie n'ay rien du tout entendu,
Et c'est autant de bien perdu
Que vos Rebus de Picardie,
Trouuez bon que ie vous le die,
Ou mon Pere est beaucoup obscur,
Ou son fils a l'esprit bien dur.
Tant pis, tu deuois donc te taire
Ie pensois quelque honneur te faire
Deuant la Dame que voila,
Ie ne sçauois que trop cela.
Voila ce que luy dit Anchise,
Faisant vne mine assez grise;
Tandis qu'il tenoit ses discours
Eux, & luy, s'approchoient tousiours
Des bords de l'admirable fleuue
Où la trouppe d'esprits s'abbreuue:
Là, le Vieillard reprit ainsi.
Parmy la troupe que voicy

Je t'apprendray Messire Ænée
De ton estrange Destinée
En peu de mots le tu autem,
Les noms de tes Neueux : Item
Je te diray cent mille choses
Qui ne sont pas encore escloses,
Qu'autre ne te diroit iamais.
Ie te conteray les beaux faits
De gens au poil comme à la plume
Dont on fera plus d'vn volume.
Cela dit, sur Maistre Æneas
A cause qu'il estoit bien las
Il se mit à la cheure morte,
A peu prez de la mesme sorte
Qu'il fit au sortir d'Illion,
Non pas se sauuant en Lyon,
Mais en asne ne vous déplaise,
Estant là comme en vne chaise,
Ayant toussé, mouché, craché,
Ayant bien fait de l'empesché,
Enfin il desnoüa sa langue
Et fit cette belle harangue.
Vois-tu ce ieune Iouuenceau
Vestu d'vn rouge drap d'vsseau.

Et qui tient en main vne pique,
Baston dont bien fort il se pique,
C'est ton fils apres ta mort né,
Lequel vaudra bien son aisné,
Cette venerable personne
Portera d'Albe la couronne,
Il sera nommé Siluiüs
Tres digne d'vn nom en Iüs,
Il mourra d'vne ardeur d'vrine
Regreté de la gent Latine.
Voy Capis homme de valeur
Mais il ioüera de malheur
Il sera la fausse monnoye,
Et ieune encor mourra de joye.
Auprez de luy, voila Procas
De qui l'on fera fort grand cas,
Il mourra bien auant dans l'aage
Empoisonné dans du fromage.
Voila le braue Numitor
Lequel vaudra son pesant d'or.
L'autre est Siluius, dit Ænée
Son Ame Royalle, & bien née
Ton beau nom renouuellera,
Tant homme d'honneur il sera.

Tous ceux la couronnez de chefne
Qui se tiennent comme vne chaifne
Sont tes Illuftres defcendans,
Lefquels feront bien les fendans
En paix ils feront fort habilles
Ils fonderont de belles Villes
Pleines de force gens de bien,
De leurs noms ie ne diray rien,
Ce n'eft pas que ie les ignore
Mais fur pied n'eftant pas encore,
Ie ne ferois pas bien fenfé
Ny toy pas beaucoup auancé.
Mais voicy l'Illuftre Romule
Qui fut vn bel homme de Mule,
De plus, bel homme de cheual,
Il fera du bien & du mal,
Car il doit faire baftir Rome,
Et tuer son frere, vn braue homme :
Son Ayeul il reftablira,
Son Pere au Ciel l'attirera,
Veux tu fçauoir pourquoy son cafque
A deux cornes à la fantafque,
Je te le dirois, mais ma foy
Je ne sçay pas trop bien pourquoy;

TRAVESTY.

Mais i'oubliois quant à sa race
Qu'il vient de droit fil d'Assarace;
O le braue fils de Putain!
Que cet Autheur du nom Romain,
Il fera mentir le Prouerbe,
La peste qu'il sera superbe
De voir les gens de luy sortis
Faire enrager grands & petis.
Ainsi la vieille Berecinthe
Graue comme vne femme enceinte
Venerable comme vn Prelat,
Qui pretend au Cardinalat,
Par deux Maistres Lyons tiree,
Sur sa teste vne Tour quarrée
Qui luy fait ployer le chignon,
Ses mains seches sur le roignon,
Sur vn char propre à faire entrée,
Par la Phrygienne contrée,
Va par tout se glorifiant
Seule, à soy-mesme se riant
D'auoir par sa vertu fœconde
Mis tant de Deitez au monde,
Plus de cent Dieux de compte fait,
Qu'elle a tous nourris de son lait,

O la succulente Nourrice !
Mais i'apperçoy de la milice
Le Protomagister Cæsar
Ha considere le bien : Car
Le drosle auec sa teste chauue
Sera pour le noir, & le fauue
Le plus fin chasseur des humains,
Il fera bouquer les Romains
Eux qui font enrager les autres,
Il sera la gloire des vostres
Et puis dans le Ciel aura part,
Mais à beaux grands coups de poignart.
Ha le voicy le grand Auguste
Vaillant, courtois, beau, sage, & juste
Dieu nous le Deuoit sur ma foy,
En Esprit, des-ja ie le voy
Dedans Rome, aux Romains qui prosne,
Assis sur vn superbe throsne,
Mais ce n'est pas pour nostre nez,
Ouy bien pour ceux, qui feront nez
Au temps de ce merueilleux homme
Qui sans sortir les pieds de Rome
Assujettira sous ces loix
D'vn costé les fiers Rochelois,

De l'au

De l'autre les faux Allobroges
(Je ne parle point de Limoges
Car qui fait le plus, peut le moins)
C'est ce grand Heros dont les soins
Feront porter du Rhein au Gange
Sans port vne lettre de Change,
Et retourner d'vn mesme train
Si besoin est du Gange au Rhein:
Hercule à la lourde Massuë,
Bacchus à la pique feuilluë
Par les rimailleurs tant vantez,
N'ont pas tant d'honneurs meritez:
O que l'homme qu'on voit bien faire
Sert à tous d'vn bel exemplaire.
Ce vieillard à bonnet quarré
C'est Numa, des siens adoré
Pour plusieurs œuures meritoires,
Des oraisons jaculatoires,
Des sacrifices solemnels,
Et de beaux paremens d'Autels,
Dont il introduira l'vsage.
Tullus qui suit, n'est pas si sage,
Mais il est plus vaillant aussi.
Et le vain Ancus que voicy,

Fait bien voir à sa mine fiere
Qu'il ayme fort le pied derriere.
Voila les Paillards de Tarquins
Aussi superbes que Bouquins.
Voila Brutus par trop seuere,
Bon Citoyen, & mauuais Pere,
Mais en gros vn braue Romain.
Ce vieillard la hache à la main
C'est Torquat. Cet autre est Camille,
Ceux qui les suiuent à la file
Sont les Druses, & Curiens
Tous fort honnestes Citoyens.
Vois-tu? ces deux qui s'entrelorgnent,
Et d'intention s'entr'esborgnent,
C'est le beau-pere, & le beau fils,
L'vn d'eux se plaindra de Memphis,
L'vn & l'autre grand Capitaine
Dedans ie ne sçay quelle plaine
Feront Pions & Cheualliers
S'entrechoquer comme Belliers:
Tout beau, tout beau, valeureux sires
De grace refrenez vos ires.
O combien jazera l'Echo
Aux enuirons de Monaco,

TRAVESTY.

Quand l'vn d'eux auec ses buccines,
De ces roches du Ciel voisines
Descendra, pour aller trouuer
Son Gendre, & le clou luy riuer;
Mais auparauant qu'il luy riue
Il faudra bien crier: Qui viue?
Vous feriez mieux, beaux Conquerans
De finir tous vos differens,
Tout beau, tout beau, valeureux sires
De grace refrenez vos ires,
Au moins toy qui te puis vanter
D'estre Parent de Iuppiter.
Celuy qui destruira Corinthe,
C'est cet homme à la face peinte
Qui sur le nez, porte vn Poirreau.
Cet autre fera du tombeau
D'Achille, vne chaise percée,
Et de la Grece terrassée
Tirera pleinement raison
D'Illium pris en Trahison.
Voila Caton qui fut vn drosle;
Cossus franc Amadis de Gaulle;
Serranus grand homme de bien;
Gracchus qui ne luy cede en rien.

Q ij

Les deux Scipions en la guerre
Plus redoutez que le Tonnerre.
Le mangeur d'ail Fabricius :
Le temporiseur Fabius,
Enfin ie ne sçay combien d'autres
Issus de nous, ou bien des nostres.
On voit en plusieurs Nations
De tres rares inuentions,
Plusieurs en sculpture, & peinture,
Sçauent surpasser la Nature,
Et maints autres arts curieux ;
Plusieurs sçauent le cours des Cieux,
Plusieurs font rage de la Lire,
Et de la dance, & du bien dire ;
Mais tout homme vrayment Romain
Doit de la teste & de la main
Aller droit dans le ministere,
Et s'il s'en acquitte au contraire
Que. Le vieillard tout court se tut,
Car à bon entendeur salut ;
Et puis il reprit de la sorte.
Celuy qui pour ses armes porte
En son grand & lourd bouclier,
De cuiure, de fer, ou d'acier,

TRAVESTY.

Deux os de mort semez de larmes,
En François baisez-moy Gendarmes,
Et ce qui suit de la chanson
Escrit autour de l'escusson,
C'est Marcel, qui seul en vaut mille,
A la brette vn vray Bouteville,
Autant à pied comme à cheual,
Qui rossera bien Annibal
Et le mettra tout en bredoüille,
Gaignera l'Opime despoüille,
Et puis à la fin comme vn fou
S'ira faire rompre le cou,
Et fera grand dépit à Rome.
Ænée apperceut vn ieune homme
Beau comme vn Ange, ou comme deux
Mais beaucoup triste, & nebuleux,
O Dieu le beau visage à peindre,
Ce dit-il: Qu'à-t'il à se plaindre?
Cet Adonis? ce beau garçon?
Est-ce vn enfant de la façon
De Marcellus, qu'il accompagne,
Ou quelque enfant futur d'Ascaigne?
Que luy veut ce troupeau dolent
Qui le considere en hurlant?

Et d'où vient que d'vne nuée
Sa teste est obscurifiée ?
Anchisez dit : N'as-tu pas tort
De réueiller le chat qui dort ?
Pourquoy veux-tu que ie te face
Vn conte à faire la grimace,
A faire pleurer comme vn veau :
Cet adorable jouuenceau,
Cette fleur trop tost moissonnee
Est vn bien, que la Destinee
Doit montrer au peuple Romain,
Pour l'oster presqu'au lendemain.
O l'admirable personnage !
S'il ne meurt point en son ieune âge,
Son cœur ne fera pas vn pli,
Onc n'en fut vn plus accompli
A fronder, & courir la bague
Et bien manier vne dague,
Ma fy, fut-ce defunct Marcel
On n'en verra iamais vn tel,
O que l'on fera de despence
A sa mort, ainsi que ie pense,
Et que l'on bruslera de bois.
Mais icy me manque la voix

Et l'affliction me suffoque;
Là dessus, il osta sa toque
Et fit à son intention
Profonde genuflection
Le visage dolent & blesme:
Maistre Æneas en fit de mesme,
Et la vieille Sybille aussi
Humecta sa peau de roussi:
Anchise essuyant sa paupiere
Quitta cette triste matiere
Pour discourir de la vertu,
Il auoit l'esprit fort pointu
Et sçauoit le pair & le praize
Pour la pointe & pour l'antitheze
Il fit un discours serieux
Sur la vertu de ses ayeux,
Incita son fils à les suiure
Il luy leut ie ne sçay quel liure
Peut-estre fut-ce un *Almanac,*
Dit plusieurs quadrins de *Pibrac,*
Et profera maintes sentences
Vallant autant de remontrances,
Cracha du Grec & du Latin,
Parla du peuple Laurentin

De Latinus & de sa fille
Propre à regir vne famille;
Luy dit qu'il auroit des riuaux;
Et puis tant par monts que par vaux
Ayant fait maintes promenades,
Finit par maintes ambrassades,
Ausquelles son fils respondit.
En cet endroit Virgille dit,
(Puis qu'il le dit il le faut croire)
Que par vne porte d'iuoire
(C'est la mesme chose qu'vn huis)
Les songes faux sont introduits
Aux viuans durant la nuit morne;
Et que par vn autre de corne
(I'ay sceu tantost de bonne part,
Que c'estoit corne de cornart,)
Les songes vrais montent sur terre
Vers ceux dont l'œil le sommeil serre:
Or ce n'est pas par celle là
Que Maistre Æneas se coula,
Ce fut par la porte d'Iuoire,
Je n'ay point de peine à le croire,
Car qui ne donneroit credit,
A ce qu'vn tel Auteur a dit.

Ayant

Ayant retrouué la lumiere;
Æneas fit à la sorciere
Present d'vn demy Ducaton,
Et puis leger comme vn faucon
Alla retrouuer à Gayette
La trouppe Troyenne inquiete:
On le receut en bel arroy
Chacun cria: Viue le Roy.
Mais le Seigneur plein de furie
Fit cesser la clabauderie
Car il en estoit estourdy,
Et puis, le lendemain Lundy
Les Prouës leurs ancres jetterent,
Et deuers la mer se tournerent,
Et les Pouppes deuers le Port,
A ie ne sçay combien du bort,

FIN.

ÆNEIDE
DE
VIRGILE,
EN VERS BVRLESQVES.

LIVRE SEPTIESME.

A PARIS,

Chez AVGVSTIN COVRBE', dans la petite Salle du Palais, à la Palme.

M. DC. L.
AVEC PRIVILEGE DV ROY.

A MADEMOISELLE DE BELLEFONT.

BELLE, *dont l'Esprit raffiné*
Estonne le moins estonné,
Dont le vif & brillant genie
Encherit sur la tyranie,
Qu'exercent vos yeux chaque iour
Sur tous les Blondins de la Cour;
Ie ne sçay pas à quoy ie pense,
Si i'oblige, ou bien si i'offense,
Ou si i'ay l'esprit à l'enuers
De vous offrir ces méchans Vers;

EPISTRE.

Sans doute il se prend pour vn autre,
De penser diuertir le vostre,
Et ie le trouue bien ioly
De contrefaire le Poly.
Quoy donc ces Rimes indiscretes
Iront vous conter des sornetes,
Comme si sornetes pour vous
Estoient d'agreables ragous!
Certes ie croy qu'elles sont folles
De courir iusqu'aux Escherolles
Auecque tant d'empressement,
Pour demander leur chastiment,
Et se presenter à leur Iuge,
Au lieu de chercher vn refuge;
C'est iouer vn assez bon tour
A celuy qui les met au iour,
Et c'est plaisamment reconnoistre
Le Pere qui les a fait naistre:
Pour moy i'ay blasmé leurs desseins,
I'en suis net, i'en laue mes mains;

EPISTRE.

Mais chaque fois que ie les tance,
Au lieu d'oüir ma remonstrance,
Elles me disent en courous,
Nous ne tremblons pas comme vous;
Si l'on croit à la Renommée,
Dont cette Belle est tant aymée,
On ne luy verra pas tenir
Tant de rigueur à nous punir,
Comme son Esprit fait paroistre
De lumiere pour nous conoistre;
Et quoy qu'il en puisse arriuer,
Adieu nous allons la trouuer;
Adieu donc, Filles obstinées,
Filles trop mal moriginées:
Mais s'il ne vous en prend pas bien,
A vostre dam, & non au mien,
Toutesfois, Belle, qu'il vous plaise
Ne leur estre pas trop mauuaise,
Traitez les bien de haut en bas,
Mais ne me les renuoyez pas.

EPISTRE.

Pour auoir l'Ame grande & belle,
Il ne faut pas estre cruelle;
On sçait que les plus beaux Espris
Perdent leur éclat & leur pris,
Dés qu'ils vont se frotter au vostre,
Et moy ie le sçay comme vn autre;
Quand le mien s'y sera froté,
Il n'a ny grace ny beauté,
Que l'éclat du vostre n'efface:
Mais que voulez vous que i'y fasse?
Il faut moins faire le procés
A mon deffaut qu'à vostre excés:
Si vous auez l'Ame trop haute,
Par ma foy ce n'est pas ma faute;
La mienne se tuë à chercher
Quelque moyen d'en approcher;
I'y fais mes cinq sens de nature,
Mais ie renonce à la peinture,
I'ay beau me leuer plus matin,
I'y pers mon temps & mon latin;

EPISTRE.

Donc s'il vous auient de vous pleindre,
Que ie ne sçaurois vous atteindre,
Ie vous diray d'vn ton plus bas,
C'est que vous ne m'attendez pas ;
Mais aussi serois-ie pas yure,
De me hazarder à vous suiure ?
Tout de bon cela seroit beau,
I'aymerois autant qu'vn Moineau,
Porté sur ses aisles menuës,
Suiuist vn Aigle dans les Nuës ;
Vous sortez d'vn lieu fortuné,
Où l'Esprit iuste & bien tourné,
Dans vostre Sexe & dans le nostre,
Semble surpasser l'vn & l'autre ;
Ainsi cét Esprit vif & prompt,
Cét Esprit à la Bellefont,
Est plein de force & de iustesse,
D'agrément, de delicatesse :
Le mien qui vient d'vn autre lieu,
Est basty comme il plaist à Dieu,

EPISTRE

Mais il ne faut pas que i'en gronde,
Car c'est ainsi que va le Monde,
Le premier deuant le dernier,
Petit Mercier, petit panier;
Partant n'entrez pas en colere
Pour vne offrande si legere,
Faites luy plustost les doux yeux,
Car ce n'est qu'en attendant mieus,
Cependant, si i'ose le dire,
Le bon Dieu vous garde de pire.

DE BREBEVF.

PRIVILEGE
du Roy.

LOVIS par la Grace de Dieu Roy de France & de Nauarre : A nos Amez & Feaux Conseillers, les Gens tenans nos Cours de Parlement, Maistres des Requestes ordinaires de nostre Hostel, Baillifs, Seneschaux, Preuosts, leurs Lieutenans, & à tous autres de nos Iusticiers & Officiers qu'il appartiendra, Salut ; Nostre bien amé le Sieur Brebeuf, Nous a fait remonstrer qu'il a mis en Vers burlesques *le Septiesme liure de l'Eneide de Virgile*, lequel il est solicité de donner au Public ; ce qu'il ne peut faire sans auoir nos Lettres sur ce necessaires, qu'il nous a tres humblement supplié de luy accorder. A CES CAVSES, & desirant fauorablement traitter l'Exposant, Nous luy auons permis & permettons par ces Presentes, de faire imprimer, vendre & debiter en tous les lieux de nostre obeïssance, ledit Septiesme liure de l'Eneide de Virgile, par tel Imprimeur ou Libraire qu'il voudra choisir, en telles marges, en tels caracteres & autant de fois que bon luy semblera, durant Sept ans entiers & accomplis, à compter du iour

é

qu'il fera acheué d'imprimer pour la premiere fois. Et faifons tres-expreffes deffences à toutes perfonnes de quelque qualité & condition qu'elles foient, de l'imprimer, vendre ny debiter durant ledit temps, fous pretexte d'augmentation, correction, changement de titre, fauffes marques, ou autrement, en quelque forte & maniere que ce foit, fans le confentement de l'Expofant, ou de ceux qui auront fon droit : A peine de Quinze cens liures d'amende, applicable vn tiers à Nous, vn tiers à l'Hoftel-Dieu de Paris, & l'autre tiers au Libraire dont l'Expofant fe fera feruy ; De confifcation de tous les Exemplaires contrefaits, & de tous defpens, dommages, & interefts. A condition qu'il fera mis deux Exemplaires dudit Liure en noftre Bibliotheque publique ; vn en celle de noftre tres-cher & Feal le fieur Seguier Cheualier Chancelier de France auant que de l'expofer en vente, à peine de nullité des Prefentes. Du contenu defquelles nous voulons & vous mandons que vous faffiez iouïr pleinement & paifiblement ledit de Brebeuf & ceux qui auront droit de luy ; empefchant qu'il ne leur foit fait ny donné aucun empefchement. Voulons auffi qu'en mettant au commencement ou à la fin dudit Liure vn Extrait des Prefentes, elles foient tenuës pour deuëment fignifiées, & que foy y foit adiouftée, & aux Copies collationnées par l'vn de nos Amez & Feaux Confeillers & Secretaires, comme à l'Original. Mandons au premier noftre Huiffier ou Sergent fur ce requis, de faire pour l'execution des Prefentes tous Exploits neceffaires, fans demander autre permiffion. CAR tel eft noftre plaifir, nonobftant Clameur de Haro, Charte Normande, & autres Lettres à ce contraires. DONNE' à Paris le dix-neufiefme iour d'Octobre, l'an de Grace mil fix cens quarante-neuf. Et de noftre Regne le feptiefme. Signé, Par le Roy en fon Confeil.

CONRART. Et scellé du grand Seau de cire jaune sur simple queuë.

Et ledit Sieur de Brebeuf a cedé, quitté & transporté ledit Priuilege, à Augustin Courbé Marchand Libraire à Paris, comme il se peut voir par l'accord fait entr'eux.

Les Exemplaires ont esté fournis, ainsi qu'il est porté par ledit Priuilege.

Acheué d'imprimer pour la premiere fois le 4. iour de Ianuier 1650.

Fautes suruenuës en l'Impreßion.

PAge 1. vers 2. auint, lisez auient. P. 15. v. 18. veut, lisez voulut. P. 16. v. 6. le, lisez la. P. 101. v. 12. Chirurgien, lisez Chirurgiens. P. 119. v. 3. par où, lisez car on, v. 11. prist, lisez pûst. P. 120. debordées, lisez debridées. P. 137. v. 5. tombeau, lisez tombereau. P. 142. v. 14. le Valet, lisez, ou le Valet.

L'ÆNEIDE
DE VIRGILE
EN VERS BVRLESQVES.

LIVRE SEPTIESME.

CONTENANT
LE COMMENCEMENT
DES GVERRES D'ENE'E.

A V point de sonner la retraite,
Il auint que Dame Gayete
Veuue de deffunt Iean Gayet,
Et faiseuse de pain mollet,

A

Nourrice bien moriginée
Du pieux & vaillant Enée,
Meurt pour auoir sans y penser
Plus bû qu'elle ne pût pisser,
Et mourant laisse à nos riuages
Son Corps & son Nom pour les gages:
Ce Nom gay, ce nom gracieux
N'a point deslogé de ces lieux
Depuis le fils du sieur Anchise,
Iusqu'à Monsieur le Duc de Guise:
Et ie gage que ce dernier,
Ce grand & fameux Prisonnier
Promenant ailleurs sa disgrace,
A laißé Gayete à sa place.
La pauurette donc en ce lieu
Rendit son esprit au bon Dieu;
Apres auoir à ses Commeres,
Par Testament deuant Notaires,
Laißé son Chat & son Couteau,
Vne Roupille de Bureau,
Vn Peigne de Buys, deux Aiguilles,
Vne Sonnette & trois Coquilles,

DE VIRGILE, L. VII.

Vn Poinçon rompu par le bout,
Vn Dez de cuiure ; item c'est tout.
Son Poupot aussi bon que braue,
Quittant l'air serieux & graue
Vient se ietter à corps perdu
Sur ce pauure corps estendu,
Et sangloter sur sa nourice,
Quand il songe au bon pain d'Espice,
Aux pois sucrez doux & frians,
Qui regaloient ses ieunes ans;
Sur tout en cette triste feste
Il ne peut oster de sa teste
Le Pouplein ny le Macarron,
Ny le pain à la Montbron,
Ny le fameux pain de Gonesse,
Qu'elle faisoit auec adresse;
Enfin apres plusieurs sanglots
Et des plus longs & de plus gros,
Il songe que la Mort enleue,
Sans faire ny cartier ny tréve,
Tant faiseuse de pain friand,
Que vendeuse de pain chaland :

A ij

L'ÆNEIDE

Le bon homme ainsi prend courage,
Se mouche & seche son visage,
Rassure ses sens interdits,
Et dit quelque Deprofundis;
Puis ayant fait les funerailles
Pour quatre sous & tant de mailles,
Il tourne en iettant quelques pleurs
Sa teste & ses jambes ailleurs.

 Luy donc auec toute sa suite
Monte sur mer & prend la fuite;
Si c'est ou descendre ou monter
Ie vous le laisse à disputer;
Quoy qu'il en soit un Vent honeste
Leur souffle au cul non à la teste,
Et les pousse si brusquement,
Qu'on iureroit facilement
A les voir aller de la sorte,
Que le grand Diable les emporte.
Il estoit entre Chien & Loup,
Ou bien entre Rat & Matou;
Phebus ce beau Falot du monde
Estoit allé gister sous l'Onde,

DE VIRGILE, L. VII.

Pour rafraichir ses intestins,
Et laisser boire ses Roussins,
Tant que leur soif fust estanchée:
Mais sa Sœur bien adimanchée,
Le teint gay; le visage frais,
Et plus brillante que iamais.
Auec ses Donzelles suiuantes,
Comme elles claires & brillantes,
Bien tost en ce riche appareil
Vient contrefaire le Soleil.
Nos gens qui sur la pleine humide
Couroient la poste à toute bride,
Costoyoient desia ces beaux lieux,
Où cette Coquette aux doux yeux,
Circe cette belle Sorciere,
En tout temps se donnoit carriere;
C'est chez elle que tous les sens
Font ripaille en vn mesme temps;
Et dans cette douce demeure
Vn an ne seroit pas vne heure,
Si la Maistresse de ces lieux
Ne charmoit qu'auecque les yeux.

Mais cette *ſçauante Coquette*
Charme auec certaine Baguette,
Dont les coups vn peu trop charmans
Font des Cochons de ſes Amans,
Les chaſſant du Lit à l'Eſtable,
Et non pas du Lit à la Table ;
Ces pauures gens encochonnez,
Sont ſans doute bien eſtonnez,
De voir qu'au milieu de la boüe
Ils font ſi laidement la moüe ;
Au moins ſi pour les conſoler
On leur bailloit à cajoller,
Dans l'ennuy que chacun eſſuye,
La Pucelle au minois de Truye,
Dont on parle depuis cinq ans,
O qu'elle auroit là de Galans !
Chacun diroit en ſon langage,
Belle, c'eſt pour vous que i'enrage,
Donc ſi vous me voulez du bien,
Approchez voſtre Groin du mien,
Sans faire icy de la mauuaiſe,
Approchez vous que ie vous baiſe,

DE VIRGILE, L. VII. 7

Et vous verrez que nous serons
Amis comme petits Cochons;
Mais la Cruelle qui les change,
Les laisse croupir dans la fange,
Sans adoucir leur changement
De ce foible soulagement.
Heureux fut le bon Pere Enée,
Et sa Troupe bien fortunée
D'esquiuer vn si mauuais pas;
Et ie croy qu'il n'oublira pas
D'offrir chandelle d'vne liure
Au bon Demon qui l'en deliure;
Le bon homme & ses compagnons
Seroient à present des Cochons,
Et le ioly Messire Iule,
Vn petit Goret ridicule;
Mais Neptune leur grand amy,
Qui ne s'estoit pas endormy,
Les mit d'vn coup de fourche-fiere
A cinq cens pas de la Frontiere.

   L'Aurore quittant son Cocu,
Belle & jaune comme vn Escu,

Dans sa Calege safranée
Venoit commencer la iournée,
Qu'elle n'oseroit acheuer,
Ce qui la fait bien endefuer;
Le Soleil montrant son visage,
Luy crie adieu, ployez bagage,
Ou ie creueray vos beaux yeux,
Si vous ne fuyez de ces lieux.
Voulant donc commencer sa ronde,
Il se leua du sein de l'Onde
Bien matin pour faire son tour,
Non pas pourtant deuant le iour;
Car soit qu'il craigne la Colique,
Ou le Rhume, ou la Sciatique,
Soit qu'il craigne les Lou-garous,
Le Moine-bouru, les Filous,
Ou les Lutins, ou Meluzine,
Iamais de nuit il ne chemine:
 Eneas boit à la santé
De Phebus & de sa clarté,
Dans vne Gondole bien nette,
Qu'il portoit dedans sa pochette,

       Et

Et chacun à tour de rolet
Vuide trois fois le Gobelet;
Puis vous eussiez veû tout le monde
Promener ses yeux à la ronde,
Pour découurir la Region
Promise aux Bourgeois d'Ilion;
Celuy-cy chausse la Lunette;
Celuy-là se pose en Vedete,
L'vn se dresse sur ses Ergos,
L'autre à quelqu'vn preste son dos,
Ascanius grimpe à la Hune
D'vne allegresse non commune,
Et mesme on tient qu'il y grimpa
Sans le congé de son Papa.
Quand il fut dans cette Echauguete
Il apperçoit à la main drete
Vn bois, qui n'est guere escarté,
Et qui n'est pas de bois floté,
Vn bois verd comme vne salade,
Où s'entredonnent vne aubade
Mille & mille petits Oiseaux;
De là sort auecque ses eaux

B

Vne Riuiere belle & claire,
Qui vient apporter à sa Mere
Tout ce qu'elle a pû butiner;
Ascanius sans s'estonner,
D'vne voix & douce & iolie
S'escrie à l'instant, Italie,
Italie encore vne fois
S'escria t'il à haute vois,
Ie crois la connoistre à sa mine,
Si cette fameuse Beguine,
Que vit à Cumes mon Papa
Ne le surprit & le dupa.
En mesme temps vn chacun guigne
Du costé qu'il leur a fait signe,
Enée en faisant les dous yeux
Supplie humblement tous les Dieux,
Qu'il trouue dans ses Litanies,
Pour ses pauures troupes bannies,
Que leur sort deuienne plus dous:
Mais comme il craignoit plus que tous
Celuy qui preside aux Tempestes,
Il luy fit ces humbles requestes.

DE VIRGILE, L. VII.

Roy des Vents par tout redouté,
Plaise à vostre Ventosité
De commander que vostre troupe
Ne songe qu'à souffler sa soupe;
Car s'ils souffloient trop sur la Mer,
Ils pourroient bien nous enrumer
Et nous renuoyer à Carthage,
Où nous n'aurions plus de potage;
Permettez donc que nous puissions
Gaigner le Port que nous voyons,
Et ne pensez que cette grace
Iamais de mon esprit s'efface;
Ie iure foy d'homme de bien,
Qu'auec moy vous ne perdrez rien,
Ie promets pour vostre salaire
Six blancs a vostre Luminaire;
Item puisque Dame Iunon,
Pour perdre ma Race & mon Nom,
Vous a promis Deïopée,
Cette ieune & tendre Pouppée,
Pour moy, Sire, ie vous promets,
Si vous ne me bernez iamais,

L'ÆNEIDE

De recommander à ma Mere
Les soins de toute cette affaire,
Sans l'assistance de Venus
Hymen & Iunon sont camus,
Et sans le secours de Cyprine
Pas pour vn double de Lucine.
 Aussi tost dit aussi tost fait,
Le Roy commande & l'on se tait,
Chaque Vent sur l'humide plaine
Rengaine aussi tost son haleine,
Et dans ce silence profond
Deuient si plein qu'il est tout rond.
 Enée en voyant la bonace
Dist aux siens de fort bonne grace,
Courage chers Auanturiers,
Tous les Diables sont à Louuiers;
Ouy malgré leur chienne de rate
Le Destin nous rit & nous flate,
Les Vents, qui grondoient si souuent,
Ne nous feront plus que du Vent,
Et leur Maistre a remis en cage
Tous ces souffleurs qu'il tient à gage:

Ça donc, dit-il, touche Cocher,
Voulant dire auance Nocher;
Allons sur la riue prochaine
Nous rauitailler la bedaine.
Les Matelots & le Patron
Chacun empoigne l'auiron,
Et le met si bien en vsage,
Qu'ils gaignent bien tost le riuage.
Les voila donc, grace au Destin,
Sur les bords du Païs Latin,
Mais laissons les au Port d'Ostie,
Manger chacun vne rostie,
Laissons & Maistres & Valets
Escarmoucher des Gobelets,
Pour nous, qui ne voulons pas boire,
Suiuons le fil de nostre Histoire.

 Sus Erato mon petit cœur,
Prestez moy nouuelle vigueur;
Car si nous auons du courage,
C'est icy qu'il faut faire rage;
I'ay bien des combats à chanter,
Bien des contes à debiter,

Vous qui sçauez tant de nouuelles
Des plus fraîches & des plus belles,
Et raffinez sur le meftier
De l'vn & l'autre Gazetier;
Vous, dis-ie, qui fans en rien prendre,
Voulustes autrefois apprendre
Des contes charmans & diuins
A ce Doyen des Quinze-vins,
A ce Mignon fans luminaire,
Ce fage & bien difant Homere,
Monftrez que vous auez bon bec
En François auffi bien qu'en Grec.
Ie ne veux pas icy defcrire
Ce qu'il eft mal aisé de dire,
Où nafquit Oger le Danois,
Ou Guillaume le Champenois,
Comment s'appelloit Berenice,
Et le Fils du Pere d'Vliffe,
En quelle heureuse region
Croissent les Marons de Lyon,
Et fi c'eft pas dans la Hongrie,
Qu'on fait les Fromages de Brie;

DE VIRGILE, L. VII.

Muse ne nous amusons pas
A démesler ces embarras:
Mais dites moy ie vous supplie,
Qui commandoit en Italie,
Qui tenoit le haut du pavé
Quand Eneas est arrivé,
Comment diable la Gent Troyenne
Se broüille avec l'Italienne,
Si pour permettre à leurs Valets
De tuer poules & poulets;
Si pour faire dans la campagne
Ce qu'Erlac a fait en Champagne,
S'ils senoient les Benedictins,
Les Carmes & les Iacobins,
S'ils violoient Benedictines,
Carmelites & Iacobines;
Si c'est pour de pareils excés,
Qu'on vouloit faire leur procés,
Que le Tocsin contre leur race
Arma Noblesse & Populace,
Et pensa dans le *Latium*
Perdre les restes d'*Ilium*.

Or sus donc, devote assistance,
Escoutez bien, prestez silence,
Et ne soufflez pas seulement
Car voicy tres certainement
Erato, qui vient en cachette,
Ie la connois à sa Manchette,
Pour vn cent d'Espingles ou deux
I'en sçauray tout ce que ie veux.

En l'an, ie ne sçay pas quantiéme,
Latin premier & non deuxiéme,
Homme de sens & de raison,
Et sorty de bonne maison,
Prosnoit, à ce que l'on publie,
Sur le Throsne de l'Italie :
Deux graues Autheurs ont escrit,
Que cét homme tout plein d'esprit,
Cét homme en tout incomparable,
Trouua le secret admirable
De faire rostir des Marrons,
Et d'escurer les Chauderons ;
Son Papa, qui s'appelloit Faune,
Ayma tousiours le vin de Beaune,

Et

DE VIRGILE, L. VII.

Et courte Messe & long disner;
Mais il faut bien luy pardonner,
De luy vient la mode de faire
Ruby sur l'ongle & pleine chere:
Sa Maman estoit, Marica,
Nymphe, à qui ce Drole escroqua
Tant par ruse, que par amorce,
Moitié de gré, moitié de force,
Moitié féves & moitié pois,
Ce qu'on ne perd iamais deux fois;
Il descendoit sur ma parole,
Non de Pic de la Mirandole,
Mais d'vn autre Pic ou Picus,
Qui valoit plus de dix escus,
Hors, qu'au dire de Trismegiste,
Il estoit vn peu Iansenifte,
Sans cette neuue opinion,
Qui le mit en auersion,
Il auroit pû pour sa vaillance
Deuenir Mareschal de France:
Mais ces Esprits à mots nouueaux
Ne sont iamais ny bons ny beaux;

C

Celuy-cy fut fils de Saturne,
Natif de la ville de Furne,
S'il s'estoit appellé Martin,
Il seroit né dans saint Quentin.
Latinus pour toute lignée,
Par Arrest de la Destinée,
Non par Arrest du Parlement,
N'eut qu'vne fille seulement,
Mais vne fille trop iolie
Pour le repos de l'Italie,
Dont les yeux comme des tisons
Bruslerent & cœurs & maisons:
Tout le Domaine de son Pere,
Tout le Dot de sa bonne Mere,
Tesmoin l'Historien Maro,
Nonobstant clameur de Haro,
Charte Normande & loy Salique,
Estoient pour cette fille vnique.
Desia ses yeux vn peu retifs,
Songeoient à faire des captifs,
Desia sa gorge à demy ronde
Commençoit à se mettre au monde

Les plus beaux Galans du Marais
Embeguinez de ses attrais,
Retortillans leurs Cadenettes
Luy venoient conter des sornettes;
Mais de tous les Enfarinez,
Qui venoient pour luy rire au nez,
Turnus auec sa bonne mine
Faisoit mieux valoir sa Farine,
Elle trouue en ce beau Galant
Un adroit & rude Assaillant,
Chaque hoquet, chaque fleurette
Est pour elle vn grand coup de brette,
Qui porte droit iusques au cœur,
Aussi cét aymable Vainqueur
Pour loüer vne belle chose,
Mettoit & le Lys & la Rose,
Le Corail & le Diamant
Mieux en œuure que nul Amant;
Il auoit belle cheuelure,
Et portoit bien son Encolure,
Il estoit droit comme vn Sapin,
Bien planté sur son escarpin,

C ij

Puis il dançoit bien la Gauote,
La Maulevrier & la Chabote,
Il ne faut donc pas s'eſtonner
Qu'elle s'en laiſſe embeguiner.
Ainſi cét Amant & ſa Belle
S'entrebourrent de la prunelle,
Et ſe portent cent coups fourrez,
Bien iuſtes & bien meſurez.

 Or ſi la Fille en a dans l'aiſle,
Sa Maman en tient auec elle,
Qui ſans prendre auis de Latin,
Sans conter auec le Deſtin,
Veut liurer ſa chere Poupote
A ce beau danſeur de Gauote;
Chacun tient ce marché tout fait,
Mais le Deſtin mal ſatisfait,
Et ſa femme la Deſtinée,
Trauerſeront cét Hymenée.

 On voyoit quand il eſtoit iour,
En vn coin de la Baſſe-cour,
Auprez d'vne longue muraille,
Vn Laurier de fort belle taille,

Aussi vieux que Mathusalem
Ou les murs de Ierusalem,
Qui trouué dans vne mazure,
Quand on desseignoit la structure
Du Palais Royal de Latin,
Donna le nom de Laurentin
Pour sa taille droite & iolie
A tout le peuple d'Italie ;
Mesme à cause qu'il estoit beau,
Apollon eut part au gasteau,
Si c'est vn gasteau qu'vne branche,
Qu'on luy donnoit chaque Dimanche.
Vn Essein de Mouches à Miel,
Ou par ordre enuoyé du Ciel,
Ou bien par leur propre ceruelle,
Défilant de leur Citadelle,
Bale en bouche, Tambour batant,
Leur petit Prince les guidant,
Vinrent en vn beau iour de feste
Nicher sur le haut de sa teste.
Cét accident inopiné
Rend tout le Bourgeois estonné,

Donc Laurentins & Laurentines
Consultent Beguins & Beguines,
Qui leur disent en bon François,
Pour ne point flater le Bourgeois,
Gare Poules & Pucelages,
Il nous vient de certains Visages,
Qui se rendront maistres de tout,
Et chez nous tiendront le haut bout;
Le Chef de toute la cabale
N'est pas un Capitan de bale,
Il a bonne teste & bon bras,
Et fin à plus de vingt Caras,
Devot de la meilleure sorte,
Preux comme le sabre qu'il porte,
Et chery de nostre Apollon
De la teste iusqu'au talon.

 De plus pendant qu'auecque Zele
Lauinie Amante fidelle,
Cette rare & chaste Beauté,
Dont Turnus estoit enchanté
Par vne assez douce Magie,
Brusloit vne grosse Bougie

Sur l'Autel de Dame Iunon
Pour elle & pour son beau Mignon,
Et disoit longue Kyrielle
Pour son beau Mignon & pour elle,
On void vn petit feu-folet
Sur ses cheueux & son collet,
S'il estoit fils de la Chandelle,
Qu'offroit à Iunon cette Belle,
Ou bien s'il s'estoit allumé
Par quelque soupir enflamé,
C'est ce qu'on ne sçait pas encore,
Mais ie sçay, que sans qu'il deuore
Ny son colet ny ses cheueux
Il se promene sur tous deux,
Puis innocemment il se ioüe
Et sur sa bouche & sur sa ioüe,
De là passe sur ses habits,
Sur ses Perles, sur ses Rubis;
La Demoiselle à demy morte
D'auoir vn Suiuant de la sorte,
Secoüe & derriere & deuant
Pour se deffaire du Suiuant;

Ainſi ce petit Feu volage
Se desvnit & ſe partage
Courant qui deça, qui delà,
Deſſus cecy, deſſus cela,
Sur des Bancs & des Eſcabelles,
Sur des Plats & ſur des Eſcuelles,
Sur les Lunettes de Latin,
Sur les Pantoufles de Catin,
Sur le Bauolet de Charlote,
Sur vn Buſq, ſur vne Marrote,
Sur vn vieux Vigoigne percé,
Sur vn Mannequin defoncé,
Sur vn Rechaud, ſur des Mouchetes,
Sur des Chenets, ſur des Pincetes,
Bref ce petit Feu ſans tiſon
Fureta toute la Maiſon.
 Sur cela Voiſins & Voiſines
Rappellent Beguins & Beguines,
Necromances, Egiptiens,
Arabes & Bohemiens;
Tous aſſurent que cette Fille
Sera l'honneur de ſa Famille;

        Mais

DE VIRGILE, L. VII. 25

Mais qu'on verra pour ses beaux yeux
Des Amans fous & furieux,
Qui se feront tenir à quatre
Pour se froter & pour se batre;
En vn mot que cette Beauté,
Dont chacun est emmarroté,
Cette Demoiselle iolie
Mettra le feu dans l'Italie.

 Latinus leur dit grand-mercy,
Mais pour estre mieux esclaircy
Dans vne matiere si sombre,
Il cherche le Soleil à l'Ombre
Et veut treuuer de la clarté
En vn lieu plein d'obscurité:
C'est dans la forest d'Albunée
Noire comme vne cheminée,
Où la Nuit ayant fait son tour
Se va cacher durant le Iour;
Là vous trouuez vne Fontaine
Vn peu moins claire que la Seine,
D'où sortent des exhalaisons
A faire pasmer les Oysons,

D

Ie ne dis pas pasmer de rire,
Il faudroit bien tost m'en desdire,
Mais de sentir vn tel parfum
Pire cent fois que le Petun.
C'est là que feu Messire Faune,
Qui deuint, grace au vin de Baune,
Vn Profete à rendre camus,
Et Questier & Nostradamus,
Disoit à chaque creature
Sa bonne ou mauuaise auanture;
Mais pour apprendre sa leçon,
Il y faut bien de la façon
Et bien faire du tripotage,
Auant que d'oüir son langage.
Primò, faut faire vn Pot-pourry
De cent gros Moutons de Berry
Et des peaux vne Casteloigne,
Sans qu'on en coupe ou qu'on enroigne,
Ou bien, si vous ne voulez pas,
Il en faut faire vn matelas,
Et dessus à chaque minute
Sauter & faire culebute,

Tant qu'à force de bien sauter,
Se debattre & culebuter,
On tombe en un sommeil tranquile
Qui face à tous soins faire gile.
C'est ainsi qu'on peut but à but
Parler au Seigneur Belzebut,
Et de luy sçauoir en cachete
Plus qu'on n'apprend dans la Gazete.
Ce fut donc là que Latinus
Consulta son Pere Faunus,
Apres auoir bien fait la beste,
Sauté cent fois cul par sur teste,
Tant qu'enfin tout foible & tout las
Il ronfle gros comme le bras.
Le voyant en cét equipage
Son Papa luy tient ce langage,
Tu veux donc mon petit Mignon,
Mon Fanfan, mon petit ▓▓▓▓, Poupon
Tu veux donc marier ta fille,
Pour voir prouigner ta famille,
En cela mon fils tu fais bien,
Puis que la garde n'en vaut rien,

Mais ne luy donne pas vn Prince,
Qui soit du crû de ta Prouince,
Si tu ne veux mon cher Latin,
Te broüiller auec le Destin ;
Tu sçay qu'il a la teste chaude,
Et qu'à moins d'vne Chiquenaude,
Il battroit pour deux Carolus
Plus qu'vn autre pour deux Escus ;
Songe donc si tu le courrouces,
Qu'il te fera serrer les poulces.
Pour nous au trauers des dangers,
Il vient des Gendres estrangers,
Qui par des routes inconnuës
Nous mettront au dessus des nuës,
Qui par le secours du Destin
Promeneront le nom Latin
Sans luy laisser reprendre haleine,
Par tout où le iour se promene ;
Il en vient deux dans trois Bateaux
Qui ne sont pas freres gemeaux.
L'vn est le Fils, l'autre est le Pere,
Crois le Ciel & le laisse faire ;

Il se teut, Latin s'éueilla,
Luy dit bon-soir, & s'en alla.
　　Au retour vn peu plus farouche,
Sans faire la petite bouche,
Sans dire à pas vn de ses gens,
Ny Dieu vous gard, ny Dieu soit ceans;
Le feu luy montant au visage,
Plus de Turnus ny de turnage,
Dit il à sa fille en courroux,
Le Ciel vous garde vn autre Espoux,
Qui sera plus digne de l'estre,
Enuoyez donc celuy-là paistre,
Et qu'il ne vienne plus icy
Faire le blesme & le transi.
Apres il veut que l'on publie
Par les carrefours d'Italie
A son de Trompe, à haute voix,
Ce qu'il auoit veû dans le Bois;
Renaudot en fit sa Gazette,
Dont il reçeut coups de baguette,
Par quelque laquais de Turnus,
Qui le rendirent tout camus.

Lors que la Nation Troyenne
Aborda chez l'Italienne,
Ce bruit courant comme vn perdu,
S'eſtoit deſia tant eſpandu,
Qu'on le ramaſſeroit à peine,
Sans y gagner la courte haleine.
 Mais retournons à nos Troyens,
Voir que font Enée & les ſiens:
Auſſi toſt qu'ils eurent pris terre,
Ils tinrent le conſeil de Guerre,
Où ſans trop long temps barguigner,
On conclud qu'il falloit diſner.
On leur ſert donc en diligence,
Ceruelas, Iambons de Mayence,
Quelque Harang-ſor ſuranné,
Et du Fromage raffiné ;
Tous s'aſſirent comme à la guerre,
La feſſe à crû contre la terre,
Comme à la guerre vn gazon plat
Leur ſeruit de Table & de Plat,
Chacun empaume vne Galette,
Qu'il taille en forme d'vne Aſſiette;

Et comme d'Assiette il s'en sert
Pour la viande & pour le dessert;
Ce n'est pas que ces Gentilshommes
N'eussent du moins cinq ou six sommes,
Peut-estre dauantage encor,
De vaisselle d'Argent & d'Or,
De Fayence & de Porcelaine,
Mais elle estoit toute à Mycene,
Chez ce Coüu de Menelas,
Qui peut grace à leurs bons Ducas,
Se vanter auec arrogance,
Qu'il a des Cornes d'Abondance,
Des Cornets & des Cornichons,
D'où pleuuent force Ducatons.
Tousiours vaut-il mieux pour la pance
Manger sans plats que sans Pitance;
Bien que Pitance en ce repas
Manque presque autant que les plats.
Or dit quelqu'vn de l'Assemblée,
D'vne voix claire & non troublée,
Quelqu'vn, dis-ie, des mieux sensez,
Puis que nous n'auons pas assez

Dequoy mettre sous la Grugeoire,
Recompençons nous sur le Boire:
Cét auis fut suiuy de tous,
Chacun trinque onze ou douze coups.
Mais pour ne pas boire en Grenoüille,
Qui tousiours hume & tousiours moüille,
Apres auoir à belles dens
Deffait & Iambons & Harans,
Les Assiettes suiuent le reste,
Iule s'ecria, Male-peste,
Si Dieu nous eust donné des plas,
Nous ne leur pardonnerions pas:
Qui vit iamais telle disette
De briffer iusqu'à son assiette?
Son Pere prend le mot au bond,
En iettant vn soupir profond,
Et s'écria de belle sorte,
Baisons la Terre qui nous porte,
Baisons l'heureuse Region
Qui verra renaistre Ilion;
Viste, que chacun s'humilie,
Bon-iour Madame l'Italie,

Vostre

DE VIRGILE, L. VII. 33

Voſtre tres humble ſeruiteur,
Si l'Almanach n'eſt vn menteur,
Si le Deſtin ne nous engeole,
Si mon Papa ne nous cajole,
C'eſt icy ſans plus de caquet,
Qu'il nous faut planter le Picquet :
Quand chez le Diable teſte à teſte,
Il m'entretint & me fit feſte,
Eſcoute, dit il mon cher fils,
Lors que tous les mets déconfits,
La male-faim & la diſette
Te feront manger ton Aſſiette
Sur des Riuages inconnus,
Dy, nous ſommes les bien-venus,
Nargue chagrin & reſuerie,
C'eſt icy mon hoſtellerie,
Fais là tes premiers logemens,
Auec de bons retranchemens,
Force Redens, force Redoutes,
Pour planter le Drille aux eſcoutes.
 Or ſus donc ſans plus conſulter,
A la ſanté de Iupiter,

E

Mes Compagnons ie vous la porte,
Qu'on la boiue de bonne sorte,
Ruby sur l'Ongle, & comme il faut,
Le Gobelet le cul en haut;
A la santé du grand Neptune,
Dieu luy donne bonne fortune,
A la santé de tous les Dieux,
Grands & petits, ieunes & vieux,
Bourgeois du Ciel ou de la Terre,
Intendans de Paix ou de Guerre,
Anciens & nouueaux venus,
Bons & mauuais, gros & menus.
Sur tout à la santé du Tybre,
Il repeta quatre fois Ybre,
Cherchant rime & raison par tout,
Mais il n'en pût venir à bout.

Iuppin de ioye à ce Carrousse
Petille, bondit & trémousse,
Et pour mieux honorer son Nom,
Fait trois fois ronfler son Canon,
Trois fois dans vn brillant Nuage
Il voulu montrer son visage,

Mais ce traitement familier
N'estoit pas assez caualier.
  Pendant cette ioyeuse feste,
Chacun enguirlande sa teste,
Qui d'vne branche de Meurier,
Qui d'vne branche de Poirier,
Qui d'vne couronne de Hestre,
Mais Eneas voulant paroistre
Plus deuot & plus circonspect,
Et donner par plus de respect
Bon exemple à toute la Terre,
Se met vn gros fagot de Lierre
A l'entour de ses cheueux blons,
Dont on eust fait trente Bouchons,
Qui fut vn notable dommage
Pour les Cabarets de village,
Et fascha les Cabaretiers,
Depuis Naples iusqu'à Poitiers.
  Or ie veux, dit il à son Monde,
Que demain l'on coure à la ronde,
Pour voir quels lieux & quelles gens,
S'ils ne sont pas tous des Sergens,

Ou si dans la Terre où nous sommes
Ils sont faits comme d'autres hommes,
S'ils ont le nez entre deux yeux,
S'ils sont ieunes où s'ils sont vieux,
Si vestus de Verd ou de Iaune;
S'ils ont le Cou long comme vne Aune,
Ou s'ils ont le Cou comme nous;
S'ils cheminent sur les Genous,
Ou si les Pieds font leur office;
Car comme disoit ma Nourrice,
Lors que i'estois petit garçon,
Chaque païs, chaque façon.

 Dés que la Nuit fut escoulée,
Et la gentille Aube esueillée,
Trente Caualiers sans Cheuaux
Courent & par monts & par vaux;
Et sur la fin de la iournée
Ils viennent dire au Pere Enée,
Qu'vn Seigneur plus grand qu'vn Baron,
Et plus riche que Montoron,
Dit Latin en son nom de guerre,
Estoit le Roy de cette Terre,

Plus où sont les plus grands Hameaux,
Où le Tybre puise ses Eaux,
Quels lieux il visite en sa course,
S'il est grand Seigneur dés sa source,
Où le Viuier de Numicus,
Dans qui se baignent les Cocus,
Pour réueiller leurs esprits mornes,
Et se faire tomber les Cornes.

    Mais vn autre plus curieux
A bien remarquer tous les lieux,
Tire vne paire de Lunettes,
Pour lire dedans ses Tablettes;
I'ay veû, dit il, par les chemins
Deux Conuents & quatre Moulins,
Vn Panier, trois nids de Linotte,
Douze Poiriers de Bergamotte,
Vn Parc où paissoient des Moutons,
Vn Abreuoir à Hannetons,
La Mangeoire d'vne Escurie,
Les Fourneaux d'vne Brasserie,
Force Prez, & force Marais,
Beaucoup d'Eau, peu de Cabarets,

Cinq Bauolets de belle taille,
Deux Charettes pleines de Paille,
Vn Moine auec vn Balandrà,
Quatre Cochons, & catera.
 Eneas inſtruit des Viſages,
Des Bourgs, des Villes & Villages,
Dépeſche vers Dom Latinus
Cent Orateurs des mieux connus,
Qui tous ont langue bien penduë,
Et barbe fraiſchement tonduë;
Allez, leur dit-il, allez tous
Porter au Roy quelques Bijous,
Affin qu'il reçoiue auec ioye
Les pauures Citadins de Troye;
Ne dites rien ſans y ſonger,
Mais ie ſçay qu'à bon Meſſager
Il n'eſt pas beſoin de rien dire,
Allez, Dieu vous veuille conduire.
 Cela dit, voila que ſoudain
Deputez partent de la main,
Et ſe mettent à la Campagne,
Non pas ſur des Genets d'Eſpagne,

DE VIRGILE, L. VII.

Tantost à pied tantost le trot,
Sur Genets à la Dom-Guichot;
Auec ces Roußins de loüage
Nos Couriers font si bon voyage,
Qu'auant la fin du second iour,
On decouure la grosse Tour,
Desia d'assez prés on découure
Les riches Pauillons du Louure.

  Cependant le bon Eneas,
Qui rumine, & qui ne dort pas,
Béche en main d'vne ardeur extreme
Veut tracer des Fossez luy mesme,
Et faire vn Camp bien disposé,
Bien palissadé, bien fraisé,
Auec Redoutes bien construites,
A l'espreuue des Pommes cuites.

  Mais s'il vous plaist, Chers Auditeurs,
Suiuons de prés nos Orateurs,
Car i'entends braire la Bourrique,
Qui regimbe quand on la pique.
Les voila, ie le disois bien,
Qui marchent & ne craignent rien,

Desia cette leste Cohorte
Est à trente pas de la porte.
  Ils treuuent aupres des Rempars
Ieunes Cadets de toutes parts,
Qui font Caracols & Passades,
Voltes, Courbetes & Groupades,
Aupres d'eux vn Caualcadour,
Qui les regente tour à tour,
Leur donne souuent par derriere
Coups de Gaule ou de Chamberiere.
Les autres la Brete à la main
D'vn air & hargneux & hautain
S'empressent à perte d'haleine
A s'entrebourrer la Bedaine:
Icy l'on ioüe au Cochonet,
Et là l'on fait le Moulinet,
L'vn guigne auec vne Arbaleste,
L'autre chemine sur la teste,
L'vn voltige sur vn fagot,
L'autre fait dancer vn sabot.
  Ainsi cette belle Ieunesse
Faisoit monstre de son adresse,

Quand

Quand l'un d'eux un peu fanfaron,
Et plus fou qu'un ieune levron,
Courut au Louure, de sa teste,
Et dist pour se faire de feste,
Que gens d'un estrange minois,
Vestus comme des Polonois,
Et de trogne assez peu ciuile,
Estoient aux Portes de la Ville,
Mais qu'on alloit les eschiner
Si Latin vouloit l'ordonner.
Paix là petit Iean deniuelle,
Laissez meurir vostre ceruelle,
Luy dit Latin en peu de mots,
Et laissez la brete en repos;
Vous Maistre de ceremonie,
Blaise, amenez la Compagnie.
Tandis ce bon homme loyal
Place son Cropion royal
Sur un haut & superbe throsne,
Où ses Ayeux faisoient le prosne,
(Car s'il faut le dire entre nous,
Les Grands ont un Cul comme vous,

Quelquefois galeux comme vn autre,
Et moins honneste que le vostre.)
Ce throsne est dans vne maison,
Qui n'a point de comparaison,
Saint Germain auec ses parures,
Luxembourg auec ses dorures,
Seroient, si ie l'ose penser,
Peu dignes de la deschausser.
Cent beaux piliers à la dorique,
Qui sont de marbre & non de brique,
Portent patiemment le poids,
Et du maçonnage & du bois ;
Aussi ce Palais sans exemple,
Sert & de logis & de temple.
Là, dix Prelats iournellement
Enharnachez fantasquement,
Offrent à Iunon des Genisses,
A Bacchus jambons & saucisses ;
Là, le Roy trois heures par iour,
Quittant les plaisirs de la Cour,
Le bonnet carré sur la teste,
Reçoit & Placet & Requeste,

Et mesme si dans ce Chasteau
Il ne prend & Sceptre & Bandeau,
On peut ietter auec iustice
Deuolu sur son Benefice,
Ainsi Picus, qui le fonda,
L'enioignit & le commanda,
Et fit coucher cette Methode
En termes exprés dans le Code.

Mais voyons vn peu le Portail,
Non pas en gros mais en détail;
Car soit pour les belles Antiques,
Soit pour Medailles ou Reliques,
Iamais on n'a vû sous les Cieux
Portail qui soit plus glorieux.
Sur la Frise & sur la Corniche
Estoient dans chacun vne Niche
La Teste nuë & les Pieds nus
Les Ancestres de Latinus
Rangez les vns aupres des autres,
Comme autant de petits Apostres;
Mais sur tous Itale & Sabin,
Qui planta l'Arbre où croist le vin,

Ianus à la double visiere
Pour voir & deuant & derriere,
Qui bien qu'il eust de beaux Talons,
N'alla iamais à reculons,
Saturne qui fut vray Bon-homme,
Si l'on en vit iamais à Rome,
Et Picus Roy des Maquignons,
Mais non pas le Roy des Mignons,
Puis que Circé cette coquine
Le voyant cassé de l'Eschine,
Affin de prendre vn Iouuanceau,
Fit de son Espoux vn Oyseau;
Tous ces braues Messieurs, vous dy-ie
Sur tous ceux de la mesme Tige,
Bien que l'vn eust le Nez cassé,
Et l'autre le Cul défoncé,
L'vn sans Bras, l'autre sans Oreilles,
Passoient pour de riches Merueilles.
Item estoient aux deux costez
Tous ces Champions indomtez,
Qu'on taschoit de faire reuiure
Sur de belles plaques de Cuiure,

DE VIRGILE, L. VII. 45

*Parce qu'en dépit des Hazards,
Des Pertuisanes & des Dards,
Dans les villes & dans les Plaines,
Ils auoient percé cent Bedaines,
Et reçeu coups de Iauelot
Au trauers de leur Camelot.
De plus sans ordre & sans mesure
On void parmy mainte Figure,
Lors que le Iour est clair & net,
Mille pieces de Cabinet;
Par exemple on void la Iacquete
Auec le Beguin & Bauete,
Que portoit iadis Saturnus,
La Calote de Sabinus
Auec vn Chausson vn peu sale,
Les Gamaches du bon Itale,
La Chemisette de Bougran
Du bon Ianus ou du bon Ian,
Et les beaux Curedens d'yuoire
Dont il se curoit la Machoire,
Vne ~~————~~ Estrilles de Picus
Qui coustar~~ent~~ bien deux ~~escus~~ plus

Et cent choses d'vn prix immense,
Que ie veux passer sous silence.
 En ce lieu donc Latin planté
Sur le Cul de sa Maiesté
Attendoit sans ceremonie
Blaise & toute la Compagnie;
Aussi tost qu'ils furent entrez,
Il descend deux ou trois degrez,
Tous luy faisant le pied derriere,
Et leur parle en cette maniere.
 Dieu vous gard, Messieurs les Troyens,
Le Ciel vous face mille biens,
Soit que les Vents & les Orages
Vous iettent dessus nos Riuages,
Soit le Dessein ou le Hazard,
Encore vne fois Dieu vous gard;
Haussez les yeux, leuez la teste,
Et presentez vostre Requeste,
Car l'Homme que vous venez voir
N'est pas si Diable qu'il est noir;
Si c'est la Faim qui vous amene,
Nous auons cuit cette semaine,

DE VIRGILE, L. VII.

*Et pouuons charger six Banneaus
De Pain, de Lard & de Naueaus;
Ou s'il vous faut quelque autre chose,
Que chacun d'entre vous dispose,
Et face des biens de Latin,
Comme des Choux de son Iardin;
Ie croy, foy d'honneste Personne,
Que ie reçois lors que ie donne,
Et me passerois de disner
Plus aisément que de donner.
Puis ie trouue du Cousinage
Entre vous & nostre Lignage,
Car si les discours sont certains
De quelques Rustres Aurunquains,
Et si l'on peut croire au langage
Des vieux Rodrigues de Village;
Chose de qui vous descendez,
Feu Dourdan, non non attendez,
Ie prens des Vaches pour des Cheures,
Of ie l'ay sur le bout des leures,
Cét Auanturier sans second,
Feu Dardan, vostre Pharamond,*

Ou plustost vostre Merouée,
Qui commença vostre couuée,
Ayant dans le pais Latin
Mangé son petit Saint-crepin,
Alla de Prouince en Prouince
Busquer fortune & deuint Prince;
Aussi l'auoit il bien gagné,
Car se sentant esgratigné
Des cornes d'vne vieille Vache,
Il l'abbatit d'vn coup de hache;
Il fit cent autres beaux exploits
Et fut le Pere de vos Rois,
Greffant dans les terres de Trace
Surgeons d'vne nouuelle Race :
Enfin la Mort le prend sans verd,
Et son cher Peuple, qui le perd,
Pour monstrer sa reconnoissance,
En fait vn Dieu de consequence,
Qui va de pair auec Phebus,
Et non pas vn Dieu de bibus.
Voila quelle fut sa fortune,
Qui n'est ny basse ny commune,

Voila

Voila que sert de voyager,
Et d'auoir Garbe d'Estranger,
Sans cela fy de l'industrie,
Nul n'est Profete en sa Patrie,
Et s'il n'eust quitté ses tisons,
Il n'eust commandé qu'aux Oisons,
Il eust eu beau tuer des Vaches,
Beau recoquiller ses Moustaches,
Ny sa Mine ny sa Fureur
N'en eust pas fait vn Empereur.
Mais par ma foy ie suis bien beste,
De vous casser icy la teste
De ce qu'vn chacun de vous sçait,
Parlez donc, ie tiens le tacet.
   Alors le braue Ilionée
Premier Nonce du Pere Enée
Porta la parole pour tous
A ce Roy si bon & si dous,
Ayant d'vne maniere honeste
Toussé, craché, gratté sa teste,
Torché le Nez & le Menton
Auec vn lopin de Cotton,

G

Et fait à l'ancien vsage
La Reuerence à triple estage;
(Notez que des cent Orateurs
Seul il parla, car cent Parleurs
Eussent au Roy rompu la teste,
Et cela n'estoit pas honneste.)

Grand Roy dont le Nom glorieux
Est venerable en tant de lieux,
Et fait tant de bruit dans le Monde,
Qu'on n'entend pas le Vent qui gronde,
Nous ne venons point par hazard
Prendre icy Marte pour Renard,
Ny prendre icy Renard pour Marte,
Faute de connoistre la Carte,
Dés que i'estois petit Garçon,
I'en aurois bien donné leçon,
I'en sçay du moins autant qu'vn autre,
Et bien mieux que ma Patenostre;
Nous auons de iour & de nuit
La Boussole qui nous conduit,
Et sçauons regler nostre Course
Et sur le Nord & sur son Ourse

Mais vn Deſſein long-temps couué,
Pris de tous, de tous approuué,
Deſſein qu'Apollon le bon Pere,
Qui nous aime & nous conſidere,
Nous a mis dans la teſte à tous,
Nous amene icy deuant Vous:
Pour vous dire noſtre Origine,
Dame elle eſt & Haute & Diuine,
Chacun de nous peut ſe vanter,
Qu'il deſcend du grand Iuppiter
En Ligne Perpendiculaire,
Et, ſi ce n'eſt point vous déplaire,
I'offre à vous donner bon garant,
Comment il eſt le Pere-grand
De noſtre Capitaine Enée,
Et Triſayeul d'Ilionée.
Ie croy, Sire, que vous ſçauez
Ou du moins ſçauoir vous deuez,
Que ces Gens de ſac & de corde,
Ces hommes ſans miſericorde,
Les Grecs ces Lyons acharnez,
Ou pluſtoſt Demons incarnez,

G ij

Nous surprirent & nous bruslerent,
Nous battirent & nous pillerent,
Comme il falloit, & de tout point,
Plustost comme il ne falloit point;
Et tout cela pour l'amourete
D'une malheureuse Coquete,
Que le Diable luy crache au cul,
Ainsi qu'à son chien de Cocu,
Et que fortes Fievres Quartaines
Puissent saisir leurs Capitaines;
Ie croy, dy-ie, que vous sçauez
Les maux qui nous sont arriuez,
Car le Bruit, qui courut la poste
Sur les Relais de l'Ariofte,
Publia bientost nos reuers
Aux quatre coins de l'Vniuers;
On les sçait iusqu'aux Antipodes,
Les Rimailleurs en font leurs Odes,
On les chante sur le Pont-neuf
Depuis six heures iusqu'à neuf,
Et fait on pleurer nostre peine
A la pauure Samaritaine,

Scarron cét homme sans pitié,
Despoüillé de toute amitié,
A ce que chacun nous vient dire,
En a fait des contes pour rire;
Donc, Sire, les pauures Troyens
Priuez pour iamais de leurs biens
Par les dures loix de la Guerre,
Demandent vn morceau de terre,
Pour loger & nos Dieux & nous,
Pour planter des Pois & des Chous,
Et faire quelque labourage,
De l'Eau pour faire du potage,
Et de l'Air frais pour les Poulmons,
Pour du Feu nous vous en quittons,
Ayant tousiours Fusil & Meche,
Caillou gris, Allumete seche;
Mais il nous faut pour quelque temps
Un Gril à rostir des Harans,
Quelques Plats & quelques Assietes,
Draps de Lit, Nappes, Seruiettes,
Torchons à nettoyer la main,
Un Couteau pour couper du pain,

Vn Pot à faire de la soupe,
Quelque Hanap & quelque Coupe,
Vn Coquemar, deux Chauderons,
Et dequoy cuire des Marrons,
Vne Broche, vne Cremailliere,
Deux Manequins, vne Ciuiere,
Vne Lanterne, des Soufflets,
Vne Lardoire & deux Balais,
Et cent petites Utensiles,
Qu'on trouue aisement dans les Villes.
Nous voulons, Sire, pour ce don
Payer la Taille & le Taillon,
Et, si mon sens ne se méconte,
Nous ne vous ferons point de honte,
Et vous verrez à vos genous
Peu de Suiets faits comme nous;
Ie iure le Destin d'Enée,
Et sa Pate qui s'est baignée
Dans le Sang des plus faux Garçons,
(Grand Serment en toutes façons)
Assez de Peuples d'Importance
Ont recherché nostre alliance;

DE VIRGILE, L. VII.

Ou deà ne vous abusez pas,
Et pour nous voir le genou bas,
Tous prests à baiser vos Pantoufles,
Ne nous traittez pas de maroufles;
Sçachez qu'il n'a tenu qu'à nous
D'auoir vn throsne comme vous,
Non pas vn throsne à la douzaine :
Mais qui tout d'Yuoire & d'Ebene
Peut contenir dans son enclos,
Vn tricon de Roys gras & gros,
Vne Reine embabouïnée
Des sublimes vertus d'Enée,
Luy donnoit comme à son espoux,
Ce beau throsne au lieu de Bijous,
Estant ce mignon de Couchete,
Vn galand de belle deffaite,
Plein de vigueur & d'embompoint,
Et qui remplit bien son pourpoint.
Mais, Madame, la Destinée
Enrageoit de cét Hymenée,
Et députoit vers cét Amant
Si gracieux & si charmant,

Vn bon frere appellé Mercure,
Qui venoit luy chanter iniure;
Allez, disoit-il, vieux Ribaud,
Si vous auez le sang trop chaud,
Vous rafraischir dedans le Tybre,
Là, le cœur franc & l'ame libre,
Vous direz fy de Cupidon,
De son arc & de son brandon.
Ce n'est pas icy vostre giste,
Bottez vous donc & courez viste
Vers le païs de Dardanus,
Où vous serez les bien venus.
Grand Roy plus doux que Confiture
Voila toute nostre aduenture,
Et ie veux bien estre honny
Si i'y mets vn E pour vn I.
Faites donc qu'aucun hanicroche
Ne nous trouble & ne nous accroche,
Afin qu'on sçache que Latin
Fait bien ce que dit le Destin;
Tandis nostre Roy vous enuoye
Quelques Bijous sauuez de Troye,

C'estoit

C'estoit là le Baston Royal
De Priam cét homme loyal,
C'estoit là sa neuue Besicle,
Item, pour le troisiesme article,
C'estoit là le Vertugadin,
Que portoit sa Niece Catin,
Voila l'vn de ses Bout-demanches,
Dont il se paroit aux Dimanches,
C'estoit là son vieux Caudebec,
Que i'ostay des pattes d'vn Grec,
Et c'estoit là sa Houpelande
Faite d'vn beau drap de Hollande
Teinte là bas chez nos voisins
Nommez par tout les Gobelins,
Plus les Canons de Point de Genne,
Que portoit le Mignon d'Helene,
Trauaillez en perfection
Par des Bourgeoises d'Ilion.
Latinus pour cette Ecarlate
Ne s'épanoüit point la rate,
Ny pour le Baston de Priam,
Mais plus resueur qu'vn Chat-huan

Rumine sous son bonnet iaune
L'Oracle de son Pere Faune;
Ne seroient-ce point là nos gens,
Dit ce bon homme entre ses dens,
Qui par des routes inconnuës
Nous mettront au dessus des nuës?
Amis, dites moy sans façon,
Enée a t'il pas vn Garçon?
Ouy respondit Ilionée,
Le petit Iule est fils d'Enée;
Les deux en trauersant les Eaux
Venoient ils pas dans trois Bateaux?
Reprit aussi tost le bon Sire;
Pesonne n'osa le dédire,
Et ce silence complaisant
Est pour luy de l'argent contant:
Donc frotant vne main de l'autre,
Et marmotant sa Patenostre
Il se leua ioyeusement,
Puis ayant fait honestement
Coup de bonnet à l'Assemblée,
Il commença sa rateleé.

Vos maux si longs & si cuisants,
Messieurs, seroient trop suffisants,
Pour attendrir Ponce Pilate,
I'en ay desia mal à la rate,
Mais ie pretens bien les guerir,
Et vous mettre auant que mourir,
Auant que six fois la Nuit r'entre,
A la paille iusques au ventre;
Ouy, ie veux deuant qu'il soit peu,
Vous faire grand'chere & beau feu,
Vous voir trinquer comme des droles,
Et vous rouler sur les Pistoles;
Voyez mes Vignes & mes Bois,
Voyez mon Froment & mes Pois,
Ouurez mes Greniers & mes Caues,
Faites en des Choux ou des Raues;
Seulement que vostre Eneas,
Soit à grand, soit à petit pas,
Accoure promptement & vienne
Mettre sa pate dans la mienne,
Car i'ay des desirs furieux
De voir cét homme entre deux yeux.

H ij

Dieu ne m'a donné qu'vne Fille,
Mais ieune, agreable & gentille,
Pleine d'esprit, pleine d'attraits,
Accorte s'il en fut iamais,
Et si charmante, qu'apres elle
Il faut ma foy tirer l'eschelle;
Quand ie conterois par mes dois
Comme il m'arriue quelques fois,
Ceux qu'elle a pris par la visiere,
I'en laisserois quelqu'vn derriere.
Loin d'abbayer apres mon bien,
Chacun voudroit donner du sien,
Chacun me dit en beau langage,
Ce n'est point là ce qui m'engage,
Et quand cette ieune Beauté,
Qui m'a pris & m'a garroté,
N'auroit que la Cape & l'Espée,
Mon attente n'est point duppée,
Ie ne veux ny dons nuptiaux,
Ny tour de Perles ny Ioyaux,
Point de Bijoux ny de Toilette,
Point de Miroir ny de Cassete,

DE VIRGILE, L. VII.

Point de Lit de Damas de Tours,
Point de Cotillon de Velours,
Deuſt elle venir toute nuë
Elle ſeroit la bien venuë,
Vinſt elle auecque des Sabos,
Iupon de Friſe ſur le dos,
Et le Tortillon ſur la teſte,
Tout le monde luy feroit feſte.
Parmy tous ces pauures paſmez,
Qui pouſſent Hocquets parfumez
D'vne eſſence de Mariolaine,
Dont ils embaument leur haleine,
Turnus le Roy de nos Galans,
Et le mieux fait de nos Chalans,
Eſt le ſeul qui puiſſe pretendre
D'eſtre ſon Eſpoux & mon Gendre;
Mais le beau Sire ne tient rien,
Si les Cieux ne le veulent bien,
Ce qu'ils ne nous font point paroiſtre,
Et Dieu veut que Dieu ſoit le maiſtre;
Encore qu'il ſeche d'amour,
Et qu'on le puiſſe voir vn iour

Abandonner son patrimoine,
Pour se pendre ou se faire Moine,
Dussent mes yeux le voir pendu,
Ou coiffé d'vn Froc, & tondu,
Quoy qu'on en die ou qu'on en pense,
Ie suis Enfant d'obeissance,
Et l'on connoistra que Latin
Veut tout ce que veut le Destin;
Des Prodiges pleins de mystere,
Les Oracles de feu mon Pere,
De Faune ce Prince sçauant,
Qui deuint Profete en beuuant,
Contredisent ce Mariage
Si clairement & sans nuage,
Que le Docteur le plus hardy
Y verroit clair en plein midy;
Tousiours ils m'enioignoient d'attendre,
Que le Ciel m'enuoyast vn Gendre,
Qui viendroit des lieux esloignez
Voir ma Fille & luy rire au nez ;
Ie crois par ce qui peut paroistre,
Qu'ils me parloient de vostre Maistre,

Et ie vous iure sur ma foy,
Ie le veux comme ie le croy:
Donc, si ce marché luy peut plaire,
Qu'il vienne embrasser son Beau-pere,
Ou, s'il ne luy plaist qu'à demy,
Qu'il vienne embrasser son Amy.

Ayant ainsi finy son Prosne,
Latinus descend de son Throsne,
Et commande à ses Sommeliers
De régaler les Caualiers;
On les mene tous à l'Office,
Où les dents font bien l'exercice;
Le Roy, les mets estant ostez,
Donne à ces Couriers démontez,
Non pas des Rosses détraquées,
Ny des Mazetes éflanquées;
Mais des Coureurs qu'auec raison
On croyoit de bonne maison,
Houssez de riche Broderie,
Qui n'a point veû la Friperie,
Mors, Estriers, Bossetes, Arçons,
Tout est d'Or iusqu'aux Ardillons.

Plus on enuoye au sieur Enée
Deux Barbes de haute lignée ;
Pour parler de ces Animaux,
On disoit, Messieurs vos Cheuaux,
Car ils sortoient en droite ligne
De la Famille tres insigne
D'Ethon, ce Cheual sans pareil,
L'vn des six Coursiers du Soleil,
Cousin du Destrier de Bellone,
Et fort bien fait en sa personne,
Hors qu'à regarder sa façon,
Il sembloit trop mauuais garçon;
Circé qui fut tousiours finete,
Le fit diuertir en cachete,
Luy confiant sur son serment
Vne belle & grande Iument,
Et de cét amoureux mystere
Nasquit vn Fils digne du Pere;
Ses deux beaux Arriere-neueux
Comme luy forts & genereux
Pour marque de leur Origine,
Soufflent le feu par la Narine,

Et

Et leurs pieds à force de coups
Font par tout flamber les caillous,
Ils traisnent à Messire Enée
Vne Broüete bien ornée
Et riche à la perfection,
Mais non de leur condition,
N'estant la Fille ny la Niece
De cette belle & rare Piece,
De cette Broüete sans pris,
Où le Dieu du Iour est assis.
 Apres ces dons de consequence
Les Troyens font la reuerence,
Auec vn petit compliment
En forme de remerciment;
Adieu Monsieur, Dieu vous le rende,
Dist Ilionée & sa bande,
Bonsoir, luy crierent ils tous,
Nous allons prier Dieu pour vous.
 Cependant auec allegresse
Iunon reuenoit de la Grece,
Ayant fait pisser des Ergots,
Dans la grande Cité d'Argos,

A sa Commere Iacqueline,
Qu'elle auoit laißée en Gesine,
Non pas sans auoir bien flanné,
Et mangé force Resiné.
Voltigeant donc dessus la Nuë
Dans sa Cariole cornuë,
Elle prend terre au mont Paquin,
Puis d'vn esprit morne & taquin
Regardant la Troupe d'Enée
Plus contente & plus fortunée
Quitter la Mer & ses vaisseaux,
Danser au son des Chalumeaux
La Pauenne, les Oliuetes,
Les Matassins, les Robinetes,
Et trauailler ioyeusement
A se huter commodement,
Elle renie, elle tempeste,
Iure par le Sang, par la Teste,
Et roulant fierement ses yeux
Tient ces discours si gracieux.

 O Race maudite & perduë!
Race, que le Diable aponduë!

Race, dont le chien de Destin
A fait perdre au mien son Latin!
En vain & d'Estoc & de Taille
On a bourré cette Canaille,
En vain de toutes leurs maisons
Les Gregeois ont fait des tisons,
Comme de bottes d'Alumetes;
Ils en sont sortis Gregues nettes,
Afin de brauer à la fois
Et le Fer & le Feu Gregeois.
Pour moy ie pense que nostre Homme,
Ne sçait plus comment ie me nomme,
Ou bien qu'il est ensorcelé,
Tant il paroist éceruelé;
Depuis qu'il a son Ganymede,
Qui le gouuerne & le possede,
Au prix de ce bel Echanson,
Mon pouuoir n'est qu'vne chanson.
Quoy donc ma rage es tu lassée?
Me laisses tu, t'ay ie laissée?
N'as tu pour tout ressentiment
Que Gasconnade seulement?

Quoy donc pour leur porter la guerre,
I'auray remüé Ciel & Terre,
Et ie les auray sur les Flots
Suiuis la Fourche dans le dos,
Pour n'en auoir au bout du conte,
Que regret & que courte honte?
Parmy les Bancs & les Ecueils,
Où gens de bien ont leurs Cercueils,
Parmy la Tempeste & l'Orage,
Ces Maraus ont trouué passage;
Les voila hors de tout guignon,
Qui font les Cornes à Iunon,
Et la Guirlande sur la Hure
Raillent & luy chantent iniure.
Mars ce Dieu de quatre deniers,
Le Maistre de nos Canoniers,
Ce vieux fou qui preside aux Bretes,
Cette Teste à porter Sonnetes,
Ce beau Roy des Estramaçons,
Ce Doyen des Mauuais Garçons,
Ce Dieu poly comme vn Suisse,
Ce Fumeur en tiltre d'office,

DE VIRGILE, L. VII.

Bref ce Bourru qui me déplaiſt,
Que ie hay, tout mon Fils qu'il eſt,
Eut congé de tremper ſa Pate,
Et ſa grande Flamberge plate,
Pour vn Zeſt, pour vn moins que rien,
Dedans le ſang Lapithien.
Diane la prude Donzelle,
Qui fait tant la douce Pucelle,
Qu'on diroit à la voir paſſer,
Qu'elle ne ſçait par où piſſer,
Cette bonne ſainte Ni-touche,
En faiſant la petite bouche,
Rendit les Calydoniens
Plus gueux que des Bohemiens;
Tous deux eurent cét auantage
De regaler tres bien leur rage,
Bien que tous deux pour enrager,
N'euſſent qu'vn ſuiet bien leger.
Moy, qui ſuis Femme de leur Maiſtre,
Qui pourrois les enuoyer paiſtre,
Si ie chauſſois mon Vercoquin,
Ie ne puis punir vn Faquin:

I iij

Ce rusé Matois, ce vieux Drille
Se desrobe comme vne Anguille,
Cent & cent fois ie pensois bien
Le tenir & ne tenois rien,
Et ie crois sur ma conscience,
Quand pour appaiser ma vengeance
Ie luy donnerois le trépas,
Que le Coquin n'en mourroit pas.
Donc pauure Dame qu'on affronte,
Que faire pour lauer ta honte?
A quel ieu te faut-il iouër,
Ou bien à quel Saint te voüer?
Enée aura-t'il Lauinie?
Labourera-t'il l'Ausonie?
Aura-t'il l'Eau de Numicus,
Ce Bain salutaire aux Cocus,
Ce Bain de merueilleux vsage,
Où se guerit le Cocuage?
Aura-t'il ces Bourgs si charmans,
Où croissent les Chappons du Mans?
Ces Grottes, ces claires Fontaines?
Il aura ses Fieures quartaines,

Qui luy puissent sangler les Reins,
De Noël iusqu'à la Toussains ;
Si ie le souffre de la sorte,
Ie veux que le Diable m'emporte,
Ma Fureur malgré le Destin
N'est pas au bout de son Latin ;
Si Dieu ne me sert à ma teste,
Le Diable sera plus honneste ;
Voyons ce qu'il peut auiourd'huy,
Non de par Dieu, mais de par luy,
S'il faut que ce ladre d'Enée
Accomplisse son Himenée,
Et que de Bourgeois d'Ilium
Il soit le Roy du Latium ;
Du moins ie veux de fine rage
Faire traisner ce Mariage,
Et voir le sang dans les chemins
A faire moudre des Moulins ;
Voila, ma Poupote mignarde,
Le Passe-temps que ie te garde ;
Voila les precieux Bijous,
Que te garde ton bel Espous ;

L'ÆNEIDE

Le sang d'Italie & de Troye
Fera le ragoust de ta ioye,
Et Mars conduira de sa main
Ce beau Mignon iusqu'en ton sein.
 Cela dit, cette fausse Beste
Roule les yeux, bransle la teste,
Dit sa Patenostre au rebours,
Fait vn Cerne à deux ou trois tours,
Lit deux Chapitres du Grimoire,
Et d'vn coup de Baguete noire,
Elle fait paroistre à l'instant
Alecto dont on parle tant,
Cette Dame d'humeur surnoise,
Qu'en François on appelle Noise;
Elle reuenoit d'vn Conuent,
Qu'elle visite assez souuent,
Où les Moines plus fous que sages
S'escrimoient à coups de Suffrages
Longtemps sans venir à iubé,
Pour le changement d'vn Abbé.
Tout l'employ qu'elle a dans le Monde,
Est de brouiller la Terre & l'Onde,

Et

DE VIRGILE, L. VII.

Et mettre dans cét Vniuers
Toutes les choses à l'enuers;
Sans elle le Chien & la Chate
N'auroient point d'Ongles ny de Pate,
Ou ce seroit pour cheminer
Et non pas pour égratigner;
L'Ecoufle aux Poucins feroit feste,
Le Loup deuiendroit bonne beste,
Les Auocas & les Sergens
Demain deuiendroient bonnes gens;
Plus dans le monde de Chicane,
Plus ny Canon ny Sarbacane,
Plus de Sacs ny de Procureurs,
Plus de Bretes ny de Breteurs;
Des Coutelas & des Rapieres
On forgeroit des Cremaillieres,
Les François & les Castillans
Seroient d'accord & grands chalans,
Et toute rancune bannie,
Ils trinqueroient de compagnie;
Bref si Dame Noise mouroit,
Iamais de noise on ne verroit.

L'ÆNEIDE

Le Dieu du Royaume funeste,
Son Pere, la craint comme peste,
Ses Sœurs luy quittent la maison,
Et disent pour toute raison,
Qu'on n'a point de paix auec elle,
Et que sans cesse elle grommelle,
Que ses dents luy seruent bien moins
A manger qu'à mordre ses poings.
Pour vous descrire la figure
De cette aimable Creature,
Ses Dens & ses Ongles retors
Font bien la moitié de son corps,
Elle a le teint d'vne Citroüille,
Ou plustost de soupe à l'Andoüille,
L'embonpoint d'vn Harang-soret,
Et les yeux d'vn ieune Furet;
Sur ses temples mainte Couleuure
Bien choisie & bien mise en œuure
Luy fait à guise de cheueus
Vne Perruque à mille neuds.
 Iunon voyant cette Lutine,
Trembla iusques à la racine,

Et sentit mesme ses boudins
Se battre & faire les badins:
Cette vieille Sempiternelle
Pointant fierement la prunelle,
Luy dit de son accent plus dous,
Que Diable me demandez vous?
Iunon la flate & l'amadoüe,
Luy frottant doucement la Ioüe,
Sçais tu, dit-elle, mon soucy
Le sujet qui m'amene icy?
Ie cherche vne mauuaise Beste,
Vne Femme à mauuaise teste,
I'en trouuerois, sans aller loin,
Cinq cens, si i'en auois besoin:
Mais au lieu de ces apprentiues
Et scrupuleuses & craintiues,
Dont l'Estomach est empesché
A digerer vn gros Peché,
I'en veux vne frais emouluë,
Qui bien preste & bien resoluë
Auale, & ne s'estrangle pas,
Cent gros Pechez en vn repas;

Si mon calcul ne se méconte,
En toy ie trouue tout mon conte,
Et ie m'attens d'auoir choisi
Mauuaise Beste en cramoisi;
Ton esprit fourré de malice
Regorge de noir artifice,
D'vne dragme de ton Poison
Tu peux gaster vne maison,
Et voir tout le monde en desordre,
S'entretriper & s'entremordre,
S'entrecasser bras & genous,
Faire entrechoquer les caillous;
Et comme d'vne horrible Tempeste
Renuerser tout cul par sur teste;
Sus donc fais auiourd'huy pour moy
Vn Chef-d'œuure digne de toy,
Sois auiourd'huy le rabat-ioye
De ce Faquin venu de Troye,
Qui malgré Iunon & ses dens,
Veut faire le Roger-bon-temps,
Et mettre vn cul de Dardanie
Sur le Throsne de l'Ausonie;

DE VIRGILE, L. VII.

Ce Badaut croit, tant il est fin,
Que le Sort est bien son Cousin,
Mais il verra dans sa ruine,
Que Iunon n'est pas sa Cousine;
Anime tous les Faux Garçons,
Tous les traisneurs d'Estramaçons,
Toutes les testes sans ceruelle,
Contre ce Gueux & sa Sequelle,
Qui veut faire comparaison
Auec le Fils de la maison;
En vn mot fais le Diable à quatre,
Fais les s'estriller & se batre,
Tant que sur les champs Laurentins
Ils laissent tripes & boudins;
Si tu témoignes du courage
A seruir dignement ma rage,
Si tu sçais bien me contenter,
Ie promets de faire aiouster,
Pour embellir ta Cheuelure,
Cinq cens Lezards à ta coiffure,
Et de te chercher vn Mary,
Qui ne sera pas trop pourry.

Quand Iunon eut finy son role,
Dame Noise gronde & s'enuole,
Elle se rend de bon matin
A l'Hostel de Monsieur Latin,
Et liurant sa premiere atteinte
A la Reine qui fait la sainte,
Et qui dit tous ses Oremus
Pour Lauinie & pour Turnus,
Elle luy coule à la sourdine
Vn Lezard sous sa Hongreline,
Qui se promene sourdement
Dessous tout son habillement,
Et qui depeur de se morfondre,
Glisse cent fois sur l'Hypocondre,
Laissant sur cette Region
Vne terrible impression;
Puis il chemine vers la Teste,
Il se change en forme de Creste,
Et tymbre à guise d'vn Cesar
Cette Matrone d'vn Lezard;
Il deuient Ruban d'Angleterre,
Qui l'entortille & qui la serre,

Il deuient Bridon ou Licou,
Qui s'enlace autour de son Cou,
Il deuient Bande & Iarretiere,
Il deuient & Sangle & Croupiere,
Il deuient Bague & Bracelet,
Il deuient Crauate & Collet ;
Enfin il n'est point de figure,
Point de couleur ny de posture,
Que ce petit chien d'Animal
Ne prenne pour faire du mal.
Ayant donc cette Couleuurine
Gasté de son orde Babine
Le Corps de la pauure Amata,
Que tant de fois elle arpenta,
Cette pauure Vieille arpentée
Sent que sa Tripe est agitée,
Et qu'vne forte enrageaison
A desia bloqué sa raison.
Au premier assaut de sa Bile,
Voicy le discours qu'elle enfile.
Quoy donc, tu veux Pere aueuglé,
Pere abesty, Pere troublé,

Tu veux donner ta Fille en proye,
A des Bandits chassez de Troye,
Ta Fille ton vnique bien,
Tout ton espoir & tout le mien,
Ta Fille ta seule liesse,
Et ton seul baston de vieillesse;
Elle, qui te dit mot à mot
L'histoire du Roy Guillemot,
Ou bien de la Reine Gillete,
Pour t'endormir dans ta Couchete,
Ah non non, ne sois pas si fou,
Mets luy plustost la corde au cou,
Ou la iette dans la Riuiere,
Fais en plustost vne Touriere
Dans ce beau Conuent d'icy bas,
Que de luy donner Eneas;
Dés que ce vendeur de Carrote,
Sera maistre de ta Poupote,
Il plantera là Latinus
Bien roupieux & bien camus;
Loin de nous la tiendra captiue,
Luy fera lauer la Lessiue,

Luy

Luy fera décroter ses Bas,
Paistrir le Pain, torcher les Plats,
Tantost rembourrer ses Bequilles,
Tantost radouber ses Guenilles,
Elle qui depuis tant de mois
N'a iamais rien fait de ses dois.
O Pere plus dur qu'vne Roche!
Certes la fin du Monde approche,
Puisque l'on voit que tous les Iours
Toutes choses vont au rebours ;
Mais qu'est-ce donc que nous lanterne
Ce beau Prophete à la moderne,
Que trouue à redire à Turnus
Ce Moderne Nostradamus?
Par tout il passe pour braue homme,
Autant que le Pape de Rome,
Plein d'honneur & be bonne foy,
Il est noble comme le Roy ;
Que dis-ie? il est bien Roy luy mesme,
Et porte vn beau grand Diademe ;
Pour estre de nostre Canton,
Il n'en vaut pas moins d'vn Teston,

L

Ny ne ressemble à ces Danrées,
Qui pour croistre dans nos Contrées
Perdent tousiours, à ce qu'on dit,
Trois quarterons de leur credit;
Mais si c'est le nœud de l'affaire,
Où s'accroche l'esprit du Pere,
Ie puis de ce braue Amoureux
Faire vn Estranger si ie veux;
D'Hosier sçait, s'il le vouloit dire,
En faueur du Roy nostre Sire,
Qu'à Mycene on a fait des Dieux
De la moitié de ses Ayeux,
Qu'à remonter à la racine,
Il est franc Gregeois d'origine;
Puis si cela n'est pas assez,
Comme il disoit ces iours passez,
Son Estat separé du nostre
Le rend Estranger comme vn autre,
Et ie croy les Rutuliens
Estrangers comme les Troyens.
Nargue donc pour la Prophetie,
La voila si bien éclaircie,

DE VIRGILE, L. VII.

Si bien tournée au gré des Dieux,
Que l'on y liroit à clos yeux.
   Ce fut la premiere fredaine
De cette malheureuse Reine,
Auant que ce meschant Poison
Eust poiuré toute sa raison,
Ce fut sa premiere colere,
Qui sent encore vn peu la Mere
Mais quand la force du venin
Eut percé son vieux Parchemin,
Et contre ses seiches entrailles
Donné de terribles batailles,
Attaqué les gros Intestins,
Gaigné tous les menus Boudins,
Remply le Cœur & ses Cellules,
La Ceruelle & ses Ventricules,
La pauure Dame, ce dit-on,
Harangua bien d'vn autre ton.
Ayant plumé sa Hure blanche,
Battu ses Flancs, plombé sa Hanche,
Mis en morceaux Robe & Rabat,
Comme pour aller au Sabat,

Et sans honte, & sans retenuë
Monstre sa Fesse toute nuë;
A tous propos, hors de propos
Elle dit de gros vilains mots,
Qu'il vaut mieux passer sous silence,
Car i'en rougis lors que i'y pense;
Fait des Sermens hors de saison,
A faire abismer la Maison,
Forge cent Chimeres cornuës,
Pousse des cris iusques aux Nuës,
Et iette autour de son Museau
De l'Escume à remplir vn Seau;
I'aimerois mieux estre damnée,
I'aimerois mieux estre bernée,
Dit-elle, ou manger vn Fagot,
Qu'Enée eust ma Fille & son dot;
I'aimerois mieux qu'vne Lutine
M'eust morduë au bas de l'Eschine,
I'aimerois mieux que les Demons
M'eussent mangé Foye & Poumons,
I'aimerois mieux estre écorchée,
Estre moulüe, estre hachée,

DE VIRGILE, L. VII.

Comme chair à petits Pastez,
Que de voir ces indignitez.
Durant cette chaleur de Teste,
Elle veut celebrer la Feste
Du Dieu qui preside aux Flacons,
Et troter par tous les Cantons;
La voila donc en pleine Ruë,
Comme vne Lutine bourruë,
Qui fait par tous les Carrefours,
Du moins quinze ou vingt mille tours.
Comme vn Toupin dans la poussiere
Danse menu sous la Laniere,
Griffonne dans ses mouuemens
Mille diuers Compartimens,
Et fait maint & maint petit Cerne
Au gré du Fouet qui le gouuerne;
Ou bien comme au temps des Frelons
Vne Vache dans les valons,
Qu'vn vilain Frelon a morduë,
Galope comme vne perduë;
Ce pauure innocent d'Animal,
Qui ne songe iamais à mal,

Croit laisser de cette maniere
Sa Queuë & son Frelon derriere,
L'vn & l'autre y demeure aussi,
Mais il ne l'entend pas ainsi;
De mesme cette pauure Reine
Suit le Vertigo qui l'entraine,
Et fait tant de tours superflus,
Que ses Talons n'en peuuent plus,
Criant comme vne vieille folle,
Au Meurtre, au secours, on me volle,
Ie ne vois rien que des Hibous,
Ie n'entens que des Lougarous;
Grand Denis Dieu de la Bouteille,
Accours icy, preste l'oreille,
Ie te la rens en vn moment,
Preste la moy donc hardiment,
Grand Roy dont la Lame d'Olinde
Fit bouquer les Peuples de l'Inde,
Tu vaux mieux en ton petit Doy,
Qu'Eneas en tout son arroy;
Partant ie te liure ma Fille,
Vien l'enleuer à ce vieux Drille,

DE VIRGILE, L. VII. 87

*Vien dés ce iour ou dés demain,
Affin de luy donner la Main;
Depuis qu'elle sert dans le Temple,
Pour donner à tous bon exemple,
Et pour te faire plus d'honneur,
C'est-seulement de ta Liqueur,
D'vn Vin de prix & de merite,
Qu'elle a tousiours fait l'Eau Benite;
C'est pour toy que tous ses Valets
Sçauent iouer des Gobelets,
Pour toy qu'elle sçait par memoire
Tant de belles Chansons à boire,
Et qu'en faueur de tes Rubis,
Elle en porte sur ses habits.*

  *Apres auoir bien fait la sote,
Trotté, iasé parmy la crote,
Et fait mille tours & retours
Dans la Ville & dans les Fauxbourgs,
Elle se met à la Campagne,
Gaigne le Bois & la Montagne,
Pour faire ouïr son carillon
Dans le Bois & dans le Vallon.*

En son chemin vn pauure Moine
Lioit vne gerbe d'Auoine,
Pour regaler le Bourriquet,
Qui portoit son petit pacquet;
La Reine luy baille taloche
Sur l'Eschine & sur la Caboche,
Et chausse sans trop consulter
Les Sandales du bon Pater.
Apres d'vne troigne arrogante
Elle vous empoigne l'Infante,
Et la cache dans des Halliers,
Où ny Pietons ny Caualiers
Ne sçauroient descouurir sa Fille,
S'ils ne portoient vne Faucille;
Elle luy iette sur le Dos
De la feuille de Haricos,
De la Mousse & de la Fougere,
Pour mieux tromper les yeux du Pere.
 Aussi tost que le bruit courut,
Que comme vne Guenuche en rut,
La Reine autrefois si modeste
Galope & brait à toute reste;

Toutes les Vieilles d'alentour,
Affin de bien faire leur Cour,
Et d'estre mieux considerées,
Font aussi les desesperées,
Déchirent Cotte & Cotillon,
Rompent Guenille & Guenillon,
Rompent Colet & Colerete,
Rompent Chemise & Chemisete,
Pour estre en ce triste accident
Sans habits en Habit decent;
Monstrant donc leurs vieilles Eschanches,
Qui ne sont ny grasses ny blanches;
Elles arpentent des talons
Les Montagnes & les Valons,
Criniere au vent, la Main à l'erte,
Les Yeux en feu, la Gueule ouuerte,
Egratignent comme Matous,
Urlent comme des Lougarous,
Enragent d'aussi bonne grace,
Qu'aucune femme de leur race,
Et meritent bien d'estre vn iour
En bonne posture à la Cour.

La Reine se met à leur teste,
Fronçant la Peau, dressant la Creste,
Et leur dit en termes exprés,
Nous leur casserons bien du Grais
A ces beaux Mariolets de Thrace,
C'est pour eux on leur en fricasse,
Eneas ce plaisant Falot,
Auroit ma Fille! au Diable-Zot;
Des Nefles, ma Fille est promise
A Denis Parrain de Denise,
Denis le Dieu des Gobelets
M'en a fait tenir ses Poulets.
Sus donc chantons l'Epitalame
Du grand Denis & de sa Femme;
A l'honneur de ce beau Mary,
Faisons un beau Chariuary,
Vie; allons mes braues Compagnes,
Faisons retentir les Montagnes,
Faisons retentir tous les bois
Et de la main & de la vois;
Puis elle entonne à pleine gorge,
Soufflant comme un Soufflet à Forge,

DE VIRGILE, L. VII.

Vn Cantique sur le haut ton,
Que i'entens moins que bas Breton;
Tréve donc de cette Courante,
Qui la voudra chanter la chante,
Car en moy, mon cher Auditeur,
Ma foy tu n'as point de Chanteur.
Mais laissons aller cette Troupe,
Sans la suiure tousiours en croupe.

Quand dans la maison de Latin
Alecto, ce fascheux Lutin,
Cette laide & sale Gargoüille,
Eut mis tout le monde en bredoüille,
L'infame Guespe au mesme instant
Chez Turnus en va faire autant.
Il estoit gisant dans sa Couche,
Immobile comme vne Souche,
Vuide de chagrin & d'ennuy,
Quand elle se presente à luy
Dessous la figure empruntée
D'vne Vieille decrepitée,
Prenant le minois & le nom
De la Prestresse de Iunon,

De Calybé la bonne mere,
Et luy parle comme en colere.
Dormez, dormez, gentil Amant,
Les biens vous viendront en dormant,
Durant ce repos debonnaire,
Vn autre songe à vostre affaire;
Vous estes vn plaisant robin,
Bien adroit sans doute & bien fin
Apres auoir battu la haye,
Vn autre vous baille vne baye,
Vn autre emporte les oiseaux,
Malgré le fendeur de naseaux;
Que sert de faire le brauache,
De piaffer sous le Panache,
Et de trancher du Goguelu?
Vous estes vaillant, ergo-glu;
Autant vaudroit estre Pagnote,
Et pisser dans sa Bourguignote,
Que de coucher du Champion,
Et dormir dans l'occasion;
Enfin l'on vous donne à combatre
Vn Riual preux autant que quatre,

A cheual donc, tenez vous prest,
Dague au costé, Lance en arrest,
Marchez contre cét Holoferne,
Et n'endurez pas qu'on vous berne;
Mesme en cas que le vieux Latin
Face le fat ou le taquin,
Et dans sa manie ostinée,
Veüille vous biquer contre Enée,
Faites luy voir au premier iour,
Qu'on luy deuoit quelque retour,
Monstrez à cette folle teste,
Qu'vn vieux Cheual n'est qu'vne beste,
Voila que sert pour son secours
De s'estre mis à tous les iours,
Et d'exposer pour sa deffense
Vn Cheualier de consequence;
Voila pour tant de temps perdu,
Pour vostre beau Sang répandu,
Vous payer en belle monnoye,
On vous prend pour le fils d'vne Oye;
Mettez donc en mille morceaux
Enée & ses Godelureaux,

Et qu'il n'échape à la Rapiere
Point de queuë ou d'oreille entiere.
  Luy se voyant gronder ainsi,
Au lieu de dire grand-mercy
Et la baiser sous la Croupiere,
Luy répond de cette maniere;
Vieille Rosse, vieille Guenon,
Vieille Lanterne, vieux Canon,
Vieux Parchemin, vieille ridée,
Vieux Demon, vieille possedée,
Vieille laide, c'est bien à vous
A venir rouge de courous,
Me gronder & me chanter poüille,
Allez filer vostre Quenoüille,
Et laissez aux Hommes le soin
D'empoigner le Sabre au besoin.
  Alecto pour cette querelle,
Au lieu d'enfiler la venelle,
Pense qu'ainsi la quereller,
N'est que rire & la caioller;
Elle s'approche de sa couche,
Luy souffle trois fois dans la bouche,

DE VIRGILE, L. VII.

Trois fois souffle dans tous les trous,
Sans en excepter les Esgous,
Et luy mitonne la poitrine
D'vne Torche de Pois-resine,
Elle grince toutes ses dens,
Et fait bauer tous ses Serpens,
Apres elle trousse bagage;
Turnus s'éueille plein de rage,
Viste, dit-il à ses Valets,
Teste, ventre, mes Pistolets,
Mon Mousqueton, ma Bandoliere,
Ma Sangle, ma grande Rapiere,
Salade, Cuirasse, Brassars,
Hausse-cou, Tassetes, Cuissars,
Mon Barbe de rouge plumage,
Teste-bieu, ie creue, i'enrage,
Il faut pour chasser mon ennuy,
Il faut en découdre auiourd'huy.
Comme en la maison de Charlote,
Dessus vn feu de Cheneuote,
On voit du Lait dans vn Poislon
S'enfler dés le premier bouillon,

L'ÆNEIDE

Et se ietter de bonne guerre
Hors de la prison qui l'enserre,
Ainsi ce braue Iouuançeau
Petille & creue dans sa peau:
Mais pour enrager auec ordre,
Et iapper auant que de mordre,
Il enuoya de bon matin
Quatre Heraus chez Dom Latin,
Luy demander à la Turnoise,
S'il veut accord ou s'il veut noise;
Ensemble il veut pour vn quart d'an.
Conuoquer tout l'Arriereban;
Toute la Gentilhommerie
Est preste à suiure sa furie;
L'vn dit, ie veux seruir Turnus,
Il est beau fils & point camus,
L'autre dit, il est beau Gendarme,
Et sa riche taille me charme;
L'vn dit ce n'est pas vn Oison,
L'autre, il est de bonne maison,
Chez luy trinquer à pleine coupe,
En tout temps manger bonne soupe,

Auec

Avec force crestes de Coq,
Rire & gaudir nous sera hoc.
Ainsi chacun en ce beau Sire
Voit quelque chose qui l'attire.
Pendant que dans tous les Hameaux
Chacun affile ses couteaux,
Pendant que la rage s'allume,
Et qu'on bat le Fer sur l'Enclume,
Alecto qui ne s'endort pas,
Se rend au quartier d'Eneas
Avec sa vitesse ordinaire,
Et fait là ce qu'elle sçait faire.
Le petit Iule estoit aux champs
Avecque douze Chiens courans,
Cor au cou, Carquois sur l'espaule,
Tenant en sa main une Gaule,
Courant & par Vaux & par Monts,
Battant les Forts & les Buissons,
Sonnant la Veuë ou bien la Queste,
Ou criaillant à pleine teste,
Tayaut, Miraut, Taupin, Rigaut,
Marote, Melampe, Briffaut ;

N

Lors cette vieille possedée
S'y trouue sans estre mandée,
Remplit tous les Chiens de fureur,
Les met en train, les met en cœur,
Et leur fait au milieu des terres
Démesler la trace & les erres
D'vn Cerf de grande qualité,
Fauory de sa Maiesté,
Esleué dés sa tendre enfance
Chez vn Vacher de consequence,
Appellé le braue Perrot,
Qui ne passoit pas pour vn sot;
Latin pour sa Barbe iolie
Le fit grand Vacher d'Italie,
Et commit à sa bonne foy
Les quatre cens Vaches du Roy;
Sa fille la ieune Syluie
Aymoit ce Cerf plus que sa vie,
Elle le peignoit au matin,
Le regaloit d'Ache & de Thim,
Et de bouquets de Roses blanches
Paroit son Bois à seize branches,

Tous les soirs elle le baignoit,
Le décrotoit, le mitonnoit,
D'vne affection sans seconde;
Luy qui sçauoit fort bien son Monde,
Comme ayant fait vn long seiour
Chez vn Officier de la Cour,
Faisoit toujours en recompense
Vne tres humble reuerence;
Souuent il venoit dans sa main
Manger du Fromage & du Pain,
Quelquefois boire dans sa Coupe,
Quelquefois humer de sa Soupe
Auec vne ciuilité,
Qui va iusqu'à l'extremité;
Il dançoit mieux qu'vne personne;
Auoit l'Air beau, l'Oreille bonne,
Comme s'il auoit pris leçon
Ou de Preuost ou de Balon;
Plus il estoit duit au Manege,
Et mesme auoit ce priuilege
D'aller auecque les Chasseurs
Courre ses Freres & ses Sœurs;

L'ÆNEIDE

Portant Perrot sur son Echine,
Et m'a t'on dit sans gabatine,
Qu'il estoit viste comme vn Cerf,
Ie le croy car ce n'est que Nerf
Et que Veine dans cette Beste
Depuis les pieds iusqu'à la teste;
Enfin cét honneste Animal
Faisoit bien tout, hormis le mal
Enfin ce beau Cerf tant habile
Estoit plus doux & plus docile
Que la Chévre à Colin Campon,
Ou que la Biche de Lampon.
Mais on voit que les plus honestes
Meurent comme les autres bestes,
Le voila lancé par les Chiens
Du petit Prince des Troyens;
Luy pensant que c'estoit pour rire,
Ne s'enfuit ny ne se retire,
Mais se ioüe à la bonne foy,
Comme il fait auec ceux du Roy;
Cependant Iule en sentinelle
D'vne Fleche vn peu trop fidelle

Luy perce l'vn & l'autre Flanc,
Et le baigne tout de son sang;
Il se traisne chez sa Syluie
Auant que d'acheuer sa vie,
Et pour adoucir son trépas,
Il veut mourir entre ses bras;
La pauure Beste à demy morte
Gemit, pleure & se déconforte,
Et semble demander raison
D'vne si noire trahison;
On fait venir en diligence
Chirurgiens d'experience,
Qui d'vn courage nompareil
Mettent le premier Appareil;
Mais tout leur secours est friuole,
Soudain sa belle Ame s'enuole,
Et Syluie auec déplaisir
Recueille son dernier Soupir.
De vous dire le tintamarre,
Que fit chez Perrot ce Bagarre,
C'est ma foy ce que ie ne puis,
Sur tout en l'estat où ie suis,

Car ie n'ay pas vn Cœur de Roche,
Et ie puis dire sans reproche,
Que ie sens toute la douleur,
Que Syluie a dedans le cœur.
Dans cét accident si funeste
Chacun iure, chacun déteste,
L'vn prend vn Baston de Fagot,
L'autre s'arme d'vn vieux Rabot,
L'vn du Timon de la Charete,
L'autre du Pied d'vne Couchete,
Qui d'vn Placet, qui d'vn Treteau,
Qui d'vn Fourgon, qui d'vn Rateau,
Qui d'vn morçeau de Cremailliere;
Qui d'vne grande Fourche-fiere,
Qui d'vn gros manche de Balé,
Qui d'vn Tison demy bruslé,
Qui des Gonds d'vne vieille Trape,
Bref chacun prend ce qu'il attrape.
Dom Perrot qui la Hache au Poin
Fendoit du Bois auec vn Coin,
Fait le fendant & le brauache,
Roule les yeux, leue sa Hache,

Fumant de rage & de courous,
Et marche à la teste de tous.
Dame Noise bien éueillée,
Pour acheminer la Meslée,
Grimpe d'vn pas precipité
En vn Pauillon haut monté;
C'est là qu'elle sonne la Charge
Auecque son Cor long & large,
Fait par le Corneur de Satan,
D'vn Ergot de Leuiatan.
A cét effroyable Fanfare,
Vn chacun cria, gare gare;
Le Ciel auecque ses Flambeaux
Va sur nous tomber en lambeaux;
O Dieux! que d'Aloüetes prises,
Que de Perdris rouges & grises
Vont auiourd'huy passer le pas!
Mais nous ne les mangerons pas;
Ils se coiffent d'vne Marmite,
D'vn Réchaut d'vne Lechefrite,
Affin que le Ciel en tombant
Ne les incommode pas tant;

Les plus haut-hupez en tremblerent,
Femmes grosses en accoucherent,
Latin en pissa dans les Draps,
Lubin en répandit ses plats,
Paul laissa tomber ses Mitaines,
Blaise en prit les Fievres quartaines,
L'vn en tressaut, l'autre en bondit,
L'autre se iette de son lit,
Le Lait caille dans les Terrines,
Les Meres contre leurs poitrines
Serrent si bien leurs Poupelots,
Qu'elles leur rompent tous les Os,
Toutes les Forests en mugirent,
Et tous les Monts en retentirent,
Si grand fut le mugissement,
Grand fut le retentissement,
Il n'est de creux ny de creuasse,
De Rabouliere, de Fendasse,
Ny de Cachot grand ou petit,
Ny de Trou qui n'en retentist.
Pendant qu'on se décontenance,
Qu'on pâlit, qu'on tremble en cadence,

Ce n'est

Ce n'est pas tout que de trembler,
Encore faut-il s'assembler,
Dist le Capitan Garde-coste,
Et sur vne Bute assez haute,
Parmy des Chesnes assez hauts
Il rallia tous ses Pitaus;
Munis de Sabre & de Rondache,
Auec l'Armet sous le Panache,
Ils marchent d'vn pas resolu;
Dom Perrot fut bien gogueluë,
De voir sa troupe secouruë
Par vne si grosse Recruë;
Ie ne suis pas moins estonné
Du courage déterminé,
Que les Troyens firent paroistre
A seconder leur petit Maistre;
Ils y courent tous comme au Feu,
Et s'offrent à ioüer beau Ieu.
Les voila donc tous en presence,
Qui se morguent de Contenance,
Mais ils ne morguent pas en vain,
Flamberge au vent, Rondache en main,

O

L'ÆNEIDE

Ils s'entreapprochent, ils s'affaillent,
Ils se choquent, ils se chamaillent,
Non plus auecque des Fagots,
Ny des Tisons ny des Rabots,
Mais à grands coups de Cimeterre,
Comme il faut & de bonne guerre;
Iule s'y fourre bien auant,
Fait rage des pieds de deuant,
Comme vn autre il se fait de feste,
Et donnant de cul & de teste,
Frappe comme vn petit Demon;
D'abord le malheureux Almon
Frere de la pauure Syluie
Y perd l'Espadon & la vie;
Iule d'vn grand coup de reuers
Vous tourne son homme à l'enuers,
Il en blesse plus de cinquante,
En assomme plus de quarante,
Entre autres le bon Galesus,
Qui fut riche comme vn Cresus,
Qui fut si deuot & si sage,
Et le grand Saint de son Village:

Le bon Pere ne venoit là,
Que pour y mettre le hola,
Se fiant à sa Barbe blanche,
Cependant voila qu'on l'éhanche;
Helàs si ce pauure Grison
Se fust tenu dans sa maison,
S'il ne fust pas mort à cét âge,
Il auroit vescu dauantage.
  Quand on presteroit de l'argent
A Dame Noise à cinq pour cent,
On ne la feroit pas mieux rire,
Elle rit iaune comme Cire,
Et déchausse vn vilain Rasteau
De la couleur de mon Chappeau.
Dans l'excés de son allegresse,
He bien, n'entens-ie pas finesse,
Dit-elle à Madame Iunon,
A porter bezot & guignon?
Si quelqu'vn en sçait dauantage,
Ie luy donne dix francs de gage;
Vous voyez auiourd'huy Troyens
Broüillez auec Italiens,

Ils ont eu du poil de la beste,
Dans peu nous verrons belle feste;
Vous voyez du sang répandu,
L'vn est mort & l'autre est mordu,
Vous ferez beaucoup, ce me semble,
Si vous les faites boire ensemble :
Mais il me reste vn autre effort,
Dés que i'auray mon Passeport,
Ie vais faire enrager les Princes,
Les Bourgs, les Villes, les Prouinces,
Seulement pour cette action
Déliurez moy Commission,
Bien scellée & bien mise en forme,
Et n'ayez pas peur que ie dorme;
Bref quand vous voudrez tout casser,
Tout découdre & tout renuerser,
Commandez à vostre seruante.
Iunon qui n'est pas si meschante,
Qu'elle a promis à son Sergeant,
Luy répond d'vn air obligeant;
C'est assez ma petite Gaupe,
Ma Guespe, ma petite Taupe,

Assez de fraude & de caquet,
Trousse moy ton petit paquet ;
De peur que mon homme n'enrage,
Ie n'ose te voir dauantage ;
S'il auoit sa Quinte major,
Le Méchant casseroit ton Cor,
Empoigneroit vne Estriuiere
Et t'en sangleroit la croupiere,
Ou te feroit bailler le foüet
Et seruir à tous de ioüet.
Enfin on se bat, on se frote,
On se fourbit, on se decrote ;
Voila pour nos beaux Amoureux
Les belles Noces que ie veux :
Va t'en donc ma petite Peste,
Et me laisse le soin du reste;
Adieu, ma Guenon, mon soucy,
Iusqu'au reuoir, & grand mercy.
Que le grand Diable vous balote,
Repliqua la vieille Marmote,
Par-bieu cela n'est pas pourry,
On ne parle plus de Mary,

L'ÆNEIDE

Non plus que de la Garniture,
Allez, Menteuse; ie vous iure,
Foy de Noise, & vous le tiendray,
Iamais plus ie ne vous croiray;
Vous estes donc de Normandie,
Puisqu'il faut que ie vous le die,
Là, là, là, ie suis de saint Prix,
Mais n'y venez plus à ce prix.

   Iunon redoutant sa colere,
Luy dit, tais toy, tais toy ma chere,
Et crois que ie n'ay pas si tost
Oublié tout ce qu'il te faut,
Ie m'en ressouuiens fort & ferme,
Mais ie demande vn peu de terme,
Et si tu ne m'y vois penser,
Puissay-ie iamais ne ▬▬.dancer

   A ces mots la vieille Goufiche
Fait la reuerence & déniche
Auec son air de Lougarou,
Et s'en va ie sçay bien par où.

   On void sous vn mont d'Ausonie
Vn Trou de largeur infinie,

Vn Trou le Roy de tous les trous,
Non pour l'éclat de ses caillous,
Non pour l'excés de son merite,
Ny pour les Parfums qu'il debite,
Mais parcequ'il est, ce dit-on,
Le Soupirail de l'Acheron;
Quand le Diable fait son Potage,
Son Courboüillon, son tripotage,
Et cuit au lieu de Pigeonneaux,
Des Crapaudins, des Dragonneaux,
Force Lezards, force Araignées,
Force Couleuures surannées,
Force grasses Chauue-souris,
Et des Punaises de Paris,
La vapeur de cette Pitance,
Dont il se rembourre la pance,
Vient par là de chez les Damnez
Faire la guerre à tous les Nez;
La Gangrene, la Male-peste,
La Fievre de Naple & le reste,
Nous viennent par ce chien de Trou,
Le Diable luy casse le Cou.

Vn gros Torrent s'y precipite,
Pour se ioindre aux flots du Cocyte,
Le Cocyte de son costé
Accourt d'vn pas brusque & hasté,
Ils s'entre-font la reuerence
Auecque tant de vehemence,
Auec vn choc si furieux,
Que l'on n'a point veû sous les Cieux
Salutation plus choquante,
Ny reuerence plus bruyante,
Faisant par vn bruit éclatant
Tressaillir le moins tressaillant.
C'est par là que Dame Rancune
Vient parmy nous busquer fortune,
Et par là qu'elle retourna
Quand Dame Iunon l'ordonna.
 Nous auons laissé l'Ausonie
Aux mains auec la Dardanie;
Or sçachez que pour cette fois
L'Ausonie eut dessus les dois;
Donc se voyant en décadence,
Soit par frayeur, soit par prudence,

Les

Les Champions Ausoniens
Monstrerent le Rable aux Troyens:
Le petit Iule les menace,
Les presse, leur donne la chasse,
Et larde de ses Dardillons
Huit Dos, six Culs & neuf Talons.
Quand les Troyens se retirerent,
Les autres se ravigourerent,
Et plus Vaillants que des Cesars
Ils se gobergent des hazards;
Où sont ils ces faiseurs de niches,
Ces tueurs de Cerfs & de Biches;
Ils ont bien déniché d'icy,
Mais ie pense que Dieu-mercy,
S'ils dégainent iamais de Lame.
Nous leur aprendrons bien leur game,
  Cependant le pauure Perrot,
Qui ne dit pas vn pauure mot,
Soudain dessus sa pauure Espaule,
Dans ses pauures Crochets de Saule,
Charge son pauure Fils Almon,
Qui fut vn bon pauure Garçon,

P

Maugréant dedans sa pensée
La Guerre & qui l'a commencée.
D'autres sur deux bastons de bois
Portent Galesus ou Galois ;
L'vn cherche vn Fils & l'autre vn Pere,
L'vn vn Cousin & l'autre vn Frere,
Et dans ce desastre commun
Chacun fagote son chacun.
Item l'vn cherche dans la presse
Vne roüelle de sa Fesse,
L'autre vn lopin de son Menton,
L'vn plus pasle qu'vn vieux Teston
Cherche sa Main & son Espée,
L'autre son Oreille coupée,
L'vn ses Dois que l'on a roignez,
L'autre vn demy-pied de son Nez,
Et se pleint à qui veut l'entendre
Qu'il a Lunetes à reuendre ;
Qui cherche vn Cordon de Chapeau,
Qui deux Boutons de son Manteau,
Qui le Ruban d'vne Manchete,
Qui le Feret d'vne Aiguillete,

Qui trois quartiers de Paſſement:
Pendant qu'auec empreſſement
Chacun ramaſſe ſes Coquilles,
Ses Affiquets, ſes Beatilles,
Et que les plus mauuais Garçons
Rempoignent les Eſtramaçons;
Arriue auec grande furie
Turne & toute la Turnerie,
On void fondre de toutes parts
Ces beaux & leſtes Campagnarts,
La Troigne fiere & gogueluë,
Et la Gueule frais émouluë,
Iurant comme Arracheurs de dens,
Qu'ils vont eſchiner bien des gens.
Turnus mene donc la Brigade,
Et fait mainte fanfaronade;
Eſtant aux portes du Palais,
Il ſe pleint aux moindres Valets,
Que Latin quitte la partie,
Qu'il luy manque de garantie,
Qu'il eſt Eſcroc, qu'il eſt hableur,
Qu'il eſt Normand, qu'il eſt menteur,

Qu'il fait d'vne Fille deux Gendres,
Mais qu'il alloit tout mettre en cendres,
Apres auoir tout mis en feu,
Si l'on ne ioüoit plus beau ieu.
Ouure moy dit-il, vieux Rodrigue,
Vieux Penart qui me fais la figue,
Ouure, & me vien faire raison,
Ou ie petarde ta Maison;
Quoy tu me bigues contre Enée,
Vieille Balourde surannée,
Vieux Hypocrite, vieux Bigot,
Chien de Normand, chien de Cagot,
Tu me troque pour ce vieux Drille,
Moy, qui suis de haute famille,
Si tu ne m'en fais la raison,
Ie te plume comme vn Oyson.
 Le bon Latin à ce reproche
S'ébranfle vn peu moins qu'vne Roche,
Qui contre Vague & contre Vent
Par son propre poids se deffend.
Teste verte, Teste mal cuite,
Dit-il, auec toute sa suite,

Auec ton bel Arriere-ban,
Si tu fais la beste, à ton dam;
Sois vn Vau-rien, si tu veux l'estre,
A la fin Dieu sera le Maistre;
Un Iour viendra dans peu de iours
Malgré ce Courage rebours,
Que tu feras le bon Apostre,
Et diras mainte Patenostre,
Te battant à beaux coups de Poin
Sur l'Estomach & sur le Groin,
Mais cela ne t'aidera guere,
La Repentance & la Priere,
Quand on a voulu fasiner,
Est de la Soupe apres disner.
Pour moy, qui n'ay plus guere à viure,
Que tu sois Fou, que tu sois Yure,
Que tu sois doux ou violent,
Tout cela m'est indifferent;
Quand tu deuiendrois aussi rogue,
Ou comme vn Tygre ou comme vn Dogue.
Qui ne vit plus que pour souffrir,
Est vn fou s'il craint de mourir;

La Mort au dire d'Hypocrate,
Guerit les douleurs de la Rate,
Elle guerit de tout Ahan,
De Grauelle & d'Arriere-ban,
Elle guerit de la Migraine,
De la Toux, de la Courte-haleine,
De la Goute & de ses Nodus,
De Nefretique & de Turnus;
Vous autres, chetiue Noblesse,
Qui témoignez tant de souplesse
A seruir ce Maistre des Fous,
Dites, pour qui passerez vous?
Vous autres, qui suiuez sa trousse,
Vn iour vous vous mordrez le Poulce.
Et peut-estre bien tous les deux,
De suiure vn Prince si hargneux.
Le bon Homme ayant de la sorte
Harangué Turne & sa Cohorte,
Se va lancer dans le Donjon,
Et laisse tout à l'abandon.
  C'estoit vne vieille methode,
Qui fut fort long temps à la mode,

Methode, que connoissent bien
Les Sçauants, qui n'ignorent rien,
Car on trouue cette Routine
Escrite auec de la sanguine,
Dans les Archiues des Romains,
Qui la reçeurent des deux mains,
D'ouurir quand elle estoit fermée
Cette Porte plus renommée
Et plus vieille que l'Alcoran
Du grand Ianus ou du grand Ian,
Auant qu'on pûst en conscience,
Auecque forme & bienseance
Faire le Diable de trauers
Dans tous les coins de l'Vniuers,
Et sans offenser les bons Anges,
Au milieu des Terres estranges
Porter ou traisner le Guignon,
Que la Guerre a pour compagnon;
Le Consul auec sa Cabale
Dans sa Iacquete Quirinale,
Et son habillement Sabin
Qui me semble vn peu trop badin,

Marche par compas & mesure
Vers cette honorable structure,
Vers ce Temple tant estimé,
Pourueû qu'il demeure fermé;
Alors cette graue Personne
Chante à la gloire de Bellone,
Vn Pseaume basty sur le lieu,
Fagoté comme il plaist à Dieu;
Apres cette Ceremonie
Il fait Prosne à la Compagnie:
Et leue de sa propre main
Les cent grosses Barres d'Airain,
Qui baricadoient cette Porte;
Estant ouuerte de la sorte,
On voit sortir en vn moment
La Rage & le Forcenement,
Les Passions deuergondées,
Les Brutalitez débridées,
Deux mille Profanations,
Dix mille Abominations;
Le Saccagement des Villages,
L'Egorgement des Pucelages,

Le co-

DE VIRGILE, L. VII.

Le Cocuage des Maris,
Et la Famine de Paris,
Le Renuersement des affaires,
Le Pillage des Monasteres,
Le Deshonneur des Bauolets,
Et la Mort des pauures Poulets.
Turnus vouloit & sa Cohorte,
Que Latin ouurist cette Porte;
Mais ce Prince deuotieux
Leur iura qu'il aimeroit mieux,
Se manger le Bras iusqu'au manche,
Ou la Cuisse iusqu'à la Hanche;
Que d'auoir approché ses Dois
De cét Airain ou de ce Bois;
Iunon fut bien moins delicate,
Elle vous alonge sa Pate,
Et dégage en vn tourne-main
Les cent grosses Barres d'Airain;
A cette ouuerture fatale
La Rage & toute sa Cabale,
Auec vn desordre enragé,
Ont en mesme temps délogé;

L'ÆNEIDE

Chacun iure, chacun renasque,
Plus que Bourguignon ny que Basque,
L'vn fait le Fou, l'autre le Fat,
On se demene, on se debat,
Qui va, qui vient, qui mord, qui rue,
Qui bransle sa teste bourruë,
Qui court, qui monte, qui descend,
Qui la Dague en main fend le vent,
Pensant desia voir quelque chose,
Il se prepare, il se dispose,
Alonge, porte, & tic & tac,
Et zist & zest, & fric & frac,
L'vn aussi benest qu'vn Suisse
Met son Hausse-cou sur sa Cuisse,
L'autre à peu prés fin comme vn Ours,
Met sa Bourguignote au rebours,
L'vn prend vne Botte à la haste,
L'autre s'encuirasse & se baste
D'vn air si drole & si falot,
Qu'on le prendroit pour Dom Guichot,
L'vn est monté dessus la Selle,
L'autre sur sa simple Semelle;

Faute de Botte ou de Rouſſin,
Demeure ſimple Fantaſſin,
Et courant à beau pied ſans Lance,
Fait du moins bonne contenance,
Pendant que le preux Caualier
Le morgue & fait le chaud Lancier,
Il n'eſt ny Mazete ny Crique,
Ny Mulet galeux ny Bourrique,
Qui ne porte en Pontificat
Quelque Drille ou quelque Goujat;
A cette premiere fougade
Chacun reſſoude la Salade,
Chacun remeuble ſon Carquois,
Chacun dérouille ſon Harnois,
Chacun remboure la Taſſete,
Chacun fait affiler la Brete,
Et Gaigne-petits en ce temps
Sont Gaigne-gros & bien contens;
Cinq Villaſſes bonnes & belles
Font émoudre leurs Alumelles,
Ardea Ville de renom,
Dont les Dieux ont fait vn Heron,

Ardea Ville capitale
De Turnus & de sa Cabale,
Et des Rois, tant qu'elle a vescu,
Siege assez commode à leur Cu,
Atine, Antenne, Crustumere
Et Tybur, où l'on fait grand chere,
Tybur & plaisant & ioly,
Qu'on nomme autrement Tyuoly;
Bref on n'entend plus qu'Algarades,
Que Qui-va-là, que Petarades,
Et le plus fou de tous les Dieux
Est le seul qui prosne en ces lieux;
Adieu Charuë & Labourage,
Adieu Pastis & Pasturage,
Et le Pastre & le Laboureur
Deuient Soudrille & grand iureur;
Du Soc & de la Fourche-fiere
On forge Espadon & Rapiere,
On fait & Mortiers & Canons
Des Poisles & des Chauderons
   Maintenant, ma chere Musete,
Erato ma douce Brunete,

Nommez moy tous ces Champions,
Ces Princes ou Principions,
Ces beaux Rois d'vn lopin de terre,
Qui s'enfournent dans cette Guerre;
Vous sçauez, à ce que ie croy,
Ces choses sur le bout du Doy,
Car vous auez bonne Memoire,
Et n'oubliez rien pour trop boire,
Pour dormir vous n'oubliez rien.
Partant, s'il vous en souuient bien,
Commençons, ma chere Eratine,
Et tantost nous boirons Chopine.
Mezence, ce meschant Limier,
Vient s'offrir tout le fin premier,
Luy qui fut, à ce qu'on publie,
Le seul Huguenot d'Italie,
Et tenoit que Dieux & Diuins
Meritoient d'estre aux Quinze-vins,
Ou qu'ils n'auoient point de Tonnerre,
Puis qu'ils le laissoient sur la Terre;
Ayant d'vn Oeil louche & tortu
Veû souuent la pauure Vertu

Dans vn assez triste attelage,
Et le Vice en gros équipage,
Affin d'auoir vn peu de bien,
Il fit vœu de ne valoir rien;
Et ce vœu ne fut point friuole,
Car il fut homme de parole.

   Lause son Fils & son appuy,
Marchoit à quatre pas de luy,
Ce cher Fils est autant honneste,
Comme le Pere est grosse beste,
Beau Garçon & meilleur encor,
Il est blond comme vn Escu d'Or,
A le Corps plus droit qu'vne Gaule,
Large le Rein, large l'Espaule,
Les Yeux & brillans & hardis,
Comme vn Ange de Paradis;
Bref, s'il auoit vn autre Pere,
On n'y verroit rien à refaire,
Rien à changer, rien à guerir,
Les Dieux le veüillent secourir,
Et sans rancune & sans enuie
Luy donner chance & longue vie;

Il trouua sans trop ruminer
La methode de desieuner,
Et cette coustume agreable
De sauter du Lit à la Table;
Office qui n'est pas petit
Aux Cadets de haut Appetit;
Auparauant la pauure Pance
Enrageoit & crioit vengeance
Contre ces petits delicats,
Qui se payoient de deux repas.
Lause auoit trié d'Agylline
Mille Lanciers de haute mine,
Mais ce fut inutilement,
Car il nous faut également
Ieune Barbe & Teste chenuë,
Mourir quand nostre heure est venuë.
 Apres vient le noble Auentin,
Non pas en Gregues de satin,
Mais cachant son Cul & sa Teste
Dans la Fourrure d'vne Beste,
D'vne Lionne qu'au besoin
Il abbatit d'vn coup de Poin;

Il estoit Dieu du costé gauche,
Né de la secrete débauche
Du grand Hercule son Papa
Et d'vne Nonain qu'il dupa,
Mais Nonain à la vieille mode,
Trop libertine & trop commode,
A qui Diane de sa main
Donna vesture de Nonain;
Ce grand tueur de Crocodiles,
Ayant couru toutes les Villes,
Et froté comme des galans
Arragonois & Castillans,
Alla donner en Hesperie
Un peu de tréve à sa furie;
En se promenant par hazard,
Il trouue vne Nonne à l'escart,
Rhea la gentille Pucelle,
Pourquoy, dit-il, s'y trouuoit-elle?
Et sans luy tenir long sermon,
Ce mechant Dieu fit le Demon;
Certes pour vne telle offense,
Pour vne si noire impudence,

Ce

Ce Dieu trop mal moriginé
Meritoit d'eſtre chapponé:
De ce Ribaud & de la Nonne
Naſquit vne honneſte perſonne,
Le noble & vaillant Auentin,
La fleur du riuage Latin;
En tout ce qu'il deſiroit faire,
Il eſtoit bien fils de ſon Pere,
Hors qu'il ne ſçauoit point filer,
Mais pour battre & pour eſtriller,
Il n'en deuoit rien à perſonne.
Teſmoin la peau de la Lionne:
Les hommes qu'il menoit au choc,
Auoient laiſſé l'Eſpée au croc,
Et ſe ſeruoient au lieu de Bretes,
D'Eſtocs ronds & de Bayonnetes,
Ou portoient comme les Sabins,
Broches à percer les boudins.
 Item marchent en meſme file
Coras & ſon Frere Catile,
Cette paire d'Enfans gemeaux,
Sur vne paire de Cheuaux,

R

Qui sont l'vn Pie & l'autre Impie,
Et vrais Anglois d'Ethiopie;
Ce beau couple de beaux Enfans
Ont Minois également blancs,
Mesme taille, mesme corsage,
Mesme façon, mesme plumage,
Et l'vn d'eux oubliant son nom,
Se prendroit pour son compagnon;
Plus ils ont vn mesme Genie,
Mesme fougue, mesme manie,
Bref ce sont, pour dire plus net,
Deux testes dedans vn bonnet,
Ou pour ne parler pas en beste,
En deux bonnets la mesme teste,
Puis qu'vn sçauant Historien
Dit qu'ils auoient chacun le sien;
Ces Freres, crainte de dispute,
N'osent huter en mesme Hute,
Ou du moins, à ce qu'on m'a dit,
N'osent coucher en mesme Lit,
Car ils ont tant dés leur enfance
De rapport & de ressemblance,

Qu'ils ne sçauroient entre les draps
Reconnoistre jambes ny bras;
Mais quand il faut rosser les Drilles,
Chacun retrouue bien ses quilles,
Ils vous rompent des Escadrons,
Comme on romproit des Macarrons;
A voir de quel air ils les percent,
Les enfoncent & les renuersent,
On croid voir brosser des Genais
A ces hommes demy-Genets,
Qui du sommet de leur montagne,
Viennent fondre dans la campagne,
Et font ployer les Arbrisseaux,
Comme Cheneuote ou Roseaux,
Dans Tiuoly la belle Ville
Sont nez & Coras & Catile,
Et font venir de Tyuoly
Vn Regiment leste & poly.
   Une heure aprs le sieur Cecule,
Que la posterité credule
Prit pour le fils du Dieu Boiteux,
Qui chez nous fait cuire les Oeufs,

Et qui fait boüillir le Potage,
Amene aussi son attelage;
Il estoit des plus raffinez,
Auoit bonne Gueule & bon Nez;
Sage Tymbre, sage Ceruelle,
Et tousiours l'Oeil en sentinelle,
Quand il falloit auoir du sens,
Iamais pour aucun passe-temps,
Pour boire Vin ou boire Biere,
N'a laißé sa teste derriere:
Ce Monsieur se void secondé
De Preneste qu'il a fondé,
Tous les habitans de Preneste
Veulent se battre à toute reste,
Et d'autres, que ie ne dis pas,
Suiuent leur fougade & leurs pas.
Ces Peuples n'vsent à la guerre,
Ny d'Estoc ny de Cimeterre,
Mais au milieu d'vn Bataillon
Ils iettent des bales de Plom,
Que l'on ne trouue pas si molles,
Comme des Prunes de Brignolles;

Ils se taillent des Carapous
De peaux de Renards ou de Loups,
Chez eux se chausser le pied gauche,
Passeroit pour grosse débauche,
Il est nud comme un Champignon,
L'autre est vestu comme un Oignon.
   Paix là i'entens de la Musique,
Qui paroist iuste & methodique,
Ce sont, si ie sçay deuiner,
Cygnes qui viennent de disner,
Toutesfois non, ie m'entre-taille,
Ce sont des Troupes en bataille,
Et chaque Soudrille enioüé
Chante comme un Cygne enroüé;
Vertu-chou qu'ils sont en bel ordre!
Ils n'ont garde de s'entre-mordre,
Ie vois Pions & Caualiers,
Rangez comme autant de Pommiers;
C'est Messape qui les amene,
Messape ce grand Capitaine,
Fils de Neptune ou de Neptun,
Comme il vous plaira c'est tout un,

De qui la Peau dure & charmée
Ne peut iamais estre entamée,
Ou par le Fer ou par le Feu,
Par la Cendre encore aussi peu.
Il traisne à cette guerre folle
Gens qui ne sont guere en escolle,
Et de qui le Sabre & l'Estoc
Depuis long temps pendoit au croc;
Ce sont Fescennins & Falisques,
Qui n'aiment guere à courre risques,
Capenes & Flauiniens
Craignants leurs os plus que les miens.

 Mais place, Messieurs, voicy Clause,
Qui s'auance & qui se dispose,
Monsieur Clause ou bien Monsieur Clos,
Ce grand Monsieur, ce Monsieur gros,
Dont descend la race des Claudes
Ces beaux donneurs de Chiquenaudes;
Si vous voulez le voir passer,
Auisez de vous bien placer,
Car les Loges sont retenuës
Dedans toutes les auenuës;

Ah le voicy, ie l'apperçois,
O Dieux! qu'il porte bien son bois!
Luy qui dans ses Bras & ses Cuisses
A de quoy faire neuf Suisses,
Et dans le reste de son Corps
Douze Suisses grands & forts,
Luy qui seul vaut vne Brigade,
Mene pourtant grosse Escoüade
De Caualiers & de Pietons,
Qu'on ne peut conter sans Iettons:
Ie pourrois auec moins de peine
Conter les Raisins de Surene,
Combien Particelle a d'Escus,
Combien Paris a de Cocus,
Combien Flote a vuidé de Pintes,
Ou combien vn Peintre a de quintes,
Combien Philis a de Galans,
Combien Dorise a de Chalans,
Que toute la Gendarmerie,
Que Clos mene à la boucherie;
La Terre en fremit en tous lieux,
On tremble iusques chez les Dieux;

Et s'ils sont peureux comme un Lievre,
Quelques vns en prendront la Fievre,
Les Soldats que mene Clausus,
Sont gaillards & bien resolus,
Par exemple les Amiternes,
Iadis gros Marchands de Lanternes,
Les Quirites, les Velinois,
Peuple adroit à casser des nois,
Les habitans de Casperie
Equipez à la Friperie,
Ceux qui boiuent le Fabaris,
Ceux qui hument le Tyberis,
Les Vignerons du mont Seuere,
Grands beuueurs qui ne mangent guere,
Les Nursiens & cætera,
Cherchez qui plus vous en dira.

 I'entens Halesus qui se monstre,
Allons luy tous à la rencontre;
Seruiteur Seigneur Halesus,
Ie crois que vous auez le Flus,
Ou que vous ieusnez le Caresme,
Tant vous auez la mine blesme;

Qu'vn

Qu'vn autre saluë à son tour,
Pour moy voila toute ma cour,
Mon compliment, mon baise-pate,
S'il n'en est content qu'il se grate;
Ie le voy dans son Tombeau
Couché de son long comme vn Veau,
Mais il se leuera sans doute,
Et n'aura pas tousiours la goute;
Cét homme aime autant les Troyens,
Comme les Chats aiment les Chiens,
Aussi pour leur baiser la Fesse,
Son Monde s'auance & se presse,
D'Aronce grosse Legion
Y vient comme en procession,
Les habitans du Mont Massique,
Qui pour son Altesse Bachique
Cultiuent ces lieux fortunez,
Où les Dieux rougissent leurs Nez,
Viennent d'vne façon ciuile
Presenter le vin de la Ville
A ce fameux Duc des Troyens,
Plus riche d'honneur que de biens;

Ceux de la Sidicnie pleine,
Et cent autres que i'aurois peine
A vous conter par le menu,
Bruslent de voir cét Inconnu;
Ces Gens auec vne Escourgée
Lancent d'vne force enragée
Certains Dardillons arrondis,
Qui font trembler les plus hardis;
Leurs Pauois de l'éclat qu'ils dardent,
Blessent les yeux qui les regardent,
De prés ils ont de grands Malchus,
Qui fendent les Dos & les Culs.

 Mais gardons d'oublier Ebale,
Qui n'est pas vn Prince de bale,
Mais Prince d'honneur & de nom,
Fils du venerable Telon,
Et de la Nymphe Sebetide,
Determiné comme vn Alcide;
Cét homme a beaucoup merité
De toute la Posterité
Car il nous a laissé l'vsage
De souffler Bouillon & Potage

De peur de cuire le Palais,
Beau secret s'il en fut iamais;
Ne pouuant pas se satisfaire
Du Domaine de feu son Pere,
Bien que l'Estat de Telebos
Fust pourtant un assez beau Clos,
Il ajouste à son Apanage
Les biens de tout son voisinage;
Les Sarrastes, les Batulois,
Abelle & tous les Celenois
Passerent sous ce nouueau Maistre,
Qui pour s'agrandir & s'accroistre,
Moitié Figues, moitié Raisins,
Fit ses Suiets de ses Voisins;
Cette honorable Compagnie
Se coiffe sans ceremonie
D'Escorce de Liege ou d'Ormeau,
Qui sert de Pot & de Chappeau;
Ils vous lancent à l'Alemande
Pertuisane massiue & grande,
Puis de leurs petits Damassins
Font mille trous dans les Boudins.

Ufens, Garçon de haut lignage,
Eſtale auſſi gros équipage,
Ufens, cét eſtrange Poulet,
Qui ſe moquoit du feu folet,
Et que la Donzelle emplumée,
Qui s'appelle la Renommée,
A mis en bon predicament
Parmi les gens d'entendement.
Les gros Drilles à la dent creuſe,
Que de Nurſe la raboteuſe
Il amene au milieu des coups,
Ont les Os comme leurs Cailloux;
Sans qu'ils s'embeguinent de Caſque,
Ny de Calote ny de Maſque;
La ſeule trempe de leurs Os
Peut émouſſer les Iauelots;
Ceux qu'il a tirez d'Equicole,
Pour eſtre touſiours en Eſcole,
Ont en Hyuer comme en Eſté,
Pot en teſte & Dague au coſté,
Ils ſont armez à la Charuë,
Comme ils ſont armez dans la ruë,

DE VIRGILE, L. VII. 141

A la Vigne ou prés du Bestail
Ils ont tousiours leur attirail;
Si quelque Moucheron les pique,
Ils le lardent d'vn coup de Picque,
Tantost l'attrappent en courant,
Tantost le tirent en volant.
  Or à cette guerre impreueuë,
Chacun ayant la Bile émuë,
Chacun veut se trouuer au choc,
Les Moines en quittent le Froc,
Gens d'Eglise & gens de Chicane
Quittent là Bonnet & Soutane,
Pour faire connoistre aux Humains,
Qu'ils sont des Cheuaux à deux mains,
Qu'ils sont pour le Poil & la Plume,
Pour le Rabot & pour l'Enclume,
Et qu'ils sçauent faire au besoin
Ou coup de Sabre ou coup de Poin,
Bien qu'vne pareille methode
Sente vn peu l'esprit antipode.
Sur tous ce bon Prelat Umbro
Entendant mal son numero,

D'vne affection indiscrete
Quitte la Crosse & prend la Brete,
Se quarre en homme resolu;
Mais il auroit bien mieux valu,
Au lieu de sa quinte guerriere,
Qu'il n'eust songé qu'à son Breuiaire,
Et qu'à bien faire son mestier
Il donnast Vmbro tout entier,
Car on n'aime point chez les Sages
Personne à tant de Personages.
Il sçauoit cent petits Secrets,
Et pouuoit de loin ou de prés
Faire haranguer du Derriere
ou Le Valet ou la Chambriere,
Faire pisser vn Page au lit,
Ou mal estrener son habit,
Il gueriscoit du Cocuage,
Resuscitoit le Pucelage,
Par la force de certains mots
Sçauoit endormir les Mulots,
Coniurer Puces & Punaises,
Et mille semblables fadaises:

Mais le bon Prestre ne pût pas
Charmer le coup de son trépas,
Et sçeût qu'vn Fer dans la Bedaine
N'est pas vne viande trop saine.
　Le beau Fils, Monsieur Virbius,
Se range aussi prés de Turnus,
Virbius, qui par grand mystere,
Deuint & son Fils & son Pere,
Et comme cét vnique Oyseau,
Nasquit de son propre Tombeau;
Chacun sçait la mort d'Hyppolite,
Prince chaste & non hypocrite,
Que sa vieille Marastre en rut
Perdit pour vn iuste rebut;
Diane sa chaste Maitresse,
Clabaude, criaille & s'empresse,
Et cherche en dépit du Destin,
Apres la Mort le Medecin,
Ou quelque braue Apoticaire,
Qui monstre là, ce qu'il sçait faire;
Enfin ses soins ont leur effet,
Voila son beau Mignon refait,

Plein d'Embonpoint, plein de Ieuneſſe,
Plein d'Appetit, plein d'allegreſſe,
Bien refondu, bien rebaſty,
Et la Mort a le démenty.
Les Dieux outrez de cette audace
Ordonnerent tous qu'en ſa place
On miſt Monſieur le Medecin
Et trop ſçauant & trop peu fin;
Ses Compagnons en profiterent,
Et par la Syringue iurerent,
Pour ne plus faſcher Iuppiter,
De iamais n'en reſuſciter.
Diane, craignant ſa furie,
Commet à la Nymphe Egerie
Ce gage cher & precieux,
Qu'elle aimoit autant que ſes yeux,
Et pour le nourrir en cachete,
Change ſon Nom & ſa Manchete,
De peur que Dom Iupin cabré
Cherchant ce pauure deterré,
Ne le reconnoiſſe à ſa mine,
Et le renuoye à Proſerpine;

Ainſi

Ainsi c'estoit Hyppolitus,
Et maintenant c'est Virbius.
Pour moy ie tiens qu'il estoit yure,
Quand il s'auisa de reuiure,
Et pense qu'vn homme à cœur jeun,
Eust crû ce retour importun ;
Aussi vous voyez comme il change,
Quand il a cuué sa Vendange,
Et comme il tasche à retrouuer,
Ce qu'il n'a pas pû conseruer.

  Il n'est pas besoin de vous dire,
Que le Roy Turnus ce beau Sire,
Se fait remarquer parmy tous,
Comme vn chesne parmy des Houx,
Il passe la plus haute teste
Et de l'espaule & de la creste,
Chacun dit à le regarder,
Cét homme est né pour commander,
Car ces bonnes gens à bec iaune,
Pensent qu'on les mesure à l'aune ;
Où Diantre vient ce pauure Fou
Se faire icy casser le cou ?

T

Quelle est, disent-ils, la manie
Du Capitan de Dardanie?
Quand son sens sera de retour,
S'il ne desloge sans Tambour,
S'il ne deniche sans Tymbale
Auec sa chetiue Cabale,
S'il nous attend dessus nos bords,
Il faut qu'il ait le Diable au corps:
A voir le Roy Turnus en face,
Ce Nigaud froid comme vne glace
N'aura plus de sang qu'au Talon;
A voir seulement le Dragon,
Qui tymbre le haut de son Casque,
Ses pieds deuiendront ceux d'vn Basque;
De vray cette Beste a des dens,
Qui font ma foy trembler les gens,
Mais Enée en a bien veû d'autres,
Et ses yeux ne sont pas les nostres,
Il a veû Megere à cul nu,
Et le grand Diable tout cornu,
Auec toutes les vieilles Gaupes,
Qui sont au Royaume des Taupes;

DE VIRGILE, L. VII. 147

Donc que Turne & tous ses Turnois
S'échauffent moins en leur Harnois,
Qu'ils rengainent leurs Gasconnades,
Leurs Colibets, leurs Algarades,
Car ce grand Heaume ne peut pas
Faire trembler maistre Eneas;
Encore aussi-peu la Rondache
Double de grosse peau de Vache,
Fust-ce de grosse peau de Bœuf,
On la cassera comme vn Oeuf;
Io, que Iupin par malice
Fit au minois d'vne Genisse
Troquer son trop ioly minois,
Est l'ornement de ce Pauois;
Son Papa changé de visage,
Et fait cornu sans Cocuage,
Tout mau-piteux & tout Camart
Y verse l'eau d'vn Coquemart;
Argus y fait la sentinelle
Auec mainte & mainte prunelle,
Argus le Roy des Clair-voyants,
De qui les yeux se relayants

T ij

Par vne maniere assez drole
Dormoient chacun à tour de role.
Vous sçauez bien que les Gregeois
Les Numiques, les Rutulois,
Les Circéens & les Sacranes,
Les Laurentins & les Sicanes
Suiuoient ce beau Monsieur au choc,
Comme vn Chien suiuoit feu S. Roc.
 Enfin vient la Nymphe guerriere,
La belle & ieune Caualiere,
Camille, qui pour tuer mieux,
Blesse de la main & des yeux,
Et d'vne methode nouuelle
Frappant de bras & de prunelle,
Fait perir à ce nouueau ieu,
Et par le Fer & par le Feu;
Cette Nymphe braue & gentille,
Sa beauté hors, n'a rien de Fille,
La Quenoüille ny le Fuseau
N'est pas viande pour son Oyseau,
Le Bijou ny la bagatelle
N'est pas ameublement pour elle;

Iamais à faire des Bouquets,
A compasser des Affiquets,
A composer son attelage,
A se moucheter le Visage,
A se raffermir le Teton,
A se sauonner le Menton,
A se reteindre la Ganasse,
A se retressir la Cuirasse,
A s'enfariner les Cheueux,
A les noüer en mille nœuds,
A se mignoter en Poupée,
Sa belle Main n'est occupée ;
Mais faire coup de Pistolet,
Ou bien d'Arbaleste à ialet,
Faire coup de Lance ou de Dague,
Rompre en Lice, courir la Bague,
Brosser au trauers des Haliers,
Ce sont ses ébats familiers,
Tantost s'exercer à la Lutte,
Tantost faire la Culebute,
Tantost sur vn simple coussin
Passager, Genet ou Roussin,

L'ÆNEIDE

Tantost bourrer vne Quintaine,
Tantost iusqu'à perdre l'haleine,
Sur vn beau Guilledin de bois
Faire la Pommade vingt fois:
Mais si cette Dame est vaillante,
Elle est encore aussi sçauante,
Et digne d'auoir pour Mary
Le grand Monsieur de Maldery;
A courir elle entend finesse
Et peut atteindre de vitesse
Ou Fléche ou boulet de Canon,
Tant elle va bien du talon;
Bref cette belle Bocagere
A la Iambe si fort legere,
Et si leger le mouuement,
Qu'elle chemine alaigrement
Sur trois Oeufs sans en casser quatre,
Sur des Espics sans les abbatre,
Sur les vagues & sur les flots,
Sans iamais moüiller ses ergots:
Si quelqu'vn pense que i'en donne,
Le sieur Marron me cautionne:

DE VIRGILE, L. VII.

Mais le croyez vous ? dira-t'on,
Puis qu'il est moulé, pourquoy non?
Pour moy ie ne suis pas si Chose,
Ie crois les vers comme la Prose,
Vous autres qui ne croyez pas,
Vous estes tous des saints Thomas.

F I N.

www.ingramcontent.com/pod-product-compliance
Lightning Source LLC
Chambersburg PA
CBHW070759020526
44116CB00030B/903